（2012年卷）

中国社会科学出版社

湖北大学哲学学院
《德国哲学》编委会 编

# 德国哲学

**图书在版编目(CIP)数据**

德国哲学.2012 年卷/戴茂堂等主编.—北京:中国社会科学出版社,2013.9

ISBN 978-7-5161-3283-8

Ⅰ.①德… Ⅱ.①戴… Ⅲ.①哲学—研究—德国—丛书
Ⅳ.①B516-55

中国版本图书馆 CIP 数据核字(2013)第 224103 号

出 版 人 赵剑英
责任编辑 喻 苗
责任校对 王雪梅
责任印制 王炳图

出 版 中国社会科学出版社
社 址 北京鼓楼西大街甲 158 号(邮编 100720)
网 址 http://www.csspw.cn
中文域名:中国社科网 010-64070619
发 行 部 010-84083685
门 市 部 010-84029450
经 销 新华书店及其他书店

印 刷 北京君升印刷有限公司
装 订 廊坊市广阳区广增装订厂
版 次 2013 年 9 月第 1 版
印 次 2013 年 9 月第 1 次印刷

开 本 710×1000 1/16
印 张 23.75
插 页 2
字 数 403 千字
定 价 69.00 元

# 《德国哲学》编辑委员会

# 目　录

从否定到肯定
——康德幸福观研究 …………………………………… 彭　超（1）
敬重
——一种积极的道德情感 ……………………………… 王福玲（29）
论自由论题在康德伦理学中的地位 ……………………… 高君路（40）
康德自我观念中的自律与自发性 …… 亨利·E. 阿利森　文/师庭雄　译（50）
康德《道德形而上学原理》前言
及第一部分解读…………………………… 罗尔斯　文/阮航　译（68）
试论康德美学中的审美想像力问题 ……………………… 石若凡（83）
美何以求
——康德方案与马克思方案之比较 ………… 戴茂堂　汤波兰（99）
论谢林早期思想中的“自然”观念 ………………………… 罗　久（119）
辩证逻辑形式本性的有限度显现
——对黑格尔辩证法的一个二分性解读 ……………… 万小龙（137）
从流俗的“辩证法”中拯救黑格尔辩证法
——答万小龙君 ……………………………………… 邓晓芒（172）
原现象学置疑：对《精神现象学》结构问题的思考……… 刘　一（190）
依黑格尔精神哲学看启示宗教的伦理意义 ……………… 卿文光（220）
论黑格尔与施莱尔马赫有关“实证性”概念理解的
差异 …………………………………………………… 闻　骏（235）
论黑格尔对莱布尼茨实体理论的批判和发展 …………… 李育军（244）
为海因里希的《与科学内在相关的宗教》
撰写的前言 ………………………… 黑格尔　文/张云涛　译（258）
论异化劳动理论与唯物史观的统一性 …………………… 舒年春（278）

胡塞尔现象学与时间问题 …………………………………… 姜　韦（289）
何谓现象学自身？
　——从黑格尔的存在论到作为存在论、
　诠释学和哲学的现象学 …………………………………… 龙沛林（305）
海德格尔读费希特 ………… 尤根·史陶岑伯格　文/童熹雷　译（325）
从海德格尔的自身性看中国“孝治天下”的
　形成及消解 ………………………………………………… 陈天庆（338）
德文、英文内容提要 ……………………………………………………（359）

# 从否定到肯定

## ——康德幸福观研究

彭超

［内容提要］幸福是康德哲学中的边缘话题。对于康德的幸福观，人们往往有一个比较刻板的印象，认为康德仅仅把幸福当作道德的障碍加以清除。但事实上，这并非一种简单的清除。康德把幸福分为三个层次并分别加以否定。否定也分两个层次，即外部的否定和内部的否定。在外部的否定中，作为感性快适的福，自身幸福和永福分别被悬置以保证道德的纯粹，在内部的否定中，幸福概念本身从最低层次向最高的层次逐步生长。康德对幸福的否定就是对幸福的安置，借此幸福与道德摆脱了彼此之间的紧密捆绑。在道德面前，幸福需要保持中立，在幸福面前，也有广阔的道德中立的空间。幸福与道德不是直接结合，而是在善与至善中相遇，在此就产生了幸福的肯定，它与自由、理想和目的有关。本文通过对康德若干文本的分析，对康德的幸福概念进行了澄清，对幸福的否定机制进行了说明，对幸福的肯定进行了探索。

［关键词］康德　幸福　否定　肯定

康德没有系统的幸福学说，他对于幸福一词的使用也不够严格。但这并不说明康德缺乏一种幸福观。事实上，康德对幸福主义进行批判并不意味着他排斥幸福，康德没有建立一套完善的幸福学说也不意味着他忽视幸福，在康德的学说里始终存在一种对幸福的根本态度，这种态度立足于对幸福的认知，我们可以把它称为康德的幸福观。本文的一大任务，就是对散见于各处的康德幸福观进行梳理和阐发以还原其本质与全貌，一方面扫除对康德学说进行片面理解所产生的刻板印象，另一方面寻找一种以道德和自由为基础的新的幸福学说的可能性。本文标题中的“否定”以及“肯定”的用语虽在字面上可理解为消极或积极，但实际上更偏向于动词性，因此使用“否定”与“肯定”更加合适。在文中我将阐明，一方面，幸福的否定不是对幸“福”的否定，而是对“幸”福的否定，“幸”作为偶然的、随机的、偏好的因素将被暂时排除在纯粹的实践领域以外；另一方面，否定的幸福也不是消极的幸福而是一种积极使用否决权——即选择权的福，这是一种真的“幸”福，在这里，“幸”被重新请回来，因为它代表的是人的自由与可能性，幸福的肯定在这里得到完成，“幸”福变成了比“定”福更高的东西。幸福主义拥有比“定福”主义更大的可能性。

## 一　幸福的含义与历史形态

在康德著作的原文中，幸福一词对应的是 Glückseligkeit，永福一词则是 Seligkeit。作为名词的 Glück 在德语中有幸运或运气的意思。汉语中也是相仿，幸福在字面上来自幸与福的复合。但幸与福不是并列的关系，而是类似于在宗教词汇“信德”、“望德”和“爱德”的那样，在后者中，德是本质，信、望或爱是对德的限定，这三种德都是德的一种。同样，在这里，幸福也是一种被限定了的福，而且是被限定为不确定的福，因为它是幸。

幸与福在古代汉语里是两个词。对于幸，中国传统中有以下一些典型看法：《论语》中有“人之生也直，罔之生也幸而免”，意思是人的生存在于正直，不正直的人只是侥幸避免了灾祸。《国语·晋语九》中，赵襄子说“吾闻之，德不纯而福禄并至，谓之幸。夫幸非福，非德不当雍，雍不为幸，吾是以惧”。意思是说：德行不纯，福禄却一同到来，就叫做幸。幸不是福，没有德行就不配享和睦，和睦也不被当作幸，因此我感到害怕。汉代《小尔雅》中说“非分而得谓之幸”，南宋的《增韵》里说，“非所当得而得，与不可免而免曰幸”。在这些地方，幸都是某种不相称的东西，它或者与德行不相称，或者与个人的地位不相称。而福则不同，在《礼·祭统》中，福被定义为“备”，在《说文解字》里，福被定义为“祐”，它与完善和天神的佑助有关。

在英语中，happiness 也有幸运的意思，它来自古英语和古斯堪的纳维亚语中的 happ，与它同源的词包括 perhaps，happenstance，短语 it happens 也表示“有时”如何，它们都说明了某种偶然和不确定。法语的幸福 bonheur 是来自古代法语的 bon（好）和 heur（运气）。拉丁语系诸语言的幸福都来自拉丁语 felix，其词源与丰沃有关[①]，英语中也有 felicity 一词，霍布斯对这个词有使用。古希腊的赫西俄德、希罗多德以及亚里士多德都是使用的 eudaimonia，它的含义是好的生活[②]。

可以看出，在其他一些主要的语言中，被译作幸福的词或偏重于偶然运气，或偏重于世俗生活。中文的幸与福与德文的 Glück 与 Seligkeit 则具有一定的相似性，幸都体现为某种偶然，福都体现出某种超越和完善，因而能够比较准确地互译。在对康德的幸福观进行研究的时候，应当紧紧地把握幸福一词在词义上的多个层次，才能整体地把握到康德的意图。

康德在《实践理性批判》中提到了伊壁鸠鲁派和斯多亚派的幸福学说，但这并不是它们第一次被康德所提及。早在前批判时期，康德就对这些学说进行了研究和思考。在康德著作集第 19 卷里，有一些关于幸福问题的混合着德语和拉丁语的遗留手稿。这里我将摘译并简略介绍一段 1764—1768 年间形成的零散手稿，它对于考察康德幸福观的形成有一定的帮助。

在这段编号 6584 的手稿中，康德说，"幸福和善的东西，德性，共同构成至善"[③]，这个观点在后来的《实践理性批判》中被保留下来。至善（das höchste Gut）是最高的善。它的第一个条件是德性，即至上的善（das oberste Gut），"至上"表示的是德性在善中的地位，它处于最上方，没有任何其他因素能够超出这一地位。至善的第二个要素是幸福。如果只有最上方的善，而不是在任何层次上都充盈着善，那毕竟不是完满的和成全的，毕竟还有缺憾。为了避免这种缺憾，就需要幸福的参与以达到至善[④]。

这个根本思想之下，康德评价了古希腊的几种对幸福的看法。"第奥根尼：没有一切不必要的东西的无痛苦的幸福和无恶习的德性"；"伊壁鸠鲁：没有德性努力的最大乐趣的享受中的幸福"；"芝诺：没有身体乐

① Darrin M. McMahon. *The Pursuit of Happiness*, London: Penguin Books, 2007, pp. 3—11.

② 江畅：《德性论》，人民出版社 2011 年版，第 233 页。

③ Immanuel Kant. *Reflexionen zur Moralphilosophie*, Kants gesammelte Schriften Band XIX. Berlin und Leipzig: Walter de Gruyter & Co, 1934, S. 95.

④ ［德］康德：《实践理性批判》，邓晓芒译，杨祖陶校，人民出版社 2003 年版，第 151—163 页。

趣的最大德行中的幸福。正当性"[①]。在这几句话中，康德指出了这三位哲学家的幸福思想中分别排除了什么东西，以此对它们加以区别。在这里就已显示出一种以否定为规定的倾向了。康德抓住了这三种幸福观中的否定成分：犬儒派的第奥根尼排除不必要的东西，这是对幸福和传统德行的双重排除，最终产生了禁欲的倾向；伊壁鸠鲁排除外在的德性目标，使德性从属于快乐与幸福；斯多亚派的芝诺排除身体乐趣，使幸福从属于德性。禁欲主义，快乐主义，德性主义，这是三种典型的伦理思想。在《实践理性批判》中，康德对它们分别进行了批判，同时又对它们进行了结合，把相互之间存在矛盾的这三者消化在自己的学说中。他像一个犬儒派一样对世俗中的种种不够纯粹的幸福和德行漠不关心，把它们放在一边不加考虑；又像一个斯多亚派一样对德性的地位大加强调；他还像一个伊壁鸠鲁派那样坚持幸福是独立于德性的，"获得幸福必然是每个有理性但却有限的存在者的要求"[②]。这就表明幸福作为一种追求是与德性不同的，德性本身不是幸福，幸福不能被德性取代。

接下来，在同一段手稿中，康德改换了角度，从大小的方面来研究幸福。他说，"至善。最小需要和质朴中的最大幸福"；"伊壁鸠鲁：最大需要及其满足中的最大幸福"；"芝诺：仅仅通过德行的最大幸福"；"犬儒派：在道德上成善的最小道德努力，这时欲求也是最小的。原始自然的人，质朴的体系"；"福利和善行的最大值要么是由这两个不同的东西的最大值获得，要么是一同获得的；后者是芝诺派的最大值"[③]。在这里可以看到，伊壁鸠鲁派的最大幸福来自于量的至大，这种量是需求和满足的量；斯多亚派的最大幸福来自于质的至纯，这种质是德行的单纯性；犬儒派则遵从原始和质朴，并不追求某个极限。康德同样对这三种观点进行了批判与结合。在康德这里，幸福不仅仅是量的最大，也不仅仅是质的至纯，幸福和德性也不是没有其极限，而是有其极限。至上的善（即最高的善）就是德性的极限，与之相配的幸福就是幸福的极限。二者通过悬设的上帝保持了一种比例关系。这段手稿中也谈到了比例，康德说，"福

① Immanuel Kant. *Reflexionen zur Moralphilosophie*, Kants gesammelte Schriften Band XIX. Berlin und Leipzig: Walter de Gruyter & Co, 1934, S. 95.

② ［德］康德：《实践理性批判》，邓晓芒译，杨祖陶校，人民出版社 2003 年版，第 30 页。

③ Immanuel Kant. *Reflexionen zur Moralphilosophie*, Kants gesammelte Schriften Band XIX. Berlin und Leipzig: Walter de Gruyter & Co, 1934, S. 95.

利出自于享受与欲求的比例；当前者与后者相等时，就叫做心满意足。心满意足直接构成了一个整体的东西，究竟是很多享受与很多欲求还是很少享受与很少欲求成这种比例都是一样的。祸在于数目小，善在于数目大。当欲求最小并且享受与它相同时，善的东西在其最小值”。福利（Wohl-befinden）是欲求与享受的对应，它不能保证实质的幸福，因为它只是一个比例而已。比如犬儒派的欲求少，享受也少，他们的欲求与享受相等，因而可以产生使人心满意足的福利，一个坏人欲求一个坏的东西并且得到了享受，在构成福利的比例上仍然可以达到心满意足。在这里福利不是一个实践概念。真正的幸福不是和福利一样产生于比例，而是和善一样具备自己实际的数目，没有欲求或者欲求很少都不是幸福。此外还可以发现，对福利进行欲求会带来问题。欲求本身也是衡量福利的一个变量，欲求“享受与欲求的比例”将会使得一开始的欲求变质，禁欲主义，纵欲主义就会从这里产生。

经过对福利与真正的幸福的区别，在讨论追求幸福的时候，就可以排除犬儒派以及种种严格的禁欲主义了。在《实践理性批判》中的“纯粹理性在规定至善概念时的辩证论”里，康德认为只有两个学派真正按照同一律寻求德与福的统一性却做出不同的选择，这就是斯多亚派和伊壁鸠鲁派。这两派都想从德性与幸福的某一者中分析出另一者，但康德指出了这两者的异质性，认为只能通过综合达到两者的统一①。

由于康德对古希腊的三种幸福观加以了消化和吸收，他自己的幸福观也具有了三个层次。在《实践理性批判》中，它们表现为福的概念，自身幸福的概念和永福的概念。这三个概念共同构成了康德幸福概念的广义含义。

作为康德幸福概念的最低层次，福（Wohl）的概念与前述福利的概念有一定联系。福利是欲求与享受的比例，福则是感官的快适即享受，对福的追求就是欲求。康德说，“福与祸永远只是意味着与我们的快意或不快意、快乐与痛苦的状态的关系，而如果我们因此就欲求或厌恶一个客体，那么这种事只要它与我们的感性及它所引起的愉快与不愉快的情感相关时就会发生”，它是“出自一件事物的实存的表象的愉快”②。这种感官

① ［德］康德：《实践理性批判》，邓晓芒译，杨祖陶校，人民出版社 2003 年版，第 30 页。

② 同上书，第 26 页。

快适的福具有以下特点：它承载个别的欲求，朝向个别的客体，因而本身也是个别的。一个人认为是福的客体，另一个人不一定也认为是福。一个人在某一个客体上感到福，并不表明其他客体对他也是福，更不能表明他在一切客体上都感到福。俗语中“某场得意，某场失意”是对这个特点的朴素表达。作为得意，它还具有暂时性和片段性：一个人一时感到福，并不表明他在其他时候也情愿并且能够把这时的福当作福。比如饮酒的福在酒后可能变成了身体的不适。福是容易消散的，因此对福的欲求往往只是一次性的目标，而非整体的目的。此外，不同客体上的福还有可能产生冲突，比如某些美味的食物同时食用会导致不适。

福处在一种混乱无序之中，当人们对它加以认识，它就通过利益表现出来。塞翁失马，这是祸。丢失的马带回了一匹骏马，这是福。塞翁的儿子骑骏马摔断腿，这是祸。摔断腿不能出征因而免于战死保全性命，这是福。塞翁之所以显得高明，在于他不局限于眼前的利益，但他也只是强调了未来利益的可能性，并看到了种种利益的实现而已。塞翁的例子是偶然事件的集合，还不是福的复合。福的复合是不同客体上表现出来的快意的福在同一个人身上组织到一起，由于这种复合的材料和组成原则都是偶然的，所以它本身也是偶然的。每个人的福的复合组织在一起，就得出了多数人的福。多数人的福仍然是偶然的产物，集合体的广泛性不能掩盖它的偶然性与个别性。只要多数人不是全体人，多数人的福就是相对的，这种福最终也会化为乌有。所以感官快适的福不管以什么方式进行复合，都具有暂时性和片段性。

但福的概念并非毫无价值。当它到达个人的福的复合时，就为康德幸福概念的第二个层次即自身幸福（die eigene Glückseligkeit）提供了基础。自身幸福以福为质料，并通过人的人格获得其形式。康德对幸福的讨论大多数都是指的自身幸福，这是伊壁鸠鲁主义所处的高度。“幸福是对我们的一切爱好的满足（按照满足的多样性，这幸福是外延的，按照满足的程度，幸福是内包的，而按照满足的持续性，幸福则是延伸的）。”① 这里的幸福指的就是自身幸福。“外延的”表明幸福面向外部世界各种各样的对象，“内包的”表明幸福内在于人，是人自身的爱好，“延伸的”说明

① ［德］康德：《纯粹理性批判》，邓晓芒译，杨祖陶校，人民出版社2004年版，第612页。

幸福具有一定的持久性，它是一种持续的满足[①]。康德说，“一个有理性的存在者对于不断伴随着他的整个存在的那种生命快意的意识，就是幸福，而使幸福成为规定任意的最高根据的那个原则，就是自爱的原则”。[②]幸福是一种生命快意的意识。如果说福的概念还停留在感觉的暂时性和对象的片段性，因而仅仅表现为一时利益的话，那么自身幸福的概念已经具有了情感的统一性和对象的完整性，因而能够表现为爱好，它要求的不是数量的占有，而是数量的丰富和质料的完整占有。最低层次的福及其指向的利益不断地发生着客观的改变，相比之下，自身幸福指向的爱好更加持久。虽然它也是变动的，但有一种主观的调整在里面，这种调整包含有熟巧和知性的设计。作为爱好，它不一定是客观上对人有益的。康德指出自身幸福的自爱原则只是一种主观性必要，在客观上仍是偶然的[③]。尽管如此，它的偶然性已经比纯然感觉接受的片段的偶然性要高了。不同于福的无序即无原则，自身幸福是有原则的，它的原则来自认知的秩序和实践的智慧。但偶然性毕竟是它摆脱不掉的特征。康德认为表现为权力、财富、荣誉、健康以及美满生活的幸福，是由幸运所赋予的东西[④]。

要超越偶然性，就达到了幸福的最高层次，即永福（Seligkeit）。它已经很难被称为是“幸”福了。有学者说“对于康德来说，幸福总是经验性的幸福”[⑤]，这是在狭义上使用的，但同时她也用“happiness (bliss)”来表示永福，因此幸福概念在广义上也能够包括永福。永福是与德性的神圣性成比例的福祉[⑥]，“是理性用来表示一种不依赖于世上一切偶然原因的完整的福祉的，这正如神圣性一样是一个只能包含在无限的进程及其总体中的理念，因而被造物是永远不会完全达到的”[⑦]，它属于

① 邓晓芒：《康德〈纯粹理性批判〉句读》，人民出版社 2010 年版，第 1188—1189 页。

② ［德］康德：《实践理性批判》，邓晓芒译，杨祖陶校，人民出版社 2003 年版，第 26 页。

③ 同上书，第 31 页。

④ Immanuel Kant. *Grundlegung zur Metaphysik der Sitten*, Kants gesammelte Schriften Band IV. Berlin: Druck und Verlag von Georg Reimer, 1911, S. 393. 本文所引《道德形而上学基础》中译文来自杨云飞译，邓晓芒校的未出版的课堂复印本，下同。

⑤ Jacqueline Marina. *Making Sense of Kant's Highest Good*, Kant - Studien, Philosophische Zeitschrift der Kant - Gesellschaft, 91. Jahrgang, Heft 3, 2000, S. 335.

⑥ ［德］康德：《实践理性批判》，邓晓芒译，杨祖陶校，人民出版社 2003 年版，第 176 页。

⑦ 同上书，第 169 页。

至善。人“永远不会完全达到”永福，但仍然有部分达到的可能并能够对此抱以希望。永福之所以还算作幸福，不是因为它还具有某种感性对象上的有限性和偶然性，而是在于人本身的有限性。因为人的不完善，永福就需要由灵魂不朽、上帝存在和意志自由这三个悬设而获得保证。获得永福所需的德性的神圣性是意志与道德律的完全符合，这是人所无法企及的，但人能够以德性的神圣性为目标不断地努力，这就需要一个无限的进程，需要灵魂不朽的悬设。灵魂不朽最终是为了保证至善的可能，但单凭人的德性，就算有一个无限的进程，也是不能达到这一点的，否则这个进程就不需要是无限的了。在康德看来，至善（das höchste Gut）是最高的派生的善（das höchste abgleitete Gut），它的可能性需要一个最高的本源的善的现实性，那就是上帝存在①。在哲学史上，康德并不是第一个以上帝的存在来保证人的幸福的哲学家。奥古斯丁曾认为幸福存在于人们的记忆中，如果人们对幸福一无所知，就不可能去追求它。幸福是来自真理的快乐。真理就是上帝。从其他对象那里获得的快乐都不是幸福，唯有当一种喜乐朝向上帝，寓于上帝，为了上帝时，它就是幸福②。与奥古斯丁不同，康德严格地执行了理论与实践的划分。上帝是为了实践的需要而悬设的，幸福也是在实践中追求的。它们不在真理中，而在善之中，准确地说，是在至善的首要因素——德性的神圣性中。在康德这里，当行动朝向德性，寓于德性，为了德性时，才会产生永福。为了保证人能够使自己的行动朝向德性，寓于德性，为了德性，排除感性的干扰，康德悬设了意志自由。建立在悬设上的永福因此也是一种“幸”福。永福依赖于三个悬设，如果悬设不成立，则永福也没有了根据。由于悬设是否成立是人无法认识的，所以永福也要仰赖悬设的幸而为真；即使悬设为真，在一个善的上帝根据人的自由行动符合道德律的程度为人分配相应的福祉时，永福也表现为幸福，因为人虽然有道德律的绝对命令作为行动指南，但在行动完成之后，人也只能粗略地估计，而无法准确地衡量哪个人的哪种行动更符合道德律，所以也无法确认究竟谁获得的福祉更接近完善。总之，永福本

① ［德］康德：《实践理性批判》，邓晓芒译，杨祖陶校，人民出版社 2003 年版，第 172 页。

② Saint Augustine. *Confessions*, trans. Albert C. Outler, New York: Barnes & Noble Books, 2007, pp. 163—165.

身脱离了幸，但它对于有限的人来说，仍然是一种幸福。

以上是康德幸福概念的三个层次。尽管存在着这样的区分，但康德在行文中并没有对这三个概念加以严格的区别，幸福有时候侧重于福，有时候侧重于永福，时常互相代用或混用。解决这一不足的人是舍勒。他提到的幸福同时具有价值和感受的意义。在对康德的形式主义伦理学进行了批判之后，舍勒对价值与感受进行了划分，认为价值有以下四个层次：适意与不适意的价值、生命感受的价值、精神价值和神圣与不神圣的价值；与之相对应，感受也有四个层次，感性感受、生命感受、心灵感受和精神感受。舍勒举出了很多关于幸福的词汇，并指出这些感受的差异性是质性的差异①。这就避免了康德在对幸福进行区分时的暧昧性。

对康德的幸福概念还有从来源看的划分方式。有学者认为康德的幸福概念可以分为两种，感性幸福和智性幸福，Victoria S. Wike② 和刘宇光都持这种观点。刘宇光认为存在这种划分，但它必须被严格地限制在对来源的说明上，而不能视为两种异质的幸福③。

在编号为 7202 作于 1780—1789 年之间的一段遗稿里，康德说“幸福的质料是感性的，但其形式却是智性的：后者除非作为先天法则下的自由，作为其自身的一贯性，否则就不可能，这即是说它并非要使幸福真正实现，而只是向着幸福的可能性和理想。因为幸福正在于福利，只要福利既非外在偶然也非依赖经验，而是依照我们自己的选择的话。选择必须作出决定，并且不依赖于自然规定。而那无非井然有序的自由”④。康德在这一段话中谈的是狭义的幸福，这是真正的幸福，不像低层次的福只有质料，永福的质料不能为人所知为人所选，它的质料和它的形式都已经是确定的了。它既非刘宇光文中提到的感性幸福，也非智性幸福。刘宇光文中说“感性幸福是指性好获得满足，及从中所得的欢悦，那是一种在自然

---

① Max Scheler. *Der Formalismus in der Ethik und die material Wertethik*. Francke Verlag Bern und München, 1980, S. 332—333.

② Victoria S. Wike. *Kant on Happiness in Ethics*. Albany: State University of New York Press, 1994, pp. 1—20.

③ 刘宇光：《康德伦理学的“幸福”（Glückseligkeit）概念》，《哲学门》（总第十八辑），北京大学出版社 2009 年版，第 155 页。

④ Immanuel Kant. *Reflexionen zur Moralphilosophie*, Kants gesammelte Schriften Band XIX. Berlin und Leipzig: Walter de Gruyter & Co, 1934, S. 276.

王国中的感性状态，故幸福是透过对象来决定意志，所以是感性的”，但康德的这种狭义幸福是以先天法则下的自由为形式的，其文中说“康德所说智性状态的幸福主要是指实践道德行为后的满足感”①，但康德手稿提到的幸福在于依照我们自己的自由选择所获得的福利。在《实践理性批判》中，康德认为被冠以道德情感知名的敬重的情感是仅仅由理性引起的，它作为纯粹实践理性的动机，让人们在人格的理念中看到了人性的崇高和尊严，但“这种慰藉不是幸福，甚至也不是幸福的最小部分”，“纯粹实践理性的真正动机就是这样的情况；它无非是纯粹道德律本身”②。由此可见，康德本人并不把敬重感这种否定情感的情感所带来的种种满足当作幸福。尽管感性幸福概念因与康德的最低层次的福的概念相仿而不能被马上清除，但智性幸福概念却并不拥有某种必要性。从来源上来区分幸福究竟是否合适还有待商榷。在我看来，只有在德性的讨论中，对来源的讨论才具有重要的意义。在幸福的领域，更重要的是它自身的层次。

即使不从来源的角度来看待，而是认为幸福自身中包含有感性幸福与智性幸福的截然划分，也是行不通的。第一，在康德这里，幸福是在感性中实现的，所谓的智性幸福无论如何都可以被归为感性幸福，幸福不可脱离感性质料。在 7202 号遗稿里，康德对幸福的智性形式加以规定，认为除自由以外幸福不可能有其他智性形式，但它并没有对感性的质料做这种特别说明。在康德看来，幸福的质料是感性，这是毫无疑问的。不存在完全脱离感性的智性幸福，否则就不能成为幸福。第二，任何对幸福的追求都与人的意识有关，与以什么作为意志的规定根据有关，与人格有关。即使有人不以道德律作为意志的规定根据，而把感性的享受作为意志的规定根据，作为自己的准则，他认为自己将获得的那种幸福仍然不是纯然感性的。因为一般的实践理性也超出了感性，即使是追求感性享受，也需要行动的方法与指南，也包含有熟巧和知性的设计，也会动用理论理性的诸范畴来达到自己的目的，在这个意义上，没有纯然感性的幸福。如果坚持认

① 刘宇光：《康德伦理学的“幸福”（Glückseligkeit）概念》，《哲学门》（总第十八辑），北京大学出版社 2009 年版，第 157—158 页。

② ［德］康德：《实践理性批判》，邓晓芒译，杨祖陶校，人民出版社 2003 年版，第 120 页。

为有一种纯然感性的幸福，那只可能是“身在福中不知福”，但由于享福者不自知，这个福对他来说就不是福，而只是生理和心理的自然过程而已。旁人说他不知福，那么那种福也只是由于旁人以知性的眼光看待，被旁人称为福而已，不存在完全感性的幸福。由于不存在非感性的幸福也不存在完全感性的幸福，因此在幸福自身中进行感性幸福与智性幸福的划分也就不可能了。事实上，“感性幸福”本身就是一个赘语。与它相提并论的在描述来源的意义上所称的“智性幸福”也是一个不准确的名称，它所区分的并非幸福，而是幸福的感受质料。如果要对幸福感的来源加以研究，更为适当的是像舍勒那样区分感性感受与智性感受。我认为相比之下，对应于古希腊的三种幸福观而从幸福概念自身的差异出发进行的层次划分，更有助于我们审视康德的幸福观。

## 二　幸福的否定

在康德的伦理学中，德性处在最高的地位，人必须依照纯粹实践理性的绝对命令行事才能保证自身的一贯性，才能避免自己的行动准则遭遇逻辑上的矛盾从而导致自行取消的后果，如此才能坚守住自己的人格。幸福的质料即感性的快适不仅随时都构成对德性的挑战，还构成对它自身的挑战，由于它是随机的暂时的，个人自身的种种快适相冲突导致权衡即通常所谓的心理斗争，人与人之间的种种快适相冲突导致暴力、犯罪，甚至战争。康德之前，霍布斯已经对自然状态中的人有所研究。在《利维坦》的“论关于人类幸福与苦难的人类自然状况”一章中，除了标题之外，没有一个地方出现了幸福（felicity）二字。在其他地方，霍布斯指出，“在获取人们时常欲望的东西上的持续成功，也就是持续的发达，就是人们称作幸福的东西，我指的是此生的幸福”①，“幸福就是欲望从一个对象到另一个的持续进程，前一个对象的获得不过是到达后一个欲望的途径”②，这是一个欲壑难填的过程，它就是自然状态下的人的真实写照。它最终会导致一切人对一切人的战争，到了这一步，幸福就无从谈起了。

① Thomas Hobbes. *Leviathan*, edited with an Introduction and Notes by J. C. A. Gaskin, Oxford: Oxford University Press, 1996, p. 41.

② Ibid., pp. 65—66.

在这种混乱的状态中，人们通过理性发现了自然法并形成了社会契约。人们承诺放弃某些权利以维持和平和自卫。这是一种对象上的妥协。不同人的权利之所以相互冲突，是因为他们的对象都在感性中实现出来。感性对象在时空数量上的有限性决定了它们的稀缺性，每个人的幸福在自然状态下是难以完全实现的，如果放任对幸福的无限追求，就会导致不幸。放弃一部分权利表面上看似是放弃某些行动的权利，实际上是将在对象方面的一部分权利放弃了。但当人们放弃部分权利之后并按照霍布斯那样通过契约把它交给统治者时，建立起来的却是一种专制的他律，个人的幸福仍然难以得到保证。与霍布斯类似，康德也看到了自然状态中所埋藏的危险，但他不像霍布斯那样考虑权利及其带来的幸福的对象，而专注于对人的行动及行动所采取的形式进行考察。通过一条具有普遍性的，对每个人都有约束力的道德法则，康德解决了人与人之间可能的冲突。一个人如果违背道德法则行事，那么他不是与他人冲突，而是与自己冲突。至于欲求对象之间的冲突，康德并没有打算在实践的领域对它加以解决。这是理论理性的问题，人的理论认识如何对其加以优化，都不直接影响幸福，也无关道德。康德的幸福在舍勒那里被归为这样一种学说，它“为观念的应然定律之负责力量要求一种所谓‘核准’，即一种‘责任的根据’，善业及本己的幸福兴趣会通过它被后补地联结起来”。[①] 善业作为欲求对象只有通过实践理性所提供的核准才能联系上本己的幸福。虽然舍勒对此持批评态度，但是对于康德来说，核准是极其重要的。为了核准的有效性，善业、幸福与道德这三个都可以被笼统地称为“善”的东西的严格区分也就顺理成章了。康德认为“区分开幸福论和德性论在纯粹实践理性的分析论中是它的首先和最重要的职责性工作”。[②] 在康德这里，要求道德不掺杂幸福的因素和要求幸福不越出自己的界限甚至去干扰道德这两方面是统一的。要保证道德的纯粹和防止幸福的变质，首先就需要避免二者之间的相互推导，将它们先行隔离，留到至善中加以综合。由于纯粹实践理性的道德法则是肯定的和绝对的，那么幸福就被分配到了否定的和相对

① Max Scheler. *Der Formalismus in der Ethik und die material Wertethik*. Francke Verlag Bern und München, 1980, S. 360.

② ［德］康德：《实践理性批判》，邓晓芒译，杨祖陶校，人民出版社 2003 年版，第 126 页。

的一边。

这一隔离与限制是从属于康德理论理性与实践理性（自然与道德）的限制的。康德在谈到这一限制时说，“纯粹理性有一个完全必要的实践运用（道德运用），它在其中不可避免地要扩展到感性的界限之外，为此它虽然不需要从思辨理性那里得到任何帮助，但却必须抵抗它的反作用而使自己得到保障，以便不陷入自相矛盾”。[①] 思辨理性的反作用实际上是它所带来的感性经验的反作用。“思维无内容是空的，直观无概念是盲的”[②]，一个能产生反作用的思维必定不是空的（如果是空的也未必能产生反作用，或许还可以产生积极作用，比如绝对命令的变形之一，就是要让行动的准则好像一条自然律），它不仅仅是理论理性，而是理论理性带着感性的内容。上一章里曾提到过，幸福的质料是感性的，理论理性所可能服务的感性幸福，也是康德所要先行否定的。

否定有两个方面，一个是由更高的原则对每一层次的幸福所进行的否定，即外部的否定，它既不是出自幸福也不是为了幸福，因此也可以称为对幸福的否定；另一个则是不同层次的幸福之间所进行的逐层否定，即内部的否定，它来自幸福本身。

首先来看外部的否定。对幸福进行外部否定的目的是为人的道德行动排除干扰，保证只有纯粹实践理性的道德法则能够成为意志的规定根据。它不是进行某种全然的否定，即根本性地对幸福的可能性、现实性与必要性加以否认，而是采取悬置的方法。悬置一词曾用于限制理论理性的实践扩展：“我不得不悬置知识，以便给信仰腾出位置”[③]，在那里康德并不是要取消知识，而是对知识加以限制，严格规定其作用范围。与此类似，他不得不悬置幸福，以避免它占据道德的位置。但幸福本身毕竟有其自己的位置。对幸福的悬置不是要取消幸福，而是将幸福置于必要的限制之下，让它回归自己的领域。纯粹实践理性的第一条定理指出“将欲求能力的一个客体（质料）预设为意志的规定根据的一切实践原则，全都是经验性的，并且不能充当任何实践法则”[④]。由于幸福是人在欲求能力的客体

① ［德］康德：《纯粹理性批判》，邓晓芒译，杨祖陶校，人民出版社 2004 年版，第 20 页。

② 同上书，第 52 页。

③ 同上书，第 22 页。

④ 同上书，第 24 页。

上所感到的愉快和满足，拒绝欲求能力的客体规定意志实际上也就拒绝了幸福对意志加以干涉。幸福在人的纯粹实践领域必须被悬置。在《判断力批判》序言中谈到哲学的划分时，康德说，“且不说普遍的幸福学说，更不用说为了幸福学说的要求而对爱好的克制和对激情的约束了，这些都不可以算作实践哲学；……因为它们所包含的全都只是一切熟巧规则，因而只是技术上实践的规则，为的是产生按照因果的自然概念所可能有的效果。由于自然概念只属于理论哲学，这些东西所服从的只是作为出自理论哲学（自然科学）的补充的那些规范，所以不能要求在一个被称为实践性的特殊哲学中有任何位置。”① 这是康德对幸福进行悬置的最根本理由：在纯粹的实践领域，不考虑自然的因果性。

与幸福的三个层次相应，悬置也有三个层次。首先要悬置的是最低层次的福，即来自感性质料的快适。它不具备任何实践的意义，也不是人所独有的，获取感性的快适是动物也拥有的本能冲动。人和动物都依赖于对感性质料的消耗及由此获得的快适和满足来维持生命。感性的质料所带来的福不是行动的出发点，也不是行动的目的，而是和质料一同作为行动中的一般变量，质料带来的刺激大小以及人的感受能力强弱都会影响到对它的感受。它对于人的实践来说是一种偶然甚至是虚无。伊甸园里的福就是这种充盈着感性质料的满足但缺乏认识和理性的福。亚当和夏娃完全随机地生活，没有自我意识也没有羞耻，他们不论吃什么做什么，都只有动作而没有行动。如果任由对感性快适的本能欲求来指导人的实践，必然导致人类返回动物状态或始祖状态。康德把属于本能的东西都归为“病理学”的，以此把它们限定为被知性组织起来的感性的现象，但它们也是无法取消的，因为人不可避免地具有一个病理学意义上的身体，人的生存需要本能的满足，人类的延续在病理学上也与感官快适之福密不可分。康德说，“无论快适和善之间的差异有多大，二者毕竟在一点上是一致的，它们在任何时候都是与其对象上的某种利益结合着”。② 人不可能脱离利益而存活，只要一个人还活着，他就处在某种利益中，哪怕他不对之进行任何追求，也享受了某种自然的馈赠。自然所提供的质料和带来的享受是客观的，对这种质料的福加以悬

① ［德］康德：《判断力批判》，邓晓芒译，杨祖陶校，人民出版社 2002 年版，第 7 页。

② 同上书，第 44 页。

置，就是拒绝由它来指导人的实践，与此同时并不否认它在自然界的合理性。

接下来要悬置的是自身幸福。在日常生活中我们能够看到有很多人并不知道如何追求自己的幸福，他们浑浑噩噩地过着庸众的生活，没有任何整体的计划。有零星的感性快适来到他们面前，他们就接受，仿佛这是世界和他人亏欠他们的，如果没有现成的快适，他们也不去追求。以某些哲学思想视之，这样的人甚至被视为是极其高明的人。看起来他们已经将自身幸福悬置起来了，但实际上并没有做到这一点。正如悬置质料的福并不是扫除人的感性享受，悬置自身幸福并不是不去追求自身幸福，更不是禁止这种的追求。康德说，“每个人应该力求使自己幸福这个命令是愚蠢的；因为人们从不命令某人做他已经免不了自行要做的事情”。[①] 在康德看来，人追求自己的幸福是理所当然的，“获得幸福必然是每个有理性但却有限的存在者的要求，因而也是他的欲求能力的一个不可避免地规定根据”，即便是那些不思进取的人，他们的欲求能力也受到幸福的规定。不同的只是他们对幸福的认识。闲适懒散，不付出努力也不承担风险，这就是他们所认为的幸福。但事实上，这种得过且过的幸福同样是一种追求。懒散的人至少追求一种状态的延续。由于现实世界总在不断的流变和进展中，要真正保持一种静止，绝不会是不费力的。就此而言，没有哪一种幸福不需要追求，对幸福的追求就是一种实践。但它并不是纯粹的实践，它是在做事而不是在做人，因而只是技术上的实践。悬置自身幸福，就是禁止幸福成为意志的规定根据，坚持通过意志的自律而达到道德。对幸福的这一悬置也并没有割裂幸福与意志的联系。康德说“一个限制质料的法则的单纯形式，必须同时是把这个质料加到意志上去的根据，但并不以质料为前提。例如，这个质料可以是我自身的幸福”。[②] 从这里可以看出，虽然道德法则不来自于幸福原则，但它能够容纳幸福甚至促成幸福。

最终，康德将至善中的永福也悬置了起来。和前两个悬置一样，这一悬置也对永福进行了否定和限制，并且同样也不是对永福本身进行全然的

① ［德］康德：《实践理性批判》，邓晓芒译，杨祖陶校，人民出版社 2003 年版，第 49—50 页。

② 同上书，第 45 页。

否定。这种全然的否定曾出现在霍布斯那里，他把永福和至善宣布为不存在的："当我们活在此世时，是不存在那种作为心灵之永恒宁静的东西的。……上帝预定给那些虔诚敬神者的福，人不会在享受它之前就理解它；作为快乐，它们是费解的，正如经院学者的永福幻相无法理解一样"[①]，霍布斯认为"不存在旧道德哲学家的书中所说的那种终极目的和至善"[②]。康德的悬置并不追求这种结果。康德是一个"新的旧道德哲学家"，他虽然和霍布斯一样，不能在理论上理解永福，但是他并不就此否定至善，而是仍把至善看作先天被给予意志的客体。为了保证至善中的最高的善即德行，康德悬设了灵魂不朽，为了保证至善中的永福，康德悬设了上帝存在。但这些都只是处于实践的需要，而不是现实的存在。与对最低层次的福以及自身幸福的悬置不同，对永福的悬置所体现的否定意义在认知和感性方面，在这方面，康德与霍布斯的观点是一致的。由于永福仅仅依赖于实践的设定，人就无法对它产生直接的感觉和直观。所以永福既不能被人在现世直接获得，也无法影响现世的以及当下的幸福。这就是对永福的悬置。

以上是康德道德学说中对幸福的三个层次分别做出的悬置即外部的否定，它并没有真的否定幸福，而只是对幸福的范围进行了限定。它只是一种表面的否定。除此之外我们还能发现一种幸福的内部否定，即幸福的自身否定。幸福的三个层次之间既存在着明显的区分，又存在着内在的联系，其中福是客观的偶然的遭遇，个人幸福是主观的必然的要求，永福则是客观的必然的标杆。在此可以找到一个否定的线索。

首先，福表现为感官快适，任何对它的欲求都将导致一系列动作（不一定是行动）。对于拥有感觉器官的生物来说，任何动作都是对现有的感官状态的一种改变。一个打着呵欠的狮子一旦看到猎物并采取某种动作追逐捕猎，打呵欠的安稳状态就中止了，不断地有后一个福否定前一个福。动物就活在这种单纯的进程中。它们不具备想象力，一直陷在这种循环里，无法获得提升。动物根本没有真正意义上的经验。笛卡尔曾说，

---

① Thomas Hobbes. *Leviathan*, edited with an Introduction and Notes by J. C. A. Gaskin, Oxford: Oxford University Press, 1996, pp. 41—42.

② Ibid., p. 65.

"我们决不能把语言与表现感情的自然混为一谈，那些动作动物是可以模仿的，机器也同样可以模仿"①，他把动物看做是机器一样的东西，因为动物没有语言。感官快适的福就处在这个层次，它不需要语言和知性的逻辑，只需要最原始的体验就足够。人作为生活在客观世界中的动物，与狮子无异，他也随着本能不断地切换自己的感官状态。饿了吃饭，吃饱了就停下来，一个姿势坐累了就换一个姿势，实在累了就出门散步或躺下。这是一些零碎的连续感受。但人除了感性的动作之外还有具备经验及在此基础上的想象力，人能够对福进行认识和评价。康德举例子说，"如果他想要财富，它将会由此招来多少烦恼、嫉妒与贪求啊！如果他想要博学与明察，这也许……只是为了使那些现在还对他隐藏着却最终无法避免的灾祸越加令人恐惧地向他显示出来。如果他想长寿，谁能向他保证，那不会变成长久的痛苦呢？至少他想要健康吧，而经常的身体不适才阻止了那么多不受限制的健康本来会任其陷入的放纵"。② 对于人来说，一种福并非总是被另一种福否定，它自身也可能否定自身。每一种福都隐含着福的对立面，于是福就不能作为广义的幸福的代表，它的客观性和偶然性必须被克服。幸福中不能含有幸福的对立面，幸福的对立面不能还是幸福，而必须是不幸。由此产生了人对自身幸福的欲求。自身幸福是人在自己身上意识到的幸福，它虽然仍然是经验性的，但已经与人性结合起来，"这种幸福如理性首先所要求的，不是根据转瞬即逝的感觉，而是根据这种偶然性在我们全部实存及对这种实存的心满意足上所具有的影响来判断的"③，自身幸福从理性那里获得了主观性，理性必然会对自己的幸福产生要求。但它不是理性的最高要求，理性的使命是建立善良意志；理性也不足以确保人获得幸福。康德指出"一个越有教养的理性越是处心积虑地想得到生活的享受和幸福，那么这个人离真正的满足就越远"④，理性在指导人的意志追求幸福的方面不够擅长。由于人属于感官世界，人的幸福同样具有

---

① ［法］笛卡尔：《谈谈方法》，王太庆译，商务印书馆 2000 年版，第 46 页。

② Immanuel Kant. *Grundlegung zur Metaphysik der Sitten*, Kants gesammelte Schriften Band IV. Berlin: Druck und Verlag von Georg Reimer, 1911, S. 418.

③ ［德］康德：《实践理性批判》，邓晓芒译，杨祖陶校，人民出版社 2003 年版，第 83—84 页。

④ Immanuel Kant. *Grundlegung zur Metaphysik der Sitten*, Kants gesammelte Schriften Band IV. Berlin: Druck und Verlag von Georg Reimer, 1911, S. 396.

最低层次的福的特点，它在客观上仍然是偶然的。在某个人身上是幸福的，在另一个人看来却是无足轻重的，因为每个人的经历认知，兴趣爱好都有区别，他们都是从某一个侧面来看待幸福的，这些侧面都联系着各人的想象力和感性。尽管理性追求这种幸福时不得不跟在感性和知性的后面，但在幸福的更高要求下，它同样有其最适合的位置。康德认为，人"不可能按照任何一种原理来万无一失地规定什么将会使他真正幸福，其原因在于，为此就会需要全知"①。天有不测风云，人有旦夕祸福，除非拥有了对世间一切的认识，把不测变成可测，否则幸福就不能被人直接地完全把握。虽然人不可能以知性穷尽幸福的可能性，但人的自身幸福恰恰有这种要求并因此需要全知的参与，由于人是无论如何无法达到全知的，所以一方面，人只能依赖自己来自经验的有限的知识展开对幸福的追求，另一方面，完满的幸福只有通过某种自身以外的全知来保证。人并不能从这种全知中获取对各种事物的知性直观，而是仍然必须通过感性直观获取知识，但人的理性能够为自己的实践行动找到最高的原则，即道德法则。于是要达到完满的幸福只需要最后一步，就是把对道德法则的完全践行与完全的幸福联系起来。前者是德性的神圣性，后者是永福。这是一种客观的必然的福。它之所以客观，是因为它在人的主观认识以外，它之所以必然，是因为它的完善性没有给任何偶然留下空间。我们可以看到，在幸福的三个层次里，低层次的福属于客观的感性，自身幸福属于主观的知性，永福属于客观的理性。在它们之间存在着逐级否定和逐次提升的关系。低层次的福被自身幸福否定，自身幸福被永福否定。

在指出了幸福的外部与内部两种否定之后，现在来看看康德对幸福的否定产生了什么效果。

对幸福的外部否定是保护性的否定。它首先保护了幸福自身。虽然从对康德伦理学的体系建构来看，对幸福的否定首先保护的是纯粹实践理性的道德法则，但实际上道德法则并不需要来自幸福的支持，也不需要幸福割舍自己的地盘让给它。从效果上看，幸福本身是最先受益于这一否定的。康德说，"我们生活在训诫、培养和文明化的时代，但还远远不是道

① Immanuel Kant. *Grundlegung zur Metaphysik der Sitten*, Kants gesammelte Schriften Band IV. Berlin: Druck und Verlag von Georg Reimer, 1911, S. 418.

德化的时代。就人们现在的状态而言，可以说国家的幸运是与人们的不幸同时增长的。还有的问题是：我们在生蛮状态下，在我们还没有所有这些文化时，是不是比在我们现在的状态中更为幸福？因为在没有使人们变得有道德和睿智的时候，怎么能使他们幸福呢？恶在量上并未被减少”。[①]由这一段话可以看出，康德对幸福的否定为的是达到道德的目标，道德又不是与幸福完全无关，而是连同作为理论理性的睿智一道作为使人们获得幸福的前提。康德看到，阻碍幸福的不是别的东西，恰恰是另一些幸福。对不同层次上的各种幸福进行悬置，就在这些层次上为幸福的获得扫清了障碍。

在日常生活中，我们可以发现低层次的福往往被人们所量化对待，量化意味着同质化。一切感性快适没有本质差别，都是身体性的反应。有相当多的人对幸福的理解就停留在这个阶段。于是，为人提供感性快适成为了相当大的产业，在世界各个角落，人们喝着一模一样的碳酸饮料，看着一模一样的美国大片，玩着一模一样的网络游戏，一种电视娱乐节目风行，马上有多个类似的节目跟进，一篇小报记者对娱乐明星进行跟踪，马上有多个报纸进行转载。如果有的快适率先在世界某处被开发出来，它也会在不长的时间里传遍全球。然而，感官快适原本是不期而遇的，在自然状态下，谁也不知道酷暑中何时会吹来一阵风，但现在我们知道按下遥控器之后就会有风出来。人们常常希望通过技术把感性快适这种偶然的质料固化下来，制造成必然的。但事实上，同样的感官体验并不代表同样的幸福。一个人经历了一周的工作，睡了一个懒觉，很不情愿地被人叫去逛街，吃饭，看电影。另一个人在同一个周末做了同样的事情，两个人未必有相同的快适。酒量大的人和酒量小的人在喝同样多的酒时，他们的快适也不同。人的身体是独特的，当人仅仅以身体而非认识对待质料的时候，每一种质料都是一种独特的质。对低层次的感官体验的福的否定拒绝承认它的实践性以及人在对它进行欲求时的实践性，也拒绝把它当作认知的对象，这就保证了它不被发动，不被介入，不被取消，而是自行出现，自行延续，自行中止。质料的福只与感性有关，而与知性理性无关，这样一来，它的独特性就不会被干扰。没有任何一种质料的福是应然的，那么任

① ［德］康德：《教育学》，李秋零译，载李秋零主编《康德著作全集》第9卷，中国人民大学出版社2010年版，第450—451页。

何质料的福就同等地陈列在人们面前，供人们随意选择，而不是相反，由随机的自然和无常的命运对人加以摆布。

在这种选择中，人们把不同的质料组合起来作为自己的追求目标，这种自身幸福是理性的要求和知性所服务的对象，同时也是人的感觉对象。在这里，感性、知性、理性同时出现了，这体现为人性。在追求自身幸福的时候，感性一方面把对象作为认识对象交给知性，希望知性为自己提供具体的行动方案，一方面把对象作为欲求对象交给理性，希望理性能够发动并指导对这个对象的追求。知性和理性都被用做使感性需要获得满足的手段。康德对自身幸福进行否定，就是暂且搁置了知性和理性的手段意义。一方面，虽然把知性作为手段并无不妥，但是由于在追求自身幸福的过程中知性与理性混杂在一起，知性随时有超出现象界而扩展到自在之物的可能，它在这一部分是不能作为手段使用的，否则就是以断言的方式起作用。另一方面，理性也确实具有手段的功能，能够指导人的实践，但追求自身幸福的过程中出现的理性是不纯粹的，它发布种种断言，教人各种明智，比如做人要大方，待人要和气，但是没有哪一种是可以真正断定的。大方可以变成铺张，和气可以变成懦弱。古往今来明智的教训多得数不清，以至于不管怎么行动，都能够找到某些教训作为自己的支持。公说公有理，婆说婆有理。否定自身幸福对知性的过分要求和对意志的完全规定，就是将知性和理性从一种不适合自身的任务中解救出来，让它们首先有机会弄清自己的事情。对于康德来说，这就是纯粹理性批判和实践理性批判的任务。知性和理性当然是可以用来作为手段的，但它们首先要经过批判的考察。对自身幸福的否定尤其是对其在实践领域的否定，成为了批判的一部分。经过批判之后，它们作为必要的手段就能够服务于对幸福的追求了。

拥有了知性和理性参与的对自身幸福的追求，由于其目标是感性的，所以仍然摆脱不了低层次的福所具有的那种偶然性。自身幸福也是个别的幸福。个人的幸福目标虽然不像感官快适那样那么频繁地产生转移或消逝，但它仍然是易变的。一个人在一段时间内对某种幸福加以追求，但他同样有可能在主观中对这种幸福的目标进行阶段性的调整，同样，某种幸福在一段时间内在客观上适合某个人，但在另一段时间内也许就不适用了。也许有些幸福是所有人都一直追求不会动摇的，但它们往往不是直接的目标，而是具有亚里士多德第二实体意义的东西，比如友好、和睦或者富足等。这些幸福同样具有极大的相对性。多友好是真友好，多和睦是真和睦，多富足是真富足？每个人的尺度不同。此外，个人幸福只给个人带来感官的快适，对他人的影响不一定是积极的，它也可能会引致另一个人产生负面情感。幸福也会使人骄傲、伤心或者嫉妒。在这样相对的领域里，挑出某一种幸福来加以确保，都是对其他可能性的抹杀。否认自身幸福能够作为意志的规定根据，就避免了任何一种有限的幸福借意志的地位抹杀其他种种幸福，事实上也就否定了不幸。坚持幸福的偶然性和相对性，就是坚持了幸福的参差多态。否定主观的必然的对幸福的追求，为这参差多态提供空间。

最后略谈一下对永福在此生中能够实现的否定。这一否定把永福推到了无限远。它扫除了永福中的感性因素，也避免了理性和知性所共同服务的幸福扩展到超感官领域，从而失去其现实性。永福不能够被知性认识，也不能被人的有限理性所自行达到，人的有限本性在此得以重新确认。人的幸福不能脱离人的本性，对于超感官的东西，仅凭知性和想象力是无法实在地把握的。对永福在此生中能够实现的否定为卸下了此生的一个包袱，因为如果它是能实现的而人们都没有实现的，那么人们或把自己看成是悲惨的甚至是可谴责的，或干脆不相信有至善。如果没有至善，不仅仅是失去了永福的可能性，也失去了道德的神圣性。任何一种道德就都成为了相对的。康德否定了永福在此生的可能而把它建立在无限的悬设上，就把道德从相对性的危险中拯救出来。此外，它也为前两种幸福的否定提供了基础。由于永福是完满的，它就成为了衡量此岸有限性的标杆，由于永福在彼岸，此岸的幸福才有其有限的空间。如果永福在此生就存在，那么此岸的幸福根本不能被称为幸福了，若是这样，幸福所面临的就不是温和的否定，而是彻底的毁灭了。

以上提到的是从外部对幸福加以否定所产生的效果，它是保护性的，这种保护归根到底是对人性的保护，人性中的不同功能和不同要求在这种保护下都能够找到自己的位置。与它不同，幸福自身的内部否定是发展性的否定。它可以被视作是幸福概念自身的否定发展，也可以被视为是人对幸福的理解的发展。幸福只要是人的幸福，它就必然要经历一个从片面走向整体，从动物性走向神圣性的过程。有了这一内部的否定，对幸福的层次划分以及由此而来的对每种幸福的外部否定才有了根据。这种否定最终在幸福领域指出了一条上升的道路。

## 三 肯定的幸福

通过幸福的否定，我们可以看出，康德把人们的道德作为他们获得幸福的条件。在《教育学》中，康德指出“教育包括照料和塑造。塑造是：1. 否定性的，即纯然防止错误的训诫；2. 肯定性的，即教导和引导，就此而言属于培养”。[①] 塑造是情感上的，是否定性的，它不得受到娇惯[②]，但培养的对象是肯定性的，它是自由。“教育的最大问题之一就是：人们怎样才能把服从法则的强制与运用自己自由的能力结合起来呢？”[③] 在康德这里，自由是相当重要的，如果只有法则的强制而没有自由，对儿童的肯定性培养就无法完成。这里所谈的教育学是针对儿童的，而康德的实践哲学实际上是针对成人的教育，即启蒙。在这里，自由同样也是肯定性的。幸福虽然不能在自身中得到肯定，但仍可以通过自由的肯定性获得自己的地位。

在康德看来，被幸福规定意志和被某个君主所统治一样，都属于他律，是不自由的。但并不能说朝向幸福的任何行动都是不自由的。康德把实践的自由区分为自由的任意和自由意志，前者是“超出直接有利的东西而去追求间接的、对于整体更为有利的东西。……这就是对‘目的’和‘手段’的考虑，这种考虑之所以可能的条件就在于人有理性，他借此能够掌握这些‘技术上实践的规则’”[④]。幸福不能规定人的意志或者任意，但是人的任意可以选择幸福为目的，这目的一经选定，人就否定了低层次的感官的福，把幸福作为了一种至少是阶段的追求。尽管这样一来，行为的道德价值就会不存在了，但并不是每一个行为有应当并且都能够出于对道德的积极的贡献。一个人可以出于道德，在主观上使自己行动的准则能够成为一条普遍法则，但同时这种行动仍然能够选择客观的对象。道德律不规定如何与人为善才是最道德的，不在命令人诚实的时候让他必须马上在现实中做出一个诚实的举动给人看，也不强求人必须像康德所建议

① ［德］康德：《教育学》，李秋零译，载李秋零主编《康德著作全集》第 9 卷，中国人民大学出版社 2010 年版，第 451 页。

② 同上书，第 477 页。

③ 同上书，第 453 页。

④ 邓晓芒：《康德自由概念的三个层次》，《复旦学报（社会科学版）》2004 年第 2 期，第 26 页。

的那样，“穿黄色的背心，就得配上褐色外衣”①。它规定的是人的行动，而不是行动的对象，它不考虑行动的后果，所以人们有权以另一些能力对后果进行考虑，比如通过一般的实践理性或者知性。康德说，“幸福原则虽然可以充当准则，但永远不能充当适宜作意志法则的那样一些准则……这方面的每个判断……可以给出一般性的规则……在这里任意的客体为任意的规定提供了基础，因而必须先行于这个规则”②，这就是非道德的领域，自由意志及其立法只在这个领域的边缘进行警戒，至于人们在这个领域之内做什么，这属于任意的自由。人能够任意地发动一个行动，而不是像动物那样只有动作。

任意的自由是幸福的保障，它确保了人可以自发地去追求某种东西，这种自发性是理性存在者所独有的。动物也能够享受到感官快适的福，但那种享受是自然所赋予，被自然规律所规定的，它是必然的。动物的欲求无非食欲性欲，它们都有固有的规律。动物从来没有实现自己，是自然在帮他们保持自己。如前所述，笛卡尔表达过动物是机器的机械论观点。人也有动物性的一面，但人更有任意的自由，这使得人不必受到自然规律的束缚，而能运用自然规律实现自己的目的，这目的不是由自然得出的，而是人任意决定的。

人不是动物，同样，人也不是神。神作为无限的理性存在者，他的认识和他的公义即道德是统一的，神的任何一个举动都充满着道德的意义。人作为有限的理性存在者并不具备这一条件，很多情况下，人的行动的道德价值是不明确的，人拥有一个非道德的领域。非道德并不是不道德，它可以是无关道德。在传统的思想中，如古希腊那三派哲学家一样，幸福要么被看做自身就是道德的，要么被视为是道德的结果。各种明智的教训告诉人们：如此做，如此生活，才是道德的。他们都把幸福与道德以某种方式捆绑在一起。幸福承担了太多属于道德的东西，道德给它加上了繁重的劳役。但不是每件事情都属于道德行动。康德说，“意志自律是一切道德律和与之相符合的义务的唯一原则：反之，任意的一切他律不仅根本不建立任何责任，而且反倒与责任的原则和意志的德性相对立”。③ 意志自律

① ［德］福尔伦德：《康德生平》，商务印书馆1986年版，第51页。

② ［德］康德：《实践理性批判》邓晓芒译，杨祖陶校，人民出版社2003年版，第48页。

③ 同上书，第43页。

不仅是道德的根本，恰恰也是幸福的生机之所在。任意不能建立责任，那么任意的自由所追求的幸福也可以从强制的责任中解脱出来。在某些世俗的人眼中，一个不幸福的人不仅是悲惨的，甚至是可憎的，因为他们把幸福看做是人的责任，责任的未完成当然会有损那个人的人格。但在另外一些人眼中，不幸福的人是悲惨的，这种悲惨是可怜的。康德虽然把要发展自己的才能作为人对自己的积极义务，但是发展才能不代表获得幸福。幸福所需要的机会和运气并不会均等地眷顾每个人。然而道德法则是均等地对待每个人的。如果给种种以幸福为目的的任意行动增加一个道德的审查，把幸福与道德紧紧地捆绑在一起，那么这里就隐含着极大的不公平。因为机会和运气作为偶然的因素是无法被认识所把握的，这是人的有限性所决定的。康德的方向是反过来的，从道德出发，以道德作为配得幸福的条件，但这同样也遭遇到人的有限性，因此它被放到至善的问题中，通过悬设来加以保证。

在通常的观点里，幸福与道德是双向捆绑的。不仅不幸福有可能招致鄙视和憎恨，不道德也有可能招致对幸福的指责。在康德这里，道德通过自由意志迫使幸福中立，幸福就可以既不成为对道德的评价，也不被当作道德评价的对象，于是在幸福面前，道德也中立了。如果一个人以幸福作为意志的规定根据并因此做出了不道德的行为，幸福有理由拒绝对此承担任何责任。就好像贪财是违背道德法则的，但拥有很多财富本身无过错。小偷行窃不是因为被盗者太富有，因为有很多富有的人，但他并没有每个都偷遍；也不是因为自己想变得富有，因为有多种途径能够使人变得富有——他可以辛勤劳动，可以投机经营，当然也可以如他选择的那样去盗窃。在这里，道德所谴责的是小偷的不受限制的任意，而不是任意所追求的幸福。幸福不仅不应当因为不道德的行为而承受指责，还有权和道德法则一道对恶行加以谴责，因为它破坏了他人和自己的幸福。

幸福有赖自由，幸福不是道德，这两点是幸福之幸。以这两点为基础，幸福就不被机械决定，也被不机械地追随；幸福不被道德绑架，也不脱离道德。幸福的可能性就在于此。

非道德的领域为幸福保证了巨大的空间，但幸福终究不能逃脱种种限制。在时间上，就算再持久的幸福感受都会有终结的时候，如果要评价某个人一生都是幸福的，那么也只能在他死后进行评价，因为那时他已经没有在现世不幸福的可能性了。但这种评价也是相对的，因为人在此生的幸福是自身幸福，它与人的内感官有关，如果他还有内感官，那么他还有不幸的可能性，如果他没有内感官，谁知道他幸福与否呢？旁人只能从自己获得的感性表象中得出一种印象，但无法断言某个人实质的幸福。亚里士多德曾经注意到这个问题。在他看来，人在死后才被盖棺定论为幸福的是荒唐的，即使死后也不能论定，因为虽然死者的幸福不随着他的家人的幸福而改变，但完全排除这种影响也是荒谬的①。他看到了幸福随时都具有暂时性和相对性。因此，幸福本身有成为不幸的危险。圣经里的传道书有云“我心说：好吧，再试试享乐，你尝尝幸福！谁知那也是嘘气——那欢笑我叫它‘发疯’，享乐——又有何用？”② 传道书的作者并没有因此拒绝幸福。他看到包括幸福在内的整个自然界，凡事皆有定时，人的任何行动都没有个体独立的意义，于是他反复地说“所以人生幸福，莫如吃喝，享受自己的辛劳所得”③，“我明白了，人生幸福，莫如及时行乐而成善”④，“我看得清楚，人生幸福莫如及时行乐，享受他的产业”⑤，及时行乐是人们最直接的反应。因为一切都是空虚无内容的，所以人只有不断地追逐眼前暂时的内容。法王路易十五说“我死以后，哪怕洪水滔天（Après moi，le deluge）”，就是对人的这种无力状态的反应。圣经的传道书终结于这样一个结论：“一言以蔽之，就是要敬畏上帝，谨守他的诫命；且应人人做到。因为万事皆要由上帝审判，一切隐秘，无论善恶。”⑥

康德作为主张意志自律而非他律的哲学家，对这样的回答显然不会满意。但他看到，只要不为人悬设一个永恒的进程，人就不可能完全符合纯粹实践理性，甚至会陷入懈怠与失望。人必须有希望，必须有至善的理想。在物理世界和人的现实生活中，理想遭到各种否定甚至是嘲笑。比如物理学中的各种理想状态都只是某种理论的表象，它们不能被实际经验

① ［古希腊］亚里士多德：《尼各马可伦理学》，廖申白译注，商务印书馆2003年版，第26—27页。

② 《智慧书》，冯象译注，牛津大学出版社（香港）2008年版，第444—445页，传道书2：1—2。“嘘气”在圣经和合本中为“虚空”。

③ 同上书，第446页，传道书2：24。

④ 同上书，第447页，传道书3：12。

⑤ 同上书，第448页，传道书3：22。

⑥ 同上书，第465页，传道书12：13。

到，只能为人的假设提供一个可能的尺度；一个人表达自己的理想，也经常为他人所不解甚至嘲笑，“你太理想了”这句话并不是一句称赞。但是在日常语言中，人们还有另一种表达。比如当被问到某人某事的情况怎么样时，往往有人会这样回答——“情况不理想”。可见在他们看来不理想也不是一件好事，更重要的是，说某事不理想，那就已经有一个理想了。每个人都有理想，最高的理想就是至善。这理想尽管不能实际实现出来，但它并不是虚拟语气而是实践的设定，它是永远的将来时。这种将来时使得人的生命有了一种方向，不仅仅是时间流逝的方向，而是向善的方向。以这种绝对的善作为标杆，人的每个有限的行为和每种有限的幸福就都能找到自己的位置。

康德把永福置于至善的理想中，提前声明它不可能在现世达到，但又不将它彻底取消，这就使得人们能够不为理想狂热，也不为无理想而沉沦，而是在一个永恒的进程中逐步地实现自己，这是对人的肯定，也是对永福的肯定。

然而永福无论如何也不是对此生幸福的直接肯定。此生的幸福不是普遍的观念，也不是个别的对象，这些都是静态的。幸福的出路要到动态中寻找。任意的自由保证了动的可能，而动的方式则是康德所没有详细涉及的。在亚里士多德那里，“幸福是灵魂合乎完满的一种合于完满德性的实现活动”。[①] 作为实现活动，它具有持续性，贯穿人的一生，“是一个目的或某种完善的东西”[②]。康德虽然认为幸福并不在活动中，在他看来活动只与道德有关，但幸福也同样能够作为某种目的而出现在人的视野里。在《判断力批判》第 83 节之后，康德对幸福与目的的关系进行了说明。他认为世俗的幸福是自然的目的，它体现为人通过大自然而得到满足。如果人不仅仅是通过自然，而是利用自然达到幸福，就产生了文化，文化是人对目的的适应和熟巧。这一切都不超过自然的边界。幸福是自然的最后目的，它也可以作为个人自己最后的主观目的，但并不是创造的终极目的，它是有条件的目的。在理性存在对整个世界的创造中，终极目的是人，更确切地说是人的存有。在自然的目的论中，幸福虽然总是作为后果出现

① ［古希腊］亚里士多德：《尼各马可伦理学》，廖申白译注，商务印书馆 2003 年版，第 32 页。

② 同上书，第 29 页。

的，但在道德的目的论中，它本身也可以成为终极目的的条件，终极目的就是“通过自由而得以可能的、这个世界中的最高的善”[1]，它是由道德律所规定的。康德说“人得以在上述法则之下树立一个终极目的的那个主观条件，就是幸福。因此，在这个世界中所可能的，并且就我们而言可以作为终极目的来促进的最高的自然的善，就是幸福，就是在人与德性法则相一致的客观条件之下、即在配得幸福的条件下成为幸福的”。[2] 在这里我们可以看出，幸福是终极目的亦即现世中最高的善的主观条件，如果没有幸福的参与，在现世中就不会有最高的善。一个既不缺乏德行也不缺乏熟巧的人也有可能得不到幸福，这就产生了遗憾，如果他非但没有得到幸福反而遭遇不幸，这就成为了悲剧。在悲剧中，命运的客观目的神秘而不可知，它无视人的一切道德和智慧，无情地摧毁其实现终极目的的主观条件，即幸福。在悲剧中，一个拥有无限的道德抱负而只有极其有限的过失和疏忽的人物，最终也可能造成难以挽回的局面，为自己和他人带来难以承受的后果。他的英雄气概和悲壮情怀并不能单独地带来善。善必须有幸福的参与。

幸福作为这样一个不能撇开的目的，需要通过一定的手段来实现。在其中，教育是重要的一环，它不是命令，而是培养。康德认为“属于实践教育的有：1. 技能；2. 善于处世；3. 道德性。”[3] 在这里，他像亚里士多德一样对它们进行展开，技能“必须是精湛的，而不是短暂的，……它是一个人的品质的本质”；善于处世“在于把我们的技能用于人身上的艺术”；道德性则“有益于品质”[4]。康德的教育过程是开发人的自然能力，并培养人从自然走向自由的过程。自然和自由都是幸福的要素：“人的欲望要么是形式的（自由和能力），要么是质料的（与一个客体相关），是妄念或者享受的欲望，最后，要么把二者作为幸福的要素，与其纯然的延续有关。”[5] 对于康德来说，这种形式与质料相结合的欲望，就是对生活，对健康，对安逸的爱。以它为要素，幸福才能够在人的生命中产生和延续。

---

① ［德］康德：《判断力批判》，邓晓芒译，杨祖陶校，人民出版社 2002 年版，第 307 页。

② 同上。

③ ［德］康德：《教育学》，李秋零译，载李秋零主编《康德著作全集》第 9 卷，中国人民大学出版社 2010 年版，第 486 页。

④ 同上书，第 486—487 页。

⑤ 同上书，第 492 页。

在《教育学》中，康德表达了他所理解的天意的呼唤："到世上去吧，——造物主就能够这样与人说话！——我为你配备了一切向善的禀赋。发展它们就靠你了，所以你自己是否幸福就取决于你本人。"[①] 这一段话集中地表达了康德对幸福的态度：人能够发展从自然中得来的向善的禀赋，又能够自由地决定自己的幸福。在纯粹实践领域对种种幸福的否定与排除本身就是自由地对自己的幸福进行安置，它以否定的方式把幸福从单纯的目标引向了下一个阶段，即幸福的追求和实现。幸福的追求需要熟巧和智慧，幸福的实现有赖于教育与启蒙。

在这里我们可以得出结论，康德的幸福观并不是浅薄的甚至有偏见的，他本人对幸福的实现具有很充分的意识。他之所以没有提出一门幸福学说，不是因为道德哲学的限制取消了幸福的地位，而是因为他的幸福观十分传统，还不能成为一种拥有全面创新的学说。他的突破主要在于对自由的强调，这是启蒙哲学家的新特点。尽管在幸福与德性何者为更高目的的问题上，康德与亚里士多德有着完全相反的观点，但在有关幸福的细节方面，他离开亚里士多德的传统幸福学说并不太远。

亚里士多德认为幸福不是品质，是"因其自身而不是因某种其他事物而值得欲求的实现活动"，"是不缺乏任何东西的，是自足的"[②]，它不是消遣与快乐，而是合乎德性的实现活动。这种实现活动就是沉思。沉思是高等的，连续的，令人愉悦的，自足的，单纯的和闲暇的[③]。如果我们看看康德本人的生活，我们就会发现，他本人所过的就是这样一种沉思的生活。尽管与常人相比他省去了很多感官享受，但他如此度过的一生也足以称得上是幸福。如果亚里士多德能够看到这个晚辈的沉思生活，不会对此不加以肯定。

（作者系华中科技大学哲学系博士生）

① ［德］康德：《教育学》，李秋零译，载李秋零主编《康德著作全集》第 9 卷，中国人民大学出版社 2010 年版，第 446 页。

② ［古希腊］亚里士多德：《尼各马可伦理学》，廖申白译注，商务印书馆 2003 年版，第 303—305 页。

③ 同上书，第 305—306 页。

# 敬　重

## ——一种积极的道德情感

王福玲

［内容提要］敬重是康德在道德评价中唯一给予正面肯定的一种情感。道德律作为动机直接规定意志正是通过这一情感才得以运行的。敬重是一种否定性的情感，但更是一种积极的、肯定性的情感。道德律是它的唯一根据，也是最大的敬重对象。在有限的理性存在者身上就表现为对其人格中的人性的敬重。人在这种道德情感的激发下不断地超越自身的有限性而迈向崇高，人性也因此得到升华。

［关键词］敬重　道德律　道德情感　人性　尊严

在康德哲学中，敬重作为一种道德情感，因其必然带来对感性偏好的抑制和否定，一直被认为是一种消极的、否定性的情感。然而就敬重的内在根据——道德律是内在于人心的这一点来说，敬重这种道德情感也是对人的尊严的认可，因此，它更应该被视为是一种肯定性的情感。本文试图通过对敬重作为动机的作用机制的考察将敬重展示为一种积极的、提升人性的道德情感。

### 一　敬重作为动机

康德说“行动的一切德性价值的本质取决于道德律直接规定意志”①，也就是说，行为是否拥有道德价值在于其行为是否单纯出于义务，而没有任何感性因素的参与。那么如何理解出于义务而行动呢？

① 康德：《实践理性批判》，邓晓芒译，杨祖陶校，人民出版社2006年版，第98页。

在康德看来，人作为一个双重存在者，同时兼有感性存在者和理性存在者的属性。作为感性存在者，他的行动必然会受到爱好和感性冲动的刺激；但作为理性存在者，他的意志可以摆脱这种影响，并直接被道德法则所规定。因此，人的意志也就兼有不纯粹和纯粹这两种属性。上帝的意志是纯粹的、神圣的，在它那里也就不存在行为有无德性价值的问题，因其意志欲实现的和道德律所要求的是完全吻合的，无所谓“规定”。在动物身上，其意志又完全受感性欲望的刺激，只有动物的任意，根本谈不上“规定”，道德价值的问题更无从谈起。只有在人这样一个有限的理性存在者身上，意志作为一种将自己实现出来的能力，既可能受感性刺激的影响，也可能受道德律的规定。当意志受感性刺激影响时，所表现出来的是不纯粹的意志，类似于动物身上的任意；当被道德律所规定时，表现出来的是纯粹的意志，这是人的神性的体现，是人区别于动物的本质所在。作为现象界的感性存在者，他不可能像上帝那样完全摆脱感性冲动和爱好的影响；但作为本体界的理性存在者，他又总是想把那种纯粹意志，也就是纯粹实践理性在现实生活中实现出来以彰显他自己真正的人性（神性）。这样一来，他要在现实中表现出行动就必须有一个感性动机，一个促使他行动起来的“发条”。那么，拿什么来充当这种动机呢？

如果感性冲动和爱好充当了这种动机，成为意志的规定根据，其行为可能符合道德律，但却不能确保它具有道德性。要保证这种动机必然地符合道德法则，我们显然就不能从道德之外的地方来寻找这种动机的来源，否则就会不可避免地导致伪善。因此，道德律就只能自身充当这种动机。动机作为“存在者意志的主观规定根据”,[①] 属于现象界的，是促使我们行动的“发条”，而道德律则属于本体界。因此，我们无法直接看出道德律作为动机的运行机制，也就是说，它作为动机是如何必然地引起我们在现象界的行动的？这仍是一个未给予解决的问题。迄今为止本体界的道德律要下降到现象界还缺少一个中间环节，这个第三者必须同时兼有两个世界的属性。

康德认为，道德律何以能够在自身中充当一种动机的那个根据，如同自由意志如何可能的问题一样是人类理性无法解决的，我们需要指出的只是它作为这样一种动机在内心中所起的作用。而这种作用也正是通过连接

① 康德：《实践理性批判》，邓晓芒译，杨祖陶校，人民出版社 2006 年版，第 98 页。

本体界与现象界的这个第三者得到展示的。于是，康德找到“敬重”这种道德情感作为道德律充当动机所采取的形式。康德说：“我直接认做对我是法则的东西，我亦以敬重认识之，敬重仅仅意味着我的意志无须对我的感官的其他影响的中介就服从一个法则的意识。意志直接为法则所规定以及对此的意识就叫做敬重。”① 这种意识也可以理解为是对法则（道德律）的一种表象，而人正是按照这种对法则的表象而行动的。敬重作为动机使德性法则自身成为准则，而道德律则任何时候都必须是敬重在主观上和客观上的根据。他说：“人的意志的动机（以及任何被创造的有理性的存在者的意志的动机）却永远只能是道德律，因而行动的客观规定根据任何时候，并且惟有它才同时必须又是行动的主观上充分的规定根据，如果这种行动应当实现的不只是法则的不包含其精神的条文的话。……于是对法则的敬重并不是对德性的动机，相反，它就是主观上被看做动机的德性本身。”② 对于人这样一个其行为需要一个激发机制的有限的理性存在者来说，敬重就充当了这种激发机制，它的根据就在于纯粹实践理性，在于道德律。

那么敬重作为动机是何以可能的呢？或者说，敬重是在什么意义上兼有两个世界的属性呢？这就涉及敬重的具体运作机制。

## 二　敬重作为动机的运作机制

道德律作为动机在内心中所起的作用首先是一种否定性的作用，它通过对感性爱好的拒斥中止自矜、消除自大，同时产生谦卑，进而提升为敬重。敬重是道德律作为动机所采取的形式，这种道德情感区别于病理学上的情感。

### 1. 中止自矜，消除自大

人，作为感性世界的一员，同样拥有动物本能，按照其自然本性，他的意志会受到爱好和感性冲动的影响。德性法则对意志的直接规定就要求意志摆脱所有其他由感官而来的情感对意志的影响，甚至在爱好或冲动有

① 李秋零主编：《康德著作全集》第4卷，中国人民大学出版社2005年版，第408页。

② 康德：《实践理性批判》，邓晓芒译，杨祖陶校，人民出版社2006年版，第98—104页。

可能违背这法则时中止这些爱好。因而，不可避免地会“有损于我的自爱的价值”[①]，带来一种对建立在情感上的一切爱好和感性冲动的否定的情感。因此，在现象界看来，道德律作为动机，它的作用只是否定性的，甚至不可避免地会是一种痛苦的情感，因为它损害着我们的一切爱好。这种否定性的情感在康德看来有两个层次，一是中止自矜，一是消除自大。所谓自矜，在康德看来就是爱己，“自爱的，即对自己本身超出一切之上地关爱的自私”。[②] 道德律对此只是中止，将其限制在合乎德性法则的范围内，使之成为“有理性的自爱”。消除自大则是在更深层次上的一种否定。自大是“对自己本身感到称意的自私”[③]，即基于感性之上对自我尊重的过分要求，对自己作为感性存在者，行动出于本能这种现状的称心如意，甚至还力图将这种偏好当做一条立法性的实践原则。这就对道德律的立法地位提出了挑战，或者至少是一种侵蚀。道德法则对此是决不姑息的，所以必将消除自大。

### 2. 谦卑和敬重

道德律在中止自矜，消除自大时随之带来的是一种谦卑，即当我们把德性法则与自己本性的感性偏好相比较时，就会意识到我们自身的渺小和有限性，因而感到谦卑。“人的道德价值与法则相比较的低能意识和情感就是谦卑（道德上的谦卑）。”[④] 它是一种否定所有其他由感官而来的情感的情感。“道德律客观地、直接地在理性判断中规定意志；但只有通过法则才能规定其原因性的自由却正在于，它把一切爱好，因而把个人的自尊都限制在对自身纯粹法则的遵守这一条件上。这一限制于是就对情感发生作用，并产生出能够出于道德律先天地认识到的不愉快的感觉。”[⑤] 这种否定性的作用产生于纯粹实践理性的影响，而主体的那种以爱好作为根据的活动以及由此而来的价值由于与道德律不相一致而遭到贬损，“这种法则对情感的作用就只是使之谦卑”。[⑥] 这种谦卑感首先是作为现象界那种

---

① 李秋零主编：《康德著作全集》第4卷，中国人民大学出版社2005年版，第408页。

② 康德：《实践理性批判》，邓晓芒译，杨祖陶校，人民出版社2006年版，第100页。

③ 同上。

④ 李秋零主编：《康德著作全集》第6卷，中国人民大学出版社2007年版，第445页。

⑤ 康德：《实践理性批判》，邓晓芒译，杨祖陶校，人民出版社2006年版，第107页。

⑥ 同上书，第108页。

否定性的情感被认识，但同时，谦卑也是我们对作为意志规定根据的德性法则的意识。它是“相对于法则的纯粹性才发生”①，是当我们立足于自己是一个感性的存在者时，将自身的有限性与法则的纯粹性相比较中所产生的一种自我否定的情感，是对出于爱好的感性动机的抵抗。道德律的作用可以说是双重的，它借助对这些感性动机的贬低彰显了自身的崇高和纯粹。当主体意识到法则的这种崇高性时就在“智性方面”，即出于理知认识，提升了对法则的尊重。由此，那种否定性情感“在纯粹实践理性的限制性根据方面就是肯定的”②，也就是说，这种否定性作用的根据来源于本体界的纯粹实践理性——德性行为的规定根据，就此而言，它是一种肯定性的情感。谦卑也因此而提升为敬重，可以说，谦卑是敬重的一种先行情感、先行状态。德性法则“就其是肯定的并且是规定根据而言，就为自己唤起敬重”③。这种肯定性的情感还可以这样来理解，康德说“对于这种法则根本没有任何情感发生，而是在理性的判断看来由于克服了前进中的阻力，对障碍的消除就等于是对这原因性的一种肯定的促进了”④。法则通过使自大谦卑化而削弱了各种爱好在它直接规定意志时的阻碍性影响，对一项活动阻力的减少也就是对这种活动本身的促进了。所以对道德律的敬重就成了一种肯定性的情感。

由于谦卑是对其他情感的一种否定性的作用的表现，因此，对情感的否定本身也是一种情感，这是“一个被爱好所刺激着的有理性的主体”⑤的情感。然而，作为道德意识的作用，谦卑的根据则是肯定性的，它有着某种智性的原因——道德法则，由此也就赋予了这种情感以道德的含义，谦卑也就上升为积极的、肯定性的对法则的敬重，二者合起来就有了道德情感的称谓。事实上，否定性的谦卑和肯定性的敬重只是同一种情感的辩证的表现。

### 3. 敬重区别于病理学上的情感

康德说：“通过法则而对意志的直接规定以及对这种规定的意识就叫

① 康德：《实践理性批判》，邓晓芒译，杨祖陶校，人民出版社2006年版，第108页。

② 同上书，第102页。

③ 同上。

④ 同上书，第103页。

⑤ 同上。

做敬重。"[①] 敬重作为一种道德情感，区别于其他由爱好和冲动而引起的感官上的那些情感，它不是那种病理学上的情感，即不是由一个感性对象引起的，而是"通过一个先行的（客观的）意志规定和理性的原因性才可能的"。[②] 敬重与道德律有着必然联系，这种情感是从纯粹实践理性的影响中产生出来的。它没有经验性的起源，是继道德法则的意识之后才出现的，因此不是先天必然就有的。但却是唯一可以先天认识的情感。因为它的根据在于法则，理性存在者可以通过理性认知先天地认识到这种情感。这种道德情感是内在于人心的，康德说："没有人不具有任何道德情感；因为如果对这种感受完全没有易感性，人在道德上就会死了，而如果（用医生的话说）道德的生命力不再能对这种情感造成任何刺激，那么，人性（仿佛是按照化学法则）就会化为纯然的动物性。"[③]

由此可以看出，敬重这种道德情感是立足于人的有限性，对人作为一个超感性实存的崇高性的意识，是仅仅适用于人的道德情感。因此，敬重作为一种道德情感也就同时兼有了两个世界的属性，即它既是一种属于现象界的感性的情感，同时又有着本体界的道德的属性。这也就回答了敬重作为动机何以可能的问题。以上对敬重的运行机制的这种分析能够帮助我们更本质地看待敬重这种道德情感。

## 三　敬重是一种积极的道德情感

敬重是一种复杂的道德情感，它对感性冲动的拒斥和贬损很难说能带来任何愉快的情感，但当人通过理性认知意识到自身作为道德本体存在者的崇高时又会带来一种超然的愉悦。正是这种情感激励着人超越有限，走向无限，实现人性的提升和完善。

### 1. "敬重很难说是一种愉快的情感"，"但毕竟又很难说有不愉快"[④]

"关于意志自由地、却又与某种不可避免的、但只是由自己的理性加

① 李秋零主编：《康德著作全集》第 4 卷，中国人民大学出版社 2005 年版，第 408 页。
② 康德：《实践理性批判》，邓晓芒译，杨祖陶校，人民出版社 2006 年版，第 100 页。
③ 李秋零主编：《康德著作全集》第 6 卷，中国人民大学出版社 2007 年版，第 412 页。
④ 康德：《实践理性批判》，邓晓芒译，杨祖陶校，人民出版社 2006 年版，第 106 页。

于一切爱好上的强制结合着而服从法则的意识，就是对法则的敬重。"①对于一个被爱好所刺激着的有理性的主体来说，道德律必然表现为义务。它由于要排除一切出自爱好的规定根据而不可避免地带有强迫，来自这种强迫意识的情感是一种否定性的、消极的情感。它总会贬损着我们自然本性中的自爱，从而产生一种痛苦的情感，所以当我们陷入这种情感时总是不情愿的。康德说："这种情感作为对法则的服从，即作为命令（它对于受到感性刺激的主体宣告了强制），并不包含任何愉快，而是在这方面毋宁说于自身中包含了对行动的不愉快。"② 为了弥补由谦卑带来的心中的落差，我们甚至会试图在体现法则的榜样身上寻找瑕疵，或者力图证明道德法则的不可行性和虚幻性来缓和自贬给我们带来的冲击。例如，当一个人发现自己不愿意遵守的道德律是一条根本就行不通的法则，或当他发现那个被人们所敬重的榜样竟也还有很多不为人知的缺点时，他就会产生一种自满、自我安慰，甚至让潜伏于心中的自大抬头。在康德看来，即使你的这种力图摆脱敬重所带来的冲击的努力，贬低道德律的意图，也从反面证明了道德律本身的崇高，证明了道德律对感性刺激的巨大的强制力。

"尽管如此，在这里面却毕竟又很难说有不愉快：以致当我们一旦摆脱了自大并允许那种敬重产生实践上的影响，我们又可以对这条法则的美妙庄严百看不厌，并且当灵魂看到这条神圣的法则超越于自己和自己那脆弱的天性之上的崇高性时，便会相信自己本身在这种程度上被提高了。"③一旦我们摆脱自大，就会看到法则的崇高性是如何超越并压制我们脆弱的自然本性的，敬重就由此产生了实践性的影响，变成了一种积极的肯定性的情感。这时，我们已经不再仅仅停留在那种谦卑的消极情感中，而是同时萌生出一种高山仰止的情感，激励我们无限地向它靠近的情感。同时，当我们意识到这种强制根源于具有内在价值的纯粹实践理性，而且这种理性又内在于我们自身时，那种不愉快的情感就得到了升华。这是一种对作为本体存在的自我的肯定，这种肯定就是一种愉快的情感。

**2. 敬重是对尊严的认可**

尊严是构成某物能够作为目的自身的条件，因而是一种具有绝对价值

① 康德：《实践理性批判》，邓晓芒译，杨祖陶校，人民出版社2006年版，第110页。

② 同上。

③ 同上书，第106页。

的东西。康德说："在目的王国中，一切东西要么有一种价格，要么有一种尊严。有一种价格的东西，某种别的东西可以作为等价物取而代之；与此相反，超越一切价格、从而不容有等价物的东西，则具有一种尊严。……构成某物惟有在其下才能是目的自身的那个条件的东西，则不仅具有一种相对的价值，亦即一种价格，而且具有一种内在的价值，亦即尊严。"① "目的自身"是一种是对一切理性存在者都有效的客观目的。理性存在者的本性——设定目的的能力，将自己凸显为目的自身，因而具有一种绝对的内在价值，尊严正是这种绝对价值的体现，是一种使人超越于其他物种的高贵性、特权。

理性存在者作为目的主体，拥有了在目的王国中普遍立法的参与权，由此，他所服从的就不是一种外在的法，而是他作为道德实践理性主体为自己所立的法，是自律。"自律就是人的本性和任何有理性的本性的尊严的根据。"② 人之所以崇高，之所以有尊严，并不是因为他服从道德法则，而是因为他服从的是自己所立的法，且正因其是自己所立的法才去服从，即理性存在者自立法自守法。因此，康德说："人性的尊严正在于这种普遍立法的能力，尽管是以它同时服从这种立法为条件。"③ 作为一个仅拥有不纯粹意志的理性存在者，当我们与道德法则的神圣性和崇高性进行比较时，我们将会意识到自身的有限性，不纯粹性，由此不可避免地产生一种真正的谦卑。但当我们同时把自己视为理知世界的一员、目的王国的立法者时，又意识到自己所服从的法正是自己作为道德实践理性主体所立的法，是一种内在的立法，这时便会作出对自己内在价值的最高评价，从而感到自身的尊严，这种尊严就唤起了人对自己的敬重。敬重作为一种道德情感就是对人的尊严的认可，对人作为本体存在的肯定。

理性存在者作为道德实践理性的主体，拥有尊严，"借此，他迫使所有其他有理性的世间存在者敬重他"。④ 人的尊严就在于其人格中的人性，在于他可以作为目的自身而实存，在于意志自律，在于道德性。借此，他就有资格、有权利要求别人敬重自己。因此，人也就有义务使自己不失去

---

① 李秋零主编：《康德著作全集》第 4 卷，中国人民大学出版社 2005 年版，第 434—435 页。

② 同上书，第 436 页。

③ 同上书，第 440 页。

④ 李秋零主编：《康德著作全集》第 6 卷，中国人民大学出版社 2007 年版，第 435 页。

这种被敬重的资格，即通过履行义务，不断摆脱身上的动物性，提升人性，进而拥有尊严，这是人对自己的义务。但这并不是说人有敬重自己的义务，而是说人有义务让自己不失其敬重的资格。正如康德所说："如果说人有自重的义务，那么这种说法就是不正确的，而毋宁是必须说：人心中的法则迫使他不可避免地敬重他自己的本质，而这种情感（它是一种独特的情感）就是某些义务，亦即某些能够与自己本身的义务共存的行动的一个根据；而不是说：人有敬重自己的义务；因为人必须对内心的法则本身持有敬重，哪怕只是为了可以设想一种一般的义务。"①

同时，既然人性的尊严就在于人不能被任何人单纯作为手段来使用，而是任何时候都必须同时作为目的来看待，由此，人就高于其他一切事物，具有绝对价值。所以，"就像他不能以任何价格出卖自己（这会与自我珍重的义务相抵触）一样，他也不能与他人作为人同样必要的自我珍重相悖而行动，也就是说，他有责任在实践上承认任何其他人的人性的尊严，因此，他肩负着一种与必然要向每个他人表示的敬重相关的义务"。②对他人表示敬重，也就是对其身上一种尊严的认可。因此，人有对他人表示敬重的义务。康德将对他人的这种敬重视为在实践意义上的敬重，即"通过一个他人的人格中的人性之尊严来限制我们的自我评价的一个准则"。③

### 3. 敬重是一种提升人性的道德情感

康德说："人有义务：努力脱离其本性的粗野，脱离动物性，越来越上升到人性。"④ 人具有感性存在者和理性存在者的双重本性，而真正将人区别于其他物种的显著特征则是人的理性本性。因此，作为有限的理性存在者，我们就有义务摆脱身上的物性，突显神性。黑格尔也说："人既是高贵的东西，同时又是完全低微的东西。它包含着无限的东西和完全有限的东西的统一。一定界限和完全无界限的统一。人的高贵处就在于能保

---

① 李秋零主编：《康德著作全集》第 6 卷，中国人民大学出版社 2007 年版，第 399 页。

② 同上书，第 462 页。

③ 同上书，第 449 页。

④ 同上书，第 387 页。

持这种矛盾，而这种矛盾是任何自然东西在自身中所没有的也不是它所能忍受的。”[①] 人性不是静止的，而是一个动态的过程。真正的人性就是人不断超越自身有限性和物性，向着无限性和神性迈进的过程，是一个不断完善的过程。敬重可以说是完善人性的动机，是一种提升人性的道德情感。

只有在人这种双重存在者身上才有道德法则的纯粹性和有限存在者的局限性的冲突和对立。正是这种对立让我们意识到自身的缺陷和不足，进而消除自大，产生敬重。而对于神圣的意志来说，他不存在有限性，也就不存在有限与无限的落差，因此也就不会产生敬重。立足于有限的感性存在者，我们在“与道德法则（其神圣性和严格性）的真诚而又精确的比较中，必然不可避免地得出真正的谦卑”[②]，意识到自身的渺小和脆弱，进而产生了一种否定性的情感。然而，作为一个道德的本体存在者，我们能够通过理性的认知意识到内在于自身的“神性”，意识到神圣的道德律就是内在于我们自身的纯粹实践理性，就是自由意志，意识到自己所服从的正是自身那个属于理知世界的人格，“发觉我们自己的超感性实存的崇高性”[③] 时，就会“带有崇敬地在与他的第二个和最高的使命的关系中看待自己的本质”，并以“最高的敬重看待这个使命的法则”。[④] 这是对我们自身神性（道德性）的认可，这种神性不可避免地激发我们按照道德法则的要求行动，这时，我们的人性也就得到提升，而不仅仅停留于自然本性之上了。人性的完善就是在敬重这一动机的推动下，不断从有限向无限的进程。

由此看来，敬重从它更本质的意义上来说是一种积极的、肯定性的道德情感，是提升人性的一种激发机制。谦卑是在理性克服人的感性局限性时显示出来的一种否定性的情感，它可以看做是敬重在现象界的表现，是产生敬重的一种先行意识或先行状态。敬重是人心中原本就有的道德情感，在康德看来，没有敬重，人性就会变为纯粹的动物性，人也就丧失了其存在的根本。“人心中的法则迫使他不可避免地敬重他自己的本质。”[⑤]

① 黑格尔：《法哲学原理》，范扬、张企泰译，商务印书馆1982年版，第46页。

② 李秋零主编：《康德著作全集》第6卷，中国人民大学出版社2007年版，第446页。

③ 康德：《实践理性批判》，邓晓芒译，杨祖陶校，人民出版社2006年版，第120页。

④ 同上书，第119页。

⑤ 李秋零主编：《康德著作全集》第6卷，中国人民大学出版社2007年版，第415页。

敬重激励他努力去实现自己作为一个道德存在者的本质，这种激励就是一个提升的过程。在敬重这种道德情感的激发之下，人不断地向“神圣意志”这个道德上的理想迈进，去实现自己的本质。

（作者系武汉大学哲学学院伦理学专业2009级博士生）

# 论自由论题在康德伦理学中的地位

高君路

［内容提要］“自由”论题在康德伦理学中具有举足轻重的地位。本文分三个部分说明这一观点：先厘清康德伦理学对“自由”的界定，然后说明康德伦理学中“自由与道德法则的关系”、“自由与道德评价的关系”、“自由与必然的关系”，最后说明康德对“自由”论题在伦理学中的定位，其理论特色及其意义。文章结尾处对康德伦理学中的“自由”论题做了进一步的反思。

［关键词］自由论题　康德伦理学　地位

## 一　康德伦理学对“自由”的界定

康德认为，我们可以从两种意义上来理解“自由”，即“消极理解上的自由”与“积极理解上的自由”[①]。所谓“消极理解上的自由”，指的是人作为理性存在者“对于法则的一切质料（也就是对一个欲求的客体）有独立性”[②]。这里的“质料”，指的是作为法则适用对象的经验内容。因而可以说，消极理解上的自由，就是指人可以摆脱一切经验因素的制约做出自己的选择。

康德还从人与动物相比较的角度，对消极的自由做了进一步的阐述。康德认为，动物的行为完全受必然性所支配，因为动物是一个没有理性的存在者，没有对对象下判断的能力。而人的消极意义上的自由则意味着，人在这一点上与动物有根本的区别，即人作为理性存在者，在实践领域可

---

① 康德：《实践理性批判》，邓晓芒译，人民出版社2003年版，第44页。

② 同上。

以独立于自然的必然性，其意志能够摆脱感性欲望的束缚。这种“消极意义上的自由”是作为一种否定性的特征存在于我们心中的，其表现就是人的自由意志具有一种不为感性动机所奴役的特征。

以上只是对自由的一个方面的理解，康德在其伦理学中更强调自由的另外一个方面，即“积极理解上的自由”[①]。“人作为感受性世界中的客观存在不仅有能力选择遵从法则，而且有能力选择违抗法则，然而人的自由作为理智世界中的存在却不能这么界定。”[②] 人作为理智世界中的存在，“纯粹的、本身实践的理性在这里是直接立法的”[③]，这是康德对“积极理解上的自由”的基本说明。国内学者将这层意思解释得更为明白：“自由的积极概念则指纯粹理性使自己成为实践的能力……人可以完全依据纯粹理性来决定自己的行为，从而成为自己行为的立法者”[④]。可以说，康德所说的“积极理解上的自由”，正是指这种纯粹的（因而是实践的）理性的自立法和自守法的能力。康德对自由的界定，其精神实质就在于强调人作为理性存在者的自立法与自守法能力。

“积极理解上的自由”落到人的行为实践层面，就是康德伦理学中的一个重要观念——“意志自律”，亦即“自由的自律”[⑤]。“自律”与“他律”相对，“意志自律”就是依己不依他，表现为人自觉地按照心中的道德律行事。正因为人作为理性存在者能够自立法自守法，具有实现“积极理解上的自由”的能力，因而能够由自己的意志做主来决定行为的规则，自己选择属于自己的行为方式；反过来说，人既然能够意志自律，由自我订立的法则来主导自己的行为方式，从而将各种经验规则置于从属的位置，这就意味着人能够摆脱他律。在康德看来，一旦在行为实践中充分发挥这种理性能力即意志自律，人就可以实现“积极理解的自由”。

必须指出，“消极理解的自由”与“积极理解的自由”并非意味着两种自由，毋宁说二者是自由的两个方面，应该是合二为一的。换句话说，在康德伦理学中，自由问题总是联系作为理性存在者的行为主体即人而言的，并无种类之别。人实现自由的能力亦即其理性能力。两种意义上的自

① 康德：《实践理性批判》，邓晓芒译，人民出版社 2003 年版，第 44 页。

② 同上书，第 158 页。

③ 同上书，第 40 页。

④ 朱高正：《朱高正讲康德》，北京大学出版社 2005 年版，第 58 页。

⑤ 康德：《实践理性批判》，邓晓芒译，人民出版社 2003 年版，第 44 页。

由，即是说我们可以从消极与积极两个方面或两个角度来理解或思考人的自由及其实现问题。因此，康德认为"有意选择行为的自由，在于它不受感官冲动或刺激的决定。这就形成自由意志的消极方面的概念。自由的积极方面的概念，则来自这样的事实：这种意志是纯粹理性实现自己的能力。但是，这只有当各种行为的准则服从一个能够付诸实现的普遍法则的条件下才有可能"①。康德有时也将两方面合起来讲，突出它们在行为选择中的作用，在这个意义上，将人的自由意志称为"择别意志"（Willkür，又译"任意"、"任性"），而"择别意志"的特点即在于"自由的任意"。"准则源于择别意志，择别意志是人随意抉择的意志……因此，只有择别意志方可称作是自由的"②，这就是说，对各种可能行为进行选择的能力即是自由的表现，其特点在于"自由的任意"。"自由的任意"之所以独特，在于它不同于动物的任意。动物的任意是在（通过感性的动因）被极度自爱刺激起来的限度之内的，它是感性的任意；而人的任意虽然也是一种感性的任意，但不是动物性的，而是自由的，感受性并不能使其行为成为必然的，这是因为人具有一种独立于感性冲动而自决的能力。动物的任意不仅由感性的冲动所激起，而且其行为为这一感性冲动所决定；而人的任意虽然是被感性动因刺激起来的，但却并不是被它们所规定的，它具有自己规定自己的能力，因而它是一种自由的任意。

综上所述，康德伦理学对自由的界定可概括为三点：其一，从消极与积极两方面来解释自由。消极意义上的自由指的是人可以摆脱感性或经验必然性的束缚，可以不采取动物那样的行为方式。"积极理解的自由"指的是人在实践领域可以自我立法，只遵循自己意志所订立的法则，也就是人自主抉择的能力。其二，将人实现自由的能力归结为人的理性能力。正是人作为理性存在，具有以理性存在者的身份来行动的能力，这就将人与动物区别开来，从而使人不像动物那样完全受自然必然性的支配，而是能够自主决定自己的行为规则，自己选择相应的行为方式。其三，在行为实践的层面，将人实现自由的方式解释为意志自律或自由，以意志的自我立法来支配行为。而意志自律正是康德解释道德法则之所以能够存在的一个基本概念。

---

① 康德：《法的形而上学原理》，沈叔平译，商务印书馆1991年版，第13页。

② 康德：《康德文集》，刘克苏译，改革出版社1997年版，第337页。

## 二 自由与康德伦理学理论要点之间的关系

在人的行为实践领域，康德对自由的解释与意志自律联系在一起，而意志自律又是康德伦理学的一个基础性观念。由此可以说，康德伦理学的起点是与自由论题相关的。下面选取康德伦理学中的几个要点，解释它们与自由论题的关联性，从而说明自由论题不仅是康德伦理学的起点，而且贯穿其整个伦理学体系。

### 1. 自由与道德法则的关系

在康德看来，自由与道德法则有着密不可分的关系，甚至可以说，“自由和无条件的实践法则两者是相互蕴含的”[①]。为什么这么说？因为康德的伦理学的核心主线是他的道德法则。康德认为，我们必须从一个纯粹实践法则（它是自身运用到其自身对象上的唯一决定者）出发，而这种法则是“基于自由的积极概念上的”。因此，自由与道德法则的关系是：“自由是道德法则的存在理由，而道德法则是自由的认识理由。”[②] 在康德看来，如果道德法则不是预先在我们的理性中被清楚的考虑到，那么我们就绝对不会认为我们有正当理由去认定某种像自由一样的东西；但是，假使没有自由，那么道德法则就根本不会被我们在内心找到。

在康德看来，道德法则不是来自经验，“德性的法则是命令”[③]；它根本不管个人的偏好，仅仅只是由于他具有（而且只要他具有）实践理性并且是自由的。也就是说，只有当人们具有自由意志，具有在各种可能面前进行选择的自由时，才有可能提出行为的各种准则的问题来。而道德法则可以作为人的行为是否合乎道德的一个评判标准，只不过它不是那种主观的行为准则，而是具有普遍必然性的客观法则。不但如此，由于只有积极的自由才导致人们对道德法则的自觉遵循，因此，康德才说自由特别是积极意义的自由是道德法则的存在理由。正是在这个意义上，康德也把道德法则称为自由法则。

---

① 康德：《法的形而上学原理》，沈叔平译，商务印书馆 1991 年版，第 13 页。

② 康德：《实践理性批判》，邓晓芒译，人民出版社 2003 年版，第 2 页。

③ 同上书，第 49 页。

反过来，由于自由概念是一个纯粹理性的理念，不能被描述为任何理论认识的对象，在任何方面都不是构成性的概念，因而仅仅是“调节性原则”①。它在经验世界中是不能推导出来，又不能直接呈现在我们面前的，所以它不是实践行为的出发点。当我们探究“我们自身的意志的行为准则”问题时，我们直接意识到的便是道德法则，它最先呈现在我们面前，径直指向自由概念。根据上述对自由的积极意义上的理解，我们已经看到，只有遵循道德法则才是真正意义上的自由，也就是说只有通过道德法则，我们才能认识到人的自由，这就是“道德法则是自由的认识理由”的含义。

康德的这一说法告诉我们，不能单纯讲道德法则，而不讲意志的自由，离开了意志的自由，道德法则本身也就失去了存在的依据。同样，离开了道德法则，人们也根本无法认识到自己是自由的，因为道德法则和自由是相互蕴含的。

### 2. 自由与道德评价的关系

对行为的道德性评价是离不开“自由”的。康德伦理学的一个很重要的归结点是要人们对自己的行为负责，以达到行为的道德性。那么如何对一个人的行为做出道德评价就显得尤为重要。

康德认为，当对一个人的行为进行道德评价时，应分为两个步骤：第一步，先看这一行为本身是否在客观上符合道德律，如果符合，它就是“合法的”，但如果“不是为了这法则而发生的：那么这行动虽然将包含有合法性，但却不包含道德性”②；只有通过第二步，即进一步考察这一行为的主观动机是否出自对道德律的敬重，只有当行为的主观动机是出自对道德律的敬重时，才能说它是道德的，这个行为才是道德行为，也就是康德讲的：“在一切道德评判中最具重要性的就是以极大的精确性注意到一切准则的主观原则，以便把行动的一切道德性建立在其出于义务和出于对法则的敬重的必然性上。”③ 尽管康德所说的自由，无论是积极的自由，还是消极的自由，都不直接涉及行为的动机，也就是说，并不直接涉及意

---

① 康德：《实践理性批判》，邓晓芒译，人民出版社 2003 年版，第 64 页。

② 同上书，第 99 页。

③ 同上书，第 111 页。

志是否出自对于道德律的敬重，但是，它却直接涉及行为是否遵循道德律的问题，即涉及该行为是否“合法”的问题，而一种行为是否“合法”则是对该行为进行道德评价的前提。因为“合法的”就是客观上符合道德律的，行为在客观上符合道德律当然也就具有道德性了。而且德性原则“不仅仅限于人类，而是针对一切具有理性和意志的有限存在者的，甚至也包括作为最高理智的无限存在者在内”[①]，德性原则是诉之于任何“有理性者”（不单是人）的意志自律的普遍性，所以不单是人，任何“有理性者”都可以做到行为的合乎道德性。

进而，康德还认为，离开了意志自由，我们除了无法对人们的行为进行道德评判而外，对行为的善恶也不能加以褒贬，因为如果一个行为不是意志自由选择的结果，而是出自某种必然性或人性本身，这一行为也就无须负任何道德责任。因此，康德既反对上帝决定人的一切行动的绝对决定论，也反对人性本善或人性本恶的人性论学说。“善与恶的概念全都是一个唯一的范畴即因果性范畴的诸样态，只要它们的规定依据在于某个原因性法则的理性表象，理性把这法则作为自由的法则给予它自己，并由此而先天地证明自己是实践的。”[②] 在康德看来，无论是主张人性本善还是人性本恶都是不对的，因为它们都在实际上取消了人的自由，与此同时它们也取消了对行为进行道德上的褒贬的可能。因为无论是主张人性本善还是人性本恶，都把人的行为的善或恶归之于顺应人性的结果，而按照人类本性所为的事是不值得加以褒贬的。这样就有可能使赏善罚恶的道德褒贬陷入混乱之中。因此，在人性的先天善恶的问题上，康德坚持认为：人在本性上是无所谓善恶的，人在行为上的善恶不是由人性本身所决定的，而是意志的自由抉择的结果，而且正因为如此，我们人才有一个对自己的行为承担道德责任的问题，我们对他人的行为才能进行道德评判和加以道德上的褒贬。

### 3. 自由与必然的关系

对自由的深层理解，使康德关于自然界与伦理界的理论能够取得一致，也使康德哲学体系自身得到了统一。

① 康德：《实践理性批判》，邓晓芒译，人民出版社2003年版，第42页。

② 同上书，第89页。

在康德看来，道德律是存在于人们理性之中的一种先天法则，正因为它是先天的，所以它也就具有普遍必然性，成为人类道德活动中的必然性的体现。由于康德所说的作为自立法自守法的积极意义的自由是对道德法则的遵循，因此，这种自由也就是一种遵循必然性的自由，或者说是一种具有必然性的自由，一种把自由与必然统一起来的自由。在这种意义上，康德又把它称为自由的必然性。在此，康德把人们对自由的认识提升到了一个更高的层次。他使我们认识到，真正的自由不是某种与必然对立的东西，而是某种与必然性相一致的东西。必然性在此非但不是对自由的限制，相反它毋宁是对自由的一种拯救。斯宾诺莎说"自由是对必然性的认识"，而康德则认为，"由德性法则来确定的作为自由的原因性与由自然律来确定的作为自然机械作用的因果性，都是在同一个主体即人之中确定下来的"①。自由不仅是对必然性的认识，而且还是对必然性的遵循。自由离不开必然，自由和必然性是统一的。

对自由的这种深层理解，也使得康德哲学体系自身得到了统一，使他关于自然界与伦理界的理论取得了一致，即无论是在自然界，还是在伦理界，人都必须服从必然性。所不同的是，在自然界，人对必然性的服从是被动的，是对自然规律的服从；而在伦理界，这种服从则不但是人自己选择的结果，而且人所服从的是他自己所立之法，"因为纯粹的、本身实践的理性在这里是直接立法的"②，所立之法是"必须不依赖于那些病理学上的，因而是偶然附着于意志之上的条件"③，它"只需要以自己本身为前提性法则"④，是存在于他自身之中的必然性法则，所以这种服从正好是人的自由的体现，是人作为自由主动者的资格的体现。因而康德称前者为自然的必然性，称后者为自由的必然性。

当我们把自由理解为对道德律的遵从时，不仅体现出康德把自由与必然相统一的思想，而且，它还体现出康德力图把主观与客观相统一的思

① 康德：《实践理性批判》，邓晓芒译，人民出版社 2003 年版，第 5 页。
② 同上书，第 40 页。
③ 同上书，第 23 页。
④ 同上书，第 24 页。

想。因为所谓自由，在康德看来，当它表现为一种择别意志时，它具有某种主观性，它对行为准则的选择还由主观意志支配，这时，它的行为准则还只是一种主观原则，即行为准则。但是，当意志自由表现为对道德法则的遵循时，这种以绝对命令表现出来的道德法则，则是一条客观原则，是一条具有普遍必然性的法则，它已经是法则而不是准则了。因此，意志遵循道德法则的过程，也就是使主观意志服从于客观法则的过程，是主观意志与客观法则相统一的过程。

## 三 结语

正因为“自由”论题在康德伦理学中的核心地位，所以导致了康德伦理学是一种以道德自由理论为核心内容和本质特征的伦理学。正是由于康德把理性的自由作为道德基础，把道德的根据和标准从主体外部移到主体内部，从感性方面移到理性方面，把道德的他律转变为道德的自律，可以说康德的道德自由理论别开生面，引出了许多值得注意的问题，如理性的自由、绝对命令、善良意志、人是目的、意志自律等。从而导致了西方伦理学的一场革命，引起了西方伦理学方向性的改变。

但是，康德的道德自由理论在强调人的理性自由的同时却相对贬低了人的感性欲望，因此还是不可避免地有其自身的局限性。正是在这个意义上，马克思主义者才说，“康德只讲善良意志”。即使是黑格尔在肯定康德以理性的自由作为道德的基础乃是一个很大的进步之后也批评康德的学说空无内容，“因为所谓道德除了只是同一性、自我一致性之外不是任何别的东西”①。黑格尔认为，康德讲的道德律令、绝对命令的普遍性（无矛盾性）是缺乏内容的，并嘲讽地指出：“什么东西都没有的地方，也就不会有矛盾。”② 这里，黑格尔指出了康德道德学说的形式主义缺陷。当然，黑格尔的批判是从唯心主义出发的。按照马克思主义的观点，康德道德学说的缺陷关键在于抛开了为人类立法的更为根本的客观的道德基础，对自由、道德律令的规定完全脱离了具体的社会历史条件，抽掉了时代阶

① 黑格尔：《康德哲学论述》，商务印书馆1962年版，第61页。

② 同上。

级等内容，从而成为一般的形式。马克思曾指出“道德的基础是人类精神的自律”,① 这和康德的观点表面上是一致的，但是马克思绝对没有像康德那样把“自律”理解为人们超脱一切利益欲望的某种根据。马克思还曾明确指出，“正确理解的利益是整个道德的基础”。② 实际上，我们可以这样理解，就道德的相对独立性、就道德的内在根据而言，“自律”是道德的基础，“意志自由”是道德的本质特征；但就道德作为一种意识形态，就道德的外在根据而言，“正确理解的利益”是道德的基础，道德绝不能离开具体的历史条件。而康德的道德自由理论所强调的是前者，并为了“彻底”强调前者而贬低了后者，忽视了后者的重要性，这也正是他经常受到马克思主义者批判的地方。但是，这里需要特别指出的一点是，康德在强调道德理性自由的同时虽然贬低了感性欲望，却并没有像人们常常认为的那样否定了感性欲望。在康德看来，理性自由是作为感性欲望的对立面出现的，二者是矛盾的两个方面，只不过前者是矛盾的主要方面，它支配着后者而居于主导地位。因此，问题的关键并不在于去否定感性欲望，而在于用理性来约束感性情欲，通过摆脱或者说超脱感性欲望的限制来实现自由。在这一点上，帕顿很好地为康德进行了正名，他指出，康德的原则是如果我们的行为要达到善，那么必须是义务的动机和欲望同时出现，并且前者是决定性因素。因此，这样一种说法就是对康德观点的歪曲，即认为在康德看来，当有欲望伴随义务的动机同时出现时一个人的行为就不可能是善的。因此，我们需要公正地认识康德的道德自由理论；并且，如果我们能换一种思维方式，即从康德强调理性自由的角度来理解康德的这一理论，就会更深刻地发现其中所蕴含的价值。

可以说，康德的自由理论在人类伦理学的道路上点燃了一盏明灯，即使是其中的缺陷、暗点也不能掩盖其四射的光辉，正像对康德哲学的批判并不能阻止人们接受、发挥康德哲学的智慧一样。其实，即使是所谓的“缺陷”、“暗点”也值得人们进一步思考：康德道德自由理论中的“绝对命令”是否包含着一种不以个人意志为转移的文化背景的思想、康德道德自由理论中的“形式主义”方式是否提出了一个具有普遍必然性（即

① 《马克思恩格斯全集》第21卷，人民出版社1995年版，第15页。

② 同上书，第167页。

客观社会性）的文化心理结构问题？而这些，则需要我们对康德的道德自由理论和其整个伦理学体系做出进一步的探索和研究。

（作者系湖北大学哲学学院 2011 级硕士生）

# 康德自我观念中的自律与自发性

［美］亨利·E. 阿利森　文/ 师庭雄　译

［内容提要］结合论与交互论是阿利森在《康德的自由理论》一书中予以特别关注的理论，本文进一步深化了对二者的论述。阿利森指出结合论与自发性相关，而交互论则与自律相关，通过对自由观念的这两个变式的阐明，他得出交互论要以结合论为前提的结论。

［关键词］结合论　交互论　自由　自发性　自律

虽然康德从来没有提出人们所说的自我理论，但是他事实上把自我等同于自由，这就给他的观念论继承者们提供了素材来发展他们的理论。然而，与此同时，康德关于自由的论述仍旧是其哲学中最让人困惑不解的。最大的问题是，在不同的康德文本中，自由以诸多莫衷一是的方式被描绘。由此，路易斯·怀特·贝克在康德那里看出了五种不同的自由概念：经验性自由、德性自由或自律、自发性自由、先验自由以及预设的自由。[①] 由于经验性自由是显而易见的；预设的自由则只具有非—经验性自由的特征，我们只是从预设方面而非明确性方面占有自由；并且最后，因为先验自由（运用于人类）与意志的绝对自发性等同，所以，上述对自由的种类之划分可以做某种程度的简化。然而，这依旧把自发性和自律留给我们作为自由的明确样式来考察：前者关注的是一般的理性行动者，也就是有能力去规定自身基于某个一般原理（不论这个原理是道德的还是

---

① Lewis White Beck, *A Commentary on Kant' s "Critique of Practical Reason,"* Chicago: University of Chicago Press, 1960, pp. 176—81; and "*Five concepts of freddom in Kant*" in *Philosophyical Analysis and Reconstruction*, a Festschrift to Stephan Körner, edited by J. T. J. Srzendnick, Dordrecht: Martinus Nijhoff, 1987, pp. 35—51.

明智的）而行动的存在者；后者则特别地指涉着道德行动者，也就是有能力把纯粹理性在实践中表现出来的行动者（该行动者在规定自身意志时不依赖于爱好或欲望）。

有时，意志（Wille）与任意（Willkür）之间的区分——出现于《道德形而上学》一书的序言中——则作为康德阐释上述两个自由概念之关联的理论尝试。[1] 有一点可以肯定的是，虽然这个区分表明了意志的立法功能与执行功能之间的鲜明对照，但是该区分却不能简单地等同于自律与自发性之间的区分。一方面，确切地说，康德在这里并不认为意志可以被视为自由或不自由（MS 6：226；52）。另一方面，自律只是从广义的整个意志能力方面而非狭义地与任意（Willkür）相对照这个方面运用于意志（Wille）。[2] 因此，即便已经在意志与任意之间做出了区分，自发性与自律之间的关联依旧悬而未决。另外，该问题还牵扯出另一个更大的问题：康德的自由观念（因此也就是自我观念）是以他对理性行动者的一般看法为基础，还是以他对其道德理论的详细解说为基础呢？

我在这里关注的就是这个更大的问题，虽然1788年之后康德所说的很多话都暗示了后一个观点，而我却要对前一个观点进行辩护。换句话说，我将试图指出：只有以自发性这个观念为根据，康德关于自律的论述以及他在自律方面的主张才变得可以理解。我的这一分析是对《康德的自由理论》一书给出的论述的进一步发展[3]。在这本书中，我关注了两个理论，结合论（Incorporation Thesis）与交互论（Reciprocity Thesis），它们分别与自发性和自律相关。不过，与书中所述不同的是，我在这里将直接考察这两个理论间的关系问题以及它们关于自由的诸根本思想。这样，当下的讨论自然地分成了三个部分。前两个部分分别讨论这两个理论，第三个部分则讨论它们在整个康德自由观念中的关联。

---

① 例如，可以参阅Beck的观点，他特别地把作为自律的自由与意志相关，把作为自发性的自由与任意相关。见 *A Commentary on Kant' s "Critique of Practical Reason,"* pp. 199—200.

② 关于这一点的讨论，可参阅拙著 *Kant' s Theory of Freedom*, Cambridge, New York: Cambridge University Press, 1990, pp. 129—136.

③ 请参阅中译本［美］亨利·E. 阿利森著《康德的自由理论》，陈虎平译，辽宁教育出版社2001年版——译者注。

# 一

作为自发性的自由观念明晰地表达于结合论中。康德关于这个理论的经典表达则出现在《单纯理性限度内的宗教》一书中，他写道：

> 意志（Willkür）自由是某种全然独特的本性，在该本性中，某种动机（Triebfeder）可以规定意志去行动——只要行动者已经把此动机结合（aufgenommen hat）到他的准则中去（亦即，行动者已经把该动机当作了一般准则并依据该准则来行动）；只有这样，动机（不拘它是何种动机）才能与意志（Willkür）的绝对自发性（即自由）和谐共存。（Rel 6：24；19）

就结合论来说，至少有三点需要予以强调。第一点，虽然康德的结合论与其“严肃主义”相关——该主义认为每一种行动和每一个行动者必须要么判定为善的，要么判定为恶的，这是二阶道德论——并暗示了该观点对于道德极为重要，但是结合论实际上关注的却是一般的理性行动者。康德通过说明结合论观点将运用于任何动机——“不拘它是何种动机”——来指出这一点，并因此暗示结合论观点涵盖了那些既被爱好所推动也被纯粹的德性思考所推动的行动。

实际上，结合论最好是理解为这样的理论，它关注的是动机在有限的理性行动者或者自由的任意体（arbitrium liberum）这些个体中如何发挥作用，以之与动物性的任意（arbitrium brutum）相对照。后一种情形——康德在多处做出过说明——不仅仅从感官方面受到影响，而且也从感官方面得到规定或欲求。换句话说，一个受动物性的任意所支配的主体总是有缘由地习惯于屈从最强烈的刺激或欲望——它们取决于病理学上的因素，因而不依赖于任何由主体施加于其上的价值判断。因此，把这样的一个主体视为病人而非正常人将更为合适。与之相对照，虽然一个有限理性行动者也会从感官上或“病理学上”受到影响，也就是说，他在自身中发现了诸多既有的爱好和欲望——它们提供了可能的动机或理由让该存在者去行动，但是，他却并不必然地以它们为基础来行动。于是，对这样一个行动者来说，人们就不能再简单地说他将被最强烈的欲望推动而去行动，就好像欲望伴随着某种前定的力量而来而不依赖于理性行动者借助其自由选择而赋予欲望以意义。与此相反，结合论要求我们把行动者看作默许了欲望的行动者，且如其本原地承认欲望的尊贵地位，以之作为付诸行动的充足理由。正如上述所引文字所表明的那样，欲望的此种地位的获得是通过把欲望结合到一个人的行动准则或原理中而做到的。例如，我有一个压倒一切的欲望想让自己毫无羁绊地去饱饫冰淇淋，但是仅仅这样一个欲望或渴望并没有给我提供一个充足理由去如此行动。只有按照某个允许该放纵的（主观）准则而来，这种行动才能实现。因此，在受到欲望支配的同时，我也把自己允诺给这个准则，而且这种允诺必须被视为我自身（你也可以说，自我决定）的一种自发性行动，不能把该行动的理由化约为只是拥有欲望。由此，正是在该允诺或结合中——它与理性的实践运用密不可分，我们才发现了使得行动者去行动的秘密。

由此予以说明的第二点是，结合论绝非《单纯理性限度内的宗教》一书所独具。正相反，恰如涉及把动机接纳或结合于一个准则中这种必然性所揭示的那样，该理论早已清楚明白地表达于我们关于理性行动者的那些人所熟知论述中，这一理性行动者基于“法则的观念”或者《道德形而上学基础》一书所论及的原理而行动（Gr4：412）。由于诸准则是理性的行动者去行动时要遵照的第一位的、主观的原则；且由于这些准则都是有理性的行动者自己施加给自己的（我们不会一上来就怀揣准则，而是把某物采纳为我们的准则），所以，基于——准则而行动这回事就涉及自我规定，因此也就涉及自发性。此外，如果在《道德形而上学基础》中结合论只是被匿名地使用，那么，在其他文本中这个理论则被完全公开了——虽然这些文本没有像《单纯理性限度内的宗教》那样清楚明白地使用该术语。一个很好的例子就是“反思录5611”，它是系列反思之一，这些反思为《纯粹理性批判》一书关于自由的讨论指明了方向。[①] 正如康德在那里所指出的，行动很大程度上是由感性引起的（veranlasst）但并非全然由之决定，因为理性必须为行动的“充足性提供补充”（Complement der Zulanglichkeit）（18：252）。这种为充足性提供补充的思想与把

① 出自 Reflexion，5611—5620，18：252—259。对这些反思的分析，见 Heinz Heimsoeth 的“Freiheit und Charqkter nach den Kant – Reflexionen Nr. 5611 bis 5620”（载于 *Tradition und Kritik*, edited by W. Arnold and H. Zeltner, Stuttgart: Friedrich Frommann, 1967, pp. 123—144）。

诸动机结合于某个准则这回事紧密相关。两种情形的根本点是：即便在基于感性动机而展开行动中，理性也总要以某种方式参与其中。与此颇为近似的是，在《道德形而上学》的K3部分（出版于1794—1795年间），康德认为在规定理性行动者去行动这件事情上，除了感觉刺激外，“知性之参与”也是必需的（MK3 29：105）。恰如卡尔·阿默里克斯在讨论康德的这些文字时所指出的那样，“在这里，康德头脑中所想的是……一个模式，在这个模式里，自我与那些谋划给它的东西‘携手并进’而不是被该谋划赶着走……”[①]阿默里克斯在这里用“模式”来指称康德理论是极为正确的，同时，他也正确地指出了该模式的要诀在于明确表述了康德理论的重大原则：如果感性离弃了知性或理性的襄助，那么，它就不足以去说明行动或认识。在这里，我只想附加一点说明：这种参与理论（亦即知性或理性的参与——译者注）并非什么新鲜玩意儿，它不过是对某个观点的重新表达，至少在“批判哲学”肇始之初，康德就已经秉持这个观点了。

第三点，就当下的意图来说也是最重要的一点就是：该结合论是以康德所说的“意志的绝对自发性”为基础的。虽然康德在《单纯理性限度内的宗教》一书中没有谈到这一点，不过，他大约是把它拿来与相对自发性（relative spon*tan*eity）作对照的，他有时把后者描述为“spontaneitas secundum quid”。在前批判时期的形而上学演讲中，康德把后一种自发性模式比喻为受命去旋转烤肉叉，因为该自发性的发生依赖于一个由外在力量所提供的先天规定，它与本真的行动者所要求着的那种绝对自发性恰成反照（ML 1 28：267）。[②] 此外，在第二批判的一个著名段落里，康德恰好使用了同样的表达来描述由莱布尼茨提出的“病理学的”或“相对的”自由概念，在康德看来，这些概念蛮横地把心灵降格为“呆头呆脑的精神（automaton spirituale）”（KprV 5：97；100）。这些内容，携同第一批判、《道德形而上学基础》和其他以上提及的文本，似乎可以合理地得出这样的结论：即康德认为，结合行为（也就是把动机结合到准则中去——译者注）对于理性行动者来说理应是构成性的，“相对的自由”根

① 请参阅卡尔·阿默里克斯的著作“*Kant on spontaneity: Some new data*,” Akten des Siebenten Internationalen Kant - Kongresses, edited by G. Funke, Bonn: Bouvier, 1991, p. 478.

② 也可看参阅Reflexion, 6077, 18: 443。

本无法满足该（结合）行为。更确切些说，该行为要求着那种不依赖于“自然因果性”而决定自身去行动的能力，一种只有按照自由的先验观念才可以想象的能力。

就像康德时常指出的那样，这种关于自发性的论述在理论领域还有一种对应的情形，在理论领域中，他把知性的自发性与感官的接受性相对照。虽然这里涉及的问题很是繁复，但是认识的自发性这种情形可以非常简洁地得到表达，并以此方式来显明它与实践多样性的差异。关键在于，对感性材料的接受这回事并不能视为认识活动，而只能视为供理性来选择的感觉刺激。正如康德在第一批判的许多地方所主张的那样，感性和想象力（在其经验的、再生的功能中）只能给心灵提供一个表象的主观次序（a—b），它反映了一个人知觉状况的诸偶然性情形（即一个人刚好在知觉 b 之前知觉到 a）。但是，这样一个主观次序并没有任何认识论意义，也就是说，它不能等同于对客观关联或秩序的认识。后者要求行认识之事的主体能够把原理或规则（知性的纯粹概念）的次序表象出来，这样做了之后，次序才是客观的。康德把这个过程描绘为某种主观的自发性行动，因为它并不被感性材料所规定，它就是结合或参与行为在认识论上的对应物。因此，在两个领域中，我们都可以说心灵“并不被感性材料所规定”，对心灵的彻底规定来自于主体的某种献出。在认识领域，该献出（自发性行动）就是对客体的规定；在实践领域则是自我—规定。

考虑到这种对应关系，康德时常把这两种自发性联系起来的做法就不是什么惊人之举了。体现了该做法的众所周知的文本出现在《道德形而上学基础》III 中，在那些文本中，他似乎从理性存在者认识论上的自发性转渡到了该存在者的实践自发性或自由上去了，这只是为了得到这样的结论：他的诸前提是正当的。

康德在这里写道：

> 理性必须把自己视为自身原则的给出者，而不依赖于任何外在的影响。因此，作为实践理性或者作为有理性的存在者的意志，理性必须把自身看做是自由的；也就是说，只有在自由观念的支配之下，有理性的存在者的意志才可能是其自身的意志［ein eigener Wille sein］；并且，从实践的观点看，这种意志才因此被全体有理性的存在者所拥

有。（Gr 4：448；116）[①]

由于我已经在其他地方详细论述过这段话以及由这段话引起的诸多争论，[②] 所以，我在这里只是去指出康德并没有从认识的自发性与实践的自发性的不对称而得出“在实践的意义上，我们的自由是可以得到保证的”这个想当然的结论的原因。该不对称与两种自发性的差异不相关（就好像认识只需要相对自发性，而行动却需要绝对自发性），而是与两种自发性的确定性相关。就我所知，虽然康德从来没有以这种方式表述过，但是似乎有理由把这种观点看做是他自己的：即知性（或者说在思辨领域中来使用的理性）自发性是自明的，它有点像笛卡尔的我思（cogito）。从这个意义上讲，若是怀疑某人拥有自发性，就等同于怀疑这个人是一个思想着的存在者；但是，当然了，怀疑也是一种思想行为。“我思”总是与我的诸表象跬步不离，即便是对不思之思也是一样。

与此相对，实践领域中，该自明性没有任何用武之地。在这里，我们必须做出结论：对时时在场的自发性的反思只能产生出有条件的结果：即，如果我把自己视为理性行动者，亦即，如果我基于理性和对自身处境的反思性评价而去行动，而非仅仅听命于感觉刺激，那么，我就必须把自己看做是自由的。用《道德形而上学基础》的话来说，我只是在自由观念的支配下去行动（Gr 4：448；116）。或者，就像康德在某个形而上学讲座中所说的那样，“自由在实践上是必然的——人们因此必须按照某个自由观念来行动，否则就无法行动［anders kann er nicht］。不过，这一情形并不能为理论意义上的自由做担保”。（MM 29：898）正如康德后来的评论所表明的那样，受自由观念支配的行动之实践必然性为认识的可能性留下了空间，即我受了骗而相信我在行动，或者，像康德有时所说的，我受了骗而相信我的“理性有一种原因性”。在这里，笛卡尔的魔咒无法被禳解。事实上，虽然这一魔咒可以从实践的观点安稳地忽略掉，但是，任何理论方法都无法祛除它。

最后，借助这些思考，我们可以很好地把结合论视为行动者的非经验的、标准的存在模式，康德用该模式取代了休谟的“信仰—欲望”模式。

---

① 康德以近似方式来讨论的另一个重要的、时常引发争论的文本是 RSV 8：14。

② 参阅拙著 *Kant's Theory of Freedom*, pp. 214—221。

首先，此模式是非经验的，因为思想就是某种思想或观念，而非可能的经验对象。我们并不能如其本原地从反思层面去把握让动机结合于准则中这回事，而反思思想活动倒是可行的。[①] 因此，（思想）活动乃是“单纯理智的”东西，它自身不能在现象界表现出来。其次，该模式是标准，因为唯有依照该样式，我们才能把自身视为基于理性而行动，并由此让自身的行动服从于诸评价标准（无论这些标准是道德的还是明智的）。

## 二

作为自发性的自由观念及其表达于其中的结合论有着一个前批判来源，而作为自律的自由和与之相关的交互论则首次明确表述于《道德形而上学基础》一书中。《道德形而上学基础》第二章中出现的自律乃是绝对命令之可能性条件不断递推的终点。虽然康德所使用的“自律公式”这种表达使人迷惑不解（大约与绝对命令的其他公式等价），但是他的主张依旧是这样的：在基于自律这种命令而行动的可能性条件这个意义上，自律是“最高的德性原则”。如此理解的自律被定义为，“意志具有的为自身立法的属性（它不依赖于任何意愿［volition］对象而行动）”。（Gr 4：440；108）它与他律正相反对，就他律来说，“意志不给自身立法，而是给那些与意志有关联的对象立法”。（Gr 4：441；108）

如果人们想要完整理解自律的意义，那么就很有必要去关注括号里的句子。这是因为具有“为自己立法”这一属性的意志概念并不要求我们超出结合论。毕竟，康德把准则描述为“诸主观法则”，它们有自我—约束和自我—立法的本性。因此，康德文本时常谈论道这样的观点：（在“给自己立法”的意义上）意志在理性抉择的所有情形中使用了“自律”，即便是牵涉到不道德行为时也是一样。[②] 如果事实如此，那么我们就不能把自律视为自由的新概念，一个与基于绝对命令而行动这种能力紧密相关的新概念。另外，基于上述理解，他律就不是一个与行动者相反对的对立

① 欲知晓康德后来的观点，请参阅 Reflexion，5661，18：318—319，康德在那里明确否认我们能够经验到思想着的我们自身。

② Rüdiger Bittner 主张这样的观点，见“Maximen,” *Akten des Kongresses*, edited by G. Funke and J. Kopper, Berlin：de Gruyter, 1974, pp. 485—498；and by Gerold Prauss, *Kant üben Freiheit als Autonomie*, Frankfurt am Main：Vittorio Kloster - mann, 1983.

物，而毋宁是行动者的某种缺失，是意志对“自然因果性”的彻底屈从。虽然后者恰好就是他律概念时常得以理解的方式，但是该理解就把康德对基于他律原则的其他道德理论的批判变得一文不值。我们将会看到，康德的那些批判会得出这样的观点：即所有（基于他律的德性）理论对道德动机（该动机总是围着自—爱原则打转）的论述都不充分——不过在这里已经预设了德性主体乃是行动者，他基于诸原则而不只是受到刺激而行动。

上述引文括号里的句子给出了摆脱这些困境的希望，因为这个句子揭示了自律并不只是那种基于自愿原则——该原则也包括他律原则——而规定自身去行动的意志能力，而且也是以一种特殊的方式去行动的能力：“它不依赖于任何意愿对象而行动。”因此，当下的任务就是去确定不依赖于哪些条件，我们只要去思考某个缺乏这些条件的意愿模式，这一工作就算完成了，该模式是：“意志不给自身立法，而是给那些与意志有关联的对象立法。”（Gr 4：441；108）

如果把后者理解为行动者的一个样式，那么，该样式就必定是一个在其中全体行动者的准则反映了（直接地或间接地）其作为感性存在者的诸种需要的样式，这些需要服从于自然律的安排。简言之，并不是说，行动者缘于这些需要而行动（在这种情形中甚至不包含有自由的任意），毋宁说，这些需要（包括病理上的需要或“利己的需要”）只是提供了去行动的理由。虽然这里所描述的行动者与康德德性理论的主要著述中表达出来的那个行动者的形象相去甚远，但是我们却有理由认为这是康德在《道德形而上学基础》成书之前所坚持的观点——至少也是很含蓄地表达出来的观点。① 与之形成鲜明对比的是，一个有着自律秉性的行动者将不会屈从于上述限定条件，这意味着它拥有在充足理由支配下去行动的能力，而这并非出于（即便是间接地出于）任何感性需要。由于该理由只能源出于纯粹实践理性，意志（作为实践理性）在其最完备的意义上应该是自我—立法的，并且纯粹理性应该是实践理性。

---

① 当然了，这种观点是有争议的。我在这些文本中对这一点予以讨论，它们是“The concept of freedom in Kant’s ‘semi - critical’ ehics”，*Archiv für Geschichte der Philosophie* 68（1986），pp. 96—115；*Kant’s Theory of Freedom*，pp. 66—70。同样的分析，参阅 E. G. Schulz 的 *Rehbergs Opposition gegen Kants Ethik*，Köln：Böhlau Verlag，1975，pp. 105 note 35，162—167。

依据自律观念，很容易看出的是：康德把自律视为德性最高原则的原因以及他认为这种意义上的自律可以用来说明德性之得以可能原因。关键之点是，德性——如同康德在《道德形而上学基础》I 和 II 中所分析的那样——不仅仅要求我的行为符合于义务而是“出于义务”，也就是说，以义务为——动机本身（duty - motive of itself）就提供了去行动的充足理由。用康德的话来说，这意味着：认可一种义务时会带来一种施行该义务的“动机”（Triebfeder）或“兴趣”。这种“兴趣”被康德表达为“纯粹的”或“道德的”兴趣。如果假设了自律的存在，那么这种情形就会出现，因为依据这个假设，一个拥有这种属性的行动者就会以一种非—感官的刺激为动机。然而，若缺失了这种属性，则这样的动机便无从谈起，因为某种出于感性存在者之需要的兴趣就会被用来作为去行动的充足理由（动机）。处于这种情形之下的就是他律，道德要求将被降格为假言命令，因为施行道德要求的唯一动机将只是这些道德要求可以用作满足某些预期兴趣（利益）的手段。

到目前为止，我们关于康德论点的大致思想是：自律是道德得以可能的必要条件。不过，康德也认为自律是道德的充足条件，这就是交互论所要阐述的内容。为了理解这个理论的意义，我们必须认为自律（就像上面所论述的那样）还没有与道德产生任何必然联系。意志有能力为自己立法——即便抛开了所有感官的需要和兴趣——此一主张，并不等同于“道德律乃是立法的法则”那一主张。毋宁说，把自律拿来作为意志的属性只是为阐明道德动机（它不依赖于任何外在条件）的可能性留下空间，但是自律自身并不能提供任何东西以填补这个空间，或者保证这个空间能够被填补。迄今为止，我们能看到的是：我们可以想象一个自律的行动者会为自身立下其他法则，或者会规定自身基于某个不具有合法性（也就是不具有普遍性和必然性）的原则去行动。因此，即便把自由看作自律，我们仍旧需要对自由与道德律的关系进行讨论。这就是交互论要做的事，用第二批判的话来说，“自由和无条件的实践法则彼此暗喻对方”。（KprV 5：28；29）

《道德形而上学基础》一书中，康德在自由的消极定义与积极定义之间作出区分时引入了这个理论。在首次把意志描述为“一种属于有理性的生命体的原因性”之后，他断言：消极地理解，自由正是那种“不依赖于外在原因的规定而去运作”的意志能力。虽然由于这种消极意义的掣肘，我们不能抓住自由的本质；但是康德却认为它导向了一种能够抓住该本质的积极的定义：自律，它在这里被描述为“意志自己为自己立法的属性”。（Gr 4：446；114）对这种关系的讨论给出了这样一个前提，即：意志——就像任何其他类的“原因性”一样——应该是合法的，也就是说，它必须有某种独特的做法（modus operandi）或“特性”。并且，据推测，因为服从于自然律这种情形中的“由外在原因所规定”已经被排除，那么留给意志的只是为自身立法的属性而别无其他。另外，康德接着说，“意志在其所有行为中都是自身的法则”这个断言相当于“基于准则而行动的原则同时也就是其对象的普遍法则”，这恰好是绝对命令的表达式。基于这种思考，康德做出结论：“自由意志与依照道德律而行动的意志乃是同一个东西”。（Gr 4：447；114）

康德的这个讨论由两个步骤组成：一个步骤是从消极自由走向积极自由或者自律；另一个步骤则是从自律走向绝对命令。遗憾的是，这两个步骤都是很成问题的，困难在于两种情形都来自于自律这个核心概念的某种模糊性。因果独立性（正如结合论中所表达出来的）在以上讨论过的康德思想中并不等同于自律。恰如已经指明的那样，后者不只是包含着不依赖于外在原因之规定这种情况；它也包含着以理性为动机的积极的能力，而全然不依赖于感性存在者的一切需要。但是这种积极的能力不能简单地从消极自由那里得出来，至少不能从后者只是等同于自发性这一点上得出来。① 同样地，就第二个步骤来说，说意志“给自身立法”不过是说意志是自发性的，基于自我—施加的原则（准则）来行动，从这里并不能直接通达绝对命令。

不过，就像我在其他地方讨论过的那样，如果我们把消极自由的初始概念加深一层意义使之既包含动机独立性也包含因果独立性，那么康德在交互论中所主张的“自由与绝对命令是一种分析关系”就可以得到辩护。② 除了自由的必要意义外，我的讨论（在此，我只能给出一个大致的

---

① 虽然 Thomas Hill 并没有从自由的种类方面对自发性和自律做出对照，但是他还是给出了基本观点，他也在两种独立性之间做出了区分并认为从消极的自由进向积极的自由都要归因于前者（即消极的自由——译者）。见 *Dignity and Practical Reason in Kant' s Moral Theory*, Ithaca, N. Y. , and London：Cornell Unversity Press, pp. 93—94, 106—110.

② 请参阅“Morality and freedom：Kant' s Reciprocity Thesis,” *Philosophical Review*, 95（1986）, pp. 393—425；and *Kant' s theory of freedom*, chapter 11。

轮廓）是以“当下所谈论的行动者乃是理性行动者”这个假设为基础的。这就使得行动者的诸选择必须服从于某种合理的要求。换句话说，这样一个行动者必须为自己的行为提供理由；由于该理由在其本性中是普遍的，所以这就意味着这个行动者必定认为“在相似情境下，任何理性行动者都将以相似的方式去行动”乃是合理的（正当的）。

现在，我的这种说法相对说来是没有争议的，但是只具有很有限的普遍性且已偏离了康德的德性模式。通向绝对命令和最大的普遍性的步骤，涉及把正当性要求（justification requirement）延伸到行动者的最根本的准则上去。这一延伸是由行动者的自由秉性来承担的。因为这样一个行动者被假想为有能力不依赖于（甚至是相悖于）自身的感性需要来规定自身，它（行动者）不会屈从于某个特定的欲望——不论该欲望如何强大或如何“根本”——就好像欲望本身就可以作为充足理由来促成一个行动那样。相反，基于——欲望的行动反而要求某个不依赖于——欲望的根据。这样，问题就变成了“什么东西能提供这样一种根据”，康德的简要回答是，只能由某种无条件的实践法则提供，也就是说，由那个不依赖于欲望地应用于所有理性行动者的实践法则来提供。这就是康德为什么主张“自由与无条件的实践法则彼此暗喻对方”的原因（Kpr V5：29；29）[①]。因此，一个自律的行动者必须让其自我—立法服从于无条件的实践法则。并且因为这就等同于认可了绝对命令至高地位，所以由此得出：一个自律的行动者必须把绝对命令当作其自我—立法的最高条件。[②]

最后，在结束本部分的内容之前，更明确地规定交互论的要旨是很重要的。首先，这个理论并不足以说明我们这样的理性行动者会真正服从于绝对命令，因为该理论只是预设而非建立了某种自由（自律）的模式以作为绝对命令的充要条件。其次，这个理论并没有得出自律的行动者在其

---

① 在 *Kant's Theory of Freedom* 一书的“On a presumed gap in the derivation of the categorical imperative”（Chapter 10 in this volume）与“Kant's doctrine of obligatory ends”（Chapter 11 in this volume）中，我把绝对命令与先验的自由（与实践的自由相对）而非自律相关联。但在每一种情形中，我的观点仍是：所要求的是动机的独立性而不是单纯的因果独立性。在我后来的某些讨论中，我特别地把绝对命令与自律扯上关系以便于凸显出这个观点。因此，这只是一种术语的变化。关于术语的讨论，请参阅该书卷第 8 章的注 7。

② 关于无条件的实践法则与绝对命令相联系的讨论，看参阅 *Kant's theory of freedom*, pp. 210—213 以及“*On a presumed gap in the derivation of the categorical imperative*”（Chapter 10 in this volume）。

自由行动时会必然地服从于绝对命令。毋宁说，这个理论表明了：自律的行动者必须承认绝对命令的权威并把绝对命令当作动机（也就是把绝对命令当作去行动的充足理由）——即便当自律的行动者违背了绝对命令的诫命时也是一样。对康德来说，通常情况下，客观上（从理性角度看）必然的东西在主观上仍然是偶然的。不过，这个理论确实从一个迥异于自发性的自由概念上建立起了康德道德观点的一致性，即便这种一致性只是在某种绝对意义上才能得到理解。

## 三

到目前为止，我们已经分别考察了自由的两个概念以及它们各自的理论；我们现在的任务是在康德关于自我观念的全盘理解中来思考它们的关系。现在，就迄今我们所知的来看，康德的立场似乎是：两个概念都有不同的根据并处于不同的反思层次。因为我们只能在自由观念之下来行动，所以理性行动者的每一种行为都必须以自发性和结合论为前提。与此相关的是，自律被当作了出于义务而去行动的前提条件。最后，因为出于义务而去行动是行动的一个类别，所以自律就必须以自发性为前提（并且交互论必须以结合论为前提）。

虽然，与上述的内容颇为相似的内容似乎出现于《道德形而上学基础》之中，但是当我们转向康德 1788 年以后的文本时，展现的却是一幅迥乎不同的图景。这一图景展示了这样的理论：（它最初阐明于《实践理性批判》的序言中）道德律是“自由的认识理由”也就是说，如果我们没有意识到自己立于道德律之下，那么“我们是绝不会认为自己有理由去假定有像自由这样一种东西的（译文来自邓晓芒先生的中译本，译文有改动——译者注）”。（Kpr V5：4n；4）不同于某种权宜的主张，这一全然依赖道德律来阐明自由概念的学说从这时起就成了康德哲学的主旋律。例如，在《单纯理性限度内的宗教》一书中（结合论在这部著作中已经得到了明确的表达），康德把道德律表达为：“它是使得我们的意志（Willkür）独立于所有其他动机之规定的唯一法则……同时也是对我们的所有行为予以说明的唯一法则。”（Rel 6：25n；21）与此相似的是，在《道德形而上学》中，他认为道德律“最先让我们知道我们（的意志［Willkür］）在做出选择时有一种属性，亦即自由这种属性”。（MS 6：

225；51）

正如上述来自《单纯理性限度内的宗教》一书的引文所表明的，我们并非只是在出于义务而行动这个范围内才是自由的，或者甚至说唯有在这个范围内我们才能确信自己是自由的；毋宁说，正是出于义务而行动的能力（通过我们意识到自己立于道德律之下，而让我们觉察到这种能力）才让我们觉察到那种规定我们自身不依赖于“自然的原因性”而去行动的一般能力。简言之，意识到自律，我们才觉察到我们的绝对自发性并因此觉察到我们对自身的行为负有责任。此外，这种在道德律（道德律借助“理性的事实”得到证明）与作为自发性的自由之间的关联所作的阐释，似乎为第二批判中自由的“演绎”和理性的统一性学说奠定了基础。因此，在那里，康德认为，通过给“作为绝对自发性之能力的自由观念”提供实践的实在性（借助于道德律），纯粹实践理性填补了思辨理性留下的“空缺”，就其可能性而言，这是“纯粹思辨的一个分析性原理”。在同一段落，康德进一步说道：“思辨理性并没有因此获得更大的洞见，而只是使其问题重重的自由概念获得一种确证，即唯有通过实践理性，自由概念的客观实在性现在才毋庸置疑地被给出。”（Kpr V 5；49；50）

因为绝对自发性（先验自由）是理性在其思辨运用中本己的自由概念，那么似乎显而易见的是：在德性与这种自由之间建立某种紧密关联对于康德阐明理性统一性的系统工程来说是至关重要的。不过，同样似乎显而易见的是：绝对自发性特别且唯一地与出于义务而行动的能力相关联的情形，也引发了“康德立场能否一以贯之”这个新问题。首先，这是一个关于一致性的问题，这个问题的出现是因为很难在这个观点与此前思考过的文本之间进行调和，也很难在这个观点与结合论的意义之间进行调和。其次，由此观点得出的结论看起来有违直观性理解，因为若假定康德一贯主张作为自发性的自由是理性行动者的一个条件，那么将推出康德也主张这个观点：即唯有通过我们意识到自己处于道德律之下，我们才觉察到自己是有理性的行动者，也就是说，才觉察到某种设定目的、采纳为准则等诸如此类的能力。但是，这看起来很难让人信服；可以肯定的是，只有在我们首先把自己思考为审慎的行动者这个范围内，道德要求才真正对我们施加了影响。

人们可能会诉诸某些文本，来指责康德前后不一致和差强人意；这些文本显示：康德实际上认为仅仅自由的相对概念（该概通过经验得到确定）而非绝对的自发性概念，就足以把自由的任意从动物的任意那里区别出来，并因此对非—道德处境中的行动者做出说明。① 这样一来，基于上述理解，人们就会直接否认康德那种绝对自发性乃是理性行动者的一个条件的观点。但是，即使把任何一种这样的理解与结合论如何调和这个难题置诸脑后，与这一理解相关的真实问题仍然是：很难看出康德如何因此也能够否认那种驯化了的出于义务而行动的可能性。② 一旦某个一般理性行动者得以彻底驯化的阐述得到保证，那么就很难再坚持认为出于自义务的行为是一种例外。基于理性去行动的能力不依赖于感性存在者的诸种需要是一回事；无视因果规定而去行动的能力（它们明确地与绝对自发性相关），却是另外一回事。如果康德确实把二者等同起来，那么他似乎就犯了把不依赖于自然的动机独立性与不依赖于自然的因果独立性混为一谈的错误。

谁也不能借动机或刺激对康德来说是行动的病理学原因这个理由来为上述混同辩护。依据这样的理解，那种基于超感性的动机而去行动的能力也恰好是那种去运用某种超感性的原因性的能力；这样，康德把肯定后者的根据与对前一种能力的意识等同起来，也就不足为奇了。虽然必得承认的是，康德有时候看起来确实是以这种方式来推论的，但是这却不能视为其深思熟虑的观点，因为这样做就会使得这个问题变得极其费解：即基于——爱好的行动（inclination - based actions）（这种行动预设了感性动机）如何归咎于某个原因。一如我们已经看到的，唯有在我们假定了动机（无论其本性如何）自身不足以规定怎样去选择，而是必须首先把动机接纳入或“结合进”一个准则时，上述情形才是可以想象的。然而，这样一种观点明确要求在动机与行动的原因规定性之间做出明晰的区分，后者则（恰如结合论所断言的）归因于任意（Willkür）的绝对自发性。③

① 见《纯粹理性批判》A801—803/B829—31；以及 Karl Ameriks 的“*Kant on spontaneity: Some new data*”。

② 这是 August Wilhenlm Rehberg 抛出的在康德批判方面影响较大的观点，他认为：甚至于我们关于道德律的意识在康德那里都应该被看作为一种内感官的现象，并因此服从于自然的因果性。对 Rehberg 的这种观点的讨论，请参阅 E. G. Schulz 的 *Rehbergs Opposition gegen Kants Ethik*。

③ 与本段中的看法较为接近的观点是由 Allen Wood 提出的。参阅他的“*Kant' s incompatib-lism*” *in Self and Nature in Kant' s Philosophy*, edited by Allen W. Wood, Ithaca, N. Y. and London: Cornell University Press, 1984, pp. 73—101；以及“*The emptiness of the moral will*”, Monist 73 (1989), pp. 454—483。笔者对 Wood 此种理解的批判则参阅 *Kant' s theory of freedom*, pp. 48—52。

有趣的是，如果我们把自由（道德律作为其认识理由）等同于自律而非自发性，那么这些困难就烟消云散了。因为自律（特别在康德意义上）并非理性行动者的一个条件，所以我们不必再把这样的观点归因于康德：即我们关于义务的意识首先使得我们觉察到我们的行动者本性。我们也没必要去谴责他混同了动机和原因。正相反，康德认为我们的义务意识首先使我们觉察到我们的自律这一点却意义非凡；尤其是因为如果抛弃了这样的意识，我们就没有理由去相信可能有纯粹的或者非感性的动机这样的东西。简言之，处于道德律之下这种意识为不依赖于感性需要的动机这一空洞的观念提供了确定的内容，而没有为不依赖于现象界事物的我们的因果独立性做出某种保证。这种独立性依旧被预设为行动者的一个条件，但是该预设为认识这一点留下了余地：即假设的自由是虚幻的，我们是自动的而非被推动的。虽然这种观点在实践方面是空洞的——因为我们不能基于这种观点而行动，但是这种观点在理论方面仍旧是无法驳倒的。确实，唯有当“实践理性的首要性”在一种更为强大的意义上被接纳的时候（例如，就像费希特那样），这样一种来自德性的讨论才可以被视为是对“我们的自由可能是虚幻的”这种可能性的摧毁。① 但是这样的话，我们就不再立于真正的康德立场上了。

诚然，这似乎与康德在第二批判中哓哓而言的自由相抵牾，尤其是与该书序言中的那个公开的主张——借助于理性的纯粹实践能力，先验自由的实在性也得到证实——背道而驰。（Kpr V 5：3；3）他在随后的一个段落中又说道：“自由的概念，一旦其实在性通过实践理性的一条无可置疑的规律而被证明了，它现在就构成了纯粹理性的，甚至思辨理性的体系的整个大厦的拱顶石”。（Kpr V 5：3；3）在类似段落中——这些段落告诉我们：先验自由的实在性通过作为理性事实的道德律以某种方式建立起来了——康德似乎确实草率地（tout court）否认了“我们的自由也会是幻觉”这一可能性。但是，以这种方式来解释康德的这些主张则忽略了这些主张所处的实践语境。恰如康德在几个地方明确指出的那样，自由只是

① 笔者把这种观点归诸于费希特的建树，这体现在其首部著作《试评一切天启》的第二版附加进去的那个章节中，在那里他特别地着手处理这个问题，即自发性意识是否是虚幻的。*See Johann Gottlieb Fichyes sämmtliche Werke*, edited by I. H. Fichte, reprinted Berlin: Walter de Gruyter & Co. , 1971, Vol. 5, pp. 16—33.

作为道德律的一个条件才得到认识的；这意味着，虽然这个法则（道德律）把实践的实在性给予了那种无条件的、超感性的原因性观念，但是它却没有把我们的理论视角延伸到这种原因性中去——更没有排除理论理性那里悬而未决的对之进行认识的可能性。那么，又一次地，我们发现康德的讨论最想表达的是：从实践观点看，自由的实在性是不能被否定的。

不过，即便是这样一个加了限制的结论也为大多数哲学家所拒斥，包括很多在道德理论方面自许为康德主义者的人物。因为与康德道德理相关的是道德动机的本性这个问题，所以，为什么我们不能直接从先验自由的思辨问题中抽绎出这种本性，并因此发展出一种真正的康德道德理论而不必为这个成问题的概念（指“先验自由”这个概念——译者注）而颇费踌躇？事实上，康德自己似乎赞同这样一种处理方式，他在第一批判的一处正文里说到，先验自由是一个问题，“但是对于理性的实践运用来说这个问题是不该提出的”。(A803/B831)

在结合论的核心部分，康德的这种回应又一次得到坚持，同时也打击了某些人，他们承认结合论却否定了绝对自发性或先验自由这两个观念。[①] 就我的判断来看，他们的否定根源于一种错误的假定：即把自由视为对理性行动者这种“现象”的最好的解释，并把自由理解为我们去深思、选择以及采纳准则等诸如此类的能力。确实，这种假定显得太轻率以至于不能消除对绝对自发性的二元论诉求，这使得任何随之出现的“解释”都会包含某种对于本体性能力的非法诉求；并且，该假定还忽略了某种干练的普适主义（compatibilism)，据说，该主义能够把我们在理性行动者那里视为本质的东西与某种广义的自然主义论述调和起来。

然而，一如我在其他地方所讨论过的，康德坚持认为理性行动者与自发性紧密相关，这只应该理解为一种观念上的主张而非某种推论出来的形而上学解释。[②] 换句话说，自发性意义上的自由并不是某种必须附加在我们作为理性行动者的自我这个概念上的东西，以便于从里头捣腾出某种形而上学的意义；它毋宁是自我概念的一个明确特征。这就是“我们只有

---

① 关于这个观点的新近表达，请参阅 Nancy Sherman 的 “Person - relativity in ethics,” *Monist*, 76 (1993), note 46, p. 263。

② 请参阅 “*Kant on freedom: A reply to my critics*,” 出自该论文集（亦即 Idealism and Freedom, Essays on Kant' s theoretical and practical philosophy）的第八章（本文系该论文集的第九章）。

在自由概念之下来行动”这个主张的意义之所在。用黑格尔的话来说，自由是主词，而不只是谓词。在这个意义上，康德为后来的在自身、自我或者精神（Geist）与自由之间的观念论上的同一提供了灵感。抛开由“精神的超人本性（the supra - personal nature of Geist）”所造成的种种麻烦，对康德来说，根本的不同在于，“在我们把自己当做理性行动者这个范围内去构思自我”这种方式仍然只是一种观念性的主张；而在其观念论的后继者那里，这个主张则膨胀为某种本体论事实。这种观念是否必要，并且，如果必要，那么对之予以膨胀是否正当，这当然就成了德国观念论放在我们面前的大问题。

（译者系昆明理工大学社会科学学院副教授、博士）

# 康德《道德形而上学原理》前言及第一部分解读[①]

罗尔斯　文/阮航　译

## 一　关于前言的某些要点：第11—13段

1. 我们对康德道德哲学的考察将分为三个论题：道德法则、理性的事实和实践的信念（a practical faith）。今天开始探讨第一个论题。我们之所以从《道德形而上学原理》[②] 入手（我会称之为遵循帕通的做法），是因为《原理》尽管不足以说明康德的整个道德哲学，但确实对道德法则做出了合理而充分的分析性说明。它是通过阐明道德这一概念而做到的，

---

① 译者按：本文摘译自罗尔斯《道德哲学史讲义》，原文出自 John Rawls：*Lectures on History of Moral Philosophy*. Edited by Barbara Herman，Harvard University Press 2000，pp. 146—161。节译的部分是罗尔斯的康德讲座Ⅰ（第一小节以休谟生平为对照介绍康德生平的部分出于篇幅考虑略去了）。就罗尔斯对康德道德哲学的整个解读而言，这部分有导论的性质，起着提纲挈领的作用，并构成了其后讨论的基础。就笔者的理解，这部分至少可有如下助益：其一，有助于理解康德道德哲学的若干难点和厘清模糊之处，进而寻找恰当的解读思路。康德道德哲学的重要性不言而喻，但其晦涩又让人望而生畏。罗尔斯在本部分在交代康德道德哲学的基本主题的基础上，对其关键概念和理论思路都做了较清晰的说明。这种清晰性可以说是罗尔斯式解读的特色，对于从总体上把握康德道德哲学是很有意义的。其二，有助于理解罗尔斯的思想。作为当代大家，罗尔斯的思想与康德有一定渊源。这一点从罗尔斯对康德的解读中可见一斑，如对善良意志和绝对命令的解读，对康德道德哲学宗教特征的理解等。对康德的解读及其角度可以有很多种，但罗尔斯的解读无疑具有代表性且有独到之处，而这独到处也就包含了罗尔斯本人的理论立场。最后，必须说明的是，本书已有中译，但可读性不很理想。笔者在阅读和翻译本段过程中的一个感受是，由于康德和罗尔斯的思想思辨性很强，往往对某一关键处翻译不当就影响到大段的理解。本段节译是笔者在学习康德道德哲学过程中的一个副产品，原本是为了帮助阅读、促进理解而做的笔记。虽借此机会做了订正，但有些原注仓促间还来不及完善，理解和把握的不当之处也肯定不少，恳请各位专家不吝赐教。

② 以下简称《原理》——译注。另：本文除特别标明为译注之外，其余注解均为原注。

康德认为，道德的概念蕴含于我们关于行为及其品格的道德价值的常识判断之中。

在前言第13段［第392页］[①] 中，康德告诉我们，《原理》的唯一目标在于“探寻并确立道德的最高原则”。他提出，这种探究“构成了一个整体，且将独立于所有其他的探究”。与休谟形成对照的是，康德主张，对这种原则的探寻，不是作为某种范围更广的人性科学的一部分，而是从分析入手，通过阐明蕴含于我们对道德价值的常识判断背后的原则来进行。

进一步说，探寻和确立道德的最高原则是纯粹实践理性批判的预备。在此意义上，这一探究也是独立的。在《原理》的第三部分，康德讲道：他希望将来著述对纯粹实践理性的批判，而在此力图就道德法则的客观实在性做小范围的探讨。

2. 对于康德的观点来说，前言第2段中提到的好几点都非常重要，尽管其完整的意义直到相当靠后的部分才清晰起来。

（a）一是康德的说法：如果不能揭示实践理性与理论理性以某种共同的原则取得统一，那么对（纯粹）实践理性的批判就不可能完整。他认为“最终只可能存在一种且是同一种理性”（前言第12段［399］）。而我认为，康德的道德哲学中存在着关于理性的四个相关主题，可陈述如下：

（ⅰ）理性的至上性

（ⅱ）理性的统一性

（ⅲ）理性的平等，以及在理性的总体构造中实践理性的优先性（关于这种平等，见《实践理性批判》［《康德全集》第5卷，第141页］）

（ⅳ）作为辩护的哲学，包括对（既是理论的又是实践的）理性的自由的辩护

这些主题都很难，需要相当多的背景才能说明。因而对于其含义，我在此甚至连提示都不做。但我们会设法弄懂它们，而我希望它们的含义和相互联系最终会清晰起来。如康德所言，阐明作为道德最高原则的道德法则，先于其他的一切。因此，我会先搁置诸多关于如何解释绝对命令及其

---

① 方括号中的页码为普鲁士皇家科学院版《康德全集》第四卷（Kants gesammelte Schriften, Herausgegeben von der Königlich Preuβischen Akademie der Wissenschaften, Band IV, Berlin Druck und Verlag von Georg Reimer, 1911）的页码，下同——译注。

三个公式之间的关系问题。只要我们正确地领会了这些重要的基本知识，我认为对那些问题的把握就不会有太大的偏差。随着我们探讨的深入，我会指出哪些确实重要以及为什么重要。

（b）第二个要点是：康德说（仍在前言［391］），与理论理性的情形不同，就实践理性而言，对纯粹实践理性的批判不那么迫切。如他在第一个《批判》中所论述的，理论理性倾向于越出其适当的限制，因而陷入某种自负的空虚（high－blown emptiness），幸而这一点被揭露于二律背反（antinomies）之中。若非这些二律背反，我们就会轻易地认定我们言之有理。在此康德是个反形而上学的哲学家。相比之下，在道德问题上实践理性“即使是在最普通的智力那里，也会轻易达至高度的精确”（前言［391］），这与下一点相关。

（c）康德说（仍在前言［391］），他计划写一本纯粹实践理性批判，但该书在形成之时，其标题却是《实践理性批判》。形容词“纯粹的”出了什么问题？这必须等到后面我们讨论理性的事实之时才能做出充分的解释。而康德的想法是：纯粹理论理性倾向于僭越其适当的限制，而就实践理性而言，却是经验的（而非纯粹的）实践理性在我们的自然趋向（inclination）① 和愿望（desire）的推动之下倾向于僭越其适当的范围，在我们不清楚道德法则及其在我们身上的根据（basis）的情况之下尤其如此。康德坚持道德法则的纯粹性，也就是说，坚持它是源自我们自由理性的一种先天法则。他认为，充分自觉到法则的纯粹性以及法则在作为自由自主的人身上的根源（origin），就是防止侵犯道德法则的最可靠保障（见《原理》前言：第 6—8 段［388—389］；以及第二部分：第 9 段注释［411］；第 44 段注释［426］）。

3. 上述评论与康德在《原理》第一部分第 20—22 段［403—405］所讲的内容有关。在第一部分第 22 段［405］，他讨论了道德哲学的必要性。其必要性并不在于向我们传授义务（duties）和职责（obligations），告诉我们它们是什么，因为它们已为我们所知。在第一部分第 20 段

① 对于康德道德哲学中的 inclination，有好几种中译如“自然倾向”、“性好”、“爱好”等，但很难完全对应。本文将之统一译为“自然趋向”，有两方面的考虑：一是康德的 inclination，其含义较接近于荀子论人性恶中的说法，有顺应自然性情发展趋势之意。二是本文将 tend to 译为“倾向于”，因而不译为“自然倾向”以免混淆——译注。

[403]①，他写道：

> 不禁令人赞叹的是，普通心智（mind）的实践判断力竟然远优于理论判断力。就理论判断而言，普通理性一旦脱离经验法则和官能的感知，就会陷入混乱和自相矛盾……而从实践方面看，普通的心智一旦从其实践法则之中排除所有的感性动机，其判断力就立刻开始展现优越性……普通的智识（intelligence）变得更为敏感……而极为重要的是，它很有希望切中要害，这一点不逊色于任何哲学家。因为哲学家并没有任何不同于普通智识的原则，或许反而会轻易地将自己的判断混淆于一大堆不相关的考虑。

我引用此段（略有删节）是为了说明，康德并没有打算教导我们何为对错（他认为那是冒昧的做法），而是让我们自觉到道德法则，它根植于我们自由的理性。他相信，对此的充分自觉，会唤起出于该法则来行动的强烈愿望（《原理》第二部分：第9段注释[411]；第44段注释[426]）。这（即休谟讲座Ⅱ第5节中的说法）是一种依赖于观念的愿望（conception－dependent desire）：它是作为通情达理的（reasonable）人所拥有的、依照某种理想（ideal）来行动的愿望，这种理想可表达于对我们自身的理想：我们拥有既是理论的又是实践的理性，从而是一个自主者。康德在其道德哲学里寻求自我认识：不是我们已有的、关于对错的知识，而是关于作为拥有自由的、理论的与实践的理性的人，我们会愿望什么的知识。

4. 我得对上述联系做个补充说明：作为一名虔信教徒，康德或许还寻求道德反思的某种形式，以合理地（reasonably）用于检验动机的纯粹性。一般地说，我们知道事情的对错，但常常受到诱惑而出于某种或许不自觉的错误理由去行动。他或许已经看出，绝对命令的一个用处是可以表达某种合理的反思形式：通过检验我们的行为准则是否具有实践理性所允许的合法性，它可以帮助我们提防上述情况的发生。我之所以说[它是]一种合理的反思形式，是因为康德在弗里德里希时代（Fridericianum）的遭遇让他觉得虔信派中有一件事令人反感，此即沉迷于动机的纯洁以及由

① 此处标注应为[404]——译注。

此必然带来的强制性的自我检查。相比之下，绝对命令明确表达出一种反思模式，它可以一种合理的方式来安排和调节我们对动机的审查。

我认为，康德根本没有关注道德怀疑论。道德怀疑论可能对我们构成了很大的困扰，但对他来说简直就不是一个问题。他的观点或许可以提供某种处理道德怀疑论的方法，但这是另一个问题。作为理性事实的一部分，他总是理所当然地认为，所有人（智力低下者和精神病人除外）都会认可，实践理性的最高原则对他们的意志具有权威（《实践理性批判》5：105）。

## 二　纯粹意志的理念（idea）

1. 现在我转向前言第 10 段［390］，这一段相当重要。康德在此通过区分沃尔夫关于意愿本身（willing as such①）的解释与自己的纯粹意志（pure will）学说，以说明他在《原理》中的意图。康德将沃尔夫关于意愿本身的解释比作普通（形式）逻辑，将自己的纯粹意志学说比作先验逻辑。对此，我们应如何理解呢？

由于康德的解释有些晦涩，我将试着做个推测。普遍逻辑研究的是有效思维和推理的形式原则，而不考虑思维和推理的特定内容和对象；沃尔夫关于意愿本身的解释也恰好如此，它研究的是支持一切愿望的心理原则，而不考虑愿望的对象及因何而被愿望的具体缘由。愿望被当做同质的来对待，而不管它在我们身上源自何处。就此而论，这种解释同普遍逻辑一样，在确定推论的有效性时，不考虑思维的内容及来源。如果这种推测是正确的，那么对意愿本身的解释提出了一种关于我们自身的观点，即把愿望看作心理力量，它迫使我们达到与其强度和紧迫度相称的实现与满足。这些心理力量的平衡决定了我们会做什么。一个意志坚强的人（某个具有休谟般强大理智的人），他的审慎思考始终受到同样强烈的愿望的控制。

① as such 的直译是“如此”、“就其本身”。这里将 willing as such 译为“意愿本身”以与“纯粹意志”（pure will）相区分，可以表达其中两方面的意思：一是意愿的内容是经验的；而康德的意志是先验的，是无经验内容的。二是“意愿本身”作为理论的对象，形式上说并无具体所指，as such 即包含就不确指的某个意愿来谈意愿的意思；“纯粹意志”则是纯理的形式——译注。

相比之下，康德的纯粹意志学说在同样的意义上与先验逻辑相似。先验逻辑研究的是，使关于对象的先天综合知识成为可能的所有认识条件。这类知识可见于数学和物理学的第一原则，并且这一知识必须得到解释。与此类似，康德认为纯粹的实践理性是存在的，它自身就足以决定意愿，而不依赖于我们的自然趋向和自然愿望。这一事实也必须得到解释。要做到这一点，我们需要解释的是纯粹意志，而不是意愿本身。先天综合知识是一门特殊知识，需要先验逻辑来制定它的原则。与此类似，纯粹意志是意愿的一种特殊形式，需要探究其自身才能被理解。

简要来说，理论理性和实践理性的区别在于：理论理性处理给定对象的知识，先验逻辑制定使关于这些对象的先天综合知识成为可能的原则；实践理性则关注如何产生与我们对它们的理念（或观念）相一致的对象（《实践理性批判》5：89f）。康德想要考察的纯粹意志原则是实践理性原则，在他看来，这些原则独立于我们的自然趋向和自然愿望，有效地决定我们的意志，并且引导它到达其先天的对象，即至善（《实践理性批判》5：4）。按康德的提法，沃尔夫无疑还有其他人没有意识到纯粹意志的重要性，而康德把纯粹意志看做一个根本的理念。因此，康德认为自己开辟了“崭新的天地”（前言第10段）[390]。

2. 可以将沃尔夫的观点（按康德的理解）整理如下：在休谟讲座Ⅱ第5节，我们区分了依赖于对象的（object - dependent）愿望、依赖于原则的（principle - dependent）愿望（以及依赖于观念的愿望）。我们把所有互相竞争且影响着我们的一切愿望都看做依赖于对象的愿望。这些愿望类似于康德所讲的自然趋向和冲动，它们由于我们的一切需要——从身体需求到学习与教育的社会过程——而产生。让我们假设，这一社会过程受制于休谟的联想法则、习惯与简易（facility）的原则、占主导情感（predominant passions）的原则等等，而沃尔夫仅从强度方面来考虑所有这些愿望，并且同休谟一样丝毫没有实践理性的观念。那么想必已做出的某个行为，通常就是（即使不总是）指望达至最大余额（balance）的总满足的行为。

对康德来说，这意味着人不具有纯粹意志，因为纯粹意志是受实践理性原则引导的一种选择力。也就是说，这种力量使我们从众多（通常是互相竞争的）依赖于对象的愿望中选择遵从哪一个愿望来行动，或者受依赖于原则和观念的愿望所驱使而把它们全部否决。在《单纯理性限度内的宗教》（以下简称《宗教》，6：38）中，康德提到了英国下议院某议员在一次激烈辩论中说的一句话，“人皆有其价。”[①] 尽管我们认为有些事如背叛家人、朋友、国家和教会是无论如何绝不该做的，但该议员声称只要价格合适，我们都能被收买。沃尔夫式的心理学家可能对此（如果该声称是正确的）作出如下解释：作为心理力量，所有愿望都处于同等地位，其区别仅在于它们的强度，以及它们作为有待实现的目标被满足的可能性如何。因此，对于每一个愿望或愿望组合来说，即使当它通过起指导作用的慎思来决定事务之时，也必然存在一个较强的愿望或愿望组合与之抗衡。找到这一与之抗衡的愿望或愿望组合，也就知道了价格。

3. 如我们将了解到的，康德怀有一种关于人的不同观念：他将人看做明智而合理的，且拥有某种选择的意志。他想要研究纯粹意志的原则，说明拥有充分有效的纯粹意志的人将如何行动，并且确定受实践理性原则支配的人的愿望结构会是怎样的。我认为，最好将康德看做是从一个完全理想意义上的明智且合理的主体（agent）将出于何种原则来行动而提出原则的，只要对于尊重道德法则的要求来说是必要的，那么即使背离一切依赖于对象的愿望也在所不惜。[②] 这样一个理想的（人类）主体，尽管作为自然界的一员必然受到自然的自然趋向和需求之影响，但他绝不会在违反纯粹意志的原则的情况之下顺从于这种影响。

而如我所言，康德并没有否认所有的愿望都具有心理力量。但他坚持，依赖于观念的和依赖于原则的愿望之力量与这些愿望的相应原则对于理想主体的规范优先权（regulative priority）［巴特勒（Butler）会称之为权威］，这两者之间是有区别的。这些主体的特点是，他们依赖于观念的和依赖于原则的愿望之心理力量，恰好同步于（parallel）实践理性相应原则的规范优先权。因此，作为理想意义上的有理性的人，就具有居高临下的能力来评价依赖于对象的愿望，由此给予了一种选择力以确定我们应该按这些愿望中的哪一种来行动。我将在后面探讨这种选择是如何完成的，即，将愿望融合到我们提议的行为准则（《宗教》6：28），然后运用

① 该议员是 Sir Robert Walpole。但他实际的说法远非那么笼统，即“那些人［指某些爱国者］都有他们的价格。”见 Greene and Hudson，p. 34。

② 理想的主体会这么做，而且我们知道我们同样能做到。这是君主例证（《实践理性批判》5：30）所表达的要点。例证中的君主出于其不光彩的企图，想要人们提供伪证去指控另一个臣民。

我所称的绝对命令程序（CI - procedure）来检验这一准则能否获得道德的许可。

我们被视为有理性的、拥有选择意志的主体，这一观念与沃尔夫的观念形成了鲜明的对照。康德对沃尔夫的不满在于，沃尔夫完全忽略了适于纯粹意志的原则，从而其观点根本无法容纳植根于纯粹实践理性的道德职责观念。

## 三 《原理》第一部分的主要论点

让我们简要考察《原理》第一部分中的主要论点，见第一部分第 8—17 段［397—402］。（1、2、10 条前的 * 号表明它们是康德的三个命题，其先后按照康德的叙述顺序）

*1. 善良意志是符合义务的行为的意志，这种行为不是出于自然趋向，而是出于义务。（第 2 段末）［399］

*2. 出于义务的行为，其道德价值来自其立意（volition）原则，而不来自它们由作为推动主体起初考虑做出该行为的自然趋向而产生的意图（对象、事态或目的）。（第 14 段）［399—400］

3. 意志必须总是按照某种立意原则行事。（第 2 段［393—394］；第 14 段［399—400］）

4. 存在两类立意原则：形式的和质料的，它们相互排斥、相互抵消。（第 14 段［399—400］）

5. 所有质料的立意原则都不是出于义务的行为之立意原则。（由质料的立意原则之定义及上述第 2 条推出）

6. 出于义务的行为是按照形式立意原则而做出的行为。（由第 2 直到 5 条推出）

7. 仅有一条形式的立意原则，即道德法则。（第 17 段［402］）

8. 按照定义，尊重即是承认某种立意原则是对于我们的法则。也就是说，它直接决定我们的意志，而不考虑我们的自然趋向提出的要求。（第 16 段［401］）

9. 尊重的对象是道德法则。（第 15 段［400—401］）

*10. 出于义务的行为，是出于对道德法则的尊重的行为。（第 15 段［400—401］）（从第 6 直到第 9 条）

11. 善良意志是符合义务的行为的意志，这种行为不是出于自然趋向，而是出于对道德法则的尊重。(由以上第 1、10 条推出)[①]

另外，这个看似有效的论证，其目标是探寻至高的道德原则（道德法则)。它始于普通的道德常识，而后通过揭示关于行为道德价值的日常道德判断背后的原则，转向哲学的知识。我没有检验这一论证，因为如果说我对它的理解多少有些正确性的话，我认为它的形式和目的就都是相当清晰的。但必须指出，康德将《原理》的第一、二两章看做是纯粹分析的，是通过拓展被普遍接受的道德概念而揭示出：意志自律是这种道德概念的基础。

## 四 善良意志的绝对价值

1. 《原理》第一部分第 1—3 段［393—394］介绍了康德道德学说的一个基本组成部分：善良意志具有绝对价值这一观点，以及这种价值无与伦比的可贵性。

首先，康德在《原理》的开篇即赞美说，“在这个世界乃至世界之外，我们都无法想象除了善良意志，还有其他任何东西能被视为无条件的善（good without qualification)。”

康德没有界定“善良意志”这一术语，而是在前三段通过说明善良意志与其所谓仅为有条件的善之间的区别，让我们逐渐把握其含义。

在我们人类的特征之中，康德将如下特征与善良（或恶的）意志区分开来：

（ⅰ）心智的才能：如智识、机智和判断力。

（ⅱ）性格品质：例如勇气、果断和目标坚定；以及其中尤其有利于善良意志的品质：情感的适度、自制和沉着。

显然，善良意志也区别于我们的自然趋向所要求的事物：

① 上述第 3 至第 9 条所试图补充的，似乎是康德基于“ * ”所示命题所做的推理步骤。然而，这一推演即使完全正确，也不必过于依赖。康德的推理无疑还可以通过其他的方式来说明。

（ⅰ）禀赋：权力、荣誉、财富和健康。

（ⅱ）幸福，即境遇如意、自然愿望以合理的方式得到满足。

然而，心智的才能、性格品质和禀赋一旦其使用者不是善良意志，就会变得极其糟糕。即使是我们可能称之为次德（*sec*ondary virtues）的东西如勇气和自制、果断和沉着，也只有在有助于意志去追求普遍目的的条件下才有价值。这么说吧，主德（primary virtues）是这样的德性，即，对它的稳定持有构成了善良意志，其中杰出的是智慧、正义感和（实践的）仁慈。正是拥有这些德性的人乃有美德之人：由这些德性发出的特定行为具有道德价值①。康德将心智的才能和性格品质视为自然的禀赋，而善良意志不是一种禀赋。它是习得的，是来自确立某种性格的行动，有时是由于某种改造。这种改造一旦通过培育德性以及支持该德性的思维和情感方式而得到强化，就得以持久。（《宗教》6：47—50）

2. 甚至幸福本身也不是无条件的善。一个拥有财富和幸福的人如果毫无善良意志，那就不能取悦于公正的旁观者（an impartial spectator）。由此开篇段落的结论，就体现了康德道德思维的一个特有主题：

看来善良意志甚至是配享幸福的必要条件。

在第一《批判》（B834）中，康德区分了源自幸福动机的实践法则与源自配享幸福的实践法则。他将第一种称为实用法则（或审慎的规则），第二种称为道德法则。他认为道德哲学要研究的，不是如何获得幸福，而是如果要配享实际获得的幸福就该如何行动，他相信希腊人也是这么看的。这种思想是康德道德学说的特征。

3. 在第一部分第 3 段［394］，康德进而指出，善良意志之所以为善，并不是因为其所实现的东西，也不是因为它适合于产生某种独立而具体的给定目的。即使拥有善良意志的人完全缺乏实现其意图的能力（由于缺乏机会或自然禀赋），其善良意志仍将如宝石般闪耀，而丝毫不减损其自身的价值。

这一陈述让我们想起了休谟的评论："穷困潦倒中的德性仍然是德

① 注意这两种说法的区别：某人是有美德的；某行为具有道德价值。

性”。(《人性论》: 584f) 但休谟的解释与康德大相径庭。在休谟看来，有德者所拥有的性格品质，会给其自身和同伴直接带来愉悦或效用。休谟对其评论的解释是：想象比理解更生动，因而即使有德者由于困顿的境遇而实际上没有产生任何善，但通过我们的判断，我们受感染于对或许本该受益者的情感共鸣。

康德不可能接受这一观点，因为他拒斥如下观念：通过参照某种独立地给定的善观念——比如休谟所提出的对于我们和他人的愉悦性和有用性——来判断性格的道德价值。在第一部分第 3 段 [393—394]，我们被告知，仅从形式的意义上说善良意志是什么：我们知道拥有善良意志的人都有一种坚定的性格，并且始终如一地按照（纯粹）实践理性的原则来行事。由此我们得知，他们会对自然禀赋和命运馈赠的使用予以调整和更正，以符合这些原则所要求的普遍目的。但我们不知道这些原则的内容，因而不知道拥有善良意志的人实际上会如何行为或他们会认可哪些义务。

结论：善良意志总是自身善，是无条件的善；而其他事物仅在某些特定条件下为善。无论这种有条件的善是自身善还是手段善抑或两者兼而有之，情况都是如此。幸福或者说我们自然愿望的合理有序的满足，或许是自身善（在其所愿望和实现的目的是可允许的情况下）。但即便是我们的幸福和对音乐和绘画的享受，也只有在我们配享它们或有善良意志的情况下，才是完全的善。

4. 在第一部分第 3 段 [393—394]，康德指出：善良意志是无法估价的，其价值远远高于自然趋向的满足，实际上还高于我们（可允许的）全部自然趋向的有序满足即幸福。因此，善良意志有两个特征：它是绝无仅有的、总是无条件的自身善；其价值无与伦比地超过其他所有也具有自身善的事物。这两个特征标志着善良意志的特殊地位，康德在（《原理》第一部分第 4 段 [394—395]）讨论唯一意志的绝对价值之时曾提及这一点。我要说，第二个特征是指一种词典式的优先性（lexical priority）：它意味着善良意志的价值高于其他所有的价值，无论这些价值就其自身的估价有多高。如果善良意志的诉求与其他价值的诉求之间发生冲突，那么善良意志的无上要求占有绝对的权重。

我们现在还不知道如何理解这两个特性，且在这一阶段猜测是无用的。我们知道，康德同时具有一种善良意志的形式观念和正当的形式观念。这两个相互依存的形式观念是其出发点。其他所有的善——心智才能、性格品质、自然和命运的馈赠，以及幸福——则是有条件的：它们的善依赖于要相容于由这两个形式观念提出的、对行为和制度的实质性要求。这是康德学说关于正当的优先性的一般含义。

但这些实质性要求，必须等到学完《原理》第二部分才可能被了解。孤立地看，《原理》第一部分中康德的许多说法会使人产生误解，只有借助其后的论述，它们才能被理解。

## 五 理性的特殊目的

1. 康德如何理解善良意志及其与理性之间的联系，要解释这一点，《原理》第一部分第5—7段［395—396］很重要。康德明白，自己在第一部分第1—3段［393—394］中关于善良意志具有绝对的和不可比拟的价值这一说法，尽管符合我们的常识判断，但仍可能看上去很极端。为了缓解这种极端感，康德根据如下观点以展开分析：自然不会赋予我们以包括理性在内的任何能力，除非这种能力最适合于其所要达成的目的。

那么，我们拥有理性，其目的为何呢？当然不是为了获取我们自身的幸福，因为自然可以通过赋予我们适当的本能来更好地达到这种目的。

康德认为，自然赋予我们以理性，其目的一定是产生善良意志。我们如果拥有关切实践理性原则的意志，那拥有理性的能力和理解理性原则的能力就显然是必需的。因此在一个自然以有意图的（purposive）方式分配天赋的世界中，我们拥有理性，其目的一定是产生善良意志。当然，有人可能会反驳说，或许还存在其他的目的选项。然而康德认为，在剔除了推进我们的幸福这一目的之后，他已经消除了唯一可能存在的选项。

2. 第7段［396］对至善（highest good）和完善（complete good）作了重要区分。至善是善良意志，是所有其他善的条件，甚至是我们要求幸福的条件。然而它并不是完善：完善特指善良意志享有与自身相称的幸福。即使实现幸福这低一层次的目的并未实现，或如康德所谓幸福低于零，但自然仍然能够实现最高的目的。

康德补充说，为了实现拥有善意志这一首要目的，我们会获得某种满足，即达成仅由理性规定的目的。这种满足不能混同于自然趋向和需要被满足时带来的快乐；毋宁说，它是我们在依照实践理性的法则而行为的过程中找到的满足，其中我们作为明智而合理的主体表现出某种实践的关切

(a practical interest)。要完全弄清这种动机，我认为最好通过依赖于观念的愿望来理解。这一点随后再谈。

## 六　善良意志的两种作用

1. 最后，我要简略评论康德学说中善良意志的两种作用。

善良意志的能力是基于实践理性和道德感的力量，其第一种作用在康德看来是使我们成为一种可能的目的王国之一员的条件。实践理性的力量对于我们作为明智而合理的人来说必不可少。因而善良意志的能力规定了道德法则的范围，亦即其适用范围：拥有实践理性的和道德感的力量之人。我们正是如此的人类，因而受制于正义和行善（beneficence）的义务。与此同时，其他人对我们的做法必须尊重正义和行善的义务。因此，我们受制于，同时也受保护于道德法则。

善良意志的第二种作用体现了康德的思想特点：它包含肯定（positive）和否定[1]（negative）两个方面。否定的一面是，康德相信，除非在道德法则的限制之内追求我们的目标，不然我们的生活就毫无价值。这源自康德看待正当优先的严格方式。如下说法（《道德形而上学原理》6：332）可作注解："若正义消亡，则人类不配再生活于地球之上"。

肯定的一面是，通过尊重道德法则和努力实现善良意志，我们能够且确实可以赋予我们的在世生活乃至世界本身以意义。这一面可见于康德的《判断力批判》（第 82—84 节），其中他讨论了人类因其文化能力而成为自然的终极目的，以及因其道德力量而成为造物的最终目的。在此我不可能仔细考察这些艰难的章节，只是引用文本以求对康德的思想有所了解。下段来自《判断力批判》第 84 节：

> 在我们所在的世界只有一种存在者，其因果性是目的论的，那就是说是指向目的的。而他们是如此构成的：这种存在者在必须决定其目标的时候所遵循的法则……是作为无条件的、独立于自然条件的法

---

① 这里的 positive 和 negative 分别译为"肯定的"和"否定的"，而非"积极的"和"消极的"，主要是在本节的上下文看，后一种译法易起误解。尤其是中文的"消极的"往往易引导人从贬义方面联想，而本节的 negative 绝无贬义——译注。

则而提出，而这在其自身是必要的。这种存在者就是人……作为本体来看的人。人是唯一如此的自然物，即，在他们身上可以辨识出一种超感性的能力（自由），这种能力是人之构造的一部分。

对于作为道德存在者的人……我们不能继续追问：人是为着何种目的而存在？人的存在在其自身就含有最高的目的。就这一目的而言，人可以尽其所能地主宰整个自然……如果世界上就其存在被视为须有所依靠的事物需要一个按照目的来行动的最高动因，那么人就是造物的最终目的。没有人，彼此从属的目的链条就没有彻底的根据。只有在人这里，乃至只有在人仅作为道德主体的时候，我们才能找到关于目的的无条件立法。

第 84 节的脚注中写道：对自然而言，道德原则是目的序列之中唯一可能的、绝对的、无条件的目的，从而使作为道德主体的人具备成为造物的最终目的的资格……这证明：幸福只能是有条件的目的，从而只有作为道德存在者，人才能成为造物的最终目的。与这一目的相关的、人的幸福状态，只是目的实现时的结果，并取决于人与这一目的，以及他的存在的目的之间所达成的协调程度。

2. 如何理解康德的整个道德哲学，在相当程度上依赖于如何看待善良意志的价值及其两种作用，以及康德对道德法则所给予的重要性（如上引文所示）。

善良意志能力的第一种作用即它是我们成为目的王国一员的条件，以这样或那样的形式被广泛接受，并成为诸多民主思想的基础。当然，这并非康德的原创，因为在此他受到卢梭的很大影响。卢梭的《社会契约论》和《爱弥尔》在 1762 年一经出版，康德就读过了（他的法语很好）。康德告诉我们，这些著作使他的思想发生了根本变化，其结果是驱使他对卢梭的这些观念给出了更深刻的哲学表述。

善良意志的第二种作用则颇具争议，尤其是其否定作用，即认为人生价值依赖于对道德法则的尊重。很多人认为，赋予道德以这种意义有失偏颇，在以绝对命令的形式来表达且有正当优先的含义时尤其如此。我不会在这里讨论这些问题。要使讨论有意义，需要了解比目前多得多的关于康德见解的背景资料。

3. 总之，我认为，康德赋予道德法则的意义以及我们出于道德法则的行为都带有明显的宗教特征，其正文偶尔也表现出虔诚的性格。在第二《批判》中有两个显见的例子。一处在段落的开头："义务啊！好一个崇高伟大的名称……你尊贵的根源是什么呢？"（5：86f）。另一处也是段落的开头："有两样事物使心中充满……敬仰和敬畏：头顶的星空和心中的道德法则。"（5：161）

康德认为，有一些事物比世俗生活的平凡价值和我们的整体幸福要重要得多。他的这种见解是被视作宗教的必要条件，但并非充分条件。一个人可以将这种重要性赋予某种道德品质和优点，比如高尚、勇气和友谊的坚贞，据说亚里士多德就这么做过。这样的观点无论有多深刻，都不会表现出宗教特征。

我认为，赋予某种观点以宗教特征的是，它具有某种关于整个世界的观念，这种世界观呈现出某些神圣的、抑或值得献身和敬畏的特征。世俗生活的平凡价值必须位居其次。如果这一点没错，那么赋予康德的观点以宗教特征的就是，在他对世界本身的构想之中道德法则占据了主导地位。因为我们对造物的最终目的之胜任，端在于如下的进程之中：对适用于我们的道德法则的遵循、努力培养我们内在的坚定不移的善良意志，以及对我们社会生活的相应塑造。如果没有这些，我们的在世生活乃至世界本身就都会丧失价值和意义。

《原理》第一部分首句就提及世界："在这个世界乃至世界之外，我们都无法想象除了善良意志，还有其他任何东西能被视为无条件的善。"现在我们可能就明白其含义了。

康德在此提及世界，初看显得奇怪。为何如此极端？我们不禁要问。现在我们或许就明白了为何如此。这并不令人惊奇。因而毫不奇怪的是，在第二《批判》中康德说，以至善之名义走向宗教，是为了保持我们对道德法则的虔诚。

康德道德哲学的这些宗教的乃至虔信派的特征似乎很明显。忽视这一点的任何解说，都会漏掉康德道德哲学的诸多要义。

（译者系湖北大学哲学学院副教授、博士）

# 试论康德美学中的审美想像力问题

石若凡

［内容提要］“想像力与知性的自由游戏”是康德提出的一个重要美学命题，但与其一贯的逻辑谨严风格相反，康德对“想像力”这一概念的使用具有明显的多义性与含混性。因此，如何界定“想像力”概念，对于理解康德的美学思想具有先行的重要性。本文通过区分与界定这一概念在康德哲学的认识论与美学中的不同规定性，重新检讨了审美想像力作为一种独立的先天能力的合法性，以及在此基础上，一门先验美学的可能性。

［关键词］想像力　知性　自律性　自发性　艺术知觉力

“想像力”是美学的一个重要范畴，但就康德哲学而言，它还是一个重要的认识论范畴。康德把想像力分为两种，一种叫再生的想像力（reproductive imagination），另一种叫生产的想像力（productive imagination）。但是，即便是再生的想像力，“就其综合中关涉自发性而言，想像力包含有生产性的因素”。[①] 因此，康德的这种两分法不仅无助于概念的明晰化，反而造成了更大的混乱；毋宁从想像力这一概念使用的具体语境来区分其不同的含义，反而更利于条分缕析。

统而观之，想像力在康德哲学中具有如下四种含义：其一，“把一个对象甚至当它不在场时也在直观中表象出来的能力”；其二，构造某一非经验存在对象的“原初表象”的能力；其三，作为“形象的综合”的先天联结能力，根据知性范畴来综合杂多的直观，使之形成概念的“图

① Helmut Holzhey, Vilem Mudroch, *Historical Dictionary of Kant and Kantianism*, Scarecrow Press. Inc. , 2005, p. 147.

式”；其四，作为“生产性和自律性”的构造审美表象的能力。[①] 究其实质，第二种意义上的想像力等同于日常语言中的虚构或幻想，康德仅在《实用人类学》中提及。第一、三种意义与认识论紧密相关，前者为再生的想像力，隶属于感性，后者为生产的想像力，被康德归为知性的从属；但无论如何，它们所指涉的是感性或知性的某种先验功能，而非需要批判的某种先天能力。第四种意义上的想像力，即审美想像力，除了生产性的特征外，它同时还是“自律性的”（autonomous），从而与作为先验综合功能的想像力明显地区分开来，也即是说，“它所讨论的想像力不再局限于知识论的范围内，而恰恰是因为这点，对想像力本身的理解也就成为可能，想像力也在此不必局限于为了使知性贯彻到感性运用的一种逻辑上的先验机能，而是仿佛另有其独立性所在”。[②] 因此，对审美想像力的考察，首先要澄清的便是审美想像力本身如何成为自律的、自由的，或者说自我立法的？

## 一　审美想像力的自律性

从康德对“想像力”这一概念的运用来看，对审美想像力的自律或自由的理解，无疑须奠立于与作为认识的先验综合功能的想像力的比较之上。作为先验综合功能的想像力的任务在于：在彼此截然对立的感性直观与知性范畴之间架起一座桥梁，使得杂多的感性直观能够被纳入统一的知性范畴的统筹之下，形成具有感性与知性的双重特质的“图式”，从而为最终形成具有绝对普遍性与必然性的先天综合判断铺平道路。在康德哲学的认识论中，内容与形式、现象与概念、客观与主观之间形成了一条不可弥合的“裂隙”，使得康德不得不在感性与知性之外去寻求一个可以弥合这一裂隙的第三者。康德赋予先验想像力以这种中介功能，却并未如同感性直观与知性范畴一样，在使用这一概念之前进行合法性的批判，这就造成了这一想像力在康德的知识学体系中缺乏一个确定的、合法的位置。这

① Helmut Holzhey, Vilem Mudroch, *Historical Dictionary of Kant and Kantianism*, Scarecrow Press. Inc., 2005, pp. 147—148.

② 徐歆茹：《想像力：先验结构还是能力》，《云南大学学报（社会科学版）》2007 年第 4 期。

一状况无疑应归咎于康德试图用形式逻辑来解决认识论的根源问题这一方法论上的不可能。康德的先验想像力，与其视为某种能力（ability），毋宁如恩斯特·卡西尔基于一种实用主义的立场所指出的，它实则是自我（the I）或意识（consciousness）的“一种原初的构成活动”。[①] 然而，无论如何去界定它，先验想像力在这里所关涉的问题的要旨在于：它一方面受限于在感觉中被给予的现象的性状，另一方面又以普遍化与概念化为最终导向。

因此，与先验想像力相反，审美想像力的自律性也就相当清晰地显现出来：一方面它脱离了感觉中的客观性状的束缚，而只关涉对象的主观的形式；另一方面，它是一种“无概念的活动”。[②] 就前者而言，康德指的是“它的规定根据是主体的情感而不是客体的概念”[③]，凸显的是鉴赏判断的主观性特征；就后者而言，则强调了鉴赏判断的对象不是客观的对象的内容，而仅仅停留和满足于审美表象的层面，而并不向知性靠拢，甚至拒斥知性这一先天的形成概念的能力。无论是主体的情感，还是对象的审美表象，它们集中地体现了鉴赏判断区别认识论的一个独特特征，即主观性（主体性）。审美想像力的自律性最终表现为“作为可能直观的任意形式的创造者”。[④]

然而，这种既摆脱了客观对象的感性质料，又挣脱了知性范畴的规范作用的审美想像力，必然留下了使鉴赏判断陷入极端任意性的逻辑空间。这种纯粹的主观性与任意性，显然是与康德发现与构造一门先验美学的计划相背离的，是与其赋予鉴赏判断以主观的普遍性的要求相对立的，甚至最终摧毁了美学作为一门学科的可能性。正如康德明确指出的：“我们不能说：每个人都有自己独特的鉴赏。这种说法将等于说：根本就不存在任何鉴赏，也就是没有任何可以合法地要求每个人同意的审美判断。”[⑤] 另外，在康德的时代，想像力是与狂信徒、幻像及宗教宗派主义者紧密相联

---

① Ernst Cassirer, *The Philosophy of Symbolic Forms*, Volume 1, Yale University Press, 1973, p. 90.

② 齐志家：《康德鉴赏判断中的想像力解析》，《武汉理工大学学报（社会科学版）》2011年第8期。

③ 康德：《判断力批判》，邓晓芒译，人民出版社2008年版，第67页。

④ 同上书，第77页。

⑤ 同上书，第48页。

的。超过合理限度的想像力就不再成其为想像力，而变成了幻想。尤其是席卷德国的狂飙突进运动过度宣扬天才与想像之于人类知识的重要性，最终导向了一种非理性的和神秘主义的思想，康德的好友哈曼与赫尔德也在此列之中。这种种因素交叉编织在一起，也就导致了“从一开始，康德就视审美想像力为一种危险的能力，它把非现实投射到现实之上”,[①] 同时也造就了“想像力与知性的自由游戏”这一著名的美学命题，借此，康德要为想像力的翅膀系上知性的缰绳。

显而易见的是，“想像力与知性的自由游戏”这一命题十分明显地区别于康德哲学写作一贯的逻辑性与严谨性风格，而表现出极大的模糊性与混沌性。在《判断力批判》中，康德从质、量、关系、模态四个契机分析了鉴赏判断的无概念化与主观的普遍性特征，但对于知性在其中居于何种位置、发挥了何种功能却语焉不详，或者更准确地说，在康德美学中，知性之于鉴赏判断的地位仅仅在于这一命题本身。这种未得到任何经验的或先验的演绎的状态使得知性之于鉴赏判断的合法性地位可以合理地受到质疑。其后的学者们对这一命题的种种理解与解释也同样表现为一种模糊的、混沌的诗性描述，而不是一种概念上的澄清与明晰化。因此，后来的种种解释实质上并未超越这一命题本身，并未比这一命题本身多说了些什么；审美想像的无概念化与知性的概念化功能之间的对立这一理论难题，并没有得到恰当的解决。笔者以为，对于这一命题的理解与解释只能从康德要把具有任意性本性的想像力置于规则的约束之下的现实目的这一线索入手，也就是说，“对于康德来说，如果要使想像力成为生产性的，则不得不规训它。否则，我们将通过赞颂非真实而担负丧失真实的踪迹的风险”。[②] 但是，这一历史主义的解释虽然清楚地说明了“想像力与知性的自由游戏”这一命题的发生问题，却同时提出了另一个难题，即，这是否意味着康德美学区别于其理论哲学与实践哲学，不具有体系上的逻辑一贯性而仅仅是基于各种实际意图的“拼凑物”？或者说，鉴赏判断是否与崇高判断、目的论判断处于并列地位而共同构成反思判断的一个组成部分，抑或审美想像力本身作为人的一种独立的先天能力，进而，一种基于

① John H. Zammito, *The Genesis of Kant's Critique of Judgment*, The University of Chicago Press, 1992, p. 33.

② Ibid. , p. 44.

审美想像力本身的先验美学是否可能以及如何可能？对于这些问题的回答，无疑要返回到康德对鉴赏判断本身的规定性之上。

## 二 自然与人的自由游戏

康德的先验哲学从方法论上来说，是自上而下的，首先找出某一认识能力的先天原理，然后进行到分析论与辩证论，其中，在分析论中包含了对先天原理进行合法性证明的演绎论。就鉴赏判断而言，康德找到的先天原理即自然的形式的无目的的合目的性。

对于“目的”与“合目的性”这两个概念的规定性，康德对其理性主义传统的意义进行了一定的改造。所谓目的，指的是，“有关一个客体的概念就其同时包含着该客体的规定性的根据而言，就叫做目的”。① 而合目的性即“一个概念从其客体来看的原因性就是合目的性”②。从传统的理性主义来看，就一个对象与作为其规定性根据的概念而言，作为对象的原因的概念就是对象的目的，因此，所谓的“目的”，实质上指的是对象存在的原因、根据。康德在使用这两个概念时，从两个方面对它们进行了改造。其一，他区分了依存性的因果关系与自存性的因果关系：依存性的因果关系是一对象之于另一对象的规定性关系，即合规律性，是一种经验性的合目的性。而就鉴赏判断而言，其合目的性并非规定性的、依存性的和经验的，因而只能是先验的、自存性的因果关系。其二，这种合目的性关系是一种理论上的假设，这一假设的必要性在于“因为我们只有把一个按照目的的原因性，即一个按照某种规则的表象来这样安排它们的意志假定为它们的根据，才能解释和理解它们的可能性”。③ 在康德的时代，“凡事必有因”是一条不证自明的公理。“合目的性”这一概念即是对原因的必然性的肯定。然而，从知性的有限性来看，在经验原因之外，我们是不可能认识那超验的、自在的原因的。因此，所谓无目的，实质上就是我们不可能认识那作为对象的存在根据的原因而好像无原因。

就合目的性关系本身而言，存在着作为结果的对象与作为原因的目的

① 康德：《判断力批判》，邓晓芒译，人民出版社2008年版，第15页。

② 同上书，第55页。

③ 同上书，第55—56页。

这两个对象，但是，在鉴赏判断中，却存在着三个对象：作为结果的审美快感或不快感、作为目的的“无目的”，以及一个审美对象或表象。对于康德来说，在鉴赏判断的合目的性关系中，审美对象或审美表象既不是鉴赏判断的结果，也不构成审美快感或不快感的原因。因此，审美想像力的自律性在这里似乎得到了充分的表现：审美想像力是自我立法的，是对主体的情感的规定性，而非关于自然的对象。若然如此，当我们说“x 是美的”的时候，这个 x 可以是任何对象。这种颠覆性的推论显然不是康德预想的。那么，审美对象或审美表象在鉴赏判断中居于何种位置？这一被康德隐藏在幕后的问题就不能避免地走到了台前。

在对纯粹理性的批判中，康德把知识的来源归于两个方面，即经验与先天范畴；但在鉴赏判断中，康德却毫不迟疑地把审美对象排除在审美快感或不快感的原因之外。因为，如果一个自然的审美对象构成审美快感或不快感的原因，这就意味着美是对象的客观属性，或者，审美对象具有某种客观属性能够引起审美快感或不快感，那么，当我们说“x 是美的”的时候，这就是一个遵从经验性的因果关系的规定性判断，而非反思性判断了。然而，如果确实如康德所说的那样，鉴赏判断虽然关系到审美对象、但对象又不具有任何原因上的效力的话，那么，鉴赏活动就成为一种纯粹的主观活动，即，如果我们对某一对象不持有某种利害目的的话，那么，该对象就必然是美的，反之，则是不美的。这种纯粹主观性的解释从字面上来看似乎最符合康德的“原意”，但是，它同时也包含了诸多无可调和的矛盾。其一，从逻辑上来看，纯粹的主观性是与审美愉悦的普遍性不可调和地对立的。其二，从经验心理学的角度来看，主体的这种不抱任何利害意图的审美状态区别于这一意图本身，并非纯粹主观性的，因为，“人在审美状态中是个零”,① 或者说，“头脑中实际上却一无所有”②；一种主动的无目的的心理状态是不可能的，即人不可能自觉地进入无利害的心理状态；它应当是完全被动的，或者更准确地说，是自发性的（spontaneous），是某种因所造成的果，而非本身既是因又是果。审美的无利害并不能简单地归结为主体的一种主动的心理状态。

如此看来，我们必须在纯粹的主观性之外去寻求新的原因。或许，这

① 席勒：《审美教育书简》，冯至等译，上海人民出版社 2003 年版，第 167 页。

② 曹俊峰：《康德美学引论》，天津教育出版社 1999 年版，第 248 页。

暗示了审美对象或表象之于审美愉悦的必要性，意味着审美对象或表象激发了主体的无利害的愉悦感。由此，审美对象或表象似乎构成审美愉悦的规定性原因。这一推论似乎可以得到审美经验的事实的印证：审美愉悦或不愉悦在经验上是以审美对象的不同而区分的。但是，若审美对象构成审美愉悦的原因，则审美判断又会落入规定性判断的窠臼之中。因此，也无怪乎康德对审美愉悦的主观性的坚持。至此，我们所面临的问题是：一种既关于审美对象但不以该对象为规定原因的、主观的愉悦如何可能？

对于这一问题，从经验主义的角度是无法作出回答的，因此，我们只能从康德哲学的先验角度来审视这一问题。如果审美的愉悦关涉审美对象，但又是纯粹自律的，那么，在自然的形式与主体的审美愉悦之间必须具有一种先天的内在一致性，如此，虽然审美愉悦在经验上显现为似乎因审美对象而异，但实质上却是以主体的情感为根据。或者说，一种无利害的、纯粹主观的审美愉悦如何可能，必然以自然之于人的先天的一致性为根据，或者用亨利·阿利森的话说，在自然与人之间具有“一种肯定性的关系”（the positive relation between freedom and nature）。[①] 如此，康德才感慨于“自然界为什么如此奢侈地到处散布了美，甚至在大洋的底部，在人类的眼睛很少达到的地方（美却只是对于人的眼睛才是合目的的）”。[②] 即，美并不以审美经验为限制，而是先验的存在于自然与人之间的。同时，这种先天的内在一致性也构成了对审美的愉悦感的普遍性的保证。因此，当我们说“x是美的”的时候，其实就意味着：“x先天地使我们感受到一种无利害的愉悦感。”在自然的审美对象与自由的人之间存在着一种交互性的因果关系，彼此互为因果。从这一角度来看，康德提出的“在鉴赏判断中愉快感先于对象之评判还是后者先于前者”这一问题就只具有逻辑上的意义；就鉴赏本身而言，鉴赏无判断，或者说，鉴赏的判断活动与愉悦感的生发是同时性的。鉴赏活动，与其说是“想像力与知性的自由游戏”，毋宁说是“想像力与自然的自由游戏”。但是，我们的推论仅能且必须止步于此，如果进一步追问自然与人之间的这种肯定性的关系如何可能，则其追溯到了人的审美能力的起源和根据之上，对于人的有限认知能力而言，这一问题只可能是永恒的谜，只能归于某种“无

① Henry E. Allison, *Kant' s Theory of Taste*, Cambridge University Press, 2001, p. 306.

② 康德：《判断力批判》，邓晓芒译，人民出版社 2008 年版，第 120 页。

目的”。

然而，这种先天的解释，虽然避免了使想像力流于任意性的后果，但它既然以自然对象为根据，那么，它同样所不可避免的问题是：鉴赏判断是否因此而成为规定性的判断？

## 三　作为艺术知觉力的审美想像力

在这里，笔者首先引入恩斯特·卡西尔的“艺术知觉力”（artistic perception）这一概念作为审美想像力的同义语，一方面以区别于作为意识的一种先天综合功能的想像力，另一方面则区别于认识论的感性知觉力。就亲缘关系而言，艺术知觉力与感性知觉力更亲近，而疏离于作为先天综合功能的想像力。

在其认识论与美学中，康德对 aesthetic 一词的使用分别具有“感性的”与“审美的”两种含义。但是，即便康德在“审美的”这一意义上来使用这一概念时，也并没有抹杀其“感性的”的意义，也即是说，无论是艺术知觉力，还是感性知觉力，它们的一个共同点在于：它们都指向自然的对象，它们的目的与结果都在于构造表象。而两种“表象”的区别则在于前者为主观的，后者为客观的：“凡是在一个客体的表象上只是主观的东西，亦即凡是构成这表象与主体的关系，而不是与对象的关系的东西，就是该表象的审美性状；但凡是在该表象上用作或能够被用于对象的规定（知识）的东西，就是该表象的逻辑有效性。”[①] 事实上，康德的这一区分本身包含着内在的矛盾：虽然两种表象都是以一个客体的表象为基石，但出于建构一门先验美学的目的，他必须把审美表象区别于感性知觉的表象，相较于感性知觉的客观性特征，而强调审美表象的主体性；但对主体性的过分强调却给人留下了纯粹主观性、个别性的印象，使审美表象彻底脱离了自然对象这一基石，也就谈不上“自然美”了，或者说，“自然美”只是无关于自然的、主体的一种纯粹主观的臆想。显然，为了避免导向这样一种结论，康德在表述中作了数种“修正”。

首先，康德引入了亚里士多德的形式与质料这一对范畴，把审美活动限定于对象的“形式”范围内，而把知识与“质料”相关联。但是，亚

① 康德：《判断力批判》，邓晓芒译，人民出版社 2008 年版，第 24 页。

氏的形式因与质料因构成一种复合的等级制度，而不是依据某种客观的标准来区分；同一对象在此为形式因，在彼则为质料因，譬如砖既可构成房屋的质料因，也可构成黏土的形式因。而就审美表象与感性表象二者的划界而言，亚氏的形式与质料这对范畴并无助于问题的清晰化，无助于区分在某一客体上何者是关于主体的、何者是关于知识的。唯一可确定的是，感性表象是“被用于对象的规定的”，其目的是以形成规定性的概念（知识）为目的的；反过来说，艺术知觉力并不以形成概念为目的，而是以构造审美表象本身为目的。但是，这种以构造审美表象本身为目的的直观活动如何可能？就感性知觉力而言，其形成概念这一目的的实现有赖于空间与时间这两种纯粹直观形式，“空间和时间是一切感性直观的两个合在一起的纯形式，它们由此而使先天综合命题成为可能”。① 但就空间与时间的区别来看，前者属于外感观，构成一切外部直观之基础；后者为内感官，它使得同时与相继成为可能，是原因与结果这对重要的知性范畴成为可能的基石。艺术知觉力既然以构造审美表象本身为目的并排斥知识的目的，则必然意味着其拒斥时间的直观、仅仅以空间直观为满足。这构成艺术知觉力的第一重规定。即便是对于听觉艺术而言，其在经验上虽表现为时间的相继性，但就使审美愉悦成为可能而言，必须将时间空间化，使审美主体“真正处在时间的现在一维中，过去和将来对于特定主体来说都暂时停止存在”。②

其次，无论以构造审美表象本身为目的，还是追求表象的逻辑有效性，二者都是基于“同一个自然”。最终，康德不得不回到自然这一坚实的基石上来，回到对象，使审美表象一方面是关于主体的，另一方面仍然是关于对象的。但同时，这“同一个自然”又被康德作了观念上的扩展，即从“作为单纯机械性的自然”向“作为艺术的自然”的扩展。③ 然而，这种既同一又相区别的矛盾如何调和？艺术的自然与机械的自然之间的区别何在？对于康德来说，无论是在认识论还是美学中，自然的概念具有唯一的确定性，即自在之物在先天的纯粹直观形式中的显现，即现象；自然的对象是被给定物（the given），它在经验性直观中表现为对象的种种客

① 康德：《纯粹理性批判》，邓晓芒译，人民出版社 2008 年版，第 40 页。

② 曹俊峰：《康德美学引论》，天津教育出版社 1999 年版，第 242 页。

③ 康德：《判断力批判》，邓晓芒译，人民出版社 2008 年版，第 84 页。

观性状。就认识论而言，这种经验性直观完全遵循机械性的再现原则，感性知觉能力只起到被动的接受性功能，因此，自然的对象与其在外直观中的显现即表象，具有客观的一致性；在认识论意义上，我们可以说对象即表象。但康德并没有详细地说明"作为艺术的自然"的具体表现方式，而仅仅指出了把自然的对象"评判为艺术的类似物"[①] 这一线索。虽然康德花费了较多的篇幅对艺术问题进行了阐释，但是，笔者以为，他的艺术理论掺杂了诸多基于其时代的历史语境的现实考量在内，与其鉴赏理论在内在逻辑上存在着不一致性，譬如审美理念这一概念。而从体系的统一性与逻辑的一贯性的立场出发，必须坚持审美表象的无概念的特性，将其限定于空间的外直观的层面上。从这一层面上来看，虽然对象是一个给定物，但艺术知觉力在接受审美对象时，虽然无法改变外直观的机械再现的被动性，却可能表现出自由的选择而使自身区别于单纯的机械再现的感性知觉表象；也即是说，感性知觉的表象的一个内在必然要求是感官对对象性状的全部（totality）予以接受，而审美表象却表现为对这些性状的部分接受，它自发地忽略掉了某些性状，而表现为使在场成为不在场。恩斯特·卡西尔对艺术知觉力的这种自由选择功能进行了富有启发性的阐述："惟有通过它对一个'给定的'形象所删减的东西，艺术的描绘成其为艺术并区别于单纯的机械的再现。它并不在其感官的全体性上反映这个形象，而毋宁是选择某些'富有意义的'因素，例如那些使被给定的形象在其自身之外得到充实的因素，那些把艺术构造的幻想、综合性的空间想像力导引到某一方向上来的因素。"[②] 但是，卡西尔所阐明的是艺术创造活动中想像力的自觉的选择性活动，而非就鉴赏活动来说的艺术知觉力的自发性的选择，或者说删减。人们把艺术作品区别于自然对象的一个重要特征正在于前者构成一种自觉的创造活动，但就鉴赏活动本身而言，艺术作品与自然对象并无区别，因为鉴赏"评判"的不是对象是不是人的自觉性创造的产品（虽然很多美学家和艺术家都因为艺术作品的这种自觉的创造性而把艺术美置于自然美之上，譬如黑格尔），而是其在艺术知觉力的空间直观中形成的审美表象。艺术品并不是创造为美的，而是被

① 康德：《判断力批判》，邓晓芒译，人民出版社2008年版，第84页。

② Ernst Cassirer, *The Philosophy of Symbolic Forms*, Volume 1, Yale University Press, 1973, p. 108.

"评判"为美的。即便在鉴赏一件艺术作品时，艺术知觉力也同样在发挥着自发的，而非自觉的选择或删减的外直观活动。这构成艺术知觉力的第二重规定，也是最重要的规定。

艺术知觉力的这种自发性的选择或删减的空间直观活动，就客观效果而言，它使审美表象表现为主体对对象的一种再创造，使审美主体挣脱了日常的概念式的、目的性的直观方式，而使知觉能力集中于审美表象本身、聚焦于对象的非概念的形式本身；同时，也使审美表象在经验上表现为区别于其逻辑表象的偶然性，因为这一审美表象只向鉴赏者显现出来，而同一对象在另一个人眼中其审美表象是不相同的。这就使得鉴赏活动在经验上表现出因种族、地域、文化及具体的人等因素而异，表现为非普遍性的。但是，这种经验的非普遍性在逻辑上并不与鉴赏的普遍性要求相矛盾——美的普遍性是由自然与人之间某种先天一致性而得到保证的。正是因为审美表象因鉴赏主体而异，美的艺术的价值才真正得到充分的体现。艺术天才不仅有一双善于"发现"美的眼睛，更重要的是他能够将其发现的这一美的表象再现出来，从而得到其他人的普遍赞同。这一点在摄影艺术中得到了很好的例证。照相机从工作原理上来看遵循的是纯粹机械的光学原理，但是，摄影家往往能把一个不起眼的对象在相片中以令人赞叹的效果表现出来，这是因为，从审美的角度来看，"尽管视觉内容的必然一致，对象的照片完全不同于对同一对象的直接的知觉经验。照片对对象周围的可能景物的空间视域，以及感知者其前的与之后的经验的时间视域不加考虑。通过冻结某一时刻和给一个景物加框架，摄影把对象、事件和场所从它们的时空语境中孤立出来。由此，通过在某一框架内去捕捉某物，照片提供了对寻常事物的一种不同寻常的表现"。[①] 在摄影艺术中，相片的功能不是再现对象的逻辑表象，而是再现摄影家眼中的审美表象。当然，由于艺术表达技巧、相机的技术参数等因素的影响，相片与烙印在艺术家心目中的审美表象可能并不完全一致。这一点对于其他艺术门类来说同样如此。同时，当某一对象的某一审美表象被普遍赞同为美的时候，它并不排斥同一表象的另一审美表象也可能是美的。但是，恰如前文所指出的，这并不意味着艺术作品构成美的客观性的证据，任何艺术作品一旦

---

① Filip Mattens, The Aesthetics of Space: Modern Architecture and Photography, *The Jounal of Aesthetics and Art Criticism*, Volume 69, Issue 1, 2011.

被创作出来，自身就成为审美对象而非审美表象，等待着鉴赏者的“再发现”与“再评判”。

简言之，区别于感性知觉中对象与其外直观的总体性的客观一致性，在艺术知觉的直观中，审美对象与审美表象并不具有这种客观一致性，而表现为某种选择性，表现为自然与人的自由游戏。在日常语言表达上，当我们说“x 是美的”的时候，这时的 x 指的并不是经验的审美对象，而是就作为一种主体的自发的创造性与对象的客观性状相统一的审美表象而言的。恰如傅雷所指出的：“说一颗石子是美的，乃是用艺术眼光把它看作画上的石子。艺术家和鉴赏者，把自然看做一件可能的艺术品，所以这种自然美仍是艺术美。”① 只有在审美表象上，审美想像力才可能既是自由的，但又不流于任意性；鉴赏判断才可能既免于概念的规定性而表现为无概念的，又不落入纯粹主观性的囹圄。我国美学界在二十世纪五六十年代所发起的那场关于美的主、客观之争，只有在正确区分审美对象与审美表象这两个概念的基础上才能得到真正的澄清。也正是在这一意义上，我们才能无矛盾地、逻辑一贯地理解与解释康德的这句话：“自然是美的，如果它看上去同时像是艺术；而艺术只有当我们意识到它是艺术而在我们看来它却又像是自然时，才能被称为美的。”②

引入艺术知觉力来解释和界定审美想像力，并非画蛇添足之举，而是因为它比审美想像力能更好地体现出自然与人的自由游戏，体现出鉴赏活动的客观基石和人的主体性功能的统一。同时，笔者使用审美想像力这一概念而非反思判断力，则关涉到一个康德美学的体系问题：审美想像力是否有资格构成人的一种独立的先天能力？

## 四　作为独立先天能力的审美想像力

在《纯粹理性批判》中，康德断言了一门先验美学的不可能。但在 1787 年 12 月底致莱恩霍尔德的信中，康德预告了第三批判的诞生：“我现在正致力于鉴赏的批判，并已发现了一种新的先天原则，不同于目前已被发现的那些。人的心灵有三种能力：认知的能力，感觉到愉快或不愉快

① 傅雷：《傅雷谈美术》，傅敏编，湖南文艺出版社 2002 年版，第 19 页。

② 康德：《判断力批判》，邓晓芒译，人民出版社 2008 年版，第 149 页。

的能力以及欲求的能力。在对纯粹（理论）理性的批判中，我发现了第一种能力的先天原则；在对实践理性的批判中，我找到了第三种能力的先天原则。我也一直在为第二种能力找寻其先天原则，并且尽管我曾经认为找到这样的原则是不可能的，但对前面提及的人类心灵的那些能力的分析使我发现了一种系统性，给予了我感到惊奇且可能去探究的丰富材料，这些材料充足到足够我付出余生。这种系统性把我置于去认识哲学的三个分部的道路之上，每一分部都有它的先天原则，这些原则能够被列举出来，并由此为每一分部清晰地划定基于这些先天原则的知识领域：理论哲学、目的论以及实践哲学。其中，可以肯定的是，第二种是最不富有确定性的先天原则的。我希望能在复活节前完成关于此的手稿，尽管来不及付诸出版；它将被命名为‘鉴赏力批判’。”① 于此，我们可以发现：预告中的第三批判关于且仅关于鉴赏力的批判；鉴赏力基于自身的先天原则而独立地与理论理性、实践理性构成一种并列关系；康德已经发现了鉴赏力的先天原则，并把哲学的目的论领域划分给鉴赏力；他的这一做法是基于系统性的根据。但是，完成了的第三批判与预告中的相去甚远。

在诸多改变中，最重大的是：反思判断力在哲学体系中不再具有独立性，而只是“在知性与理性之间构成一个中介环节”，“在必要时随机地附加于双方中的任何一方”。② 为此，康德使用了“领地”、“大厦”与“基地”这类修辞性的语词来说明，但正是这一形象化的说明突出地显现了其矛盾性：哲学被划分为两大领地，分别由知性与理性统领，但判断力这座大厦，却难免于左右摇摆的空中楼阁的命运，更谈不上所谓大厦的基地了。且既然自然的形式的合目性原则是不依赖于任何经验的先天原则，那么，基于先天原则的判断力理当具有自身的独立性，这是康德的先验哲学的一个基本假定。背离这一假定，它所否定的就不仅仅是判断力的独立性，知性与理性也不得不遭受同样的命运。造成这一结果的根源是显而易见的，它源于康德强加于判断力之上的沟通知性与理性、自然与自由的中介任务。这一任务来自理论理性批判的残留问题，即先天的知性范畴如何能够合法地运用于经验的自然？或者更准确地说，一种先验的综合能力是否可能以及如何可能？前文已指出，在其认识论中，被康德赋予先天综合

① Kant, *Correspondence*, trans. by Arnufl Zweig, Cambridge University Press, 1999, p. 272.

② 康德：《判断力批判》，邓晓芒译，人民出版社 2008 年版，第 2 页。

功能的想像力是未经过“批判”的，因而他把问题的解决寄希望于第三批判。但是，这一问题实际上超越了康德为知性划定的界限，它所追问的不再是知识如何可能、道德如何可能以及鉴赏如何可能的问题，而追问的是人类的一般认识能力如何可能的问题。这一问题本应如同物自体概念一样被搁置起来，却以这样一种伪装的方式被康德提了出来，其结果不言自明。但就第三批判而言，这一问题导致了康德违背自己提出的先验哲学的建筑术，不是“从原则出发，以构成这一建筑物的全部构件的完备性和可靠性的完全保证，来拟定出完整的计划”，[①] 而是从原则之外的、某种外部因素的考量出发来建构第三批判。如此，其完备性与可靠性，或者说体系与逻辑的一贯性自然难以得到保障。简言之，如果自然的形式的合目的性原则确实具有不依赖于经验的先天性，那么，反思判断力就理应具有不依附于知性和理性的独立性，即便它仅仅是形式的合目的性。显然，康德赋予了这一原则以先天性，并在美的分析论与辩证论中对其合法性进行了演绎。

第三批判不再是对鉴赏力的批判，而是对反思判断力的批判，并在反思判断力之下囊括了鉴赏判断、崇高判断与自然目的论判断三个组成部分。从作为哲学的一个独立门类的体系性要求来看，抛开这种形式上的不一致性，需要对这三个组成部分是否具有实质上的一致性予以批判，即，它们是否都合于反思判断力的先验原则？由于鉴赏判断的四契机的规定性完全发源于无目的的合目的性这一先天原则，二者的契合是不证自明的，因此，问题的解决最终落在了崇高判断和自然目的论判断上。虽然康德同样依照“美的分析”的框架，从四契机来分析崇高判断，虽然他认为崇高判断理应如鉴赏判断一样在四契机中表现出与此先天原则相一致，但他又不得不承认“崇高不该在自然物之中，而只能在我们的理念中去寻找”，[②] 即崇高判断依据的是理性的理念。这就彻底背离了先天原则的无概念（目的）特征，诚如亨利·阿利森所言，崇高“如此尖锐地区别于对于美的喜爱，以至于不可能轻易地把它纳入这一分析的框架中——这一框架是为论述后者（即对鉴赏力的批判的原初计划）而制订的”。[③] 事实

① 康德：《纯粹理性批判》，邓晓芒译，人民出版社2008年版，第20页。

② 同上书，第88页。

③ Henry E. Allison, *Kant's Theory of Taste*, Cambridge University Press, 2001, p. 307.

上，正如康德所指出的，一个概念的感性化的生动描绘，要么是图形式的，要么是象征式的，因此，超感性的理性理念之所以能在现象的自然中得到表现，唯有通过依据类比原则（analogical principle）的象征来实现，而并不是建立在自然与理念的先天一致性的基础之上的。同样地，康德借自然目的论来阐发的伦理神学也是通过类比来完成的，而不是先天原则的必然结果，或者说，这一批判的动力并非构建一门先验哲学的必然要求，而是某种偶然的外在因素："某些事情令他放弃了综合的热情。某些事情令他怀疑存有一种理性的放纵，因而察觉到对'目的论判断的批判'的需要。那种危险就是自然的内在目的的观念，即'万物有灵论'或泛神论，它在十八世纪八十年代后期被约安·赫尔德大力传播。"① 可见，康德对自然目的论进行批判并不是为了阐明自然目的论如何可能，而是为了说明"一种伦理神学是完全有可能的"；② 批判的目的并不在于自然目的论本身，而毋宁说是宣扬一种伦理神学。

可见，与前两大批判具有内在一致性的是，第三批判的框架结构完全是依循"鉴赏判断如何可能"这一主题而设计的。虽然康德把原计划中的鉴赏力批判延伸到了崇高判断和自然目的论判断，但很显然这两者均无法无矛盾地纳入到这一体系结构中去。而在鉴赏判断中，审美想像力（或者说鉴赏力、反思判断力）并不需要与知性或理性合作，更不需要依附于它们，而是作为具有自身的先天原则的、一种独立的先天能力，是完整的"人"的不可或缺的必要构成部分。正是基于审美想像力的这种独立性，一门先验美学才成为可能。

## 五　结语

虽然康德对自己在逻辑学上的熟练极为自信，但不得不说他在运用语词时有时难免于任意性。当然，这种任意性应当归咎于其先验哲学体系的开创性与复杂性，而并非逻辑上的混乱。虽然"想像力"一词在康德的哲学文本中显现为多种不同含义的用法，但是，只要依循康德的先验哲学

① John H. Zammito, *The Genesis of Kant's Critique of Judgment*, The University of Chicago Press, 1992, p. 6.

② 康德：《判断力批判》，邓晓芒译，人民出版社 2008 年版，第 346 页。

的建筑术，从体系的一致性与完备性出发，语词运用上的不一致并不构成我们理解与解释康德的障碍。反之，从字义上去理解与解释康德最终难免陷入逻辑矛盾的困境，从字义上去发掘其体系的一致性是一项不可能的任务。

就“想像力”这一概念而言，如果从它作为一种能力的角度来看：在其使不在场成为在场这一意义来看，它仅仅是感性的一种功能，已经包含在空间与时间这两种先天直观形式的内在必然性之中；在其把知性范畴运用于感性直观以形成图式来说，它指涉的是自我或意识的一种先天综合功能，它既不隶属于感性，亦独立于知性，它关系的不是“知识如何可能”的问题，而是“人的认识能力如何可能”的问题——这一问题已经超越了人类有限的知性的界线，因此我们不可能期望康德对此作清晰的言说，甚至可以说，一切关于此的言说都是一种理性的僭越和放纵；而唯有想像力在审美领域中的运用，即审美想像力，表现出自身作为一种独立的先天能力的合法性。循此线索，笔者摆脱了“想像力与知性的自由游戏”这一混沌性的命题，尝试对审美想像力的内在规定性进行了具体的阐释，并在此基础上重新检讨了康德的先验美学体系的纯粹性与逻辑一贯性。

（作者系中山大学中文系文艺美学博士生）

# 美何以求

## ——康德方案与马克思方案之比较

**戴茂堂　汤波兰**

［内容提要］美何以求？这是美学领域最基本也最重要的一个问题。对于这一问题，美学史上有两种经典的解决方案：一种是由康德提供的，另一种是由马克思提供的。有趣的是，虽然从根本来说，这两种方案截然不同：康德的求美方案是现象学意义上的，它要实现的是对客观主义与心理主义（自然主义的两种表现）立场的超越；而马克思的求美方案是存在论意义上的，它要实现的是对唯物主义与唯心主义立场的超越。马克思求美方案的最大优势在于，它彻底超越了纯粹的理论思辨，一心一意关注人的生存实践和存在质量，彰显了最大的人文情怀，从而实践性地解答了美何以求这个重大的美学难题，而明显地区别于康德为我们提供的那个理论性很强的解决方案。

［关键词］美　现象学　存在论　康德　马克思

美何以求？这是美学领域最基本也最重要的一个问题。对于这一问题，美学史上有两种经典的解决方案：一种是由康德提供的，另一种是由马克思提供的。有趣的是，虽然从根本来说，这两种方案截然不同：康德的求美方案是现象学意义上的，它要实现的是对客观主义与心理主义（自然主义的两种表现）立场的超越；而马克思的求美方案是存在论意义上的，它要实现的是对唯物主义与唯心主义立场的超越。但是，两者却有着一个相同的“三段式”结构：即确立一个求美的“阿基米德基点”，然后表明此基点有被异化的可能，最后针对这种可能，给出了消除异化的办法。以下，本文将在这个相同的结构内，详细展示康德求美方案与马克思求美方案的差异，并揭示出二者对美学发展的意义所在。

## 一 求美之基点

### 1. 康德以情感为求美之基点

在康德之前的西方美学中，由于自然科学之对象性思维方法的滥用，一度引起了客观主义美学的泛滥。客观主义美学确信，美学要以客观对象为开端。它的思维逻辑是：先有客观的“美”，然后才有主体主观的“审美”。它把美设定为不依赖于人的意识而先天存在的客观事物之属性，企图建立一个关于美的客观知识体系。客观主义美学因此面临一种“独断论”的困境：美的客观存在何以可能？主体如何能够超越自身去切中一个独立于意识的客体？

在康德看来，把美设定为客观事物的属性是缺乏反思精神的表现。审美活动与科学认识活动不一样。科学认识往往不假思索就把研究的视角指向外在对象，而从不反思对象为何存在，并且为了达到知识的明晰性（非明证性），科学还极力排除主体性。但是对于审美来说，“反思”是必不可少的，审美就是一种“反思判断”。在康德美学中，“反思判断”是一个关键概念。在《判断力批判》“第一导论”中，康德强调，如果认识判断是“以普遍归摄特殊”，那么反思判断就是“从特殊出发寻求普遍”[①]。认识判断因为需要以普遍归摄特殊，所以必须从具有普遍性的概念出发，而审美判断因为是从特殊出发，所以没有对概念的依赖。沙佩尔就此指出：康德为我们提供了一个关于审美判断的“否定性特征”（negative characterization），即审美判断不是认识判断[②]。正是基于对这种否定性特征的把握，康德实现了对客观主义美学的一种根本性转换，即把美的问题从根本上转换成了美感问题：没有客观的美，只有主观的审美；没有美的客观对象[③]，只有审美的心理体验；没有对象的和谐、比例、对称，只有主体内在心灵的和谐、协调，只有体验到诸心理机能协调活动的情感。换言之，康德把美的客观对象问题转换成了美感的主观普遍的（先

---

① 参见周民锋《康德认识论的两重结构》，载《德国哲学》第 10 辑，北京大学出版社 1991 年版。

② Schaper. *Studies in Kant's Aesthetics*. Edinburgh University Press, 1979, p. 55.

③ 参看杨祖陶《德国古典哲学逻辑进程》，武汉大学出版社 1993 年版，第 113 页。

天）条件问题。在康德看来，美学无需追问客观的“美”是什么，只需从特殊的心理体验出发，追问主观的“审美”何以可能。

借助“反思”方法，通过对“客观的存在及其属性”的“存而不论”和认识判断的“悬搁”，康德确定，作为审美判断起点和基点的“特殊”既不是概念，也不是由概念表征的客观存在。反思判断首先就是要排除超越之物，把关于外在实在世界及其知识放入“括号”。只有这样，我们才能返回到主观的情感中，让内在的情感直观地呈现出来。所以，《判断力批判》一开始就指出：“为了分辨某物是美的还是不美的，我们不是把表象通过知性联系着客体来认识，而是通过想象力（也许是与知性结合着的）而与主体及其愉快或不愉快的情感相联系。所以鉴赏判断并不是知识判断，因而不是逻辑上的，而是感性的［审美的］。”① 康德主张直接把握心理感受本身，并将求美的起点确立为明证性的主体感受。在康德这里，这种明证性的主体感受就是情感。康德断言，求美只能以情感为开端。可以说，“从特殊出发”就是从“情感”出发，求美就是（寻）求情（感），审美判断就是一种情感判断。事实上，在《判断力批判》中“崇高的判断”和“美的判断”作为审美判断的两个类型都是情感判断，都是从特殊而不是从普遍出发的反思判断，都是审美心理学分析，差别仅仅在于崇高感是移情化的（“我在它中”），美感是拟人化的（“它在我中”）。

### 2. 马克思以劳动为求美之基点

马克思讨论美学的风格与康德不同。他从来不做概念的纠缠，而总是立足于人的现实，从现实的人出发，从人的感性自由活动出发，从人的有意识的生命活动出发。马克思美学的特点在于，它把美学要解决的问题不是理解为一个理论问题，而是理解为一个实践问题，不是理解为一个抽象问题，而是理解为一个现实问题。人类现实的感性生命活动就是马克思美学全新的基点。马克思不愿意在虚无缥缈的云端去讨论问题，而是把关于美的问题的讨论还原到现实生活中来，从现实出发去讨论美学问题。根本来说，当马克思把美学变成一个现实问题的时候，他只关心：第一，人作为一个人，是不是美好地存在着？第二，如果人作为一个人正处在一个不

① 康德：《判断力批判》，邓晓芒译，人民出版社2002年版，第37—38页。

像人的状态中，这是不美好的，那如何能让他美起来呢？

在马克思看来，美是人之存在的显现。在审美活动中，我们都规避不了这样一个事实，那就是：人是置身于美之中的。在审美活动中，人不仅感觉着美、体验着美，而更重要的是与美共同存在了。当有美的时候，一个人就存在了，如果一个人感受不到美，他就没有感受到自己存在。展开来说就是，当一个人感觉到很美好的时候，他一定感觉到自己是在的；反过来说，当一个人感觉到自己很无聊、很虚无、很困惑、很纠结、很痛苦的时候，他会感觉生活不美好，没有意义，他甚至会选择放弃生活。显然，美与人的存在、人的生命是一体化的。这体现为两种情况：一方面是人让美成其为美，另一方面是美让人成其为人。马克思美学的独特价值和意义就在于，将美与人的存在或存在的人关联在一起。从现实出发，从人的现实存在出发，马克思形成了自己独特的关于美何以求的解决方案①。

要理解马克思的求美方案，马克思关于人的存在方式的规定是一个关键。人是什么呢？彭富春教授指出："与尼采和海德格尔一样，马克思也放弃了把人规定为理性的动物，而是将人置于存在的领域。但马克思将人的存在把握为有意识的生命活动。这成为了马克思思想中人与动物的最后分界线。"② 区别于尼采从意志的角度谈论存在、海德格尔从思想的角度追问存在，马克思是从实践的角度来理解存在的。对于马克思来说，人不仅是生物意义上的存在，也不仅是理性意义上的存在，更是实践意义上的存在。马克思主义哲学首要的基本的观点是实践的观点。马克思不断向我们阐明，人是实践的动物，考察现实的人类实践活动及其历史发展才是确立人的本真存在的唯一途径。人不必到彼岸世界去寻找自己的存在，人每天就在自己的实践活动中创造着自己的存在。只有通过实践，才可以证明人是存在的，如果没有实践，人就没法和动物区别开来。人在这个世界能够挺立起来，全靠实践；其他东西比如山山水水，花草树木，都没有自己的实践活动。总之，马克思从实践论立场出发来理解人的存在。

那么，何为"实践"呢？在历史上，康德把实践视为道德的自由意志（实践理性）的表现，而黑格尔把实践视为客观统一于主观的、只具

---

① 参看戴茂堂《马克思美学的存在论解读》，载《湖北大学学报（哲学社会科学版）》2010 年第 5 期。

② 彭富春：《哲学美学导论》，人民出版社 2005 年版，第 100 页。

有纯精神性意义的活动。与之相反，费尔巴哈把实践理解为追逐物质利益的“客观现实的物质性活动”，理解为主观消融于客观的过程，因此只具有纯物质性意义。与所有这些观点不同，马克思把实践理解为“自由自觉的生命活动”。马克思既不主张从唯心主义的精神主体来理解实践，也不主张从费尔巴哈所谓的物质过程来理解实践，而是认为作为“有意识的生命活动”的实践才是一切精神的主体性和物质的客观性得以理解的前提和得以统一的基础。这就把作为实在物的“物”或“心”统统加上了“括号”，而把实践的能动性、创造性摆在了第一位。这也从根本上超越了唯心主义美学与唯物主义美学。

唯心主义美学将人的心灵视为美的源泉，认为心是美的开端，陷入怀疑论；唯物主义美学将物视为美的源泉，认为物是美的开端，陷入独断论。在马克思这里，美的源泉既非“心”，也非“物”，而是实践。实践是马克思美学的开端，也是马克思求美的基点。但是，实践毕竟还是一个过于抽象、泛化的概念。在落实为求美的“阿基米德点”时，马克思尤其强调实践与“有意识的生命活动”之间的关联。马克思说：“动物和它的生命活动是直接同一的。动物不把自己同自己的生命活动区别开来。它就是这种生命活动。人则使自己的生命活动本身变成自己的意志和意识的对象。他的生命活动是有意识的。这不是人与之直接融为一体的那种规定性。有意识的生命活动把人同动物的生命活动直接区别开来。正是由于这一点，人才是类存在物。或者说，正因为人是类存在物，他才是有意识的存在物，也就是说，他自己的生命对他是对象。仅仅由于这一点，他的活动才是自由的活动。”[①] 由于动物的生命活动是无意识的，所以它不能通向自由的生产活动。而人因为有意识，所以他成为了生产劳动者。这也正是马克思并不注重人与动物在生理、心理和生活习惯上的差异，而只注重它们在生产活动方面的差异的根本原因。因为生产活动是人与动物的最基本的存在方式和显现方式，并且生理、心理和生活习性等都会在生产活动中显示出来。在马克思看来，人的最基本的实践活动——劳动，构成了人与动物的根本区别所在。劳动的特别之处在于：它不是自发的动物性个体行为，而是人类社会性的、有目的的、有意识的行为，是精神过程和物质过程的统一。去掉精神性的内容，劳动就丧失了自由的特征，而成为动物

---

① 马克思：《1844 年经济学—哲学手稿》，人民出版社 1985 年版，第 53 页。

性活动，成为维持肉体生存需要的手段，成为掉转头来反对他自身的、不依赖于他的、不属于他的活动了。马克思还进一步指出，人只有在他摆脱了肉体需要的时候，“才真正地进行生产”①。“劳动创造了美”堪称马克思美学最经典的命题。马克思的这一经典命题，首先必须理解为：真正的劳动应该是使人实现自己、使人成为人的劳动；其次必须理解为：使人成为人、使人实现自己的劳动才是最美的。马克思一方面强调了美不是现成的，而是生成的、呈现的，且是在人的劳动中生成与呈现的；另一方面，马克思尤其关注的是，只有在创造了美的劳动中，人的存在才能得到最好的证明和确认。

## 二 美的迷失：基点之异化

### 1. 康德论情感异化与美的迷失

在近代，当康德把情感作为求美的基点时，他很快意识到，情感总是会面临着异化的危险。这种异化主要来自两个方面：一是来自于近代理性派美学的理性概念；一是来自于感性派美学的感性经验。

人的情感世界是不能被直接知觉到的，必须对象化。在对象化的过程中，如果人们执着于、沉迷于那些对象本身，情感就会变成一个与审美自由格格不入的对象物，好像是可以用理性来算计和以概念来把握的。在美学史上，近代理性派美学就是用理性的概念去消解情感，从而导致了求美的不可能。比如鲍姆嘉通认为，美是“感性认识的完善”，主张用“完善”概念去把握个别的“感（受）性”，寻求的是整体对部分的逻辑关系即多样性的统一。康德看出，这必然导致情感的异化和审美的迷失，并认为求美与对象的完善的概念没有关系。康德的《判断力批判》第十五节的标题就是“鉴赏判断完全不依赖于完善概念”。康德明确说过：“没有从概念到愉快和不愉快的情感的任何过渡。”② 在康德看来，对象的完善就是对象的客观合目的性；而客观的合目的性是只能通过概念被认识的多样性的统一；而判断对象是否与概念相合，只能是获得客观对象知识的逻辑活动（认识活动）。而审美对象只关乎对象的形式与认识诸力的协调一

① 马克思：《1844 年经济学—哲学手稿》，人民出版社 1985 年版，第 53 页。

② 康德：《判断力批判》，邓晓芒译，人民出版社 2002 年版，第 46 页。

致，只涉及主观的形式的合目的性。可是单纯的形式并不能导致完善性的概念。总之，审美既不依赖概念，也不提供概念。如果非要把求美建基于概念，只能是遮蔽情感，导致美的迷失。

不仅理性概念导致求美不能，而且感觉经验也会导致求美不能。在审美问题上，如果说理性概念的最大麻烦在于用逻辑形式的统一性去扼杀丰富多彩的情感体验，那么感觉经验的最大的麻烦在于：既然情感判断不涉及概念（它既非对自然概念的知识也非对自由概念的知识），是不离开具体感性直观的“快感与不快感”，那么如何保证这种审美判断为他人所赞同？如果它完全是个人的、相对的，那又如何区别于口腹之乐？美感岂不等同于动物的快感？正是在回应这些问题的过程中，康德意识到情感有被异化的可能，并展开了对经验派美学所热衷的感性经验的批判。

从心理学出发，经验派美学强调快乐感受，要么把审美判断与感官判断、审美愉快与生理愉快相混淆，要么把审美判断与道德判断、审美愉快与道德愉快相等同。康德认为，“快乐和不快的感受”作为主体的一种内在感受，是纯然主观的，只表示主体的心情和情感，完全不表现（反映）引起这感受的对象，也与任何对象“存在”的表象毫不相干。而把这种本身不表象任何对象的“存在”的快乐感受联系于某个对象“存在”的表象，就产生出感官快适的愉悦和善的愉悦，它们分别构成感官判断和道德判断的对象，并与人的欲望和道德的善这两种利益有关。审美愉快一定只是不带利害的“纯粹快感”。正是在这个意义上康德提出了著名的“审美无利害学说”。康德说：“关于美的判断只要混杂有丝毫的利害在内，就会是很有偏心的，而不是纯粹的鉴赏判断了。”①

在康德看来，审美判断不能异化为感官判断，审美愉快不能异化为生理愉快。这是因为生理愉快直接关系到低级的欲求能力，与动物性欲望等生理需求相关，受利害关系等约束，因感官刺激而产生，借助感官活动来完成，被感性爱好所强制，是对对象的存在的客观感觉引起的，是一种单纯的感官享受和不自由的、受束缚的愉悦。对此种生理愉悦下的判断就是感官判断。在感官判断中人作为自然的一个分子参与到自然中，自然成为本能满足之对象。主观目的的实现和满足即快适是感官判断之对象，合目

① 康德：《判断力批判》，邓晓芒译，人民出版社 2002 年版，第 39 页。

的性的质料是感官判断的规定根据。而审美判断的对象是美即愉快本身，它的规定根据不是这实际存在的对象的内容、性质，而是对象表象的主观合目的性的形式引起的主观情感的满足。这就是康德所说的："鉴赏是通过不带任何利害的愉悦或不悦而对一个对象或一个表象方式作评判的能力。一个这样的愉悦的对象就叫做美。"①

审美判断也不能异化为道德判断，审美愉快也不能异化为道德愉快。这是因为道德愉快直接关涉高级的欲求能力，是一种通过目的概念而使人得到的纯理性的精神愉快，与一定的伦理规范、价值观念相关。道德判断出自理性能力的内在要求，是被对事物的表象、被主体与对象的实存的表象的关系所规定，因而也是被理性规律所强制的，它追求的是对象的存在，伴随的是一种实践性的愉悦。对这种道德愉悦下的判断就是道德判断，客观目的（或是外在的即对象的有用性，或是内在的即对象的完满性）的实现和满足即善是道德判断之对象。而审美愉快不受理性规律强制，没有理性的利益，既不基于对象的有用性的表象——因为那样，我们的愉悦就不是对对象的直接愉悦，我们所判定的就不是美；同样也不基于对象的完满性的表象——因为无论是作为事物多样性与概念的协调的质的完满性，还是事物在某种类上的量的完满性，都预先规定了事物应该成为什么，而审美判断不做这些规定。审美判断的规定根据是形式的合目的性，是一种主观的情感，是各种表象能力的相互协调的"心意状态"。在"美的判断"中，完全不考虑对象的存在，而只是对其形式用超功利、非功利的眼光去鉴赏，这和道德判断的功利眼光截然不同；在"崇高的判断"中，自然的巨大通过想象力唤起人的伦理道德的精神力量与之抗争，或以之自居，从而引起愉悦，这种愉悦是对人自己的伦理道德的力量、尊严的胜利的喜悦。这种崇高感不是真正的道德感情，仍然是对自然景物的表象无形式的趣味判断。

总之，康德认为，感官判断和道德判断均与对象的客观存在有关，是由对象的性质决定的；均有利害关系，是受强制的（感官判断受"爱好"驱使，道德判断受"尊重"驱使）；均属目的判断，都有一个客观事物的目的表象，判断后于愉快，因而是后天的经验判断；均是一个直接的"刺激—反映"过程，感官判断是一种由对象的存在之刺激引起的生理反

① 康德：《判断力批判》，邓晓芒译，人民出版社 2002 年版，第 45 页。

应，道德判断是一种由对象的存在之刺激引起的心理反应。一个纯粹的鉴赏判断既不以魅力的刺激也不以感动为根据，否则就异化为不纯粹的审美判断。所以，这两种判断都会导致情感的异化，并进而从根本上排除审美的可能性，导致求美不得。①

### 2. 马克思论劳动异化与美的迷失

异化理论是马克思哲学的重要组成部分。从他的博士论文一直到《资本论》，马克思始终都关注着这一主题的研究。他将人的异化作为自己追问和思索的对象，以关心人的现实，追求人性完满为最终奋斗目标。在这里，我们只考察马克思从审美角度批判异化的现象。上文说到，马克思将“劳动”确定为求美的基点。在马克思这里，“劳动创造了美”不意味着一切劳动都算得上是真正的劳动，更不是说，无论劳动是否是真正的，都可以创造美。原因在于，劳动有被异化的可能性，异化劳动不仅不会创造美，还会扼杀美。

异化劳动是一种什么状态下的劳动？马克思强调，真正的劳动在于从生产中所体现出的人的感觉的全面丰富性；没有这种感觉的全面丰富性，生产劳动就不能算是真正的、自由的，而只能算是异化的。异化劳动把劳动者自己的生命活动变成了仅仅维持自己生存的手段而不是目的本身：“首先，劳动对工人说来是外在的东西，也就是说，不属于他的本质的东西；因此，他在自己的劳动中不是肯定自己，而是否定自己，不是感到幸福，而是感到不幸，不是自由地发挥自己的体力和智力，而是使自己的肉体受折磨、精神遭摧残。因此，工人只有在劳动之外才感到自在，而在劳动中则感到不自在，他在不劳动时觉得舒畅，而在劳动时就觉得不舒畅。因此，他的劳动不是自愿的劳动，而是一种被迫的强制劳动。”② 异化劳动肯定是无美可言的。因为异化劳动把劳动变成了虚假的、机器般的劳动，变成了片面的、抽象的生产活动。异化劳动不是实现自己的存在而是牺牲自己的存在的劳动，不是内在于自身而是外在于自身的劳动。在异化劳动下，人同自己的劳动产品的关系就像是同一个异己的对象一样，只是一种外在的关系甚至是悖反和对抗的关系：

① 康德：《判断力批判》，邓晓芒译，人民出版社 2002 年版，第 39 页。

② 马克思：《1844 年经济学—哲学手稿》，人民出版社 1985 年版，第 50 页。

人生产的产品越完美，人自己就越畸形；人创造的价值越多，人自己就越低贱；人创造的对象越文明，人自己就越野蛮。这就是马克思所洞察到的活生生的社会现实："劳动为富人生产了奇迹般的东西，但是为工人生产了赤贫。劳动创造了宫殿，但是给工人创造了贫民窟。劳动创造了美，但是使工人变成了畸形。"①

然而，马克思所经历的时代却偏偏是一个异化的时代，是一个人的本性被剥夺的时代。在资本主义制度下，国民经济学在把劳动仅仅当成谋生活动的形式的同时，只把劳动者当成工人来考察，而又把工人只当成"物"而不当成"人"来考察，结果工人在资本家的眼里都变成了劳动的动物、劳动的机器和仅有最必要的肉体需要的畜生。他们每天在最恶劣的条件下辛勤地劳作，工作时间又长，劳动强度又大，但是最后他们几乎都难逃饿死或者病死的命运。在这样一种制度下，工人是微不足道的，产品才是一切，工人的生命也被资本化。工人每天只是机械般地劳动，不仅在身体上，更在精神上丝毫感受不到自己的"存在"及其意义。在这样一种制度下，似乎是科学越发达，生产越发展，人的自由感丧失得越多，人就越感到孤独，感到人与人之间情感的隔阂。在那样的时代，由于劳动不能成为人的自由的活动而是人的非自由的活动，因此，劳动不仅不能创造美，而且还是对美的否定。站在存在之维，我们可以清晰地发现，马克思真正感兴趣的不是抽象地去赞赏"劳动创造了美"，而是具体地去剖析"劳动怎么会走向对美的否定"。按照马克思的思路，异化劳动作为美的否定，关键在于它不是自由的活动，而是不自由的活动，因而是非人性的活动，是动物性的活动。劳动的异化导致了人的感觉自身的异化和感觉对象的异化。感觉的异化表现为人的感觉不再是人性的感觉，而是非人性的感觉，不再是自由的感觉，而是非自由的感觉，即成为了对于对象的占有感。感觉对象的异化表现为对象失去了可感觉的多样性和丰富性，而变得单一和贫乏。感觉对象向人的感觉呈现的只是它们的可被占有的方面，而它自身作为存在物的特性则隐而不露。在感觉自身和感觉的对象双重异化的情况下，求美是既不可能也不现实的。

① 马克思：《1844 年经济学—哲学手稿》，人民出版社 1985 年版，第 49—50 页。

## 三　美的获得：异化之消除

### 1. 康德主张消除情感异化以求美

康德通过对审美判断的两种形式（美的判断和崇高的判断）的分析，讨论了美的获得必须首先消除理性派美学所坚持的概念对审美的纠缠。

作为审美判断的“美的判断”和认识判断表面上都是想象力与知性结合，但认识判断中想象力要把表象纳入知性概念之下，要对表象有所规定，想象力为知性服务，产生的是普遍的客观的知识而非愉快，想象力的自由性只能在知性之外被设想；而“美的判断”中，想象力不再是“再生的”，而只能理解为“创造性的”，知性本身仅为想象力提供“暗中”服务，从而失去了概念的规定性，甚至不提供明确的概念，只剩下一种“合规律性的形式”而不具有“规律”。想象力因此不仅仅是自发的活动而变成了自由的，但又不是任意的，而是本身具有了规律性。只不过这规律不是知性的规律，因为如果想象力按照知性规律来进行，我们以此获得的愉快就不会是审美的愉快；这规律就是想象力与知性或理解力围绕着表象自由地游戏与活动，不受任何规律的约束与概念的限制，或者说是一种没有规律的合规律性，没有目的的合目的性。

作为审美判断的“崇高的判断”不是关于对象是否符合这对象的知识判断，而是关于对象是否能够激发想象力与理性这两种认识能力的和谐的判断。在“崇高的判断”中，理性不是作为最高统一性对知性的无能为力进行帮助，即帮助知性将无限杂多的想象纳入某种固定的方向，而恰好是使想象力的无限性自身成为某种理念的“象征”而得到自由的发挥。理性对想象的“暗中”帮助不是通过逻辑“状形词”来实现的，而是通过类比与象征，因此，想象力还是自由的。面对崇高，我们超越自身的有限性，感到自身力量的增强，体验到一种升华和解放，体验到摆脱了自然对象和命运束缚后的内心自由。

所以，审美判断，无论是美的判断还是崇高的判断，尽管都以人的认识能力的活跃为基础（其中在“美的判断”中是知性与想象力的活跃，在“崇高的判断”中是理性与想象力的活跃），尽管采取了一种逻辑的形式（主谓宾结构），但审美判断却不具有对概念的依赖性，不具有认识意义。康德认为：“没有对于美的科学，而只有对于美的批判……因为谈到对美的科学，那就应当在其中科学地，也就是通过证明根据来决定某物是否必须被看做美的；因而关于美的这个判断如果是属于科学的，它就决不会是鉴赏判断。"① 康德认为，如果把美当成是一个可以逻辑把握的话题，就是主张通过"理由"和"证据"来"证明"某物是否可以认为是美的。这样一来必定把"美"变成一个不可求得的"可怪之物"②。他还通过讨论"美的艺术"即"天才的艺术"，表明美的艺术作为"独创性的典范"，不是"模仿性的产品"，它的创造过程"不能描述或科学地指明"③。为此，康德强烈主张通过把审美活动与逻辑活动区分开来，从美学中清除这个"怪物"④。情感是自明的，所以审美不能也无须采取逻辑证明的方法去定义。定义是规定性的，审美是反思性的，不能作出规定，所以康德从不对美下定义，只是提出了"美的分析"的四个"契机"。

康德还进一步通过对审美无利害的分析，讨论了美的获得还必须消除经验派美学所坚持的经验对审美的纠缠。

经验派美学通过取消理性派美学设定的"超越物"，奠定了美学和审美现象的"内在论"基础。但当它把经验的审美活动当成一种心理（生理）事实时，审美经验也就变成了另外一种"超越物"。经验论美学创立了"美学"，却不能说明审美的普遍必然性。这是经验论美学最大的困境。康德必须回答：审美判断作为情感判断是感性的，如何可以具有普遍必然性？康德解决这个问题的方法依旧是反思方法，但不是一般的反思，而是"先验的反思"。伽达默尔说："康德对审美判断力的某个先天原则的先验反思维护了审美判断的要求。"⑤ "先验的反思"表明，康德要把"反思"从个人感觉愉快的特殊性引向情感的先验的、普遍的本质结构。康德认为，审美是感性的，但不能因为它是感性的就断定它没有普遍的本质。其实，本质就在感性中，只是由于朴素的、自然主义的态度遮蔽了我们的双眼，我们才不能直观到它。"先验的反思"正是要还它以绝对的自明性。在这个意义上可以说"先验的反思"就是"先验的还原"。通过

① 康德：《判断力批判》，邓晓芒译，人民出版社 2002 年版，第 148 页。

② 同上书，第 149 页。

③ 同上书，第 151 页。

④ Anthony Savile. *Essays in Kant's Aesthetics*. University of Chicago Press, 1972, p. 130.

⑤ 伽达默尔：《真理与方法》（上卷），洪汉鼎译，上海译文出版社 1992 年版，第 71 页。

"先验的反思"，康德把情感稳妥地安放在了"先天原则"之上。伽达默尔对此评价说："他对于美学所奠定的先验哲学基础在两个方面是富有成效的，并且表现出一个转折。这种先验哲学基础一方面表示过去传统的终结，另一方面又同时表示新的发展的开始。"①

正是通过"先验的反思"，康德把美何以求的问题推进到第二步——"寻求普遍"。在"美的分析论"的四个契机中，如果说第一、三契机主要着眼于把美确定为一种主观感受（特殊），那么第二、四契机则着眼于为作为特殊的主观感受寻求普遍必然性。如果说第一、二契机是立足于美的概念论，从判断形式的量上着眼确立起审美判断的"主观普遍性"的话，那么第三、四契机是立足于美的原理论，从判断形式的模态着眼确立起审美判断的"主观必然性"。第一、二契机都缺乏关于审美判断之先验根据的讨论，只是就事论事地把审美判断与其他判断区分开来以显露其本质特征；第三、四契机正是要说明审美判断作为一种活动是根据什么先天原理来对美做判断的，即说明审美判断的"先验原理"，这就把主观普遍性从个人心理上的事实提升到它的先验人类学根基上来了。所以，我们认为，前两个契机体现了胡塞尔现象学的"本质还原"的思路，后两个契机近于胡塞尔现象学"先验还原"的层次，后两契机以前两个契机为基础，又复加于其上并与之相对应。四个契机彼此之间互为补充，逐层推进，构成一个从心理学向先验哲学、从主观特殊性向普遍必然性（主体间性）不断寻求、不断迈进的动态结构。"寻求普遍"是审美判断的反思之深入和结果。从现象学意义上看，康德的"先验反思"就是要把不纯粹的审美判断（即感官判断和道德判断）首先从审美判断中清理出去，悬搁起来，因为一切依赖于刺激和感动的、有利害感的不纯粹的判断都破坏着审美判断的自由，减损了它的普遍有效性，模糊了它所包含的先天原理。一个鉴赏判断没有刺激和感动的影响，没有经验的愉悦混杂其中，才称得上是"一个纯粹的鉴赏判断"。为此，康德竭力把审美纯粹化即非经验化。为了达于审美判断的纯粹性，康德要求将"经验的利害"连同"外在的对象"一起放入括弧，加以悬置。不仅审美趣味应该纯粹化即应该摆脱一切主观目的和客观目的以及由此伴随的单纯经验性的愉悦；审美判断也应该纯粹化，即单纯以主观形式的合目的性为根据，它是先行于

① 伽达默尔：《真理与方法》（上卷），洪汉鼎译，上海译文出版社 1992 年版，第 52 页。

“美的愉悦”即快感的。伽达默尔说：“对于康德来说，重要的只是纯粹的趣味判断。”[①] 康德的“先验的反思”，通过对经验的剥离、清洗，终于找到了审美判断的先验原则——无目的的合目的性或形式的合目的性。

而审美判断不过就是按“无目的的合目的性”这一先验假定，从审美愉悦之情感中寻求一种不是单个人独有而是人类共有的普遍本质和先验结构。康德的“先验的反思”就是要立足于情感并从感性中反思出人类先天的自由能力，寻找到绝对的普遍结构。当然，这种普遍性不是客观对象的普遍认识、普遍知识。从一个具体的对象反过来去想它的普遍原则，到主体里为它寻找普遍原则，这种方式就不是用来规定一个客观的认识对象，从而获得关于一个认识对象的客观知识，而是从这个具体对象身上反思到主体本身对它的一种普遍性的原则、普遍性的态度。比如从玫瑰花上感到的“美”是能够找到它的一般原则的。就是说你感到美，别人也会感到美，只要是有一般欣赏能力的人看到这朵玫瑰花都会觉得它美。人同此心，心同此理。这种普遍原则就不是那种口味的特殊性，而是表达了人性的一种普遍性。原因在于大家内心都有共同的审美原则，审美是人性不可分割的部分。我们从一个审美对象身上完整地观照这个对象，而不是从这个对象本身取出某种东西进行规定的判断，我们完整地把所有的感性的特质尽收眼底，全身心向它敞开，沉浸于其中，力图感受到某种主观中的普遍性的东西、人性化的东西。审美的感受是主观的但又是具有普遍性的一种感受、人性的普遍性的一种感受。不过审美的普遍性不是通过概念达到的，而是通过欣赏、通过感觉达到的。康德认为，审美判断既然是普遍必然的，那么就可以假定必然有个什么可作为其最终基础，这个基础只能是共通（情）感。共通感构成了审美判断的必然关系的先天基础，成为审美判断的普遍性之所以可能的主体间性原理。

康德进一步指出，审美共通感不同于逻辑共通感，是人们的内在感情的先天的共通性，它不是外在的经验感觉而是内在的先验的心意状态，从中能够对情感的可普遍传达性、社会性引出先天综合判断。这就是反思判断力。反思判断力是从特殊的东西反思人性的先天的普遍性。这种反思判断力回到人的内心，感受到了有一种普遍性的愉快。[②] 尽管审美判断与没

① 伽达默尔：《真理与方法》（上卷），洪汉鼎译，上海译文出版社 1992 年版，第 57 页。

② 邓晓芒：《康德哲学讲演录》，广西师范大学出版社 2005 年版，第 99—101 页。

有普遍性的感官判断不同，但审美判断却是一种不同于逻辑判断的“具有特殊的类型”[①] 的普遍性。逻辑判断是借助知性概念，对真（对象与认识的符合）作出的判断，具有客观的普遍性。而审美判断只是主体自身的一种感受，没有任何对于对象的概念和表象，并不涉及客体，因而“与它结合在一起的必须是某种主观普遍性的要求”[②]，具有主观普遍必然性。正如伽达默尔指出的：“康德自己通过他的审美判断力的批判所证明和想证明的东西，是不再具有任何客观知识的审美趣味的主观普遍性。”[③] 从逻辑学、自然科学角度看，“主观普遍必然性”是自相矛盾的概念，是“主观的”就一定不会有“普遍必然性”，而反过来说，是“普遍必然性”的就一定不会是“主观的”。[④] 但在康德看来，“主观”“普遍必然性”放在一起构成了审美判断的内在的本质规定。审美判断的基本原则——“从特殊出发寻求普遍”，借助这“主观普遍必然性”概念恰恰可以得到完全理解。因为“主观普遍必然性”恰恰最好不过地表达了这样的信念：在“主观”（特殊）中可以寻求到“普遍必然性”（普遍）结构。而康德的“审美判断力批判”的全部工作几乎可以“浓缩”成上面这种信念。通过“寻求普遍”，康德论证了审美判断是有普遍必然性的先天判断，从而消除了经验派美学所坚持的经验对审美普遍性的消解。克劳福德对康德审美判断的演绎的总结是：“标示着我们对审美愉快（崇高亦然）的判断，可以合理地要求普遍同意，并不仅仅因为它们能够建立在可以普遍传达的东西之上，而且还因为它们标示着那种象征着道德的经验。”[⑤] 当审美判断达到了一种纯粹化了的普遍必然性，当康德证明了审美的情感指向一种普遍性的原则、普遍性的态度，他也就消除了经验论美学对情感的异化，超越了经验论在审美上个人感觉愉快的私人性，从而为获得美赢得了条件。

**2. 马克思主张消除劳动异化以求美**

马克思认为，通向美的道路是唯一的，那就是消除异化劳动。马克思

---

① 康德：《判断力批判》，邓晓芒译，人民出版社 2002 年版，第 50 页。

② 同上书，第 46—47 页。

③ 伽达默尔：《真理与方法》（上卷），洪汉鼎译，上海译文出版社 1992 年版，第 53 页。

④ Bosanquet. *A History of Aesthetic*. Swan Sonneschein & Co. , 1892, p. 266.

⑤ Donald W. Crawford. *Kant's Aesthetic Theory*. University of Wisconsin Press, 1974, p. 156.

对异化劳动的消除仍是与他对人的本质的规定性联系在一起的。在马克思的心目中，人的本质就是人的感性的全面丰富性。“感性”，既不是作为“理性类似物”的“感性认识”（如近代理性派美学所认为的），也不是对“感性对象”的“感性直观”（如费尔巴哈所认为的），更不是离开了概念就不可言说的主观意谓（如黑格尔所认为的），而是指“感性活动”，即一种能动的、自由的、具有人的全面丰富性和直接性的存在活动。这种对感性的重新定位是马克思对感性的存在论提升。黑格尔作为理性主义的集大成者，想要把概念作为其全部思想的出发点和归宿，根本就不能接受鲍姆嘉通将美学界定为感性学的做法，甚至觉得全部感性的丰富性离开了概念的规范就没有现实性和意义。当黑格尔宣布他从抽象概念“推出”即返回到了“感性”，他实际上是抽掉了人的感性的全部丰富性，回到了这些具体感性事物的“概念”，回到了“抽象思维”本身。人的存在被抽象化，人的生存不再是活生生的感性的人的现实活动，而成为了抽象概念使自己“具体化”的一种“自我运动”，抽象思维“直接地冒充为”“感性、现实、生命”。[①] 费尔巴哈力图用自封的“感性哲学”[②] 战胜黑格尔的“概念哲学”。可惜的是他没有超出法国唯物主义的静观感知即个体生物性的范围，“从来没有把感性世界理解为构成这一世界的个人的共同的、活生生的、感性的活动”，[③] 从而不能战胜黑格尔。与此不同，马克思主张一切应回到人的现实的感性的存在活动本身。人一开始就是作为感性活动的存在，失掉了感性就失掉了人的根基。在马克思看来，感性就是自由的现实性或现实性的自由。所以马克思强调：“感性的即现实的。”[④] 马克思还认为：“人的本质并不是单个人所固有的抽象物，在其现实性上，它是一切社会关系的总和。”[⑤]

人的感性的全面丰富性首先可以从人的“类本质”得到说明。马克思认为，人作为“类存在物”，一开始就把自己“当作普遍的因而也是自由的存在物来对待”，如“植物、动物、石头、空气、光等等，一方面作为自然科学的对象，一方面作为艺术的对象，都是人的意识的部分，是人

① 马克思：《1844 年经济学—哲学手稿》，人民出版社 1985 年版，第 128 页。

② 《费尔巴哈哲学著作选集》（上卷），商务印书馆 1984 年版，第 169 页。

③ 《马克思恩格斯选集》第 1 卷，人民出版社 1972 年版，第 50 页。

④ 马克思：《1844 年经济学—哲学手稿》，人民出版社 1985 年版，第 125 页。

⑤ 《马克思恩格斯选集》第 1 卷，人民出版社 1972 年版，第 18 页。

的精神的无机界，是人的精神食粮”。[1] 因此，与动物只是按照它所属的那个物种的尺度和需要来进行塑造，且只是本能的、无意识的，所以谈不上按照美的规律来生产不同，人才不仅能按一切物种的尺度来生产，并且懂得怎样处处把内在的尺度运用到对象上去；因此，“人也按照美的规律来建造”。[2] 不仅动物而且整个自然界都不存在这样的规律，美的规律只是人的现实的规则亦即人的生产的规律。这样就使马克思在美学上彻底告别了机械唯物主义和一切唯心主义。按照美的规律来建造，其结果是美和美感相互生成：一方面是人的本质力量的对象化，由此诞生美；另一方面是自然的人化，由此产生美感。这种类本质是每个人可以内在地直观到的。马克思说：“人对人说来作为自然界的存在以及自然界对人说来作为人的存在，已经变成实践的、可以通过感觉直观的。”[3] 马克思又说：“我的对象只能是我的一种本质力量的确证，也就是说，它只能像我的本质力量作为一种主体能力自为地存在着那样对我存在，因为任何一个对象对我的意义（它只是对那个与它相适应的感觉说来才有意义）都以我的感觉所及的程度为限。”[4] 这是因为它直接地、感性地内在于每个人的心中，并在感性的活动中表现于外，推动着历史的进程和人类的进步。

人的感性的全面丰富性还可以从人的“社会交往性”得到说明。在马克思那里，“感性”决不单纯是一种心理学上的生理感受，而是社会性的感性，具有“社会关系”和“社会交往”的性质，具有形而上的意义。动物不对什么东西产生关系，而且根本没有关系；对于动物来说，它对他物的“关系”不是作为关系而存在的。而马克思却把人还原为人与人之间直接感性的社会交往关系。马克思历来看重“交往”，并且深刻地意识到，在资本主义条件下，交往的扩大同时意味着异化的加剧。人与人的交往关系沦为物与物的金钱关系，主体间的关系沦为客体间的关系。这是“主体间性”的断裂，也是交往关系的异化，是劳动的异化。

劳动异化所导致的直接后果是人的存在的全面丰富性的消解。为此，马克思一方面指责正是私有财产使人的感觉异化成为了对于对象的占有

① 马克思：《1844 年经济学—哲学手稿》，人民出版社 1985 年版，第 52 页。

② 同上书，第 54 页。

③ 同上书，第 88 页。

④ 同上书，第 82—83 页。

感，使“一切肉体的和精神的感觉都被这一切感觉的单纯异化即拥有的感觉所代替”；另一方面又指出共产主义作为美的肯定正是对于异化劳动的否定，“私有财产的扬弃，是人的感觉和特性的彻底解放；但这种扬弃之所以是这种解放，正是因为这些感觉和特征无论在主观上还是在客观上都变成人的”。① 共产主义作为对美的肯定就是对异化劳动的否定，作为人的解放就是一切属人的感觉和特性的彻底解放。在共产主义里，感觉不仅超出了异化的感觉的限制，而且也超出了感觉自身的限制，使感觉成为自由的审美的；感觉对象也摆脱了其有限的功利性，成为人的丰富本质的对象化，成为自由的和审美的对象。② 所以，马克思对于消除异化劳动给出的药方是要实现共产主义。

马克思指出，共产主义将是一切属人的感觉和特性的彻底解放，也将彰显出人与人之间关系的人性化。共产主义是人的自我异化的积极扬弃，是人通过人并为了人而对于人的本质的真正占有，是人的本性的全部复归。成为共产主义者就是成为一个真正的人，一个合乎人性的人，一个获得了现实自由的人，一个美的实现者。马克思有着对于共产主义的美好期待：“在共产主义社会里，任何人都没有特殊的活动范围，而是都可以在任何部门内发展，社会调节着整个生产，因而使我有可能随自己的兴趣今天干这事，明天干那事，上午打猎，下午捕鱼，傍晚从事畜牧，晚饭后从事批判，这样就不会使我老是一个猎人、渔夫、牧人或批判者。”③ 于是，马克思提出了恢复人的自由感觉从而使生产劳动重新成为人的自由自觉的有自我意识的活动的历史任务：“一方面为了使人的感觉成为人的，另一方面为了创造同人的本质和自然界的本质的全部丰富性相适应的人的感觉，无论从理论方面还是从实践方面来说，人的本质的对象化都是必要的。”④ 马克思始终将人的本性置于人与自然的关系的生成之中，于是共产主义也是关于人和自然的关系的最高发展。它是完成了的自然主义，是人与自然之间矛盾的解决，是它们的和谐与合一。同时共产主义也是完成了的人道主义，是人与人之间矛盾的克服，是他们的共同存在和彼此存

① 马克思：《1844 年经济学—哲学手稿》，人民出版社 1985 年版，第 81 页。

② 参看彭富春《哲学美学导论》，人民出版社 2005 年版，第 107—108 页。

③ 《马克思恩格斯选集》第 1 卷，人民出版社 1972 年版，第 85 页。

④ 马克思：《1844 年经济学—哲学手稿》，人民出版社 1985 年版，第 83 页。

在。在这种意义下，共产主义是自然主义和人道主义的统一，而共产主义者同时就是一个自然主义者和人道主义者。共产主义不仅使人与异化劳动者的区分得以完成，而且也使人与动物的区分得到真正实现。

总之，在马克思看来，尽管人的本性在于自由，但是自由并不是隶属于我们的某种物品，自由对于我们来说也并不是一个既定的事实。然而，审美之维作为人的感性和感觉之维，它保存了人在异化状态中所失去的自由，指明了人的自由恰在于从感性生命活动中所体现出来的人的存在的全面丰富性。于是，拥有全面丰富性的感性就成为了人类要完美存在必须努力的方向。这既是马克思实践论哲学的结论，又是马克思存在论美学的结论。①

总体上说，康德的求美方案是通过超越自然主义来完成的，这体现在对客观主义美学和经验主义美学的双重扬弃中，并且，康德是依靠一套“准现象学方法”来实现这种超越，带来了对前康德美学具有重大意义的革命，为我们寻求美提供了一种理论性很强的方案。理论性强，既是康德求美方案的优点，也是它的一个缺点：审美判断只存在于人的主观世界之中，在现实中它如何作用于客观存在，一直是悬而未决的。康德不了解主体实践的意义，在他的方案中也没有主体实践的位置。黑格尔对此评价道：“康德学说确是一个出发点，但是只有康德的缺点克服了，我们才能凭借这种概念去对必然与自由、特殊与普遍、感性与理性等对立面的真正统一，得到更高的了解。”② 然而，对于康德这一缺点的克服，并非由黑格尔本人而是由马克思来完成的。马克思的求美方案是通过对感性进行根本性的存在论改造与提升来实现的，而这种改造和提升最后又保证马克思美学实现了对唯物主义美学和唯心主义美学传统解读模式的双双超越，完成了向感性学的回归。这一解决方案实际上是在一种存在论的视域下阐明了审美活动是人的最高和最自由的存在方式，而异化劳动是对人的这种最高和最自由的存在方式的剥夺与牺牲，只有批判异化劳动，扬弃私有财产，人才能获得完美的存在与解放。马克思求美方案的最大优势在于，它彻底超越了纯粹的理论思辨，一心一意关注人的生存实践和存在质量，彰

---

① 参看戴茂堂《超越自然主义——康德美学的现象学诠释》，武汉大学出版社 1998 年版，第 360—383 页。

② 黑格尔：《美学》第 1 卷，朱光潜译，商务印书馆 1979 年版，第 18 页。

显了最大的人文情怀，从而实践性地解答了美何以求这个重大的美学难题，而明显地区别于康德为我们提供的那个理论性很强的解决方案。不过，康德的求美方案与马克思的求美方案虽说大相径庭，但是二者却有着某种共通的特质，那就是对于自由的追求与赞许。在处理“自由”这个问题上，康德与马克思的方案有着异曲同工之妙。美与自由之间有着千丝万缕的联系，甚至可以说是美从自由中来，从轻松自在的心灵中来，从自由自在的行动中来。因为当你能够感受到美和美感的存在的时候，你的情感是处于一种怡然、愉悦和闲适的状态，你的行动也是处于一种从容、自主、放松的状态，而这种状态在康德和马克思那里都可以表述为“自由”。

（作者系湖北大学哲学学院教授、博导；
湖北大学哲学学院研究生）

# 论谢林早期思想中的“自然”观念

罗久

［内容提要］谢林早期思想中的自然哲学将生命视为因果性与合目的性的统一，力图以此调和康德在第三批判中所要调和的机械论与目的论的矛盾，谢林认为自然界虽然是盲目的自然力量的产物，但又是合乎目的的。为了克服康德留下的精神与物质的二元论，谢林发展了一种有机自然的理论，认为自然并不是完全受制于因果规律的客观对象，其本质上并不是完全外在于自我意识的纯粹客观对象的总和；自然只有作为一个有机的整体，即理解为诸种自发的力之间的相互作用才能得到规定，谢林在此基础上将自然归摄到先验自我意识，即精神的先天规定之下，以此克服康德的二元论。谢林关于自然观念的讨论代表了德国古典时代的思想家们试图打通主客观之间的隔阂，恢复整体世界的统一性的努力，对后来的德国哲学产生了深远的影响。

［关键词］谢林　自然　精神　二元论　有机体　（创造）力

谢林（Friedrich Wilhelm Joseph Schelling）是近代自然哲学的创始人，他早期关于自然哲学（Naturphilosophie）的著作具有重要的当代意义。黑格尔曾高度评价了谢林早期的自然哲学，认为谢林的功绩并不在于他用思想去把握自然，而在于他改变了关于自然的思维的范畴；他运用概念、理性的形式来说明自然。他不仅揭示出这些形式，而且还企图构造自然、根据原则来发挥出自然①。实际上，自然哲学并不是一门新的科学，早在亚里士多德等人那里就有了自然哲学。英国近代的物理学也只是在思想中把握自然事物，牛顿等人将自然力量、自然规律作为基本范畴来规定近代的

① 黑格尔：《哲学史讲演录》（第四卷），商务印书馆 1978 年版，第 34 页。

物理科学，这种新物理学同样依赖于某种不被言明的形而上学基础。因而，物理学与自然哲学的对立并不是对自然不进行思维与对自然进行思维的对立。区别只在于，物理学里面的思想只是形式的理智思想；其进一步的内容，即物质是不能够由思想本身来规定，而必须从经验中取来的。而自然哲学则是要对这个用以规定思想内容的思维形式本身进行考察。

本文的主要目的并不在于肯定谢林的自然哲学对于十八世纪末至十九世纪初自然科学的发展有什么巨大的贡献，而是要表明其在哲学上的贡献，以表明近代以来随着新科学的诞生而发展起来的自然观念本身所具有的局限性，更为重要的是谢林在其早期著作中关于自然观念的讨论，代表了德国古典时代的思想家们试图打通主客观之间的隔阂，恢复整体世界的统一性的努力，对当时的浪漫主义哲学产生了巨大的影响，其在哲学上的深远意义还有待进一步的阐发。

## 一 谢林自然哲学的现实性

显然，从十九世纪的后半叶开始，自然哲学就已经不再是自然探索的一种工具了，反倒是成了以实证研究为基础的科学研究的主要障碍。尽管如此，谢林的自然哲学却不试图成为一门以增加人类知识为目的的实证科学，它所具有的意义在于，它可以帮助我们更好地理解科学本身到底是什么。

现在，大多数关于自然科学的哲学研究所依赖的实在论观念实际上是站不住脚的，至少是不够充分的，这种实在论观念认为人自身的存在之外有一个绝对的客观的对象世界。这实际上就是伯特所说的那种自然主义的主张，“自然主义”这个词意味着这一信念：一种正常的精神只要坦率地面对事实，并且不受恶意的内在歪曲的束缚，那么这种正视必然会使我们对这种精神的结果表示默许①。这种哲学主张实际上依赖于一个前康德的形而上学预设，它认为自然科学不再需要去解释科学自身是如何运作的，这种解释没有任何必要性，似乎这早已是自明的问题了，客观世界不依赖于人的精神和精神世界，是绝对地外在于我们的一个研究对象，只要人的主观认识不出现偏差，能够以一种客观的方式去进行探究，自然就必将向

① 伯特：《近代物理科学的形而上学基础》，北京大学出版社 2003 年版，第 11 页。

我们揭开它神秘的面纱。现代科学解决了许多曾经令人困惑的问题，没有理由去问是否某些现代科学可能会被引向一些疑难，这些问题可能会比自然科学所解决的那些问题更为严重和棘手。事实上，谢林所提出的一些问题重新获得了一种现实性，因为它们提供了概念的工具，使人们能够对当代以科学的方式探究自然可能导致何种危险这样一些疑问获得哲学上的理解。

但是，谢林的自然观念完全依赖于这样一种观念，即将整个自然理解为一个有机体。像谢林所提出的这样具有明显的形而上学色彩的观念，倒似乎与后形而上学的反基础主义对科学的理解相关，而这种反基础主义的观点已经与实在论所认为的人能够真实地表象客体的观念一起被打破了。那么谢林的自然观如何可能呢？要回答这个问题，我们就必须像许多关于当代的科学观念的问题一样，回溯到康德那里去，这些问题许多都是由康德所提出的。

使谢林的自然哲学保持其现实性的主要因素在于，它拒绝将思维的主体视作与作为对象世界的自然相对立的东西，因为主体自身就是自然的一部分，而自然也总是在人的思维中才真正成为知识的对象。自然哲学是谢林不满于康德二元论的又一个产物，也进而使他在1801年发展出不同于费希特的一种哲学体系，这种新的体系实际上是对费希特那种克服二元论的办法的拒斥。费希特哲学中的自然只是一个自我所设定的作为非我的对象，他的自然概念是纯粹形式的和否定性的，而谢林则更倾心于斯宾诺莎对自然的看法，在斯宾诺莎眼中，自然是一个自我生长的有机整体（natura naturans，能动的自然）。费希特的先验观念论试图从一种原初的自我设定的活动中得出我们关于客体的知识，而谢林的自然哲学则是试图做一件相反的事情，即从客体中发展出意识来。自然哲学从自然作为纯粹的客体开始，接着表明自然如何处在一个无意识的自我发展的过程中，这个过程终结于精神的出现，即自然的自我表现的条件。这样，自然哲学就表明了主体性是如何从纯粹的客体性中产生出来的。在对谢林的整个思路进行考察之前，我们还是从这个问题的开端，即康德的困惑那里开始，对这个问题进行一番梳理。

康德自己在某种意义上也是对二元论心怀不满的，这一事实在德国观念论和浪漫主义哲学中造成了深远的影响。正如伯特所说，德国观念论者及其追随者主要试图表明，科学、艺术、哲学以及一般的人类文明的真正存在，意味着要把一种实体性和本质赋予与传统二元论所承认的精神广泛不同的精神[①]（亦即谢林和黑格尔所说的“精神”）。康德理论哲学的问题来源于休谟对因果性的质疑，但康德对这一问题的解决方式却不在于宣称人能够认识自然本身，其考察的重点也不在于自然本身，而在于考察在关于自然的主体的知识中，什么可以说是具有确定性的。因此，自然在康德那里被认为能够被包含在知性的规则之下。谢林自然哲学所理解的自然是指自然本身，但同时又对康德关于自然的规定表示认同。这样就触到了反复困扰着康德的关键问题。

康德的《自然科学的形而上学基础》有其重大功绩，它促使人于开始研究自然哲学时注意到物理学曾应用了许多思想规定，这些思想规定构成了物理学的主要基本原理，而没有对它们做进一步的研究[②]。在这部1786年发表的著作中，康德明确反对“物活论”（hylozoism），这种主张认为生命是内在于物质中的。力学的第二法则，即惯性法则（lex inertiae）：“物质的一切变化都有一个外部原因”，很清楚地表明，物质“没有绝对内部的规定性和规定性基础”[③]。物质是没有生命的，而“生命是一个实体从一个内在原则出发来规定自己行为的能力，是一个有限实体规定自己的变化的能力，是一个物质实体把运动和静止当作自己状态的变化加以规定的能力”[④]。所有这种自我规定的变化必须通过我们，以思维和意志的形式而得到理解，这些思维和意志并不在现象界中显现，也不属于作为显现的客体的物质。康德坚持认为，自然科学的可能性完全且根本是建立在惯性法则的基础上的，“与这一法则相对立，因此也是对一切自然哲学[⑤]的扼杀的，是物活论。从惯性作为单纯无生命性的这样一个概念本身即可推出，无生命性并不意味着维持自身状态的某种积极的努力”[⑥]。然而，主张惯性是一种积极的作用力将使得我们能够探究自然本身，因为自然有些时候在某种意义上像是一个理智的主体，而不是屈从于自然决定

① 伯特：《近代物理科学的形而上学基础》，北京大学出版社2003年版，第266—267页。

② 黑格尔：《哲学史讲演录》（第四卷），商务印书馆1978年版，第287页。

③ 康德：《自然科学的形而上学基础》，上海人民出版社2003年版，第152页。

④ 同上书，第153页。

⑤ 康德这里所说的自然哲学是指牛顿意义上的自然哲学，而不是我们在本文中所讨论的谢林意义上的自然哲学。

⑥ 康德：《自然科学的形而上学基础》，上海人民出版社2003年版，第154页。

论的铁律。这种主张再一次引进了某些内在的形而上学的力量，而康德曾批评独断论的形而上学对这些概念的使用。

《纯粹理性批判》的主要目标是为知性如何将经验材料综合进控制现象世界的普遍法则中去提供说明，而不是宣称我们能够认识作为物自体的自然。一旦这种法则存在，它们就能够运用于其他经验事例，康德在其1790年出版的《判断力批判》一书中，将这种运用称为“规定的判断力”。但是，在普遍法则和特殊事例之间并没有一种自发的关系使它们协调一致，法则取决于对它们进行运用的判断力。康德同样认识到，我们也不能够说明这些不同的法则如何彼此关联。这就需要一个更高的原则，而这将超越知性立法的边界。因此，在《判断力批判》中康德就引进了另一种判断力，即“反思的判断力”。

为了能够从特殊的现象界进展到关于自然法则之间相互关系的普遍判断，必须假设自然真的是在一个体系中得到阐明的，在这个体系中所有法则都作为全体的一个部分存在。这样，似乎自然本身就具有这种相互协调一致的原则，并通过知性将这些原则提供给主体。之所以需要“反思的判断力”，是为了解释自然有机体中所具有的明显的目的性，这一有机体是特殊的物理过程和化学过程的结合，但绝不仅仅是这些不同部分简单叠加的总和。“有一点是完全确定的，即我们按照自然的单纯机械原则甚至连有机物及其内部可能性都不足以认识，更不用说解释它们了。”① 康德认为，牛顿可以用他的力学规律解释哪怕是一粒微尘的运动，但是如果不借用一种目的性的东西，那么整个事件将是无法想象和无法理解的。人们无法证明目的的客观实在性，但是也无法反驳它的存在，它至少为有机体的协调一致和发展提供了一种解释，这在我们的经验中是可以明显意识到的。因此，康德试图发展一种有关理智主体与自然本身之间的关系的理论，来取代他早年所主张的机械自然的观点。这也正是谢林试图在他的自然哲学中进行阐明的一种关系。

我们知道，谢林认为康德的问题需要一个更深的基础：比如，先天综合判断的可能性问题变成了关于确实存在着经验这样一个事实的问题。谢林在此将莱布尼茨的一个想法进行了加工改造，要知道，莱布尼茨正是康德所拒斥的传统形而上学的一个代表性人物。谢林的主要任务是克服精神

① 康德：《判断力批判》，人民出版社2002年版，第253页。

与自然的分裂。莱布尼茨主张："因为事物的本性是相同的，所以，我们自己的本性与组成整个宇宙的其他单一实体不可能有多么巨大的不同"（1704年6月30日致Volder的信）①，这正好为谢林的同一哲学指出了一条道路。但这明显侵犯了康德通过知性所设定的知识的界限，因为谢林试图理解的是作为物自体的自然。虽然谢林想知道事物是如何进入知性的规定，如何被理解的，但这些不能够通过康德的理论术语来进行说明。因此他被迫去寻找那些独断论的形而上学未能达到的东西。

在《自然哲学的诸观念》中，谢林重新表述了莱布尼茨所提出的难题："问题并不在于表象之间的联系和我们称为自然进程的因果序列，是否以及如何成为真正外在于我们的，而在于它们如何为我们的（für uns），成为真实的，这个体系和表象之间的联系如何找到通向我们精神的方式，我们是被迫地思考它们，那么它们如何在我们的思维中获得确定性呢？"②这些只有在我们接受了一种一元论的必然性时才是可能的。Reinhardt Löw将谢林的基本问题概括如下："自然必须被如何思维，亦即自然在其产物和过程中的显现如何能够被理解的。"③ 这个问题的答案为关于主体性的起源的理论打开了一条道路。在这一理论中，主体从自然中浮现出来，并且发展到它能够从理论上把握自然。发展这一理论的尝试将形成谢林大部分哲学的基础，无论是早期的还是晚期的。正如费希特所表明的，这一理论并不仅仅取决于理论知识，因为形成机械自然法则的能力本身（更不要说这种需要和欲求了）并不能通过这些法则的结果而被人所认识，也就是说自然法则本身并不必然导致人们得出自然法则的能力，自然法则的形成本身包含了许多主体性的因素。

谢林并不是简单地无视康德对理论说明本身所做的限制，因为谢林常常认为，事实上，试图去克服康德二元论的问题，这本身就激发了一种关于主体性的起源的理论，而那种认为自然本身就可以被我们所认识的独断论断言则不能引起我们对主体性的思考。康德的问题在于物自体与能思的生命之间的鸿沟。为什么有些形式的物质成为了有机体？最近的生物学研

① Heidegger, Martin, Wegmarken, GA 9, *Frankfurt am Main*: *Vittorio Klostermann*, 1976, S. 90.

② Schelling, F. W. J., *Friedrich Wilhelm Joseph Schellings Sämmtliche Werke*, ed. K. F. A. Schelling, I Abteilung Vol. 1—3, Stuttgart: Cotta, 1856—61. I/2. S. 30.

③ Löw, Reinhardt (1990), Das philosophische Problem der "Natur an sich", *Philosophisches Jahrbuch* 97, S. 57.

究已经表明甚至有机体的自我繁殖问题都能够通过力学的规律、用基因理论来进行解释，这就将有机体的形成问题带进了知性的领域，使它能够通过因果规律等知性所构造的规律来进行解释，而无需借用一个超越知性管辖范围的目的因。但这样丝毫没有解决处在康德理论规划核心位置的、更为基本的问题，即如何来解释先验主体性自身的起源与发生？因为在康德先验演绎的最后推出了先验主体作为我们一切认识对象得以可能的先决条件，康德的理论哲学无法解释这一起源的问题。因为康德的理论哲学，回答这种关于起源的问题，取决于已经构成主体的认知功能，这意味着，人们没有权利去追问这一主体自身是如何被构造的。而谢林则无可争议地证明，不对主体进行反思，这对于说明我们理解（这个我们身处其中的）自然的能力来说是不够充分的。

## 二 自然的创造力

康德在他的《判断力批判》中坚持认为，当布鲁门巴赫（Johann Friedrich Blumenbach）宣称，“说粗糙的物质是按照机械规律而原始地自我形成起来的，说生命本来就能够从无生命之物的本性中产生出来，而且物质本来就能够自发地把自己安排进自我维持的合目的性的形式中去”这是“违背理性的”时①，他是正确的。但是，如果人们将生命理解为是从物质中出现的，康德并没有正面回应这种看法所导致的一系列后果。如果人们接受康德的二元论或者他在第三批判中所坚持的观点，即关于有机体之出现的原则并不能够在科学上加以解释，这就诱导人们去假设某种形式的“生命力”，这种生命力有着与那种可以在力学上加以解释的物质宇宙不同的秩序。实际上，这些人大多数都在关于自然发挥其功能的方式方面持有严格的机械论的观点，这也是自然科学所通常持有的观点，他们只是在面对那些用机械论的方式无法解释的现象时，才会外在地引入生命力的概念来使得整个自然界变得可以理解。比如叔本华就是这样，他一方面遵循第一批判的观点来理解表象世界，即将表象世界作为由主体的先天认识条件所规定的世界，它是认识的对象，是符合人的先天认识条件的。但是另一方面，他却转而将物自身解释为一种非理性的意志，而且将这些非

① 康德：《判断力批判》，人民出版社 2002 年版，第 279 页。

理性的意志作为表象世界的根据。

虽然谢林并不总是一致，但是他并没有成为一个活力论者，更没有自降为一个非理性主义者。这里的关键问题是物质的地位问题，康德以一种形而上学的方式用惯性法则来对其进行规定，尽管在第三批判中他对此也表示过怀疑。事实上，只要一直持有《自然科学的形而上学基础》中所表达的物质与生命之间的严格区分，先验哲学就无法解释它自身的出现。因此，谢林的基本策略是坚持用一种内在的动力学的方式，即自然的"创造力"（Potenz）① 来思考自然，取代那种机械论的（力学的）方式，以此来解决这个棘手的难题。我们在经验自然中遇到的是自然的"产物"。具体的科学是处理这些产物的，这些产物看上去是固定的，可以纳入到规则之下。而自然哲学则不能纳入到科学之中，因为它处理的是表象的基础，而不是经验表象本身。这种基础性的存在并不能够通过与他者的反思性关系来将自身固定为一个对象，它不是一种表象。主体"作为客体决不是绝对的、无条件的（unbedingt），而是某种本质上非对象化的存在，它必须被设定在自然中；这种绝对的非对象化的设定正是自然的本源性的创造力"②。因此，首先要关注的并不是自然的机械法则和作为客体的自然。这就是为什么仅仅因为自然哲学在经验上的失败就将其当作某种充满幻想和蒙昧的东西排除出科学探究的领域的做法是错误的。自然哲学并不试图给出一些经验性的结论，因为这并非它的初衷。"创造力"并不是一种与主体隔离的、不可入的物自体（虽然它不是知识的对象），因为

---

① "Potenz"是谢林哲学中的一个核心概念，可以说构成其整个哲学大厦的基础。Potenz 这个词实际上就是拉丁语 potentia（潜能），以及亚里士多德意义上的"潜能"（dynamis）的德语转写形式，把它翻译成德语固有的词的话应该是 Macht（对应于英文中的 power）。作为潜能的 Potenz（创造力）被设定为与"现实"（Actus）相对。这个概念在犹太—基督教传统里关于上帝的现实性问题的讨论又得到了进一步的发挥。Potenz 作为潜能并不是完全被动的，它也是一种积极的能力，是一种自身内在固有的创造力和生长的动力，谢林正是在这个意义上来使用这个概念的，他将 Potenz 理解为一种自然产物的动态阶梯次序（dynamische Stufenfo*l*ge jener Produkte），参看 Schelling, F. W. J., Friedrich Wilhelm Joseph Schellings Sämmtliche Werke, ed. K. F. A. Schelling, I Abteilung Vol. 1—3, Stuttgart: Cotta, 1856—61. I/3. S. 303。关于 Potenz 这个概念更详尽的讨论可以参见赵鹏"谢林'Potenz'概念探源"，《世界哲学》2005 年第 2 期；以及赵俊杰"也谈谢林早期思想中的'Potenz'概念"，《世界哲学》2006 年第 1 期。

② Schelling, F. W. J., Friedrich Wilhelm Joseph Schellings Sämmtliche Werke, ed. K. F. A. Schelling, I Abteilung Vol. 1—3, Stuttgart: Cotta, 1856—61. I/2. S. 284.

它同样在主体中起作用，使得主体超越它自身的限制。

从这个角度来看，问题就变成了，自然是如何在规定性的进程和产物，包括在其自身中显现出来的。因为简单的创造力决不能成为有规定性的东西，它将在无限的速度中使自身消失，单一线性的规定是不足以构成真正的规定的，它始终面临着一个根据的问题。因此，在自然中必定有一种相互冲突的力，在这种冲突中创造力自身的“约束”作用使经验性的自然产物得以形成。谢林举了这样一个例子来说明他的看法：“试想一条河流，它是纯粹的同一，在它遇到阻力的地方形成了一个漩涡，这个漩涡并不是一个固定的东西，而是在任何一个时刻消失，又在任何一个时刻再现；所有的自然产物象它曾经所是的那样，在普遍的自然的创造力中消失，并隐于无形”①。漩涡是谢林用来形容时间中的任一时刻的自然所做的比喻，构成漩涡的是水分子，这些水分子被连续不断的水流所替换，即使漩涡的形状在一段时间里会保持相对的稳定。谢林认为，变动的、充满生机的自然世界就其本身而言对生物是某种任意的东西。它只是对于某种形式的科学探究而言成为任意的，这种科学探究将自然看作是一种分裂的、僵死的对象。如果自然仅仅成为分析的对象，这就将它分裂为无限的个体，一种关于特殊性的无限性，只有探究自然的方式试图超越因果律的偶然性，而去探讨这些规律究竟为什么能够成立时，自然才是可理解的。这迫使康德引入反思判断，以解释自然在经验上明显具有的内在关联性，这也使他拒绝接受关于生命是如何出现的机械论的解释。

谢林明确否认他的观点是一种活力论的论证，这就意味着，谢林主张事物本身具有一种内在的动力并不与康德对独断论形而上学的批判相左。但是，仅仅因为事物是有生命的就说它必定被某种生命力所驱动，这是无意义的。谢林这样解释他的观点：在生命过程中，化学过程被证明明显需要一种超越化学规律的原则，“并且如果这个过程现在被称作生命力，如果生命力这个词是在这个意义上使用的，那么我将反对这样一种看法，即认为生命力（这种表达可能是随意的）完全是一种自相矛盾的表述。因为我们只能将一种力作为某种有限的东西来思考。但是没有什么力在它的本性上是有限的，除非有一个相反对的力来对它进行限制。因此，当我们

---

① Schelling, F. W. J. , Friedrich Wilhelm Joseph Schellings Sämmtliche Werke, ed. K. F. A. Schelling, I Abteilung Vol. 1—3, Stuttgart: Cotta, 1856—61. I/3. S. 289.

在物质中思考一种力的时候，我们必须同时也思考一种相反对的力"[①]。某种事物的本质是一系列相互关联的力，而不是某种超出这种相互关联的东西。相互反对的力是可以通过它们在自然中的作用而得到观察的，当一种力遇到与之相反的力的时候，就要求它们是内在地相互关联的，它不能仅仅只是一种力，那么最终它将"绝对超出对自然进行经验性研究所设定的界限"[②]。在这个层面上，力的相互作用使得生命得以可能，因此不是某种外在施加的东西，而是这种作用的内在运动，基于这样的方式就不可能有什么外在的视角。

在《论世界灵魂》中谢林区分了构形的力（Bildungskraft）与构形的驱动（Bildungstrieb）。前者是内在于物质的，作为物质呈现为某种形式的基础，因此也是无机自然的基础。它是我们用于诠释自然的一个概念，而不是客观的可观察的数量。谢林认为，"力仅仅将它自身传达给你的感觉。但是仅仅靠感觉不能给你提供任何客观的概念"[③]。我们需要进一步阐明是什么使得物质将自身形成为一种有机体。谢林认为：

> 生命的本质绝不存在于一种力中，而在于诸力的自由运作，这种自由运作通过某种外在的影响而得到持续。生命中必然性的东西是自然的普遍作用力；那种使得诸力的运作得以持续的、偶然的影响必定是某种特殊的东西，换句话说，就是某种物质的原则。
>
> 有机体与生命并不表现任何自在的东西，而只是表现某种特定的存在形式，某种对它们来说是普遍的东西，由一些相互作用的原因组成。因此，生命的原则只是作为存在的一种确定形式的原因，而不是存在本身的原因（因为这样一种原因是不能被思维的）。[④]

这样的话，作为一种"普遍有机体"的自然的观念就不再只是一种设想或者诗意的比喻。因为谢林所关心的是要搞清楚，在不依赖于物质与生命的二元论的情况下（这种二元论在物质与生命之间制造了一条康德

① Schelling, F. W. J., *Friedrich Wilhelm Joseph Schellings Sämmtliche Werke*, ed. K. F. A. Schelling, I Abteilung Vol. 1—3, Stuttgart: Cotta, 1856—61. I/2. S. 49—50.

② Ibid..

③ Ibid., S. 23.

④ Ibid., S. 566.

无法逾越的鸿沟)，生命是如何出现的。当然，他也不是要倒退回那个已经被康德所摧毁的形而上学体系去。

Heuser - Kessler 通过将谢林的思想与普利高津具有争议性的非线性动力学观念联系起来，而使这些思想线索得到了清晰的阐明。他认为，与现代科学的假设相反，能量耗散的过程也可以是建构性的，即便熵必然会增长。谢林在这一点上可以发现某种让力学科学的合理性变得模糊的东西，正是这种科学的合理性宣布了自然哲学的死亡。那种导向所有力的静态平衡的熵的原则并不是原初的过程，相反，作为基础的原初的过程必须是自我建构的，否则生命和思维的出现就会变得无法解释了：

> 自我建构的过程……并不只是自然过程中一种短暂的、无关紧要的现象，相反，它是具有决定性的过程，包含“一切实在的基础”，因此机制（例如基因遗传的机制）能够从有机化的过程中创造出来，而有机化的过程却不能从一种机械的或力学的方式中产生出来。自我组织必须是原初的过程，它不仅仅是精神的原初过程，更是整个自然的原初过程。①

这不仅仅是哲学上的观念论的一种看法，因为它是以自组织过程的相互作用为基础的；但这个过程也不能仅仅是一个物质过程，物质是无法组织起自身的。谢林后来大部分工作就是要解决物质与精神过程的关系问题。

## 三　“自然必是可见的精神”

谢林自然哲学中的基本观念是，精神的组织能力与自然的组织能力是不能截然分开的。谢林有一个著名的表述来阐明这个观点，现在看起来可能并不像他的批判者所说的那样不可思议：

① Heuser - Kessler, Marie - Luise (1986) “Die Produktivität der Natur” Schellings Naturphilosophie und das neue Paradigma der Selbstorganisation in den Naturwissenschaften, Berlin: De Gruyter. S. 98.

> 自然必是可见的精神，而精神必是可见的自然。因此，在精神的绝对同一内在于我们而自然外在于我们的情形下，外在于我们的自然是如何可能的这个问题就得到了解决。[①]
>
> 那么，哲学只不过是一种关于我们的精神的自然学说（Naturelehre unseres Geistes）……自然的体系同时也就是我们的精神的体系。[②]
>
> 在思想中没有什么是不可能的，通过同一种活动，自然不断地在每一个新的时刻使自身得到再生，同时也是通过有机体的中介而在思想中的再生。[③]

也是通过同一种方式，新的思想从过去的思想中自发地在我们的精神中组织自身，而自然则通过它的元素持续地重塑自身。精神的组织性在于它提供了一种目的性的原则，使得整个自然界得以形成一个有机体，而不是杂乱无章的聚合。正如伯特所说，精神这个词本身就包括认知、欣赏和目的性活动，因此必须在物质世界之外来寻找对它的完整说明。心理似乎是一个不可还原的东西，它能够知道具有广延的物质世界，热情地爱这个世界的秩序和美，并且按照一种更有吸引力和支配性的善不断地改变这个世界。精神具有这样的能力，它能感觉、知道和理想化这个世界，并把它再造为某种更美好的东西[④]。精神与自然这两种过程的差异只是相对的，谢林试图向我们表明，自然不再只是非我的、服从于力学规则的、无生命的领域；相反，自然是一种活生生的、自我组织的体系，这种自我组织的体系并不是物质材料之间的力学关系，而是各种力之间的动力学关系，是一种自我发展的有机整体，在其自身中包含了自己的目的。

谢林接下来的工作或许会让那些把谢林当作一个天真的“同一”思想家的人们感到吃惊，因为他们以为谢林只是通过对思维过程与自然过程做一个可疑的类比来证明他的观点。谢林实际上是提出了一个关于自然科学的解释学观念，这个观念在早期马克思、海德格尔和法兰克福学派的第一代成员的著作中发挥了重要的作用。谢林是这样来理解科学实验的：

---

① Schelling, F. W. J., *Friedrich Wilhelm Joseph Schellings Sämmtliche Werke*, ed. K. F. A. Schelling, I Abteilung Vol. 1—3, Stuttgart: Cotta, 1856—61. I/2. S. 56.

② Ibid., S. 39.

③ Ibid., S. 274.

④ 伯特：《近代物理科学的形而上学基础》，北京大学出版社2003年版，第278—279页。

> 每个实验都是对自然提出的一个问题，而自然则被迫去回答这些问题。但是每个问题都隐含了一个先天的判断；每个实验作为实验来说只是一个预言；实验方法自身只是现象的产物。[①]

在《关于人道主义的书信》一文中，海德格尔宣称：“或许事情倒是，在自然转向人的技术掌握的一面，它的本质恰恰隐藏起来了”[②]。在同一篇文章中，海德格尔还以一种对于谢林来说完全陌生的方式表达了谢林所要表达的东西，海德格尔说：“也许在所有存在着的存在者中，我们最难于思考的是生—物（Lebe—Wesen），因为一方面，这种生—物以某种方式与我们最为接近；而另一方面，它同时又通过一条深渊（Abgrund）与我们绽出生存的（ek - sistenten）本质区别开来。与此相反，似乎是神性者的本质比起生—物那让人陌生的异己的东西与我们更为接近，这种接近是在一种本质之远（Wesenferne）中的接近，其作为远却比与动物之间那难以想象的深渊般的身体关系更为接近于我们绽出生存的本质。”[③] 谢林和海德格尔都不是以一种对关于自然的客观真理进行表象的方式来看待科学探究的。谢林所说的“现象的产物”并不是指从纯粹显现给我们的东西里创造出来的东西，而是指那种能使自然作为某种有规定的东西向我们显现的东西。没有科学探究活动就不会有制造出一个符合规律的现象世界的可能性。因为正如康德所表明的，即便是机制也需要有自我意识的判断才能成为有区分的机制。一个纯粹客观的世界对谢林来说始终是无法想象的，这是因为以一种纯粹力学的方式是无法导出一个能对自然进行思维的精神的。如果所有的一切都以一种机械论的方式来看待，那么结果就是没有什么是机械论的了。因为规律本身之为规律不是由于物质的机械作用，而在于自然过程的理论化或者精神化，“现象（质料的东西）必须完全消逝，而只留下规律（即形式的东西）”[④]。这就意味着仅仅通过实验无法达到最终的客观性：

---

① Schelling, F. W. J. , *Friedrich Wilhelm Joseph Schellings Sämmtliche Werke*, ed. K. F. A. Schelling, I Abteilung Vol. 1—3, Stuttgart: Cotta, 1856—61. I/3. S. 276.

② Heidegger, Martin, Wegmarken, GA 9, Frankfurt am Main: Vittorio Klostermann, 1976, S. 324.

③ Ibid. , S. 326.

④ 谢林：《先验唯心论体系》，商务印书馆 1976 年版，第 7 页。

因为实验自身就将自然力的作用作为它的工具，所以实验决不能超越自然力的作用。由于这个事实，实验决达不到一种（绝对）的知识，就很明显了……有关自然现象的持续的原因是无法自身显现出来的。①

我们只能以一种经验的方式来处理自然的产物。我们在一个产物中遇到的是一个创造力自身所做的限制。因此我们所知的自然中的一切规定都不是最终固定的。这些规定在整个过程中有其位置，它不能以一种客观的、对象化的方式来被思维。客观性的条件是在整体中的一种反思性的分裂，这个整体将我们自身作为有机体的一个部分包含在其中，这个有机体就是自然的总体。对经验科学的影响在于：

就像每一个新的发现都将我们自身抛回到一种新的无知之中；就像一个结松开了，而另一个结又捆住了，对于自然界中所有联系的完全发现是无法设想的，因此我们的科学自身也是一个永无尽头的任务。②

我们自身具有一个无法摆脱的角色，那就是我们在探究自然的同时也是被探究的一部分，所以任何企图发现关于自然的绝对真理的实在论观念都必将被证明是失败的。

自然哲学对自然体系的阐明是以同一中的差异这一基本原则为基础的：

如果我们假设，显象的具体形式或总和（Inbegriff）不仅是一个世界，而必然是一个自然，也就是说，这个整体不仅是产物而且同时也是创造力，那么它就决不能在这个整体中达到绝对的同一，因为这将导致具有创造力的自然转化成为一个作为产物的自然，即一种绝对

① Schelling, F. W. J., *Friedrich Wilhelm Joseph Schellings Sämmtliche Werke*, ed. K. F. A. Schelling, I Abteilung Vol. 1—3, Stuttgart: Cotta, 1856—61. I/3. S. 276—277.

② Ibid., S. 279.

的静止（Ruhe）；自然在创造力和产物之间的悬停（Schweben），因此必将表现为原则的普遍欺骗性，由此自然在持续的活动中维持着，并且不会在它的产物中穷尽自身；普遍的两极性作为所有关于自然的解释原则，像自然的概念本身一样是必须的。①

没有反思性的差异，自然就不会显现出来。如果像熵理论所认为的，自然必定只是产物，那么自然就不再是某种能够被认识的东西了。差异被看做是自然中的“潜能”（potentia）的某种上升序列，这就使得在它们自身之内具有一个对立的极成为必要。这里最典型的是磁体，它们的对立面是相反相成，不能分离的：“感受性只是磁性的更高的潜能，兴奋性只是电的更高的潜能，构造的趋向只是化学过程的更高的潜能。”② 无机自然可以达到“无差异”，一种不会再出现内在变化的状态，只有外在的机械的变化是可能的。如果自然的一切是像这样的，那么结果将是自然作为绝对的产物而存在。生命的更高潜能“恰恰在于持续地阻止无差异状态的到来”③。在自然中，“对立双面必须不停地逃离对方，为的是不停地寻找对方，而不停地寻找对方是为了永远不要找到对方；自然的一切活动性的基础恰恰存在于这样的对立中”④。这些潜能都最终保持在普遍的有机体中。自然的差别化的运动奠基于超越认知的绝对同一，因为人们无法言说这同一到底是什么。这种绝对同一的必然性可以通过“创造力”不能在最终的产物中固定下来，而在哲学中得到表明。我们无需质疑自然哲学在科学史上的重要意义，值得我们进一步认真考察的是自然哲学奠基于其上的那些哲学的预设。

## 四 谢林自然哲学的意义

Löw 说得很对，在面对自然的时候，德国观念论成功地表明如何在自然与精神的对立中把握它们的统一性，从而避免了康德的二元论；但是它

① Schelling, F. W. J., *Friedrich Wilhelm Joseph Schellings Sämmtliche Werke*, ed. K. F. A. Schelling, I Abteilung Vol. 1—3, Stuttgart: Cotta, 1856—61. I/3. S. 277.

② Ibid., S. 325.

③ Ibid., S. 323.

④ Ibid., S. 325.

没能成功地处理自然的事实性问题。因为理性与自然被设想为以某种方式是同一的，因此这种趋向就试图表明自然内在地是具有理性的。考虑到思维的事实性，以及确实存在着一个自然这样的事实性，谢林和黑格尔要表明思维是如何提供出关于自然的解释，这一点在理论层面上似乎还是可信的。Löw 认为，黑格尔（他的想法在某些方面与谢林的自然哲学是一致的）没能够对自然确实存在这样一个事实性提供任何严肃的解释，他还因此错误地推演了行星的数量。由于老是使用极性（polarity）的原则来进行没有节制的比喻和附会，导致谢林在很多方面也犯了同样的错误。作为体系的自然哲学的终结显然与这些错误不无关系，赫尔姆霍茨（Helmholtz）等人为了规避在自然解释中运用形而上学的原则，正是抓住这些弱点而对这门古老的自然哲学大肆进攻。一个简单的事实是，科学研究的实践并不依赖于一种哲学体系所提供的有用结论，相反，近代自然科学的成功恰恰是从反对形而上学开始的。

那么，是否这就意味着自然哲学中的努力本质上只是一种无意义的工作呢？显然人们无法在产生有用的科学结论这个层面上来为谢林自然哲学的合法性进行辩护。那么为什么不就干脆从物质的角度来理解自然，而将我们对物质自然的认识本质上当作某种实用性的方式呢？问题在于这种看法将导致一种当代“演化认识论”（evolutionary epistemology）那样的“科学虚无主义”①。这种“演化认识论”从物质主义的角度来解释人类认知的成果，认为人类的认识只不过是人类适应自然的一种形式，它用一种实在论的方式将认识看作是对终极客体的固定化。这样的话，理性就是一种发现事先早已存在的真理的能力，这种能力是人类适应自然的一部分。为了抵制这样一种科学虚无主义而将概念考察的工作从经验科学转向哲学，这并不是一种感情用事的表现。

康德和谢林试图抵制那种通过机械过程来解释生命的出现和可理解性的做法，而演化认识论的理论则为这种机械论的解释开了方便之门。这些理论同样忽视了谢林提到过的这样一种观念，即将实验看作一种“预言”，而不是某种对客观对象的正确反映和操作。这个说法实际上是要让我们注意，所有科学探究都内在地具有一种解释学的维度。演化认识论将

① Löw, Reinhardt (1990) “Das philosophische Problem der ‘Natur an sich’”, *Philosophisches Jahrbuch* 97, S. 68.

我们带回到一种前康德的关于理论上中立的对象的观念，从这种观念出发，对于科学探究的本性不会有任何严肃的哲学反思，那么谢林的理论所揭示的那些思想就成了完全站不住脚的东西了。

在当代还存在着一种与演化认识论相反的趋势，它将自在的自然本身转变为某种神秘的和无法在理智上加以理解的东西。Löw 认为规避这几种坏的路向对于那种关于自然的解释学来说是极为重要的。这种解释学并不是一种关于自然是什么或科学是什么的、客观化的前理解，这就保持了我们与自然的一种开放的关系，我们同时又是自然的一部分，我们在与自然的关系中，也是在与我们自身的关系中理解自然。谢林并没有就他所提出的问题给我们提供一个满意的答案，但他所提供的一些概念工具在今天看来还是十分有益的。我们必须记住，谢林的哲学，甚至整个德国观念论，都是一种不同于实验科学进路的研究方式，自然哲学的方法根本上是先天的（a priori），它是对自然观念的一种先验演绎。但是，并不因为这种研究缺乏经验的证据我们就可以轻易地将其拒斥。

如果说最能体现启蒙运动精神的科学是力学和解剖学的话，那么谢林以及受其影响的浪漫主义思想家们所钟情的则是生理学和化学。浪漫主义者认为，解剖学和力学就其基本精神而言是“分”，是通过人为的方式对自然界设定规则；而生理学和化学的基本精神则在于“合”，即将自然界理解为一个自发的、统一的有机体。如果自然仅仅是我们进行科学探究的客观对象，一个符合机械论宇宙观的客观世界，那么显然，知识就仅仅是关于世界之所“是”的客观化探究，科学的论断当然是不掺杂任何主观因素的事实判断，这样的自然是没有任何规范意义的，就像康德所说的那样，“当人们仅仅关注自然的进程时，应当就根本没有任何意义”①。可谢林正是要超出康德通过知性所设定的知识界限来直接讨论作为物自体的自然。我们知道，物自体或者说本体世界作为理知的对象（而不是感性的经验对象）是无条件者，不处在经验世界有条件的因果序列中，这种无条件者在康德那里是具有一种范导性或调节性的意义②，它不是知识的对象但却是道德实践必不可少的公设，它对于意志具有一种规定性。顺着这个思路我们就可以理解谢林关于自然观念的讨论具有怎样深远的意义，他

① 康德：《纯粹理性批判》，中国人民大学出版社 2004 年版，第 439 页。

② 同上书，第 447 页。

将自然作为一种具有自发性的有机整体，而不依赖于认识主体的知性立法，相反，这种作为物自体的自然本身对于人的意志必然具有一种规定性，自然成了一种无条件者。因此，当我们在这个意义上来谈论关于自然的知识的时候，这种知识（“是”）与我们的道德实践的规定根据（“应当”）是紧密相关的。这里涉及的不仅仅是自然观念的改变，同时也对我们思考人性、知识与道德的关系等等重大问题具有深远的意义。

（作者系复旦大学哲学学院外国哲学专业博士研究生）

# 辩证逻辑形式本性的有限度显现

## ——对黑格尔辩证法的一个二分性解读[①]

万小龙

[内容提要] 在本文的简化模型中，任意两个呈“辩证否定”关系的命题之间的关系其实是仅在各一个肢命题间成经典否定的复合命题间的关系。“正，反，合”子过程的逻辑形式以一切事物为论域时，第一步的正题与反题间关系是经典析取关系（但最后一个子过程中是经典否定关系）。第二步的反题与反题的“否定”的关系是经典蕴涵关系，它们既可以同真，也可以同假。一次子过程中的两个辩证否定间的关系是形式逻辑有效推理关系，多次“正，反，合”形成的统一总过程是连续多次逻辑二分性过程的逆过程。

[关键词]：形式本性　辩证逻辑　经典否定　辩证否定

## 一　缘起

### 1.1 本文及相关研究的思考与写作过程

本文的原初思想可以追溯到本人1984年理学本科毕业后头几年对西方哲学著作的广泛阅读和讨论以及从1986年到2002年对非经典逻辑的一个错误认识，但直接的学术基础主要来自于本人长期在一线的本科生逻辑学教学与所指导的研究生讨论课教学。大约在2007年11月，在与多个专业研究方向的博士生的讨论课上，本人发现从最初的博士生导师江天骥先生开始，国内学者把马尔库塞的“one dimensional man”翻译为“单向度的人”，即把单维人当成了“one directional man”。显然，“单面人”或

---

① 本文受国家留学基金资助。

"单向度的人"指没有正反两个方向，可以引申为缺少否定性思维；而"单维人"有正反两个方向，应该引申为即使缺少不同层面的质之间的否定，也不缺少反向的否定性思维。2010 年 9 月下旬，本人想利用在美国访学时的安静环境把之前五年内通过教学相长方式得到的一些体会系统化，所以在 11 月初又涉及马尔库塞关于形式逻辑与辩证法的逻辑的区别的间接文本，而进一步联想到在国内比较热烈讨论的"辩证逻辑形式化问题"。11 月 3 日，由于眼睛发炎，在仅读了一篇相关文章[①]一小时后，被迫停下进行思考，在回忆自己的普通逻辑学教学后于第二天凌晨 4 点认识到本文 1.2 目的基本结果。接着通过对自己在读理科本科和马克思主义专业硕士时受到的辩证法教育的回忆，于 11 月 7 日午夜得到了本文的第二节的基本结果。在认真总结了自己 25 年内对逻辑学基本问题的断续思考、浏览了国内部分相关文章并与国内所指导的博士生网上交流后，于 11 月底形成了第一次的中文全稿。接着在浏览了国外主要相关文章后，于 12 月 10 日形成了第一次英文全稿。在与美国合作导师交流尤其是在 12 月 16 日看到杜国平教授的文章及其引文后，[②] 修改了本文 2.2 小节的一个问题，而进一步思考于元旦后完成了基本稿（以下简称 11.01 稿）。

在 2012 年 1 月，由于参加邓晓芒老师主持的国家社科基金重大课题征集选题会议，冒昧将 11.01 稿寄给了邓老师指正，得到了邓老师的鼓励。邓老师不仅包容了我文章中对他的草率批评，并且数次主动提议我将文章发表在他主编的《德国研究》上，本人深为感动，决定认真修改后交付。

本人自 2011 年 1 月底回国后至今，以 11.01 稿中的辩证逻辑的"反函数"为起点，始终是夜以继日地探索，屡败屡战，至今居然达到了原本完全没有预料的结果。2011 年 3 月，本人所带的博士生陈明益在几乎穷尽了英文资料后，得到"中外逻辑学界几乎没有逻辑真值函数的反函

---

① 陈晓平："辩证逻辑与形而上学——兼析形式系统 z 的辩证法含义"，《华南师范大学学报（社会科学版）》2005 年第 10 期。

② 参看 SLATER B H. Paraconsistent *logic*? *Journal of Philosophical Logic*, 1995, 24: 451—454；杜国平"经典逻辑视野中的弗协调逻辑"，《华南师范大学学报（社会科学版）》2007 年 10 月；杜国平"哲思逻辑——一个形而上学内容的公理体系"，《东南大学学报（哲学社会科学版）》2007 年 7 月；杜国平"哲思逻辑的判定问题"，《安徽大学学报（哲学社会科学版）》2007 年 9 月。

数研究”的初步结论。接着在4月于武汉大学召开的全国现代逻辑大会、5月于人民大学召开的“自然辩证法”高层论坛和5月底在中山大学召开的全国辩证逻辑及科学逻辑大会上本人均报告了《现代逻辑的反函数研究——兼论辩证逻辑的形式化》。在接下来的两个月，本人发现逻辑反函数研究还可能解决量子逻辑和模态逻辑等非经典逻辑中的一些难题，并且在7月于北京邮电大学举行的“辩证逻辑形式化与无限性问题”全国研讨会和8月在大连理工大学举行的全国科学哲学大会上作了有关报告。在2011年下半年，本人与所指导的研究生团队对上述问题进行了持续的讨论，并得到了桂起权教授、杜国平研究员、徐敏博士、黄其洪博士等学者的指正。我们经常是使用了九牛二虎之力自认为取得了一点进展，却很快被其他专家指出或自己发现其实又错了，甚至在刚刚公开发表的论文之后一个月又发现了其中不小的错误。整个秋季学期，本人所带领的研究生团队一直纠结于“经典真值函数的反函数究竟是逆函数、泛函数、多值函数还是复变函数”的难题，同时本人又参加了10月中旬在广东梅州召开的现代科技前沿中的哲学问题全国研讨会、10月底在华东师范大学召开的全国分析哲学研讨会及12月在华南理工大学召开的物理学哲学研讨会，通过与到会的冯棉教授、曹天予教授等专家的研讨以及与刘闯教授的电邮交流，从形式化的辩证逻辑思考得来的“经典真值函数的反函数研究”逐步演化为更为普遍性的“一元算符理论”，有关初步思想作为对一元算符理论的“初探”已经在《安徽大学学报（社会科学版）》2011年第6期发表。到了2012年元月，在与廖俊俊博士、李建荣博士等数学专家商讨后，发现数学基础理论非分配格在量子逻辑解释、数量经济学逻辑模型中明显存在重大的理论问题，并与两位研究生合作优先解决道义逻辑和道义悖论问题［作为对一元算符理论的“二探”也已经在《安徽大学学报（社会科学版）》2012年第3期发表］。鉴于最典型的非经典逻辑是模态逻辑和多值逻辑，所以当时本人自己计划在2012年上下两个半年先分别集中考虑这两方面的问题，而暂时先让一个博士生准备形式化辩证逻辑的学位论文的系统外文资料。

2012年寒假，我放弃了父辈家庭大团圆的机会，每天尽一切可能时间继续探索，小年夜又一次令人沮丧地发现所谓的狭义一元算符集其实就是经典二元联结词集，不过很快又正好在除夕转钟的新春鞭炮声中意识到

“既然一切二真值的一元算符都只能一一对应 16 个经典二元联结词，那么现代模态逻辑中的表示‘必然’的二真值的非真值函数就只能是一组多变元的真值函数”。接下来在经常出错的两个半月的艰苦计算后，原则上已经解开了“任何现代模态逻辑公理其实是一组经典定理”，并作为对一元算符理论的“三探”在《华中科技大学学报（人文社会科学版）》2012 年第 3 期发表时加上了“狭义函数相对论基本原理”的更为普遍的前提。

最近一个半月，本人工作的进展一方面是将仅对二真值的非真值函数适用的“狭义函数相对论”进一步表述为公理系统，另一方面尝试作为“四探”在讨论量子逻辑时将“狭义函数相对论”向适用于有限多值和无限但可数多值的非真值函数的“常规函数相对论”及向适用于无限不可数多值的“广义函数相对论”推广。

总之，本人以及所带领的研究生团队从最近不到两年的集中探索性工作从形式化辩证逻辑的思考开始，到发现非真值函数与真值函数甚至非标准数学与标准数学之间的等值与转化原理，一方面说明思辨哲学的确是现代科学和科学性哲学取之不尽的思想源泉，另一方面也表明了形式化辩证逻辑在现代逻辑的视野中并不是一个特别重要的大问题（或许对无限不可数的实数集多值难题的解决仍需要邓晓芒老师这样的思辨哲学大家的启发），同时还例证了原创性学术探索虽然具有无条件概率下的很低的成功率，但仍然值得尝试。

### 1.2 对辩证逻辑的最低限度共识

一般认为，关于辩证逻辑有如下共识：它的核心是由“正题，反题，合题”形成的思维过程，这个过程可以由否定之否定规律表示。这个规律与对立统一规律及量质互变规律共同形成辩证逻辑的三大规律。否定之否定规律包括这样两步（即两次辩证否定）：

第一步：从对正题的否定达到反题。

第二步：从对反题的否定（也即对正题的否定的否定）达到合题。

以黑格尔看来，在第一次否定后，反题是对正题的否定和超越，因为它从反面进一步认识了正题。经过第二次否定，它好像是回到了开始的正题，其实是达到了包括正题与反题两方面的合题。黑格尔还认为，辩证否定与经典形式逻辑不同，辩证否定中的否定概念（或命题）与被否定概念（或命题）既可以同真，也可能同假。① 黑格尔还进一步认为，辩证逻辑的展开并不因为一次否定之否定的过程（即上述的两步）的完成而完结，而是由无数个否定之否定的过程接连展开的螺旋上升总过程，在其中概念自己在运动，一直上升到绝对精神自身。

为了说明问题，我们借用国内外已有的讨论辩证逻辑形式化文本中经常出现的两个例子作为讨论辩证逻辑的开始：一个是康德 12 个（4 组）知性范畴中的第二组“实在，虚无，限定”和另一个“自然数（0，1，2……），负整数，整数”。

现在，我们仿照国内外学者经常使用的方法，设：

p 为“正题”，即概念“实在”（或“自然数”）；q 为“反题”，即概念“虚无”（或“负整数”）；s 为“合题”，即概念“限定”（或“整数”）。在以合题 s 为论域时，$p \vee q$ 为“合题”，而 q 即为对 p 的第一次否定。(1)②

### 1.3 辩证逻辑形式化的研究背景

所谓的黑格尔的辩证逻辑之谜③已经存在近两百年了，解决这个谜应该是中国学者的历史使命，这不仅是因为我国是世界上人数最多的马克思主义研究者的国家，还因为在我国几乎每个受过理工科高等教育的人都兼有现代科技的分析思维训练、辩证法知识的普及教育和中国传统类比思维的文化熏陶，成为产生解决黑格尔之谜的群众基础。本人认为，对待黑格尔辩证法和辩证逻辑，应该分清：黑格尔陈述的字面意义、黑格尔陈述的内在意义、黑格尔想说但没有说清楚的及黑格尔对他自己创立的辩证法的理解和他的辩证法的真实意义的区别。在最近半个多世纪，在国内和国外，都有一批逻辑学家试图将辩证逻辑形式化而解出它的谜底，其中的绝

① 这个观点，长期被认为是辩证逻辑既不遵守经典逻辑的矛盾律甚至也不遵守排中律的依据。

② 严格地说，p、q 都应该是命题，例如“有些是整数的事物是自然数”、“有些是整数的事物是负整数”，这时的“合题”的符号化会有些不同。而整个过程也可以看作始终在“以一切事物”为论域进行讨论，虽然问题会显得比较复杂，但可以用现代逻辑清楚地讨论。所以（1）式仅是个简化形式，但不影响对辩证逻辑形式本性的显现。而本文作者的意图是想表明：即使在没有现代逻辑的黑格尔时代，辩证逻辑也同样具有形式本性。

③ 参见邓晓芒“辩证逻辑的本质之我见”，《逻辑与语言学习》1994 年第 6 期。

大部分努力是首先把辩证否定定义为一个非经典的“否定”联结词，然后用这个联结词统一表示辩证逻辑“正，反，合”过程中的两次否定性陈述中的两个否定，然后再按照现代逻辑的一般要求构建整个逻辑系统，并同时满足辩证思维的基本特征。国内的辩证逻辑形式化学者们一方面努力对自己的系统进行完善，另一方面互相争论他人的系统，并时常与并不相信辩证逻辑可以形式化的学者争论，形成了难得的良性批判又竞争性合作的学术氛围。主导这一论题好几十年的一批老专家希望在自己的学术生涯中对黑格尔之谜能够亲手解决或亲眼看到解决或至少是有解决的明确希望，作为后辈我们更应该努力让他们的这个希望不至于落空。

## 二　辩证逻辑形式化处理的直接结果

### 2.1 辩证逻辑形式化的一个不可能性

本文作者对这一批包括了自己导师或老师或导师的老师的学者及其工作心存敬仰，但不得不说：虽然他们坚持辩证逻辑形式化研究的总体思路是合理的，但他们已经建立和将来可能建立的系统中几乎所有的系统都是不可能成功的（而不是经过修改就可能成功）。

因为根据狭义函数相对论基本原理，任意二真值的一变元的非真值函数，都会等值于一个以该变元为其中一个变元所形成的多变元真值函数。因此逻辑联结词的数量是恒定的，这数量由且仅由三个数量所决定：一个联结词所联结的命题数量、这个联结词所在系统的真值数量以及真值之间的排列组合方式的数量，这三个数量所决定，而与所有其他的因素（无论是所谓的经典或非经典的因素）无关。所以，在任意一个二值系统中，一元联结词有且仅有4个，二元联结词有且仅有16个。在任意一个三值系统中，一元联结词有且仅有27个，二元联结词有且仅有729个。而且这些联结词的逻辑意义是十分明确的。

绝大部分辩证逻辑形式化系统都试图通过定义辩证否定为一元逻辑联结词，然后统一将两次否定都写成是用这个否定对一个命题p（即正题）的一次作用和两次作用。我们认为，这种想法是过分天真的（本质上是由于中外逻辑学界没有对真值函数与非真值函数的关系作细致、系统和深入的研究）。因为从一元联结词仅有的数量是4个可以发现，没有一个一元联结词符合这样的条件：既符合辩证法的语义，又具有统一的否定意义。

在2值系统中，有且仅有4个一元联结词U1，U2，U3和U4，分别具体分析：

对于U1：无论p的取值为真或假，它对p的一次作用总是真，那么它对p的两次作用也总是真。

对于U2：无论p的取值为真或假，它对p的一次作用总是假，那么它对p的两次作用也总是假。

对于U3：当p的取值为真或假时，它对p的一次作用总是真或假；那么它对p的两次作用也总是真或假。

对于U4：当p的取值为真或假时，它对p的一次作用总是假或真；那么它对p的两次作用也总是真或假。

显然，U3或U4对p的两次作用都是导致又回到p，这与辩证法的否定之否定的经过两次否定达到包含原命题但是不同于原命题的新命题的意义不同。

U1或U2对p的一次作用与两次作用的结果一样，显然与辩证法的否定之否定的第一次是对p的否定而第二次是对p的一定程度的肯定的意义是不一样的。

而几乎所有“辩证逻辑形式化”系统都是二值系统（对于三值系统，本文先搁置而不仔细讨论，但认为其中的问题的实质是一样的），其中所定义的“辩证否定”是一个一元联结词，但显然并不是那四个一元联结词之一。所以，不可能存在一个无歧义的“辩证否定”联结词！换句话说，如果有一个不同于那四个一元联结词之一的二值系统的“辩证否定”联结词统一表示辩证逻辑中的两个否定，那么它必然在那个系统中是不自洽的，尽管我不知道（也无须知道）具体的不自洽在哪里。

### 2.2 辩证逻辑形式化处理的可能性

或许有人会说，尽管我们无法把两次“辩证否定”统一用一个一元逻辑联结词表示，但我们还是可以把他们统一用一种逻辑关系表示。的确在我们与美国UCI的Jeffrey Barrett教授交流尤其是看到杜国平教授的文章后，才注意到这里有逻辑联结词与逻辑关系的区别。但我们认为，从上节的分析可见，第一次辩证否定是经典否定关系，第二次显然不是这种关系。而根据狭义函数相对论，所有其他的非经典一元联结词其实都等价唯一对应于一个经典二元联结词。

或许有人会说，我们上节的分析是基于“以合题为论域的”，如果以“一切事物为论域”，就可能重新找到一个联结词或一种逻辑关系，统一表示两个“辩证否定”。我们认为，论域的变化只会改变对“辩证否定”的形式表示，但不会改变两个“辩证否定”间的关系。同样，即使将“正，反，合”更为严格地用谓词逻辑表示为命题，也不会把两个“辩证否定”关系改变为同一种逻辑关系，尽管本文暂不细致讨论这些问题。因此，国内或国际上绝大多数“辩证逻辑形式化”的努力被一刀“杀”尽了。

如果上节中我们的结论是可靠的，那么如果我们还相信辩证逻辑可以形式化，那么两次“辩证否定”或者只能用两个不同的逻辑联结词表示，则它们必然是四个一元联结词集合中的两个；或者只能用两个不同的逻辑关系来表示，尽管我们还不清楚第二个“辩证否定”是何种逻辑关系。

可是，我们好像仍然不得不放弃将辩证逻辑形式化的努力了！因为无论是黑格尔还是恩格斯都明确地将两次“辩证否定”用同一个语词否定来表示。而我们的分析却表明用同一个语词否定的两次表示不是同一个事物或事物情况。

其实在自然语言中，同一个语词可以表示不同的概念，这是普通逻辑教学第一课的内容。这里的两个否定是同一个语词，但可以不是同一个概念。

我们认为，没注意到“辩证逻辑的不可能性”是大部分辩证逻辑形式化工作者误入歧途的原因，而把两次“辩证否定”的“语词同一性”误认为“概念同一性”是他们无法找到正道的原因。

### 2.3 对单次否定之否定过程中“两步”分别给出的新形式处理

其实，解决上述两个问题的方法是同一个：任何逻辑联结词都可以用常用联结词表示，而任何常用联结词表示又可以用包括经典否定联结词的两个常用连接词表示，例如计算机语言中的“与”和“非”。在这个思路上，我们类比地尝试把两个“辩证否定”分别看做是包括经典否定的两个不同复合命题。那么，至少在本文所举的两个例子之间，是有相同的明晰并且简单的逻辑形式的：

在以“合题”为论域时，

第一步否定：$\neg p$，等值于 q；

第二步否定：$\neg q \rightarrow p$

这两个形式几乎完美地符合本文 1.3 中列出的黑格尔辩证法逻辑的原意。第一步比较明确。第二步的直观意义是：对 q 的否定（即 $\neg q$）好像回到了 p（即 $\rightarrow p$）；其实是达到了包括 p 和 q 双方的新的肯定（因为 $\neg q \rightarrow p$ 正好等值于合题 $p \vee q$）。

我们知道黑格尔本人并不知道他的话可以这样解释，并具有上述的逻辑意义，所以说黑格尔的辩证法比黑格尔本人更聪明（现代数理逻辑的创立在黑格尔之后，所以这里的分析结果所表明的并不是黑格尔的无知而恰是他的伟大。不过，黑格尔的数学水平在当时是一流的，而今天我国的黑格尔专家的数学水平又如何）。好比量子力学中，薛定鄂方程比薛定鄂本人对它的解释更深刻。黑格尔很多绕来绕去的话其实就是逻辑等值变换或有效推理。

进一步分析，第一步中的否定关系是从 p 到 $\neg p$，是经典否定；第二步中的否定关系等值于经典的推理有效关系 $q \rightarrow p \vee q$，属于蕴涵（为真）关系。所以在第二步中，反题与反题的否定既可以同真也可以同假。也就是说，其实在辩证逻辑的两次"辩证否定"中，第一次以经典否定的形式出现（如果以合题为论域），第二次好像才是基本的辩证否定！这时的对 q 的辩证否定是 $p \vee q$，因此，q 与对 q 的辩证否定就是蕴涵（为真）关系。①

不过，问题似乎不是这样简单，如果说"有些辩证否定关系是蕴涵关系"，那么也就是说 $p \vee q$ 是"由 q 和'→'构成的二变量的反函数"。显然，在这个反函数（其实是逆函数）中，变量与应变量不是一一对应关系或多一对应关系，而是多多对应关系。也就是说，辩证否定关系是一种蕴涵关系，但辩证否定（即否定之否定）本身是一种逻辑反函数，它不可能是"→（$p \vee q$）"，因为"→"是二元联结词。所以它即使表示一种逻辑关系，也不是一个逻辑联结词。

这一点与经典否定不同，p 与 $\neg p$ 是经典否定关系，那么 $\neg p$ 就是 p

---

① 注意，可能有另一类情况，对 q 做一种逻辑作用后，会达到 $p \wedge q$。这时的 q 与 $p \wedge q$ 就是逆蕴涵关系（这特别适合解释"去伪存真"）。既然辩证否定关系是两个事物或事物情况间的相互关系，所以蕴涵与逆蕴涵应该也属于辩证否定关系。

与“¬”的反函数，但由于“¬”是一元联结词，且¬¬p 等值于 p，所以这个反函数就是¬p。

另外，虽然 p∨q 是 q 的蕴涵，但 p∨q 不是 q 的唯一蕴涵。同样 q 也不是 p∧q 的唯一逆蕴涵。为何在第二步中作为 q 的蕴涵的结果是 p∨q 而不是其他如 p∨¬q，或 p∨q∨r，其中 r 不等值为 q? 显然，在论域 p∨q 上讨论 p∨¬q 其实就是 p，也只有 p∨q 作为第二次否定才符合辩证逻辑的原意。因此我们把从 q 到 p∨q 的有效推理关系看做是狭义的基本辩证否定关系，而把一般的蕴涵关系（或逆蕴涵关系）看作广义的基本辩证否定关系。这个问题在考虑单次否定之否定过程中“两步”间逻辑关系时可以得到进一步的认识。

### 2.4 对单次辩证逻辑子过程中“两步”间逻辑关系的认识

在前面我们仅分别讨论了一次“正，反，合”过程中的“两步”，传统的思辨哲学家很可能会说，我们的工作中必定遗漏了某些本来属于辩证逻辑的东西。下面我们来讨论“两步”间的逻辑关系。

“两步”的形式化都是在同一论域“合”中进行的。“第一步”是对 p 的经典否定，是一个否定式，等值于 q；“第二步”是个有效推理。也即“第一步否定”与“第二步否定”的关系是 q 与 p∨q 的关系，显然是有效推理关系。但第一步从 p 到¬p 和第二步从 q 到 p∨q 不是有效推理关系。

### 2.5 对辩证逻辑总过程的认识

为了简要说明问题，本文仅考虑一个有两次“正，反，合”过程组成的辩证逻辑总过程：

第一子过程：自然数（0，1，2……），负整数，整数；

第二子过程：整数，分数，有理数。

第一子过程与前述形式化完全一样。

如果在第二子过程中，设论域为合题“有理数”，整数为 p，分数为 q。显然，其中“两步”的每一步以及“两步”之间的关系都完全与第一子过程中的完全一样。

我们接着必须考虑的就是：两次子过程中两个论域间的关系。

我们统一设自然数为 p，负整数为 q，分数为 r，那么第一子过程的论域为 p∨q，第二子过程的论域就为 p∨q∨r。显然二者的关系也是有效推理关系。

第一子过程中“第一步否定”与“第二步否定”的关系是 q 与 p∨q 的关系是有效推理关系，第二子过程中“第一步否定”与“第二步否定”的关系是 r 与 p∨q∨r 的关系显然也是有效推理关系。所以这两个关系不仅都是有效推理关系，并且这两个有效推理关系之间的关系当然也是有效推理关系。即每一子过程内部的两步否定间是形式逻辑的有效推理关系，每两个子过程从整体上看相互之间也是形式逻辑的有效推理关系。

可能有学者会说，之所以产生这个结果是没有考虑论域变化问题。我们认为即使考虑了论域的变化问题，也只是改变了每个子过程中的第一步的“对正题的否定”的逻辑形式。例如，在第一子过程中以“一切事物为论域”，那么“对正题的否定”q 就应该是由对 p 的经典否定所蕴涵的结果（即 q 是由¬ p 和“→”组成的一个特定的反函数，也就是说 q 是能够与 p 形成经典析取关系的众多事物或事物情况之一，当然也就是说 p 与 q 是经典析取关系。例如，p 为“有些是整数的事物是自然数”、q 为“ 有些是整数的事物是负整数”)，但 q 与合题 p∨q 以及 q 与 q→p∨q 的关系并没有改变。

然而，任一子过程的“反题”与“合题”之间是有效推理关系，但“正题”与“反题”之间不是有效推理关系，所以总过程的各题之间也不是形式逻辑的有效推理关系。第一子过程的结束“合题”p∨q 与第二子过程的开始“正题”p∨q 是等值关系当然也是形式逻辑的有效推理关系。但是，在考虑统一的论域时，第一子过程的第二步 q→p∨q 与第二子过程的第一步 p∨q→r 不是形式逻辑的有效推理关系［进一步讨论：q→p∨q 是永真式。而 p∨q→r 在以 p∨q∨r 为论域时，r 是¬（p∨q），即 p∨q→r 等值于¬（p∨q）不是永真式，所以 q→p∨q 的否定可以推出 p∨q→r，所以二者是析取（为真）关系；在以一切事物为论域时，p∨q→r 也不是永真式，所以二者也是析取（为真）关系。总之，第一子过程的第二步与第二子过程的第一步间的关系是第一步中的那种辩证否定关系］，所以虽然每两个子过程之间都是首尾相接关系，但在每两个子过程的“四步”之间不全是形式逻辑的有效推理关系，因此总过程的“各步”之间也不是形式逻辑的有效推理关系。

**小结**

每个子过程既是一个“正、反、合”的螺旋式上升小圈圈，又是第一步否定与第二步否定之间的直线上升过程。整个辩证逻辑过程是首尾相接的“大圈圈套小圈圈”的多次螺旋式上升的总过程；但总体上看，既不是由“论题”形成的直线上升过程又不是由“步”形成的直线上升过程。并且：

(1) 如果每个子过程各以其“合题”为论域，那么正、反、合依次为 x，y，x∨y，y 就是¬ x；第一次辩证否定关系为 x 与¬ x 的经典否定关系，第二次辩证否定关系为 y 与 x∨y 的经典蕴涵关系；第一次否定是对 x 的经典否定，结果为¬ x；第二次否定是对 y 的辩证否定，是由“y 与‘→’构成的二变量的反函数”且取反函数的值为论域本身，结果为 x∨y。这时虽然各个小圈圈之间不是有效推理关系，但各个小圈圈的论域之间是有效推理关系。第一步是经典否定，第二步是蕴涵（为真）。

(2) 如果每个子过程统一以最后一个子过程的“合题”为论域（或以一切事物为论域），那么正、反、合依次为 x，y，x∨y；第一次辩证否定关系为 x 与 y 的经典析取（为真）关系，第二次辩证否定关系为 y 与 x∨y 的经典蕴涵（为真）关系；第一次否定是由“x 和‘∨’构成的二变量的反函数”且取反函数的值为反题本身，结果为 y；第二次否定是对 y 的辩证否定，是由“y 与‘→’构成的二变量的反函数”且取反函数的值为合题本身，结果为 x∨y。这时虽然各个小圈圈作为整体之间是有效推理关系，但跨小圈圈的步之间仍不是有效推理关系，而是析取（为真）关系。

(3) 还有一个容易被忽略但有极其重要意义的特殊情况，就是在整个总过程的最后一个子过程中，第一次辩证否定关系又变为 x 与 y 的经典否定关系，因为这时是以合题为论域的。

显然 (2) 要比 (1) 更具有普遍性，而 (2) 中出现并仅出现三种“否定”关系：析取、蕴涵和经典否定，我们没有理由不把它们都叫做辩证否定关系。因为一般的辩证法文本中都认为辩证否定是可以“容忍矛盾”即相互辩证否定的两个事物之间可以同真，所以我们称蕴涵（包括正蕴涵和逆蕴涵）和析取为严格意义的辩证否定关系，其中蕴涵（为真）为基本辩证否定关系；而称经典否定关系为特殊辩证否定关系。而这里出现的三种辩证否定命题分别为：原命题的析取（为真）命题、逆蕴涵（为真）命题和否定命题。

进一步说，本文仅十分简单地考虑另外两个规律，留细致的问题以后解决。如果说否定之否定关系根本上是蕴涵（为真）这种辩证否定关系，那么对立统一关系总体上就是析取（为真）这种辩证否定关系，而量变与质变的关系总体上就很可能是能同假而不能同真的合非（为真）关系（或叫否析关系）。再推而广之，凡是可以表示为以经典否定为一支命题的复合命题都可以看做是辩证否定，那么这种非严格意义的辩证否定关系就包括所有的16个二元联结词和可能还包括除经典否定外的其他三个一元联结词所代表的逻辑关系（因为任何联结词都可以由否定和另一个常用联结词表示，所以其他辩证否定关系都可以写成为由经典否定和严格意义的辩证否定关系形成的复合逻辑函数形式）。那么非严格意义的辩证否定就是所有逻辑联结词的反函数，这些反函数（除经典否定的反函数外）虽然不是逻辑（真值函数）联结词，但它们都可以与最基本的辩证否定——蕴涵关系的反函数——形成一一对应或多一对应的逻辑函数关系，即由否定及另一个常用联结词和蕴涵关系的反函数形成的复合）。难怪在辩证法文本中充满了令人难解又好像有理的语言！

在这里显示了辩证逻辑既不违反经典逻辑基本规律，但又有不同于经典逻辑研究的两个方面：即辩证思维过程存在非有效推理关系和由经典逻辑联结词函数的反函数所形成的不同种类的辩证否定（一元算符理论已经揭示，任何二真值的经典逻辑联结词真值函数为真的反函数是却只能仍是另一个二真值的经典逻辑联结词真值函数）。本文将在后面的讨论中揭示，这两方面正是辩证思维的超越性与辩证性的来源，并且它们其实与经典逻辑构成了同一种（以二分性为本性的）逻辑的两方面运用。

## 三　进一步的讨论

在上一节我们分析出辩证逻辑很可能是什么，在本节我们将进一步分析辩证逻辑不是什么、是什么和到底是什么。

### 3.1 与思辨哲学家商讨：辩证逻辑不是什么？

思辨哲学家很可能会说，辩证逻辑并非总是用于我们所说的那样

"机械的"超越，例如，可以从论域"整数"直接跳到"一切数"。回应这个问题，我们只要在第二个子过程中直接设反题是"非整数的一切数"，其他的形式就与我们讨论过的一样。还可以从"整数"直接跳到"一切事物"呢！这时不过是把反题设为"非整数的一切事物"而已。

思辨哲学家很可能还会提出如何解释"从一个果子，到这个果子发牙长成果树，再到果树结出新的果子"这样的"生命逻辑"的辩证发展过程？我们认为，我们给出的例子仅是一个原子辩证逻辑形式，而果子例子说到底不过是多个不同的原子辩证逻辑形式之间或它们与一般的形式逻辑形式之间的复合形式而已。尽管我们现在还不知道具体是如何复合的，但可以认为我们的理论在原则上是可以解决这个问题的。这就像量子力学至今能够清楚解释的仅是氢原子的光谱，但物理学家普遍认为量子力学原则上能够清楚解释一切原子光谱。在科学史上伽利略为了搞清楚物体的运动规律，不是一下子思辨十分复杂的物体运动形式，而是从最简单的匀速直线运动这种最简单的机械运动开始。"新科学居然去研究傻乎乎的机械运动"这一点是被当时代的很多智慧的哲学家所蔑视的。

在国内学者中真正值得讨论的是我过去的老师今天的同事邓晓芒教授过去对我的导师桂起权教授等学者今后可能也会对我提出的质疑，因为我正在从事着把辩证法的核心思想有限度还原为经典形式逻辑的工作。邓老师对本文有关的问题的论述集中体现在他的两篇论文中①。邓老师认为（他认为黑格尔也认为）："形式逻辑的自反性是导致悖论的根源"（i），"形式逻辑一旦涉及内容便用不矛盾律表达矛盾关系"（ii）②，而"辩证逻辑的本质是自否定，自否定具有反身性的形式，因此辩证逻辑本质上是反身性的逻辑"（iii）③。最近，他又进一步认为"形式逻辑基本判断在形式和内容两方面都可以分析出自相矛盾"④（iv）。我们认为，（i）和（iii）很有启发性，但需要进一步明晰；而（ii）与（iv），本人十分明确地不能苟同。

---

① 参看邓晓芒"辩证逻辑的本质之我见"，《逻辑与语言学习》1994 年第 6 期；"黑格尔辩证法为形式逻辑的奠基"，《云南大学学报》2010 年第 2 期。

② 参看邓晓芒"辩证逻辑的本质之我见"，《逻辑与语言学习》1994 年第 6 期，第 3 页。

③ 同上书，第 4 页。

④ 参看邓晓芒"黑格尔辩证法为形式逻辑的奠基"，《云南大学学报》2010 年第 2 期，第 6 页。

本人的观点是：完全的自反性只可能存在于纯粹思维的假定或规定之中！除此之外，所谓由自反性构成的相互矛盾的论题不过是像我前面所分析出的那样是两个完全可以用经典联结词表示但并非矛盾关系的复合命题：这两个复合命题各有一个肢命题，分别是某个命题和它的经典否定：不过，很多形式逻辑悖论正是来自于对不可能存在的完全自反性的误解，而辩证逻辑的超越性也恰是来自可能存在的非完全自反性。邓老师正确地认识到“真正的同一性只能是同义反复”，可是他没有同时明晰地认识到“真正的逻辑矛盾也仅存在于做同义反复的两个概念或命题中的一个与另一个的经典逻辑否定中”。邓老师正确地认识到“辩证矛盾是一个事物内在的自己与自己的矛盾而不是外在的两个事物的矛盾，真正的否定是自否定”，但他不清楚形式逻辑中的否定与矛盾的精深意义。

由于经典否定是并只能是一元联结词，因此在严格意义上，否定根本就不是两个事物之间的关系！否定只可能是对那个被否定事物自身的！在这个意义上，经典逻辑中的否定联结词就是自我否定。所以当我们说一个事物是另一个事物的经典否定时，实际上是说第一个事物是并仅是第二个事物对自己的否定。我们为了讨论问题方便而称“一事物”和“另一事物”，但不表示它们之间总不可能具有一定程度的形而上的同一性。反之，任何不是非经典的“否定”总可以表示为经典否定联结词与其他某个常用联结词表示的复合命题，因此我们所谓的“自否定”往往是包含了自否定和非自否定两方面的复合。进一步说，所谓的逻辑矛盾关系只能是 p 与 p 的经典否定之间的关系，而所谓的既可同真又可同假（或非严格地说仅可同真）的辩证矛盾从来就不是逻辑矛盾。$p \wedge \neg p$ 是逻辑矛盾，而 $(p \vee u) \wedge (\neg p \vee v)$ 是辩证矛盾。

关于“玫瑰花是红的”这个例子，邓老师认为：从形式上看，这个命题可以理解为“个别的东西是普遍的”，因为玫瑰花作为一种红色的事物，仅是许多种红色事物中的一种；而从内容上看，这个命题又可以理解为“普遍的东西是个别的”，因为玫瑰花除了红色这种属性，还有其他许多种属性。“然而，这两个命题都是自相矛盾的”①。

接下来，文章的论述显得非常的别一致。因为篇幅，本文仅总结如

① 参看邓晓芒“黑格尔辩证法为形式逻辑的奠基”，《云南大学学报》2010 年第 2 期，第 6—7 页。

下：照该文，当人们无矛盾地说“s是p”时，要么指“s与p完全等同”，要么指“s的某个属性与p完全等同”。

但是，我们记得，最迟在中世纪后期，亚里士多德学派的学者就已经明确了“是”有四种意义，而当代逻辑对“是”的分析，明确至少有七种意义，其中两种不同于上述两种意义的是“s的外延被包含于p的外延”和“s的某个属性的外延被包含于p的外延”。这后两个知识现在已经是分析哲学专业的一般性知识了。而内涵与外延成反比关系。所以对于“玫瑰花是红的”，从形式上看的正确理解是“某个个别的事物的外延被包涵于一种一般事物的外延”，即红色的玫瑰花的外延被包含于红色事物的外延中；而所谓的从内容上看，我们认为就是同时从内涵上看，“某种一般的事物的一个内涵等同于另一种个别事物的内涵”，即“玫瑰花有一种内涵等同于红色的内涵”。非但在形式与内容上都不矛盾，在形式与内容之间也不矛盾 。

更为别一致的是，该文中从“玫瑰花是红的”这个大前提得到“个别的东西是普遍的”这个结论，正是以“玫瑰花是个别的东西”和“红的是普遍的”这两个判断的合取作为小前提进行的三段论。而只有“玫瑰花是个别的东西”或“红的是普遍的”这两个判断的不矛盾，才能可靠地从“个别的东西是普遍的”是矛盾的反推出“玫瑰花是红的”也是矛盾的。而如何保证“玫瑰花是个别的东西”或“红的是普遍的”这两个判断不矛盾呢？只有认为它们表示了“s的外延被包含于p的外延”，但该文中却已经明确认为它们不能作这样的理解。所以该文这里的论述是形式逻辑的“自相矛盾”。该文中的后一个问题也同理。

推而广之，让人（例如波普尔，尽管本人不同意他的观点）很难不认为：所谓的“辩证矛盾允许逻辑矛盾的存在”其实是从“形式逻辑的自相矛盾”推出的。当然这是可靠的，因为从逻辑矛盾的前提可以推出一切。

当然，如果辩证逻辑真的是从自相矛盾推出结论，那么不管这些结论本身如何令人神往，它们都是无逻辑意义的。所以，恰恰是以非完全的矛盾中推出的结果，才使得辩证逻辑是有意义的。所以所谓的成自否定关系的辩证否定关系只可能是我们前面所分析得到的“既可以同真，但又是仅包括了经典否定肢的两个非经典否定的复合命题”。

进一步看，黑格尔大师或邓晓芒老师对形式逻辑的看法与对辩证逻辑的看法表面上好像有所不同（前者不能容忍逻辑矛盾，后者可以），但实质上的思维方法是一样的：恰恰不是他们所坚决提倡的辩证思维而是他们所极力批判的“形而上学”思维，即把支命题之间的经典矛盾形而上到整个命题之间的经典矛盾。难怪曾经有那么多学者会认为形式逻辑是形而上学或认为辩证法是诡辩（尽管本文作者并不认为辩证法是诡辩）！

在向邓老师的长期学习中，最令我折服的除了他超级认真的治学态度之外，就是他时常在短时间内就能够对他原本并不是很熟悉的哲学论题或一般性知识论题发表令人吃惊的深刻且比较明晰的观点，而并不主要是对他长期研究的德国古典哲学文本的熟悉。以至于我遇到思辨性问题时常常会在自己心中虚拟一个“邓老师”，询问一下这个“邓老师”会如何考虑这些问题。不过，在近几年的接触中，我感到邓老师对黑格尔辩证法的理解并不总像我虚拟的“邓老师”：辩证逻辑在处理一般性知识论题时的一个重要特点是“在保持所论概念的性质属性不变的同时通过论域变换把矛盾关系转化为非矛盾关系而给解决矛盾留下余地”，但邓老师有时并没有自觉地做到这一点。

不过，本人下述观点倒是与邓老师原来的观点仅是真正的辩证矛盾的而不是经典矛盾的：

思辨哲学家之所以不理解辩证逻辑的形式本性，根本上是由于他们没有科学性的自觉。许多人文哲学家对科学哲学接触不多，有的人文哲学家回过去研究科学哲学，也只是在既定的基础上汲取一些科学内容，“而不是用来深化自己的基础，更谈不上这个基础的自否定了”。但是，科学哲学家对辩证逻辑的更深入理解并不能说明他们的思辨能力就一定高于思辨哲学家。进一步说，科学哲学家或“逻辑哲学家从辩证逻辑那里获得的东西并不是形式逻辑的附属品，而是形式逻辑在根本基础上的深化，它必将导致整个逻辑视野的扩展，就像欧洲人对新大陆的发现和整个‘地球’观念的形成”。①

对于第二节所谈到的在“正，反，合”总过程的最后一个子过程中不可避免地出现的特殊辩证否定，即“以合题为论域”时出现的经典否定，是否意味着存在于纯粹思维的假定或规定之中的某些特殊情况，本文

① 参看邓晓芒“辩证逻辑的本质之我见”，《逻辑与语言学习》1994 年第 6 期，第 6 页，本文反其意而引用之。

暂时搁置。不过，无论如何，辩证法文本中绝大多数所谓的“辩证矛盾”，肯定不是经典矛盾，也不是邓老师等思辨哲学家所理解的那种对经典矛盾的超越。

### 3.2 与科学哲学家及非经典逻辑学家商议：辩证逻辑是什么？

绝大部分从事形式化辩证逻辑工作（把黑格尔所认识的辩证逻辑作形式化而非揭示辩证逻辑本来就具有的形式本性）的逻辑专家们在运用他们高深的逻辑学知识于辩证逻辑的同时，却把辩证否定的基本语义的理解拱手让给思辨哲学家的因袭思考，而不是运用自己的逻辑能力亲自去分析和判断，这更是十分别—致的。尽管他们口中高喊着这样那样的逻辑革命口号（极力提倡各种非经典否定、非经典联结词和非经典逻辑系统，以及非经典规则、非经典逻辑基本定律，甚至非经典逻辑学家等等），但他们骨子里其实并不是逻辑革命主义者，而只是看起来像而已（当然，由于中国传统文化的类比特点，看起来像的经常就被学术文化界当成真的。顺便说，几千年没有说清楚的“道”，不过是“类比”而已：“道可道，非常道”在本人看来其逻辑意义不过是“道是可足道的，但不是普遍有效的”）。

或许有逻辑学家会说，尽管我们无法在经典二值逻辑中把两次“辩证否定”统一用一个经典一元逻辑联结词表示，但我们仍然可能在多值逻辑或模态逻辑中把它们统一用一个联结词表示。我们的回答是：只要正确理解了非真值函数与真值函数的关系，那么多值逻辑中的联结词数量和狭义模态算子与否定词的组合数量都是恒定的，所以人们不妨一个一个地去试，这固然很辛苦，但结果一定让那些“执着者”失望。因为无论是多少值的逻辑系统，其中的每个联结词都表示并仅表示一种真值分布关系，所以不可能仅用一个联结词就可以表示两次辩证否定的两个逻辑关系；而对于模态逻辑则更简单，因为与任何联结词联结的概念或命题形式都是普遍的，所以就会无关于在它们前面是否有模态算子。

国内比较热门的辩证逻辑系统是“张金成—桂起权—陈晓平—张清宇系统”Z。该系统由张金成先生原创，桂起权老师和陈晓平老师改进，张清宇研究员虽然不赞成该系统但被认为也起了重要作用。我们认为这个系统是中国科学哲学家站在对辩证否定的传统思辨哲学理解上的一个重要贡献，一定程度上相当于发现狭义相对论以前的“洛伦兹变换”，因为它暗示了辩证否定在两“步”中是不同的逻辑关系，但它用同一个否定联结词表示两步中的两个否定是明显错误的。

张清宇研究员自认为和被认为上述 Z 系统等价于一个正规模态系统 K +，所以大大增强了相信 Z 系统的同志继续改进这个系统的信心。然而我们发现，张研究员是先把“可能真定义为 ZA 的经典否定”然后开始证明相关定理![1] 不得到荒唐的结论才怪呢！因为按照 Z 系统，第一次的对命题 A 的否定等值于经典否定 ¬ A，第二次对 ¬ A 的否定是 Z（¬ A）是永真，所以我们很容易发现 ¬ A 与 Z（¬ A）是蕴涵（为真）关系 ¬ A→Z（¬ A）；而在正规模态系统中有“B→◇B”，所以的确如张研究员所认为的“Z 系统与正规模态系统等价”。所以 Z（¬ A）可定义为◇ ¬ A，即 ZA 可定义为◇A。可惜张研究员很别一致地搞反了，认为 ¬ ZA 即 ¬（ZA）可定义为◇A！而“Z 系统”的追随者们却更别一致地不从自己的系统中推出正确结论，而立即被他文章中高深的论证所吓倒（其实本文作者也不全懂张研究员的高深论证，却从 Z 系统本身看出张研究员的错误），不能稍微仔细看看张研究员这里并不难以看出的错误，还认为从中推出的“可能真蕴涵实然真”和“实然真蕴涵必然真”不是荒唐而是“不同寻常”[2]，真是“宁信度而无自信”！不过，张研究员认为“Z 系统与正规模态系统等价”的说法很具启发意义，尽管他本人很可能并不理解这个意义（作为晚辈，本人在此对张清宇研究员对我国逻辑学的贡献表示敬意，但也为没有能够在张研究员有生之年让他知道正是由于他的上述错误才很可能导致形式化辩证逻辑基本原理推迟了数十年被发现表示遗憾）。

下面我们以关于这个系统最新近的版本为例，看看既不真正理解张研究员的启发性观点，也没有真正理解 Z 系统内涵的重要意义的 Z 系统的追随者们是如何痛失发现“狭义相对论”机会的：

“系统 Z 是对经典二值逻辑的一种扩展，即在经典二值逻辑的基础上引进一个新的否定词‘Z’，读作‘辩证否定’或‘超越’，以区别于经

① 张清宇：“关于系统 Z 的一些意见”《武汉大学学报（社会科学版）》1993 年第 5 期，第 51 页。

② 陈晓平：“辩证逻辑与形而上学——兼析形式系统 Z 的辩证法含义”，《华南师范大学学报（社会科学版）》2005 年第 10 期，附录，倒数第一行。

典二值逻辑否定词‘¬’。”并且“系统Z的语义模型由两个可能世界构成，其中一个称为‘原世界’，另一称为‘超越世界’。经典否定词¬的含义在这两个世界中是相同的”；而“辩证否定词Z在这两个世界中的含义是有所不同的：在原世界中Z与¬的含义相同，但在超越世界中，ZA总是真的，而无论A是真还是假。这也就是说，在超越世界中，当A真时，Z相当于经典的肯定，故ZA为真；但当A为假时，Z相当于经典的否定，故ZA也为真”。①

我们一直认为，作为过去的老师之一，陈晓平教授是我国最优秀的科技哲学家之一，因为他从逻辑的观点出发几乎对所有科学哲学重要问题都进行了仔细的研究，他的研究成果是我们研究生讨论课的主要范本，但并不表明我们对陈老师大部分问题的研究结果苟同。正如我们在2.1所言，我们无需仔细分析Z系统的问题，就可以从普通逻辑的最基本知识知道Z系统是不可能成功的。

其实，所谓的“Z”在两个世界中的不同表现不过是在“以合题为论域时”一次否定之否定过程中的两步中的两个否定关系是两个不同的逻辑关系而已：第一个是经典否定关系，第二个是经典蕴涵（为真）关系。引文2中的“在原世界中Z与经典否定的含义相同”不过是第一步的对正题否定为经典否定。“但在超越世界中，ZA总是真的，而无论A是真还是假”是因为第二步的对反题的辩证否定的结果是合题，而合题正好是论域本身，所以正好可以表示为正题与正题的否定的析取永真式。而令人疑惑的“在超越世界中，当A真时，Z相当于经典的肯定…但当A为假时，Z相当于经典的否定……”正是因为ZA作为反函数的多对多关系。完全没有必要假设两个世界。我想读者一定清楚了“Z系统”的创立者和正反两面的追随者们是如何以为非添足而不能画蛇的！

明明是孪生兄弟两个人在我们的世界中各做了一件事，却被说成是同一个人做了两件事，一件是作为人在阳间做的，另一件是作为这个人的鬼魂在阴间做的（如果Z系统真的是对模态逻辑的可能世界理论的正确理解，那么这个“可能世界理论”本身也是成问题的）。说神话往往令人神往，所以无论在庙堂还是江湖都会有许多粉丝；但说鬼话却令人既爱又

① 陈晓平：“辩证逻辑与形而上学——兼析形式系统Z的辩证法含义”，《华南师范大学学报（社会科学版）》2005年第10期，第5页。

怕，所以难登大雅之堂（寻寻觅觅半个多世纪至今也无法被主流学界认可）。

陈晓平老师还引用罗嘉昌老师的例子以加强他的论证：在关系实在论看来，“这朵花是红的”与“这朵花不是红的”在一定条件下是可以同真的。

本人在约10年前就当面与罗老师商谈过：“这朵花是红的”与“这朵花不是红的”是否为矛盾与他们说的“一定条件”无关。

陈老师和罗老师所说的其实应该是“‘这朵花是红的’与‘对于视力正常的人来说’构成的复合命题”与“‘这朵花不是红的’与‘对于某些视力不正常的人来说’构成的复合命题”不矛盾。而不能说：在一定条件下，“‘这朵花是红的’与‘这朵花不是红的’可以同真”。

这种混淆到了讨论辩证逻辑形式化问题时就产生了十分别—致的结果。

桂起权老师的“用黎曼面类比量子力学中的互补辩证法”其实是指：虽然“A合取非A是矛盾的”，但“‘黎曼面的一个叶面’与A构成的复合命题”合取“‘黎曼面的另一个叶面’与非A构成的复合命题”并不矛盾。这样一类的问题在桂老师看来不仅必须用含糊的互补辩证法才是最恰当的解释（其实不过是用互补性的含糊去替代辩证法的含糊，不同的是前者来自于科学，后者来自于哲学，因此好像是用科学新成果重新理解老的哲学思想），甚至他常常认为这里面有一种新的但其实歧义的“量子逻辑”（好比一时不知如何解释UFO，就把它归结于外星人；邓晓芒老师是归结于神奇的“生命逻辑”。我们的工作就是给这些神乎其神的东西去魅）。从桂老师的“所谓”到“其实”看起来仅仅一步之遥，但他和国外相应的一些非经典逻辑大家们却整整走了数十年至今还没有完全走出来啊！

为什么我们说互补辩证法或玻尔的互补论是含糊的甚至是似是而非的？因为互补论的基本意思是：两种事物或事物情况互斥又互补。我们的分析是：互斥的是p和¬p，互补的是p与u的复合和¬p与v的复合。因此，玻尔大师或桂老师的“两种事物或事物情况互斥又互补”实际上往往是“两种事物或事物情况的互斥，另两种事物或事物情况的互补”。

马佩先生所谓的“量子力学波粒二象性认识是辩证逻辑运用的结

果”，其实应该是：在量子力学中，光子的概念与经典力学中有些不同，说“光既是粒子又是波”是矛盾的，但“光与某个条件形成的复合命题（或概念）为粒子”与“光与另个条件形成的复合命题（或概念）为波”是不矛盾的。马先生批评赵总宽教授的新近著作中“罗列了这么多的联结词”却“恰恰没有对于辩证逻辑来说是最重要的一个联结词”是有一定道理的，但正确的批评应该是：不是说赵教授的系统中还应该再增加一个新的非经典联结词或应该统一用一个更确切的非经典联结词表示那些联结词，而应该说赵教授的系统中已经有的那些非经典联结词根本就不可能本体论独立地存在，因为一切非经典联结词其实都仅一一对应经典联结词或他们的复合。

同样，马先生用看上去很美的带阴阳标记的符号统一表示辩证矛盾或对立统一关系，也只能说是用具有古代中国地方性文化的含糊去替代具有近代德国地方性文化的含糊，而没有既简单明晰又严密可靠地理解辩证矛盾。不过，马老先生和赵老师的工作和本文所提到的其他所有学者的工作都给本人发现狭义函数相对论以很大启发。阴阳关系 与“辩证逻辑的对立统一关系”在逻辑形式上具有很高的相似度：它们都是可以同真但不可同假的下反对关系。

还有许多专家把中国易经八卦、现代模糊数学理论、系统科学、非线性理论等理论类比辩证逻辑，也不过是把一种对高深但糊涂或明晰的知识的模糊认识去替代另一种对高深知识的模糊认识，独独没有清醒认识到所有这些理论背后都遵循着同一种理论，即经典逻辑理论。

这些老师们把如此简单但深刻的问题（所谓的辩证否定不过是含有经典否定的并仅用经典联结词表示的复合命题）分别用激动人心又令人生畏的各种不同的“非经典”语言各自表达成看起来完全不同的形式，然后进行了几十年别一致的争论，既展示了他们丰富的逻辑学知识和娴熟的逻辑技能，也体现了他们追求真理的不懈斗志和对辩证逻辑形式化的一往情深，但不禁令我们想起中国禅宗创始人慧能的话：“菩提本无树，明镜亦非台。”

的确，佛教史上知识渊博又十分执着的因明学家们在“排四句”“去百非”也不能成功（后文我们会明示这“成功”的意义）后出现了“顿悟”禅，与今天的辩证逻辑形式化正反两方面的学界遇到的问题看起来很像。在这个意义上，本文作者不是一名哲学家更不是一名逻辑学家，而是一名现代禅宗师。

在国内多种相关成果中另一个真正值得讨论的是原南京大学现中国社会科学院的逻辑学家杜国平教授的工作（我们隐隐预感到，中国自己也可能产生逻辑学革命的“格罗兹曼”)。在本文完成了第一次中文稿后，我们才读到杜教授的文章，并立即因为他讨论次协调否定作为“经典一元联结词的不可能性”与我们的两次辩证否定作为“同一一元联结词的不可能性”的论证具有十分的相似性而欣慰。接下来我们在因为他（作为哲学的符号逻辑博士和作为计算机学科的数理逻辑博士的双博士）的原创性工作而欢呼的同时也发现我们与他在逻辑基本认识方面的不同。

杜教授可能是受到西澳大利亚大学的 B. H. Slater 教授的启发①，而不仅以现代逻辑的形式语言证明了“弗协调逻辑中的矛盾关系其实是下反对关系”，更是天才地把这种分析外推，而证明所谓的“直觉主义逻辑中的否定关系其实是上反对关系”，并进一步以此成果为基础建立他的系统的“哲思逻辑”（在其中，杜教授猜想了辩证否定关系可能是一种既可以同真也可以同假的差等关系，这一点与我们在看到他的论文以前的想法有类似之处)。②

我们不得不说，相比较杜教授的观点，国内几乎所有的其他专家有关次协调逻辑（或称为弗协调逻辑）和直觉主义逻辑的认识仅是基于 Da Costa 等次协调逻辑的创立者及其追随者们和直觉主义逻辑的创立者布劳恩及其追随者对他们自己创立的系统的理解，而不是对这些系统的本性的正确理解（这点特别能类比黑格尔大师那样的思辨哲学家对辩证否定的神化理解)。

杜教授的思想萌芽首先出现于他 2006 年出版的专著，核心思想是他与其学生在国内发表于 2007 年的三篇文章，③ 又以“Oppositional Logic”

---

① 参看 SLATER . B. H：Paraconsistent logic? *Journal of Philosophical Logic*, 1995, 24: 451—454. 杜国平教授引了这段话，见杜国平：“经典逻辑视野中的弗协调逻辑”，《华南师范大学学报（社会科学版)》2007 年 10 月。在其中，Slater 简明扼要地认为次协调逻辑中的次协调否定并不是真正的逻辑否定，所以并没有形成逻辑矛盾 contradictories，而是 subcontraries。

② 参看杜国平“经典逻辑视野中的弗协调逻辑”，《华南师范大学学报（社会科学版)》2007 年 10 月；“哲思逻辑—— 一个形而上学内容的公理体系”，《东南大学学报（哲学社会科学版)》2007 年 7 月；“哲思逻辑的判定问题”，《安徽大学学报（哲学社会科学版)》2007 年 9 月。

③ 同上。

为名作为部分章节出现于Springer出版的书中［X. He，J. Horty，and E. Pacuit（Eds.）：LORI 2009，LNAI 5834，p. 319，2009］。不过，我们从以下几方面想与杜教授商议。

（1）在杜教授的“哲思逻辑”或“反对关系逻辑”中，哲思逻辑的公理系统是在经典命题逻辑系统中增加一条公理（Ax 10）A→＊A而形成的。[①]“A→＊A”的意义应该是A推出A的差等关系。我们认为，如果“差等关系”仅是传统性质命题中所讨论的在同一类性质命题中“全称肯定命题向特称肯定命题”或“全称否定命题向特称否定命题”的逻辑关系，那么“A→＊A”就仅是这两种关系命题的符号化而非形式化，因为这时“A→＊A”中的A显然没有普遍性。例如，A不能表示“所有的p都是q”这种命题形式。反之，如果“差等关系”是一种普遍关系，那么它显然就是蕴涵（为真）关系。而蕴涵（为真）关系已经被包括在前面9条经典逻辑的公理模式和推理规则之中了，那么（Ax 10）就是多余的。

（2）同理，“A与△A之间是下反对关系”其实就是析取（为真）关系，“A与▽A之间是上反对关系”[②]其实就是合非（为真）关系。我们认为，与前面所述的蕴涵（为真）关系都不过是经典逻辑中的16个二元联结词中的3个而已。

（3）两个定义：△A可定义为＊¬A，▽A可定义为¬＊A。其中，一元联结符△称为弗协调联结符，一元联结符▽称为直觉主义联结符[③]。我们认为，如本文第2节所言，这两个符号其实都是二元联结词（为真）的反函数（从一元算符理论可知，它们分别与其他经典联结词对应）。狐狸不会因为躲在老虎后面就成为老虎！不过，我们暂时可以把杜教授的△称为弗协调算子，▽称为直觉主义算子，＊称为标准辩证否定算子，以纪念杜教授的开创性工作。我们将在下一目进一步讨论。

辩证地看，杜教授一方面过分高估了弗协调逻辑的作用，另一方面又过分低估了他自己的作用。他认为发现弗协调逻辑好像发现几何学中的曲面几何，我们认为不可能，因为曲面几何有不能归结于平面几何的公理，

---

① 杜国平“哲思逻辑——一个形而上学内容的公理体系”，《东南大学学报（哲学社会科学版）》2007年7月，第43页。

② 参见杜国平“哲思逻辑——一个形而上学内容的公理体系”，《东南大学学报（哲学社会科学版）》2007年7月，第46页。

③ 同上书，第43页。

而弗协调逻辑的公理经过解释，不过是经典公理的推理结果或复合。杜博士所认为的从经典逻辑角度看出的弗协调逻辑与直觉主义逻辑的特点其实是从逻辑的一般本性之所见。

总之，“哲思逻辑”即使作一定的修改后，作为一种新的非经典逻辑的尝试，它也不够有普遍逻辑科学的意义。不过，“哲思逻辑”的真正意义在于揭示了像“直觉主义逻辑”和“次协调逻辑”这样的逻辑“试图成为具有独立科学意义的逻辑的不可能性”。换句话说，杜教授的正面功绩是揭示了“直觉主义逻辑的经典本性”（这一点应该令他之名载入逻辑学史册），反面作用是验证了我们早就认识到的很多“对经典逻辑的扩展”其实仅是“把经典逻辑压缩为某个成语”而已。

“本来无一物，何处惹尘埃？”

### 3.3 与经典逻辑学家及逻辑哲学家商谈：辩证逻辑到底是什么？

在本节的第一目我们讨论了辩证否定（至少在绝大多数情形下）不可能是容忍经典否定或不同于经典逻辑中的包含经典否定的复合命题的另一种否定；在第二目讨论了在相关于辩证逻辑的解释中所谓多于经典逻辑的非经典联结词（或非经典公理）要么是出于误解要么可以还原为经典联结词（或经典公理）。但肯定还有逻辑哲学家并不信服。

对第一个问题产生异议的典型是在国际和国内比较流行的一种观点：芝诺运动悖论是甚至仅是真正严格意义上的“辩证矛盾”。芝诺运动悖论已经存在几千年，本文作者并不熟知它长长的学术史，但在本文中不能四个悖论都一步杀也仅是因为篇幅。悖论有且仅有两种可能：要么它真是一个逻辑矛盾，那么它的前提必定是一个不易察觉的逻辑矛盾；要么它是一个比较容易被当作是逻辑矛盾的非逻辑矛盾。

在国内，陈慕泽教授对芝诺运动悖论的考察比较能代表国内和国际学界对这个问题的看法。陈教授认为：[①]

（1）“运动着的物体每一瞬间既在这儿又不在这儿”是辩证命题。

（2）空间状态集比时间状态集高一个基数，所以时间状态与空间状态是一多对应关系。

---

① 参见陈慕泽“运动着的物体每一瞬间既在这儿又不在这儿的一个形式证明”，《湘潭师范学院学报（社会科学版）》2001年第1期。

(3) 所以“运动着的物体每一瞬间既在这儿又不在这儿”得到了证明。

我们虽然一直跟着陈教授在学习（他的现代逻辑教材是我们本科生逻辑教学的主要参考书之一），但还是不大懂陈教授使用的高深的数理逻辑知识。不过我们无需仔细分析他的文章，就知道他的论证也是很别一致的。我们认为，三维空间中的点是比一维时间中的点多，但在每个时刻的每个事物总是只会在一个空间点而不是三个或无数个。这是因为对于任何一个质点而言，每一个时间值都是与并仅与三个空间值对应的。在这个意义上，描述质点的时间的状态空间与空间位置的状态空间恰恰是一一对应的。

不过，陈教授的思考反映了在现代逻辑学家中普遍存在的一种观念：即现代数学或数理逻辑知识会导致对古老的逻辑问题的不同解决，甚至说现代逻辑就是数理逻辑也就是数学的一个分支。我们下面要演示的是：不仅古老的形而上学问题在本质上是不依赖于当今的经验科学知识，而且古老的逻辑难题也在本质上不会依赖于当今的新的高深的逻辑学知识（但并不排除新科学知识能够对那些问题的认识更清楚细致）。

本文仅给出解决一个芝诺悖论的思路而非严格证明。

虽然我们不知道 U 是否可以推出 C，也不知道具体如何才能推出 C，但我们从 M 推出一个等值的 V，又发现 V 等同于 U，因此 M 等值于 U；而从 M 肯定可以推出 C，那么就知道从 U 肯定可以推出 C，尽管我们还是不知如何具体从 U 推出 C。

具体地说，“阿基利斯追不上乌龟悖论”是说，阿在开始追乌龟时乌龟已经先爬过了 A 米；而当阿追了 A 米时乌龟又向前爬了 B 米；当阿又追 B 米时乌龟又向前爬了 C 米……当阿又追 x1 米时乌龟又向前爬了 x2 米……（我们设这个追赶的位移过程为 U）虽然 A 大于 B 大于 C 大于……大于 x1 大于 x2，但它们总是不等于零。所以阿基利斯好像永远追不上乌龟。当然事实上阿很快就追过了乌龟。所以这是一个事实与逻辑分析的悖论。两千五百年来人们一般认为之所以产生这个悖论是因为无限性问题，并可能由此发明了极限理论和微积分理论来处理这个问题，但是今天人们仍然为是否解决了这些问题而争论。

我们认为，因为事实上阿很快就追过了乌龟（我们设这个命题为 M），所以可以设阿在 0 时刻开始追乌龟，并在 t 时刻追上了乌龟；也就是说如果阿追了 A 米时乌龟又向前爬了 B 米时的时刻为 t1，那么阿在余下的时间 t—t1 追上了乌龟。也就是说，如果在 t2—t1 时间内，阿又追 B 米时乌龟又向前爬了 C 米，那么阿在余下的时间 t—t2 追上了乌龟……在 tx1 时刻阿追了 x1 米而乌龟又向前爬了 x2 米，然后阿在 t—tx1 时间内追上了乌龟……（我们设这个追赶的位移过程为 V）虽然我们不知道最后阿是如何就追上了乌龟，但我们知道在阿追上乌龟的过程中仅有的过程就是 V。

由于 U 与 V 完全相同（我们认为在芝诺时代可以凭前面的论述而认为它们是相同的，而现代可以用数学归纳法作严格的证明），且在这两过程中的阿的速度相同，乌龟的速度也相同，所以这两个过程的时间分布也相同。在 M 中除了 V 也没有其他过程，所以就可以从 M 推出 V 再推出 U，而得到在 U 过程最终阿是可以（在 t 时刻）追上乌龟的，虽然我们并不知道阿最后是如何追上乌龟的。也就是说，我们解决了“阿是否追上了乌龟”的问题也就解决了这个逻辑悖论；而某些新数学就是为了解决“阿最后是如何追上乌龟”的难题。因此，即便芝诺悖论真的导致了数学革命，这个悖论的解决也是独立于这些革命性数学的。

对于“飞矢不动”悖论，我们认为它不可能表示为：“运动着的物体 p 每一时刻既在这儿又不在这儿”。也就是说，这个悖论或者其实是“运动着的物体 p 并非每一时刻既在这儿又不在这儿”；或者其实是“并非在每一时刻，这个运动着的物体在这儿，并且这个运动着的物体又不在这儿”，但这里的两个“这个运动着的物体”虽然是同一词组，其实不是同一概念。

有一个人在路上走，您说“他是男人”，我说“她不是男人”。显然我们说的两句话不矛盾。

有一个狗在路上走，您说“它是公狗”，我说“它不是公狗”。这时我们说的两句话就一定矛盾了？

这些问题的产生还可能是因为错误理解了我们惯常表述的“在同时，p 是 q”中的“同时”，人们误以为逻辑命题的等值有一个条件是“同时间性或同时刻性或同时态性”。其实逻辑所研究的思维过程是“不依赖于时间性，而不是同时性”，所以逻辑意义的“同时”是“同一次”，也即把“同一次”解释为“同一次思维过程”。在不考虑时间概念或关于时间本身的命题时这两个问题显现为无差别，但在考虑时间概念或关于时间本身的命题时这两个问题间的差别就出来了。在这个意义上，新近发展的时态逻辑也没有独立的本体论地位。

如果基本辩证否定关系不过是蕴涵（为真）或逆蕴涵（为真）关系，那么同为蕴涵与逆蕴涵关系的传统模态逻辑的本性就可以有不同的认识。即“必然真”是实然真与逆蕴涵（为真）的逆函数，“可能真”是实然真与蕴涵（为真）的逆函数。

所以，我们说：作为蕴涵（为真）的逆函数，必然真和可能真有一系列取值，正好符合反函数取值的一对多或多对多的特点。“□”应该正名为逆蕴涵的逆函数算子（arc - countered - entail operator），“◇”应该正名为蕴涵的逆函数算子（arc - entail operator）。所以尽管“正、反、合”过程中的基本辩证逻辑作为反函数有其特殊性（仅取值为合题），基本辩证逻辑与模态逻辑都是经典蕴涵和逆蕴涵，所以基本辩证否定与（正规）模态逻辑“◇”可以等价。现在可以把前文讨论过的杜博士的“△”称为反析取算子，“▽”称为反合非算子，而“＊”原来称为标准辩证否定算子也就是“◇”，即反蕴涵算子。逻辑学家上百年摸出来的这些算子，原来都是算命瞎子拨弄的算盘子而已！我们还可以给余下的 16 个逻辑联结词的反函数都起一个“XY”算子的美丽名字呢！原好的办法是画两张真值表，然后依次叫它们为（AU2 就是经典否定，AU4p 就是 U4p 也就是 p）：AU1，AU3；AD1，AD2，……，AD16。这好像一张逻辑“门捷列夫周期表”。

本人认为，既然波普尔说有三个世界，那么就有关于三个世界的知识。很多哲学家其实不是在做哲学，只不过是在做第二世界或第三世界的知识而已。

对“应该”等广义模态问题的详细讨论，涉及休谟正式开始的所谓的“是”与“应该”的区别的哲学史文本。不过，我们可以简略地说：在这些文本中有两个基本问题始终在混淆还一直没有被注意：在语言中从来没有“是”与“应该”的区别而只有“是”与“应该是”的区别；有且仅有两类价值命题：p 应该是 q，p 是 q 是善的。我们认为对第一个问题的混淆导致对第二个问题的忽视。只要经过一定解释，就会发现“p 是应该的”等值于“p 是善的是必然的”。

本人把多值逻辑作为最后讨论的非经典逻辑不仅是因为 20 世纪众多非经典逻辑的产生正是从它开始的，而且因为对多值逻辑的讨论才最容易发现逻辑的本性。

我们把多值逻辑系统分为真的和非真的。真的多值逻辑系统是指其中所有的逻辑联结词是并仅是由本文 2.1 所述三因素决定的 27 个一元联结词和 729 个二元联结词。本文当然不讨论非真的多值逻辑系统。

多值逻辑是有多于两个的可能的真值的逻辑演算。传统上，逻辑演算是二值的，就是说对于任何命题都只有两个可能的真值，真和假。最基本的多值逻辑是三值逻辑，我们只需讨论三值逻辑即可。我们设第三值为既不是真也不是假的 Q（例如，不确定，1/2 真，荒谬等），其他两值在形式上不变。多值逻辑出现后立即引起的问题就是它是否违背排中律？

很多逻辑学家认为它违背排中律，因为排中律就是排二值律。但也有些学者认为它不违背排中律。因为排中律的 meta－physics 意义是：

任何命题或者是 p 或者是非 p，所以也可以说：$p \vee \neg p$。如果 p 的真值是“真”，那么 $\neg p$ 的真值是“非真”，也即“假”或“Q”。不过，罗马尼亚的 Dominic Antoine 在他著名的“The History of Logic”中认为，三值逻辑的 Onto－logic 仍然是二值逻辑。因为尽管我们可以说“p 或者是真的，或者是假的，或者是 Q”，但当我们再追问：“p 是 Q”的真值时我们就只能问：“p 是 Q”是真的还是假的？也就是说，任何多值逻辑的元逻辑都是二值逻辑。

本人不同意上述观点，而认为二值逻辑与三值逻辑有共同的 Onto－logic，二分性：任何事物都可以并仅可以分为 A 和非 A。在命题逻辑里面就是 p 和非 p 其真值就是真和非真。在二值命题逻辑里面，正好“非真”是并且只能是“假”，所以二者在二值命题逻辑内量的相同掩盖了它们质上的不同。在三值逻辑里面，“非真”是“假或 Q”。当我们再追问：“p 是 Q”的真值时我们仍然是在问：“p 是 Q”是真的还是非真的？也就是说，“p 是 Q”的真值是真的还是假的还是 Q？实际上我们还可以这样等价地追问：“p 是 Q”的真值是假的还是非假？或“p 是 Q”的真值是 Q 的还是非 Q?，其中非 Q 就是真的或假的。因此，在任意多值系统里，与二值系统里面一样，我们有统一的普遍提问：命题 p 的真值是某个真值还是非某个真值？

不过，二值逻辑的“真”与“假”直接对应了“真”与“非真”的二分。而三值逻辑“真”、“假”和“Q”是“真”与“非真”的二分以后再把“非真”进行“非真的假”与“非真的非假”的二分（或再进行

“非真的非 Q” 与 “非真的 Q” 的二分）。二值逻辑的 meta - physics 对应了单次二分，而三值逻辑的 meta - physics 对应了两次二分。

还可以发现，二值逻辑中的 “真” 与 “假” 是矛盾关系，而三值逻辑中的 “真” 与 “假” 是下反对关系。因此，所谓的 “三值逻辑中成次协调否定关系” 的两个命题的真值虽然分别是 “真” 与 “假”，但这时的次协调否定关系仍是析取关系，而不是矛盾关系。

总之，大部分多值逻辑的合法性在于二值性与二分性的区别。多值逻辑与二值逻辑有相同的本体论，所以二者都属于二分性逻辑而非一个属于另一个；多值逻辑与二值逻辑有不同的形而上学，所以它们是二分性逻辑不同层次的分支；多值逻辑与二值逻辑有不同的认识论，即多值逻辑中 “假” 的逻辑意义不完全等同于二值逻辑中 “假” 的逻辑意义，所以多值逻辑谈不上是否违背二值逻辑中的排中律。本文先搁置对多值逻辑的细致研究。

逻辑的本性（the nature of logic）是二分性。即使 “不可以二分” 与 “可以二分” 也仍然是一种二分。逻辑的二真值实际上是对二分性的形式化表示。任何一个命题的真值总可以归并为真或非真（即假）二值，这是对真值的完备二分（确定这点，并不需要知道究竟何为 “真”，也即是独立于任何具体的 “真” 理论的）。就好像世界上一切事物总可以二分为张三和非张三一样，既不可能存在第三种情况，也无需知道谁是张三。不过，当一个命题取真（或假）时，另一个命题的取值可以是既不仅是真也不仅是假。有很多曾经被认为有 “第三真值” 的命题实际上也仅是二真值的一种组合排列。例如过去很多逻辑学家们认为：“明天将有一场海战” 对于 “今天” 来说是 “真假不定”。在笔者看来 “今天” 是与 “明天将有一场海战” 相关的一个命题的省略语句，这个相关是说 “今天” 和 “明天将有一场海战” 其实都是二真值的，所以后者总是以前者为一变元所形成的 n 变元真值函数。因为 “明天将有一场海战” 这个命题的真值在做 “真” 与 “非真” 的二分时只能是真假二值的。而当 “今天” 有一个确定真值时，“明天将有一场海战” 的真值的 “真假不定” 其实是既不 “仅是真”，也不 “仅是假”；而是真假的一种组合。说到底，如果 “明天将有一场海战” 与 “今天” 完全不相关，也仅是说无论 “今天” 取真还是假，“明天将有一场海战” 总是 “真假不定”。即便如此，二者其实仍是逻辑相关的：如果令 “今天” 为 p，那么 “明天将有一场海战”

就是 q 或它的 3 个孪生：从卢卡锡维茨开始的绝大部分多值逻辑学家与现代模态逻辑学家一样缺乏对非真值函数与真值函数关系的细致思考。虽然具体地说，“第三值”的来源可能是将原来二真值的“假”再二分为“非第三值的假”和“第三值”，也可能仅是原来真假二值的一种组合排列，也可能像我们在“一探”中发现的“无真值定义”。但无论如何，“第三值”都不可逃脱地反映了逻辑的二分本性。而作为逻辑二分性的形式表示，无论被它所表示的是真值函数还是非真值函数，其逻辑真值的意义都是一样的。

现在我们可以回过头来重新审视辩证逻辑。如果仅从辩证否定算子和辩证否定关系看，辩证逻辑不过是传统模态逻辑、次协调逻辑等非经典逻辑和作为特殊辩证否定的经典否定（?）的组合，就可以归入经典逻辑。但从辩证思维过程有非有效推理部分看，辩证逻辑不能完全被归入经典逻辑。然而，是什么保证我们在第二节的小结中所总结的“每个子过程的两步间”和“上一子过程的第二步到下一子过程的第一步”间的非衍推关系的合理性呢？例如在自然数（0，1，2……），负整数，整数，有理数……过程中，设上一子过程的第一步是“从自然数到负整数”，第二步是“从负整数到整数”；那么下一子过程的第一步就是“整数到有理数的非整数”。这三步正好是“二种间关系”、“种属关系”和“新的属上的二种关系，也即旧的属作为一种与新属的另一种的关系”，即第三关系是前两个关系的辩证发展。受多值逻辑的形而上学的启发，我们认识到这三步是两次逻辑二分的逆过程。由于一般地，一个概念作为属概念有多个二种划分方式，所以辩证逻辑过程在未完成以前一直具有不确定性（康德的 12 知性范畴的第 4 组就是同一属的几种不同的二分）；不过，无论新的上一属是什么，其中的一种必定是旧的下一属，这点是在过程未完成以前就完全确定了。因此，我们可以说，辩证思维过程有非有效推理部分的合理性是由它们作为多次逻辑二分的逆过程来保证的。

这样，我们就把经典二值逻辑、多值逻辑与辩证逻辑统一于对形式逻辑的新认识上：二分性逻辑。二值性逻辑、多值逻辑与辩证逻辑都仅是二分性逻辑的不同视角的理解而已。

虽然依然搁置诗与情，但我们发现，无论何种事物情况，都无法逃脱“逻辑二分性”。因为连“可能世界集可以分成现实世界 A 与非现实世界非 A，而非 A 又可以分为非 A 的 B 和非 A 的非 B……”也仍然无法逃脱

"逻辑二分性"。因此，基于逻辑根本问题的新认识，我们大胆断言：世界上没有一种逻辑可以违背同一律，矛盾律和排中律之一，因为这三大规律是逻辑的本性（二分性而非二值性）的形式化表述。对辩证逻辑的不理解根本上是由于（思辨哲学家）对逻辑的形式本性的认识不足和（分析哲学家）对非真值函数的研究不足。逻辑三大规律是对一次二分性的形式化表述。而辩证思维是对一次以上的逻辑二分性的逆过程的统一表述。辩证法既不像波普尔所说的那样是"违反无矛盾律"，也不像思辨哲学家们所说的是"高于形式逻辑"，而仅是形式逻辑的新理解而已。

近现代思辨哲学由康德和黑格尔创立，经过胡塞尔与海德格尔为代表的存在主义，到当代的社会与文化批评，其形而上学性将走向何方？分析哲学从语言哲学创立，经过以逻辑实证主义为代表的拒斥形而上学到分析的形而上学对形而上学概念的分析，是否要走向对非真值函数的形而上学命题的分析？这两种均直接产生于近代经验主义与理性主义之争的传统的哲学，好像有再走向融合的趋势。但其实思辨哲学与分析哲学不仅是异途同归，而是 one is another。一种新哲学的曙光已经在地平线上显现，暂叫做逻辑思辨主义：本来就是同一种哲学，而不仅是两种哲学的分别形成，分离后又融合。当然这只是我们搁置了一系列问题后的初步设想。

发现这个秘密的意义相当于热力学统计物理学替代热质说，但同时也发现热力学统计物理学的本体论已经稍稍不同于牛顿力学；也可类比于发现逻辑学的"狭义相对论"，但对"光的本性"（类比于逻辑的本性）的理解已经有些不同了。但也仅是"狭义相对论"，因为我们搁置了一些重要问题。

无论如何，辩证逻辑的根本本性不仅在于它的辩证否定和辩证否定关系（它们不过是经典逻辑的逆函数关系和经典逻辑的函数）以及逻辑过程的有效推理部分（它们也不过是经典逻辑的基本规则与规律的应用），还在于作为不断螺旋上升中不变的逆过程的二分性，这可能就是黑格尔所说的"概念自身在运动"，而最后一个子过程中无法逃脱的经典否定是辩证逻辑过程达到"绝对精神"的直接体现。

### 结论

本文的研究方法是先论述一个不可能性，正是这个不可能性的发现，才使得科学地研究辩证逻辑成为可能。搁置一些问题，才使得从纷繁精深的辩证哲学中研究出简单、明晰和可靠性强的科学成果成为可能。而最后关于一般逻辑本性的探讨源于我 24 年的思考，而“狭义函数相对论”的发现是完全始料未及的。

简言之，严格意义上的函数是：当自变量 x 有一个值时，应变量 y 有且仅有一个值与之对应，那么 y 就是 x 的函数。数学上，无论 y 是否是 x 的函数，y 至少与负 y 总是互为函数，这说明函数具有相对性。所谓真值函数，是指变量与应变量的值域均仅是真值域的情况。仅讨论二真值函数时，逻辑变量与它的真值函数的值域均是且仅是真假（假即非真）二真值的。

表 1 经典二真值基本二变元函数

| p | q | D1 | D2 | D3 | D4 | D5 | D6 | D7 | D8 | D9 | D10 | D11 | D12 | D13 | D14 | D15 | D16 |
|---|---|---|---|---|---|---|---|---|---|---|---|---|---|---|---|---|---|
| 1 | 1 | 1 | 1 | 1 | 1 | 0 | 1 | 1 | 1 | 0 | 0 | 0 | 1 | 0 | 0 | 0 | 0 |
| 1 | 0 | 1 | 1 | 1 | 0 | 1 | 1 | 0 | 0 | 1 | 1 | 0 | 0 | 1 | 0 | 0 | 0 |
| 0 | 1 | 1 | 1 | 0 | 1 | 1 | 0 | 1 | 0 | 1 | 0 | 1 | 0 | 0 | 1 | 0 | 0 |
| 0 | 0 | 1 | 0 | 1 | 1 | 1 | 0 | 0 | 1 | 0 | 1 | 1 | 0 | 0 | 0 | 1 | 0 |
| 联结词 | | d1 | d2 | d3 | d4 | d5 | d6 | d7 | d8 | d9 | d10 | d11 | d12 | d13 | d14 | d15 | d16 |

逻辑学家一般不会反对下述表述：表 1′ 的 16 个真值函数中仅有 D1、D6、D11 和 D16 是 p 的真值函数，其他 12 个虽然是由 p 和 q 这两个变元共同形成的真值函数，但不是仅由 p 这一个变元所形成的真值函数（p 取一个确定真值时，它们分别都不总是仅有一个相应的确定真值），因此它们都不是 p 的真值函数，而是 p 的非真值函数。

这也说明至少有一些所谓的非真值函数实际上等值于另一种意义上的真值函数。我们由此提出一个大胆的假设：

狭义函数相对论基本原理：对于任意二真值的逻辑变量 p 和由任意一元算符◎与 p 所形成的二真值变量◎p，无论◎p 是否为 p 的真值函数，它总会等值于 p 和独立于 p 的另一二真值变量 q 所形成的一个真值函数。由于有且仅有 16 个二真值二元函数式和有且仅有 16 个相应的基本二真值二元函数，所以有且仅有 16 个一元算符和有且仅有 16 个相应的基本二真值一元非函数。其他的二真值一元非函数由且仅由这 16 个一元算符叠置所形成。

当然，我们可以先把上述解释限制在一元非真值函数联结词、二元真值函数连接词、经典命题逻辑和逻辑公式的有穷长度共四个限制条件上。

如果上述解释能够成立，那么形式化辩证逻辑学家们半个多世纪以来的工作其实一直是在紧贴着成功的大门外徘徊。我们分别称基本辩证否定算子“蕴涵为真的逆函数式”为◎1，其他三种典型辩证否定算子依次是“逆蕴涵为真的逆函数式”◎2、下反对算子“析取为真的逆函数式”◎3和上反对算子“合非为真的逆函数式”◎4，那么对于任意一个命题 p 与其基本辩证否定构成的辩证命题就是：◎1p = p ∨ q = D2。因为 q 蕴涵 p 为真的逆函数的真值语义正好与 p ∨ q 完全相同。并且不是很困难就可以递归定义出◎2、◎3 和◎4 各自唯一对应表 1 中另三个二元联结词。

尽管◎1p = D2，但一元联结词◎1 显然唯一对应二元联结词 d2 而不是等值于 d2，同时◎1 也不等值于表 1 中的任意一个一元联结词。因此◎1 的确是非经典的一元逻辑词。不过它的非经典性已经通过狭义函数相对论而还原为经典。同理于◎2、◎3 和◎4。这是本文的最终关键点。

辩证否定：辩证否定“算子”应该都可以对应于经典逻辑关系。而“正、反、合”过程中出现的基本辩证否定算子仅是直接相关于取值为合题的蕴涵（为真）式。

辩证否定关系：基本辩证否定关系是蕴涵（为真）关系。严格意义的辩证否定关系是在“正、反、合”过程中出现的，分别属于蕴涵关系、析取关系和经典否定关系。

辩证逻辑：虽然传统模态逻辑、次协调逻辑、直觉主义逻辑等非经典逻辑仅是经典（二值）逻辑的深化而不是扩充，所以它们仍然应该归入经典逻辑，但广义模态逻辑、多值逻辑和辩证逻辑是否完全能归入经典二值逻辑还需进一步研究。辩证逻辑不能归入是因为它所反映的辩证思维过程中多次二分性的逆过程，这才是辩证逻辑的最根本本性。而经典二值逻辑是单次二分性的逻辑。因此，我们的工作其实不是将辩证逻辑形式化，而是揭示其本来就有的形式本性。

辩证哲学文本：在辩证哲学文本中说的清楚的是逻辑，既有辩证逻辑，也有经典（二值）逻辑；说不清楚的其中很多是垃圾。辩证法的最日常表述是：看一个问题，既要看到它的正面，也要看到它的反面。用我们的话说就是：看一个复合命题，既要看到它的肯定肢，也要看到它的否定肢。

我们把所有的这些逻辑叫做二分性的形式逻辑。辩证逻辑与其他逻辑的区别主要是其特有的多次二分的逆过程。思辨哲学与分析哲学的根本区别也在于此。多次二分体现了种属间转化的超越性与启发性，逆过程体现了反身性。但过去所谓的形式逻辑的单次二分注重逻辑的保真推理，而辩证逻辑注重相邻种属间的二分性变换。因此，我们可以说：一种逻辑，两种运用。

当我们在温暖的阳光下享受着和平与安宁的下午茶时，以成败来论学界，以学术生命为代价进行毕生杀伐战斗的英雄们是不公允的，虽然本文的论证开始于一个不可能性的发现，本文的结果试图把二十世纪大部分的非经典逻辑神奇归于平凡。无论如何，老师们会以他们的为真理而献身的精神继续成为我们的现实榜样，黑格尔也会因为他创立了自己可能并没有完全搞清楚的辩证法而继续作为我们心目中的伟人，而本人至多不过是在老师们的培养和提携下偶然在海边捡到有趣贝壳而惊呼的孩子，所看到的真理（一定限制条件下非真值函数与真值函数的等值变换）也不过是大海中巨大冰山浮起的一角。吾爱真理，但吾更爱吾师。①

（作者单位：华中科技大学哲学系）

① 由于本人正集中精力将已超越形式化辩证逻辑研究而达到更普遍程度的“一元算符理论”初步的“狭义函数相对论”进行严密化和规范化，所以本文除 1.1 是整体重写基本都按 11.01 原稿。但本人在现代逻辑、现代科学哲学和黑格尔哲学方面都仅是“臭皮匠”——笔者 2012—11—01。

# 从流俗的“辩证法”中拯救黑格尔辩证法

## ——答万小龙君

邓晓芒

［内容提要］万小龙从现代数理逻辑的立场对黑格尔辩证法进行了再次解读，认为以往对辩证逻辑的形式化工作已全部失败，现在有必要揭示的是辩证法的形式本性。他对前人在辩证逻辑形式化方面所做的努力进行了深入的分析和全面的批判，这些批判具有较强的说服力，往往带有颠覆性；但他自己的积极创建却并不成功，主要是因为他所依据的文本并非黑格尔辩证法的原始文本，而基本上只是国内教科书上庸俗化甚至被歪曲了的文本，因而导致他对“自否定”原则的难以理解；其次还因为他的基本立场仍然没有超出使辩证逻辑还原为形式逻辑的陈旧思路，未洞察到辩证逻辑本质上的人文性。他针对辩证逻辑而建立起来的涵盖辩证逻辑与形式逻辑的“狭义函数相对论”其实与真正的辩证逻辑没有关系。我们应当把黑格尔辩证法从流俗的理解中拯救出来。

［关键词］万小龙　辩证逻辑形式化　庸俗化文本　黑格尔　自否定

万小龙教授的《辩证逻辑形式本性的有限度的显现——对黑格尔辩证法的一个二分性解读》一文，是他在我的再三催促下，四易其稿而写成的。文章花费了他大量的心血，并且确实写得扎实厚重，他的敏锐与学识使我佩服不已。我甚至认为，他这篇文章对国内有关“辩证逻辑形式化”的老话题作了一个难以反驳的终结，即证明，辩证逻辑形式化的迄今为止所有的尝试都是不成功的，而且即使有可能形式化，这形式化的也已经不是（原来意义上的）辩证逻辑。这与我的观点不谋而合，虽然我们的出发点是完全相反的。说相反是因为，他认为由此可以证明辩证逻辑基本上可以还原为经典二值逻辑，而之所以看起来不能还原，不过是由于它表现为"多次二分的逆过程"，但原则上它与形式逻辑的"单次二分"的形式推理具有某种"反函数"关系，"因此，我们的工作其实不是将辩证逻辑形式化，而是揭示其本来就有的形式本性"，而原来那些"辩证哲学文本"中说不清楚的部分"很多是垃圾"（见"结论"）。而我则认为，这样被还原为形式本性的"辩证逻辑"已不是真正的辩证逻辑，真正的辩证逻辑在所有这一切论证之外完全未受触动，或者干脆被当作"说不清楚的""垃圾"抛弃了。所以，我与万小龙君的分歧根本上在于对"辩证法"（或"辩证逻辑"）的理解不同。他对我的批评是基于长期以来国内流行的、教科书的"辩证法"的理解之上的，而对这种流俗的"辩证法"，我曾在《思辨的张力》和其他许多地方进行过猛烈的批判和大力的澄清，以使国人真正深入到辩证法的精髓，把黑格尔（和马克思）的辩证法从这种庸俗化的主流意识形态中拯救出来。在这里，我愿意根据万小龙君在文中对我的质疑再次将我所理解的辩证法与流俗的辩证法作一个切割，以便加深我们对这个问题的理解，说不定可以终结这个困扰了国内学术界半个多世纪的问题。至于小龙文章中的其他问题，涉及比较专业的数理逻辑和现代逻辑分析技术的部分，我是外行，但他的结论我有许多是赞同的。

## 一　对辩证逻辑的最低限度的"共识"

小龙君一开始就提出了这个"最低限度的共识"问题（见1.2），这显示了分析哲学家在对话和讨论中追求思维清晰的良好习惯。但他所提出的不言而喻的"共识"，在我看来却大有问题。先看他如何说。

> 一般认为，关于辩证逻辑有如下共识：它的核心是由"正题，反题，合题"形成的思维过程，这个过程可以由否定之否定规律表示。这个规律与对立统一规律及量质互变规律共同形成辩证逻辑的三大规律。否定之否定规律包括这样两步（即两次辩证否定）：
>
> 第一步：从对正题的否定达到反题。
>
> 第二步：从对反题的否定（也即对正题的否定的否定）达到合题。

显然，这是从教科书上抄下来的。这段话有问题吗？当然有问题！首先，我在《思辨的张力》中说道："在以往的教科书中，人们总是将辩证法的这'三大规律'割裂开来加以论述，很少有人认真论述这些规律之间的相互关系；而在专门讨论否定之否定时，……却忽视了这一原则在逻辑概念前此一切发展中的内在作用，忽视了：它不仅在形式上是构成整个体系的基本方法，而且正因为如此，它就是构成黑格尔一切方法的内在根据和核心的基本规律。"还说："正是在马克思恩格斯眼里，否定之否定被看做其他辩证规律的核心。"① 而这里小龙君则仍依从教科书的传统说法，笼统地说三大规律"共同形成"了辩证逻辑。

再者，更重要的是这种表述方式："否定之否定规律包括这样两步（即两次辩证否定）"，以及"第一步：从对正题的否定达到反题。第二步：从对反题的否定（也即对正题的否定的否定）达到合题"。不知道小龙君是否注意到，这里缺乏一个否定行动的主体：究竟是谁"从对正题的否定达到反题"，又是谁"从对反题的否定达到合题"？在这种表述中没有主语，我们完全可以设想一个外部的操作者，由他来走"第一步"，至于"第二步"什么时候走，由谁来走，甚至要不要走，都无所谓。这就给形式逻辑或者形式化的理解留下了空档，在这种理解下，辩证法很容易变成由某个聪明人或阴谋家操纵局势以达到别的目的的形式工具（变戏法）。这就是有中国特色的（或前苏联的）"辩证法"之所以蜕变成供当权者操作的一种权术的奥秘。对此，我在《思辨的张力》中作了大量的纠正，主要是将否定理解为"自否定"。如：

> 黑格尔所谓的否定就是自否定，而自否定本身也就是否定之否定。从否定到否定之否定，在表述上似乎是两个东西，即否定之否定是"双重否定"，或是否定的"自身关系"，但在本体论上却是同一个东西，因为否定本身只能理解为"自身关系"，任何"自身关系"也只能是"自否定"关系……并不是哲学家（黑格尔）外在地将否定的矛头转向否定自身，才得出了"否定之否定"原理；相反，正是否定的这种自否定本性使自己成为了否定

① 见邓晓芒《思辨的张力——黑格尔辩证法新探》，商务印书馆2008年版，第291页。

之否定。

……

否定之否定这一返回自身的运动只不过是否定性自身的得到规定和确定的功能，换句话说，否定如果贯彻到底，如果要成为一条规定了的普遍原则，它就必然要包含其反身关系，否定本身作为原则来看就必然是否定之否定——一条肯定的、具有自身存在的单纯原则。相反，否定如果不运用于自身，它就不能成为一条普遍贯通的原则，它就还有某一点，即在自己身上不适用于它的原则……；这样它就与肯定处于外在的僵硬关系中，不能真正否定对方，而只是简单地排斥了对方。①

当然，形式逻辑是不管这些的，它只看到一个东西被否定了，然后又再次遭到了否定，而没有顾及两次否定其实都是同一个东西自身内部能动原则的表现。前一种情况即被否定的情况是一切非辩证的思想都能够接受的，后一种即自否定的情况则只有辩证法才能考虑到。小龙君对辩证法的理解看来还停留在前一种理解。例如接下来他"借用国内外已有的讨论辩证逻辑形式化文本中经常出现的两个例子作为讨论辩证逻辑的开始"，一个例子是康德的一组范畴"实在，虚无，限定"，另一个是"自然数，负整数，整数"。这两个例子都不是辩证法的经典例子，而是逻辑学家们为了讨论的方便而特意挑出来的。之所以方便，是因为它们都没有体现出辩证法最内在的本质即自否定，而是可以从外在的方面去理解的。黑格尔曾说康德是用知性来理解理性的，要通过康德来学习辩证法是白费力气。康德只不过是把三个一组的范畴罗列出来，而并没有"推演"范畴，虽然也有"正反合"的外部形式，可以作出概念的分类，但并没有从范畴内部发出向另一个范畴过渡的动力，因而不具备真正辩证法的功能。同样，自然数、负整数、整数之类的划分也不是从同一个东西里面推演出来的，而是外在划定的，只有种类、大小和量的关系而无能动的发展过程。小龙说这是经常出现的两个例子，我想这恐怕都是一些不懂辩证法的人所以为的辩证法的例子。但黑格尔本人在《逻辑学》中谈到"实有"（Dasein，或译实在）和"虚无"（Nichts）时，就批评了康德那种把两者对

---

① 见邓晓芒《思辨的张力——黑格尔辩证法新探》，商务印书馆2008年版，第210页。

立起来的看法；[①] 而在讨论量时也没有举什么自然数和整数，而是大谈微积分和无限性。

这样一来，情况就变得很严重了，就是说，小龙君信心十足地想要解决200年来"黑格尔的辩证逻辑之谜"，但他提供的靶子却不是黑格尔的，而且通篇都没有引黑格尔自己的话，却把国内逻辑学界历来对黑格尔辩证法的那种流俗的、被歪曲了的理解当作自己的分析文本，并且视为"最低限度的共识"。这样做的唯一好处就是，对于那些把黑格尔辩证法歪曲成流俗形式的始作俑者来说，他的批判锋芒可以说是所向披靡，今后的人再不能立足于这些例证来给辩证逻辑穿上一件"形式化"的外衣了；但对于真正的黑格尔辩证法或辩证逻辑来说，小龙的批判恐怕还没有挨上边，或者说，完全"脱靶"了。

## 二 辩证逻辑形式化处理的直接结果

这部分是小龙君对现行的辩证逻辑形式化系统的批判，涉及许多我不熟悉的术语和公式。但总的来说，我感到这些批判的论证是有道理的，甚至是相当精彩的。例如他说：

> 绝大部分辩证逻辑形式化系统都试图通过定义辩证否定为一元逻辑联结词，然后统一将两次否定都写成是用这个否定对一个命题p（即正题）的一次作用和两次作用。我们认为，这种想法是过于天真的……。(2.1)

这个意思其实我上面所引《思辨的张力》第一段话中已经谈到了。所谓"双重否定"就是把否定当作一种单一的操作技术，来针对一个对象或命题反复操作。小龙君得出结论："不可能存在一个无歧义的'辩证

① 参看《逻辑学》，杨一之译，商务印书馆1977年版，第74页以下，及第109页："某物作为单纯的、有的自身关系，是第一个否定之否定。实有、生命、思维等等是在本质上把自身规定为实有物、生物、思维（自我）等等。"在《小逻辑》中也说："'无'的最高形式，就其为一个独立的原则而言，可以说就是'自由'。这种自由，虽是一种否定，但因为它深入于它自身的最高限度，自己本身即是一种肯定，甚至是一种绝对的肯定。"（第193—194页）当然，这些话很"不清楚"，在小龙君和分析的逻辑学家眼里都是"垃圾"。

否定’联结词!”的确如此。我要补充的是，辩证否定甚至根本就不能被当作某种“一元逻辑联结词”，因为它不是把两个东西“联结”起来，而是同一个东西的自我变异。正如赫拉克利特说的，人不能两次踏进同一条河流。小龙君还设想用一种统一的逻辑关系取代一元逻辑联结词来表达辩证否定关系的方案，但又随即放弃了这种努力，因为这种逻辑关系根本就不可能统一。他说：大部分辩证逻辑形式化工作者“把两次‘辩证否定’的‘语词同一性’误认为‘概念同一性’是他们无法找到正道的原因。”（2.2）不错。然而，同一个语词可以表达不同的概念或者说不同含义，这不是语词的缺点，而恰好是语词的优点，说明语词是有生命的、不断生长的。只有从这方面来理解辩证否定才是“正道”。但分析哲学家力图为每一个语词找到一个唯一的概念或意义，以便把意义像填表格一样填进语词的格子框架之中，其结果将使运用这些语词的人变成一些格式化了的机器人。

但小龙君似乎还想再试一次。在第二部分的2.3—2.5以及“小结”中，他提出了“对单次否定之否定过程中‘两步’分别给出的新形式处理”的方案，并对此作出了分析和说明。他所使用的一套符号操作和术语是我所陌生的，在我的努力理解下，他的意思似乎是这样：第一步否定：$\neg p$ 等值于 q；第二步否定：$\neg q \to p$；而 $\neg q \to p$ 又等值于合题 $p \vee q$。其中，“第一步中的否定关系是从 p 到 $\neg p$，是经典否定；第二步中的否定关系等值于经典的推理有效关系 $q \to p \vee q$，属于蕴涵（为真）关系。”（2.3）这个第二步是有效推理关系，称之为“狭义的基本辩证否定关系”；所推出的合题即（逆）蕴涵关系则不是有效推理关系，称之为“广义的基本辩证否定关系”。看来，小龙君为了避免把否定作为同一个一元逻辑联结词反复运用于一个对象上，他划分出了两个更细的“格子”，即仍然不是对否定本身作一种动态的把握，而是区分出来两种不同意义即“狭义”和“广义”的辩证否定，一个是有效推理关系，另一个不是，而只是（逆）蕴涵关系——就是虽然可以这样，但不一定这样（不是一一对应关系或多一对应关系，而是多多对应关系）。而且在超出 $p \vee q$ 的更广的论域中，所有的子过程的这种关系不变，由此可以扩大到“一切事物”。于是他得出两点结论：

（1）如果每个子过程各以其“合题”为论域，那么正、反、合依次为 x，y，x∨y，y 就是¬x；第一次辩证否定关系为 x 与¬x 的经典否定关系，第二次辩证否定关系为 y 与 x∨y 的经典蕴涵关系；第一次否定是对 x 的经典否定，结果为¬x；第二次否定是对 y 的辩证否定，是由“y 与‘→’构成的二变量的反函数”且取反函数的值为论域本身，结果为 x∨y。这时虽然各个小圆圈之间不是有效推理关系，但各个小圆圈的论域之间是有效推理关系。第一步是经典否定，第二步是蕴涵（为真）。

(2) 如果每个子过程统一以最后一个子过程的“合题”为论域（或以一切事物为论域），那么正、反、合依次为 x，y，x∨y；第一次辩证否定关系为 x 与 y 的经典析取（为真）关系，第二次辩证否定关系为 y 与 x∨y 的经典蕴涵（为真）关系……这时虽然各个小圆圈作为整体之间是有效推理关系，但跨小圆圈的步之间仍不是有效推理关系，而是析取（为真）关系。

显然 (2) 要比 (1) 更具有普遍性，而 (2) 中出现并仅出现三种“否定”关系：析取、蕴涵和经典否定，我们没有理由不把它们都叫做辩证否定关系，因为一般的辩证法文本中都认为辩证否定是可以“容忍矛盾”即相互辩证否定的两个事物之间可以同真……。(小结)

这就是小龙君所做出的新的尝试。的确分得很细，各种被混淆的概念或意义现在都可以分别被填进自己的格子中了。但撇开中间的推导过程不论（而且我也不懂），最后这段话总算是比较明白的。就是他把现代逻辑的析取、蕴涵和经典否定三个“格子”都加上了一个“辩证否定关系”的名号，而这样做的“理由”居然是“一般辩证法文本”！但这种文本恰好是不可信的。例如，所谓辩证否定可以“容忍矛盾”这种说法，就是一种不靠谱的说法。辩证否定怎么是“容忍矛盾”呢？它本身就是矛盾！至于把“容忍矛盾”又解释为“相互辩证否定的两个事物之间可以同真”则更加不靠谱了，辩证否定不是“两个事物之间”的事，而是同一个事物本身的内在冲突；也不是两个事物可以同真，而是同一事物只有在自否定的内在冲突中才是真的。在这里，形式逻辑（数理逻辑）和辩证逻辑的两套话语其实并不搭界。如果说大部分辩证逻辑形式化工作者“把两次‘辩证否定’的‘语词同一性’误认为‘概念同一性’是他们无法找到正道的原因”（前引），那么小龙君不是也在利用他们的“一般辩证法文本”中貌似的“语词同一性”来充当“概念的同一性”的依据吗？

当然，小龙君也许不认为自己已经建立起了一个新的辩证逻辑形式化体系，但他这种思维方式与前人做过的尝试并没有根本的区别，根据前面的分析，他的尝试同样前景堪忧。

## 三 进一步的讨论

小龙文章的重头还在于标为“进一步的讨论”的第三部分，他对我的质疑也主要是在这部分中提出来的。在“与思辨哲学家商讨：辩证逻辑不是什么？”一节中，他针对我关于“自反性”的观点提出：

> 完全的自反性只可能存在于纯粹思维的假定或规定之中！除此之外，所谓由自反性构成的相互矛盾的论题不过是像我前面所分析的那样是两个完全可以用经典联结词表示但并非矛盾关系的复合命题……不过，很多形式逻辑悖论正是来自于对不可能存在的完全自反性的误解，而辩证逻辑的超越性也恰是来自可能存在的非完全自反性。（3.1，第4段）

先在此打住，看看这段话有什么问题。设想一种可一次性规定的“完全的自反性”概念，这是典型的形式逻辑思维。首先试问，什么叫“完全的自反性”？“完全”的标准何在？只能诉之于形式逻辑的抽象同一律。这种同一律的确“只可能存在于纯粹思维的假定中”。但自反性正是要打破同一律的抽象性，在不同一中把握辩证的同一性，这就不可能有一次性完全的自反性，而只能是一个不断完成着的过程。或者说，自反性只有在过程中才能逐步展现自身的完全性，而停留于“纯粹思维的假定或规定之中”则既没有完全性，也没有真正的自反性（例如在形式逻辑中一定要完全排除自反性）。其次，“所谓由自反性构成的相互矛盾的论题不过是像我前面所分析的那样是两个完全可以用经典联结词表示但并非矛盾关系的复合命题”，这只不过是重申了辩证逻辑形式化的诸位前辈们早已尝试过无数次的陈旧思路，即把辩证法的矛盾关系还原为形式逻辑的非矛盾关系的某种组合形式。但正如小龙君自己在前面说过的：“没有一个一元联结词符合这样的条件：既符合辩证法的语义，又具有统一的否定意义。”（2.1）因而这种还原无效。最后，说形式逻辑的悖论“来自对不可能存在的完全自反性的误解”，有一定的道理，即来自盲目排斥自反性；但却并不意味着只要不存误解，就没有什么悖论了。恰好相反，正是悖论逼迫着形式逻辑自身投身于（哪怕是不完全的）自反性，并开启着辩证法的理解。所以下一句倒是对的：“辩证逻辑的超越性也恰是来自可能存在的非完全的自反性。”

接下来，小龙君说我看到了“真正的同一性只能是同义反复”，但又不知道“真正的逻辑矛盾也仅存在于做同义反复的两个概念或命题中的一个与另一个的经典逻辑否定中”（3.1，第4段）。其实在我看来，真正的（或完全的）同一性和完全的同义反复虽然概念上相等，但它们正如完全的自反性一样，都只存在于纯粹思维的假定中，这种假定实质上只相当于一个概念，而不是一个真正的判断或命题。如“A = A”就只是抽象逻辑假定的等同，但从其现实意义上看，后一个A与前一个A就已经不同了（规定的A和被规定的A）。[①] 所以我认为，真正的逻辑矛盾只存在于同一个概念的自我否定中（如说“黑不是黑”），这也是形式逻辑本身所承认的。而所谓“做同义反复的两个概念或命题中的一个与另一个的经典逻辑否定”反倒并不是什么真正的逻辑矛盾，而只是差异或对立而已（如“黑就是黑，而不是白”）。[②] 这就是我所理解的“形式逻辑中的否定与矛盾的精深意义”（同上），有什么不对吗？

再下面一段，小龙君说：“由于经典否定是并只能是一元联结词，因此在严格意义上，否定根本就不是两个事物之间的关系！否定只可能是对

---

① 参看《思辨的张力》，商务印书馆2008年版，第310页。

② 我曾在《中国百年西方哲学研究中的十大文化错位》一文中指出，我们中国人因为自身的文化传统而惯于把矛盾原则即否定之否定原则完全等同于“对立统一”原则，“矛盾的真正意思即自否定就完全被掩盖甚至抛弃了。毛泽东的《矛盾论》整个讲的都不是Widerspruch（一个东西的自相矛盾），而是Gegensatz（两个东西的对立），他甚至认为‘差别就是矛盾’，完全取消了黑格尔在《小逻辑》中对差别、对立、矛盾三个层次的区别”。其实只有矛盾、自否定才是更深层次的法则，“但中国谈辩证法的人几乎没有一个达到这一层次”。参看邓晓芒《实践唯物论新解》，武汉大学出版社2007年版，第357页；又参看邓晓芒《黑格尔辩证法辨正》：“亚里士多德就谈到过这两者的不同，比如说‘黑’和‘白’这是对立，但什么是矛盾呢？‘黑’和‘不黑’才是矛盾……所以在黑格尔那里，矛盾是最高层次的”，载《中西文化视野中真善美的哲思》，黑龙江人民出版社2004年版，第138页。

那个被否定事物自身的！在这个意义上，经典逻辑中的否定联结词就是自我否定。”我说过辩证法意义上的否定只能是自否定，但这与经典的否定和一元联结词并不是同样的意思。形式逻辑的经典的否定恰好就是“两个事物之间的关系”，如黑否定白；而“一元联结词”既然是“联结词”，那就意味着联结“两个事物”，同一个事物本来就是自身，是不需要什么“联结词”的。小龙君之所以要把这样两种完全不同的关系混为一谈，看来是为了在经典的否定和自否定之间搞调和折中。所以他下面说：“任何不是非经典的‘否定’总是可以表示为经典否定联结词与其他某个常用联结词表示的复合命题。因此我们所谓‘自否定’往往是包含了自否定和非自否定两方面的复合。进一步说，所谓的逻辑矛盾关系只能是 p 与 p 的经典否定之间的关系，而所谓的既可同真又可同假（或非严格地说仅可同真）的辩证矛盾从来就不是逻辑矛盾。”（3.1，第 5 段）这里所说的“辩证矛盾”和“逻辑矛盾”（形式逻辑的矛盾）的区别完全是无批判地接受了国内半个世纪来的陈腐之见，[①] 不论是在黑格尔那里还是在马克思那里，矛盾就是矛盾，并不分什么逻辑的和辩证的。例如，“p 与 p 的经典否定之间的关系”（逻辑矛盾关系，即自相矛盾）实质上难道不正是 p 的“自否定”关系吗？自否定难道不是形式逻辑和辩证法对矛盾的共同理解吗？

然后是对“玫瑰花是红的”这个例子的质疑。小龙君从我的文章中总结出两个规则：“S 是 P”要么指“S 与 P 完全等同”，要么指“S 的某个属性与 P 完全等同”（3.1，第 7 段）。其实我并没有这样说，即使这样说了，也只是描述其通常形式逻辑上的含义，而我认为这只是它的表面上的含义（同一律），而且正好是导致其自相矛盾的根源。但小龙君补充说，逻辑学家们至少在中世纪已经补充了另外两个含义，即“S 的外延被包含于 P 的外延”、“S 的某个属性的外延被包含于 P 的外延”（3.1，第 8 段）。我认为这种添加并不改变事情的实质。因为说“一个东西的外延被包含于另一个东西的外延”，可以等值于说“一个东西等同于另一个东西的‘一部分’”（这丝毫不涉及外延与内涵反比关系的定理）。同理，我们甚至也可以把“S 的某个属性与 P 完全等同”也简化掉，归结为“S 与 P

① 我在《辩证逻辑的本质之我见》中曾对这种传统区分进行过批评，但小龙似乎对此没有注意到。

等同”的一种变形。[①] 于是，以此来分析“玫瑰花是红的”，则小龙君的“去矛盾化”的改写：“红色的玫瑰花的外延被包含于红色事物的外延中”（形式上看）和“玫瑰花有一种内涵等同于红色的内涵”（内涵上看），仍然并不能摆脱矛盾。因为前一句等值于“红色玫瑰花的外延等同于红色事物外延的一部分”，仍然有“个别”（红色玫瑰花的外延）等同于“一般”（红色事物外延的一部分，因为还有很多别的部分）的矛盾；后一句则更明显是个别和一般的矛盾（是特定的玫瑰花的一种内涵等于一般红色的内涵）。可见小龙君为这一命题去矛盾化的尝试是失败的。

但至少小龙君看出来：“所谓‘辩证矛盾允许逻辑矛盾存在’（这一表述不确，如前述）其实是从‘形式逻辑的自相矛盾’推出的”（3.1，第10段）。更确切地说，辩证矛盾就是形式逻辑的自相矛盾。小龙讽刺说：“当然这是可靠的，因为从逻辑矛盾的前提可以推出一切。”这种讽刺我在每个分析哲学家那里都听到过，但他们全都没有意识到自己其实说了一句大实话：逻辑矛盾的前提就是自由。分析哲学家从来不屑于谈论自由，认为这是笑话，或者“垃圾”，因为这种话题是“无逻辑意义的”。“所以，恰恰是以非完全的矛盾中推出的结果，才使得辩证逻辑是有意义的。”（3.1，第11段）我不知道小龙君的“非完全矛盾”是指什么，能不能举个例子？例如“黑不太是黑”？“白马不完全是马”？

小龙君还在我（或黑格尔）对形式逻辑和对辩证逻辑的看法之间看出某种不同来：“前者不能容忍逻辑矛盾，后者可以”（再次声明，说辩证逻辑“容忍”逻辑矛盾是种误解），并评论道：“但实质上的思维方法是一样的：恰恰不是他们所坚决提倡的辩证思维而是他们所极力批判的‘形而上学’思维，即把肢命题之间的经典矛盾形而上到整个命题之间的经典矛盾。”（3.1，第12段）这里小龙可能把两种不同含义的“形而上学”搞混了，一种是亚里士多德的“第一哲学”，一种是马克思主义所批判的非辩证法观点（形式思维）。而黑格尔和我都从来没有“极力批判”过前一种意义的“形而上学”。但他也许是故意调侃，总之是他不想把逻

① 不论后来的逻辑学家们有多少细致的区分，亚里士多德的“S是P”的基本含义即“S等同于P”仍然是最终的基础，其他的都是在这基础上的变形。甚至连休谟的“是”与“应该”的区别最终也归结为“是”与“应该是”的区别，这也正是小龙文章中最为精彩的论点之一（见3.3）。

辑矛盾当作“形而上”的整体原则，而只想通过某种操作把它还原为形式逻辑的各“肢”以消除矛盾。如他说的：“辩证逻辑在处理一般性知识论题时的一个重要的特点是‘在保持所论概念的性质属性不变的同时通过论域变换把矛盾关系转化为非矛盾关系而给解决矛盾留下余地’。”并为我“有时并没有做到这一点”感到遗憾（3.1，第13段）。但是我当然不会这样做，因为我认为这恰好不是“辩证逻辑的特点”，而是“辩证逻辑形式化”的特点，我已经与之斗争多年了。

最后，小龙君模仿我在《辩证逻辑的本质之我见》一文中的一段话而提出了与我的观点的“辩证矛盾而不是经典矛盾”的看法。我的原话是：“形式逻辑之所以不理解辩证逻辑，根本上是由于它没有人文性的自觉。许多逻辑学家对人文哲学接触不多，有的逻辑学家回过头去研究人文哲学，也只是在既定的基础上汲取一些人文内容，而不是用来深化自己的基础，更谈不上对这个基础的自否定了。”小龙君则针锋相对地说：“思辨哲学家之所以不理解辩证逻辑的形式本性，根本上是由于他们没有科学性的自觉。许多人文哲学家对科学哲学接触不多，有的人文哲学家回过去研究科学哲学，也只是在既定的基础上汲取一些科学内容，‘而不是用来深化自己的基础，更谈不上这个基础的自否定了’。”（3.1，第15段）然而，这种针对我对科学哲学的辩证法观点的批评的反批评只具有语词形式上的、如同数学公式般的对应性，而对照现实学术界的现状，小龙君完全是在放空炮。只要看看事实就很清楚：没有哪一个人文哲学家会对科学哲学的那些话题不屑一顾（就连黑格尔本人，小龙君也承认他在当时的科学和数学上处于顶尖位置）；反过来看，几乎所有的科学哲学家在自己的专业范围内都对人文哲学的话题不屑一顾，甚至大加嘲笑。就在小龙这篇文章中，凡是谈到自由、生命的地方，他都少不了要将之作为“神乎其神的东西”而加以“去魅”（3.2，第14段）。所以，这种表面文字上的反诘并不能形成他与我的“辩证矛盾”，只不过是一种抬杠而已。

## 四 几点补充

小龙君文章的第3.2部分的小标题是“与科学哲学家及非经典逻辑学家商议：辩证逻辑是什么?”这部分批评的重点是致力于辩证逻辑形式化的那些学者，这种讨论我基本上插不上嘴，但对许多论点也是欣赏的。

例如，针对陈晓平和罗嘉昌二位先生关于“这朵花是红的”和“这朵花不是红的”两个命题“在一定条件下可以同真”的观点，小龙君正确地指出，这其实与“一定条件”（如视力是否正常）无关，因为加入该条件后，就不是这两个命题本身的关系问题，而是它们各自与视力的正常或不正常所组成的两个复合命题之间的关系问题了（3.2，第11—13段）。他从中总结出的一般性结论也是颠覆性的：

> 还有许多专家把中国易经八卦、现代模糊数学理论、系统科学、非线性理论等等理论类比辩证逻辑，也不过是把一种对高深但糊涂或明晰的知识的模糊认识去替代另一种对高深知识的模糊认识，独独没有清醒认识到所有这些理论背后都遵循着同一种理论，即经典逻辑理论。（3.2，第18段）

他甚至由此而自比为作辩证逻辑形式化领域中一名顿悟到“本来无一物”的禅师。

又如他对杜国平先生的“哲思逻辑”的批评：

> 辩证地看，杜教授一方面过分高估了弗协调逻辑的作用，另一方面又过分低估了他自己的作用。他认为发现弗协调逻辑好像发现几何学中的曲面几何，我们认为不可能，因为曲面几何有不能归结于平面几何的公理，而弗协调逻辑的公理经过解释，不过是经典公理的推理结果或复合。杜博士所认为的从经典逻辑角度看出的弗协调逻辑与直觉主义逻辑的特点其实是从逻辑的一般本性之所见。（3.2，第28段）

所以，“哲思逻辑”的真正意义是揭示了直觉主义逻辑和弗协调逻辑之类的逻辑“试图成为具有独立意义的逻辑的不可能性”，他们那些“对经典逻辑的扩展”其实不过是“把经典逻辑压缩为某个成语”而已（3.2，第29段）。这些批评都透射出小龙君的过人的睿智。

第3.3部分的小标题是“与经典逻辑学家及逻辑哲学家商谈：辩证逻辑到底是什么?”这部分小龙君看来除了批评前人以外，还想做出一点正面的推进。但恰恰在正面建树这一点上，小龙君似乎并未对前人增添多少。例如对于古希腊芝诺的运动悖论，小龙君在批评陈慕泽教授的解释时正确地指出：“陈教授的思考反映了在现代逻辑学家中普遍存在的一种观念：即现代数学或数理逻辑知识会导致对古老的逻辑问题的不同解决”，而小龙君则认为“古老的逻辑难题也在本质上不会依赖于当今的新的高深的逻辑学知识（但并不排除新科学知识能够对那些问题的认识更清楚细致）。”（3.3，第8段）但他自己的解释却回避了问题本身。如对阿基里斯追不上乌龟的问题，他说：“虽然我们不知道最后阿是如何就追上了乌，但我们知道在阿追上乌的过程中仅有的过程就是V。”（V即这一追赶过程）（3.3，第12段）这句话等于没说，因为它是同义反复；另一方面它还偷换了论题，因为两千年来的逻辑学家想要解决的不是阿基里斯是否追上了乌龟的问题，而正是他如何追上了乌龟的问题。而小龙却说“我们解决了‘阿是否追上了乌’的问题也就解决了这个逻辑悖论”（3.3，第13段），这也太小看别人了！难道两千年来那么多聪明人都对付不了这个逻辑悖论，仅仅是因为他们没有解决阿基里斯是否追上了乌龟这个小孩子都知道的问题吗？

至于对“飞矢不动”的悖论，小龙也别出心裁地说：

> 对于“飞矢不动”悖论，我们认为它不可能表示为：“运动着的物体P每一时刻既在这儿又不在这儿”。也就是说，这个悖论或者其实是“运动着的物体P并非每一时刻既在这儿又不在这儿”；或者其实是“并非在每一时刻，这个运动着的物体在这儿，并且这个运动着的物体又不在这儿”，但这里的两个“这个运动着的物体”虽然是同一词组，其实不是同一概念。（3.3，第14段）

小龙在这里对有关运动的那个经典命题的两种修正，无非是把肯定命题改成了否定命题。但是这样一改，该悖论的意思和问题都完全变了。首先，这个命题如果真要改成一个否定性的悖论，那就必须改成：（1）“运动着的物体P每一时刻并非在这儿，又非不在这儿”；或者（2）“在每一时刻，并非这个运动着的物体在这儿，也并非这个运动着的物体又不在这儿”。而小龙的改法是不合法的，他的两个命题不可能表达飞矢不动的意思。其次，（2）中的两个“这个运动着的物体”如果按照小龙的理解“不是同一概念”，那就不存在什么悖论，而是说的另一回事，即两个可以完全不相干的命题；而之所以能够被视为“悖论”，正是因为它们就是同一个概念。黑格尔在《哲学史讲演录》中专门讨论过这件事，他引证柏拉图：“假如有人自己很高兴，以为他仿佛是作了艰巨的发现，当他能够翻来覆去地从这一概念推到那一概念去运用思想时，我们便可以说，他并没有作出什么值得称赞的事。……困难而真实的工作在于揭示出另一物就是同一物，同一物也就是另一物，并且是在同样的观点之下，按照同一立场去指出事物中有了某一规定，它们就有着另一规定。”相反，“把一切东西彼此分割开乃是缺乏教养的非哲学的意识的拙劣办法”，这只不过是“完全的生手”所做的事。[①] 后一种做法在黑格尔看来不过是“空疏的辩证法”，例如说某物“在一个观点下为一，在另一观点下为多”，“在这里，‘一’与‘多’这两个概念并没有结合起来。于是这两个观念、两个名词就翻来覆去。”这就是诡辩派的伎俩。[②] 小龙君以为把“这个运动着的物体”按照其“在这儿”和“不在这儿”分割为两个不同的“概念”，就可以解决芝诺的运动悖论，恐怕是想得太天真了。至于该命题中的“时间性”，小龙说：

> 这些问题的产生还可能是因为错误理解了我们惯常表述的“在同时，p是q”中的“同时”，人们误以为逻辑命题的等值有一个条件是“同时性或同时刻性或同时态性”。其实逻辑所研究的思维过程是“不依赖于时间性，而不是同时性”，所以逻辑意义的“同时”是“同一次”，也即把“同一次”解释为“同一次思维过程”。（3.3，第17段）

这个问题早在康德那里已经提出来了。康德在《纯粹理性批判》中就提出，形式逻辑的矛盾律通常表达为“某物不可能同时存在而又不存在”，这种表达由于不小心而不必要地“附带上了时间这一条件，它仿佛宣称：一个等于A之物如果是等于B的某物则不能在同一时间又是非B；

① 黑格尔：《哲学史讲演录》，贺麟、王太庆译，商务印书馆1981年版，第209—210页。又参看王晓朝译本《柏拉图全集》第三卷，人民出版社2004年版，第68页，该译本此段译得不知所云。

② 同上书，第209页，并参看邓晓芒《思辨的张力》中我的评论，商务印书馆2008年版，第73页。

但它完全可以前后相继地是两者（既是 B 又是非 B）。例如一个人他是青年，不能同时又是老人；但同一个人完全可以在一个时候是青年，在另一个时候是非青年即老人。现在，矛盾律作为一条单纯逻辑的原理，必须完全不把它的要求限于时间关系，因此一个这样的表达式是与矛盾律的意图根本相违的。”所以矛盾律“不可添加上同时这一条件”，必须表述为：“任何与一物相矛盾的谓词都不应归于该物。”① 因此在涉及运动悖论这一看起来是纯粹逻辑的矛盾时，康德的解决办法很简单，就是引入时间：“任何概念，不论它是什么概念，都不能使一个变化的可能性、即把矛盾对立着的谓词结合在同一个客体中的可能性（如‘同一个事物在某处存在又在同一处不存在’），成为可理解的。只有在时间里，两个矛盾对立的规定才会在一个事物中被发现，即前后相继地被发现。”② 显然，康德对运动悖论的“解决”就是把矛盾化解在时间的前后相继中，他认为没有时间而仅从逻辑上是解除不了悖论的。而小龙则试图排除时间仅凭“逻辑意义”来解决运动悖论，认为悖论之所以解决不了正是因为夹杂进了时间性。他没想到这样一来他恰好堵死了解决问题的道路。更何况，小龙把“同时”改为“同一次”，或“同一次思维过程”，也仍然未摆脱时间的束缚，因为“一次”本身就是时间的量词，“过程”则更是时间的描述。当然，康德的解决也不是真正的解决，说运动就是某物在某一时刻在某处、在另一时刻在另一处，这是机械论的运动观，它仍然绕开了运动如何可能的问题，是马克思恩格斯所批判的非辩证的思维方式。③

再就是把三值逻辑或多值逻辑还原到二值逻辑的做法，也是我很赞同的。小龙说：“二值逻辑与三值逻辑有共同的 Onto - logic，二分性：任何事物都可以并仅可以分为 A 和非 A。”“因此，在任意多值系统里，与二值系统里面一样，我们有统一的普遍提问：命题 p 的真值是某个真值还是非某个真值？”“二值逻辑的 meta - physics 对应了单次二分，而三值逻辑的 meta - physics 对应了两次二分。”他总结道：“逻辑的本性（the nature of logic）是二分性。即使‘不可以二分’与‘可以二分’也仍然是一种

---

① 康德：《纯粹理性批判》邓晓芒译，杨祖陶校，人民出版社 2004 年版，第 147—148 页。

② 同上书，第 36 页。

③ 对运动悖论的真正解决只有通过对时间的生命哲学的理解才有可能，从黑格尔、马克思、柏格森到海德格尔都是走的这条路子。

二分。逻辑的二真值实际上是对二分性的形式化表示。”（3.3，第27、28、31段）然而，由此推出的结论是什么呢？难道不是形式逻辑或二值逻辑作为一切逻辑的“本性”，打破了所有的多值逻辑、模态逻辑等等花架子试图仅凭逻辑形式来解决悖论的幻想？它们顶多只能推延问题的解决，将三值逻辑的“两次二分”不断地拖延下去，走向“无限可分”，即把问题本身无限分成更细小的问题，却永远不去解决它。但当小龙把形式逻辑的这种本性附会到辩证逻辑身上来时，就显得牵强附会了。他认为，辩证逻辑与其他非经典逻辑一样，在有效推理部分可以归入经典逻辑，但在非有效推理部分则不能完全归入经典逻辑，因为它把问题作了无限推延：“辩证逻辑过程在未完成以前一直具有不确定性。”但这过程的合理性“是由它们作为多次逻辑二分的逆过程来保证的”（3.3，第32段），他甚至认为“这可能就是黑格尔所说的‘概念自身在运动’，而最后一个子过程中无法逃脱的经典否定是辩证逻辑过程达到‘绝对精神’的直接体现”（3.3，第37段）。这个玩笑恐怕开大了。黑格尔对于这种多次二分的方法作过辛辣的嘲讽，比喻为一个化学家取一块肉放在蒸馏器上加以分解，然后告诉人说肉不过是氮、氧、碳等元素构成的，“但这些抽象的元素已经不复是肉了”。[①] 他还引用歌德的《浮士德》中的话：“化学家所谓自然的化验，/不过是自我嘲弄，而不知其所以然。/各部分很清楚地摆在他面前，/可惜的，就是没有精神的系统。”[②] 现代分析哲学家最缺乏的也正是对综合的理解，或者说他们总是倾向于把综合完全还原为分析。这就根本失掉了辩证法的概念和“精神”。

而这种分析主义的最庸俗最日常的表述，居然与中国特色的辩证法不谋而合，如小龙君所说的：“辩证法的最日常的表述是：看一个问题，既要看到它的正面，也要看到它的反面。用我们的话来说就是：看一个复合命题，既要看到它的肯定肢，也要看到它的否定肢。”（结论）这句话再次暴露了笔者一开头就指出的小龙君对“辩证法”的理解的文本资源，即教科书的“辩证法”，或者说毛式“一分为二”。他说：“辩证逻辑与其他逻辑的区别主要是其特有的多次二分的逆过程。思辨哲学与分析哲学的根本区别也在于此。多次二分体现了种属间转化的超越性与启发性，逆过

① 黑格尔：《小逻辑》，贺麟译，商务印书馆1980年版，第413页。

② 同上书，第114页。

程体现了反身性。但过去所谓的形式逻辑的单次二分注重逻辑的保真推理，而辩证逻辑注重相邻种属间的二分性变换。”（结论）看起来好像各归其位，不偏不倚。但其实在小龙眼里，辩证逻辑所注重的部分不过是无限推延的一种企望，并不具有效性；而其“启发性”也不过是启发形式逻辑再次努力而已，真正说来，凡具有效性的都只能是形式逻辑的单次二分性推理。所以这种对辩证法的容忍不过像现代科学家容忍毛泽东的“无限可分”或“毛粒子”一样，对此颔首微笑（反正无伤大雅），其实是对真正的辩证法尤其是黑格尔辩证法的极大的误解。

以上回应，肯定有许多不专业的甚至误解的地方，还望小龙君批评指正。

（作者单位：华中科技大学哲学系）

# 原现象学置疑：对《精神现象学》结构问题的思考

刘　一

［内容提要］对黑格尔1807年《精神现象学》结构的理解，学术界历来争议不断，但在原现象学假设这个共识上却很少有人提出质疑。美国学者迈克尔·N. 福斯特在他的《黑格尔关于一本〈精神现象学〉的构思》一书中，为这一假设提供了基本论据，并在该书“《现象学》中的历史与历史主义”和“《现象学》的潜在逻辑”两个部分里支持、贯彻了这一假设。本文立足于1807年《精神现象学》统一性的立场，以黑格尔的文本为依据，深入批判分析，对福斯特关于原现象学假设的论证提出了全面而有力的质疑。

［关键词］黑格尔　精神现象学　原现象学

1807年《精神现象学》的结构问题，历来是中外学界黑格尔哲学研究中的一个热门话题。美国学者迈克尔·N. 福斯特（Michael N. Forster）在其相关著作《黑格尔关于一本〈精神现象学〉的构思》（Hegel’s Idea of A Phenomenology of Spirit）一书中，对此问题作了全面而深入的研究。他将《现象学》的结构设计（structural design）与三个方面相关联，这三个方面分别是：《现象学》中的历史与历史主义（history and historicism in the Phenomenology）、原《现象学》（Ur－Phenomenology）、《现象学》的潜在逻辑（the underlying Logic of the Phenomenology）。其中，尤以原《现象学》问题最为重要。顾名思义，原《现象学》也就是原本的、原初的《现象学》，它是关于黑格尔1807年《精神现象学》的原初构思的一种假设。这种假设认为，1807年《现象学》在其构思与写作上发生过重大转变，“黑格尔关于《现象学》的结构与范围的计划在其实际写作这部作品时经历了一次彻底的修正，以至于他补充了大量的新材料，甚至可能是全新的章节于其原初所曾打算包括的内容中；在《现象学》之外或在其内部，有一个范围更加适当的原《现象学》”。[①]

对于这种观点，许多学者都持认同态度，例如海姆（Haym）、T·黑林（T. Häring）、珀格勒（Pöggeler）各自对此都有所表述。海姆认为，黑格尔首先为其哲学所提供的，是我们在“意识”章中所可发现的“先验心理学的证明”（transcendental - psychological proof），然后才叠加上了我们在随后的章节中所可发现的“历史的证明”（historical proof）。[②] 根据这种解释，黑格尔实际从“自我意识”章就已经开始修正其原初的构思了。这个修正了的文本部分地保留了原初的样子，部分地则为一些全新的内容所延续。因此他认为，“《现象学》从而生成了一个重写本：在第一文本中间，我们发现了第二文本”；[③] “此外，黑林则主张，黑格尔原打算《现象学》仅仅只延续到直至‘理性’章之半途的‘逻辑学与心理学规律’一节，由此他本应该直接向《逻辑学》过渡，而‘理性’章的其余部分，以及‘精神’、‘宗教’与‘绝对知识’章都是后来运思”；[④] 珀格勒则认为，尽管黑格尔没有增添新的章节，《精神现象学》的构想与划分还是发生了改变，而它的规模则在写作过程中超出了控制。[⑤] 这种规模的扩张使得本来只作为科学体系之简短导言的《现象学》生长为了“一部不成比例的长篇著作”。[⑥]

尽管研究者们或在原现象学[⑦]的具体细节上互有差异，但在总体方向上却大致相同，而福斯特则可谓对这一假设的内涵提供了清晰的界定、作出了充分的论证。他认为，“上面所提到的那些作者，尚无人正确识别这个转变的性质”，即“黑格尔原本打算把仅只全部（only and all of）从‘意识’到‘理性’章快结束时的材料纳入到作品中来，并从那里作出向

① Michael N. Forster, Hegel' s Idea of a Phenomeno*log*y of Spirit, University of Chicago Press, 1998, p. 501.

② Ibid. , p. 501.

③ Ibid. .

④ Ibid. .

⑤ Ibid. , p. 502.

⑥ Ibid. .

⑦ 为求简便，本文自此以下的“原《现象学》”均只写作“原现象学”。

逻辑学的直接过渡，而只是在后来才决定增加‘精神’、‘宗教’、‘绝对知识’等章节”。[①] 对于这一原现象学观点，福斯特提出了五条证据，并在对《现象学》潜在逻辑的研究中作了进一步的辩护。笔者基本不认同原现象学的观点，鉴于这一问题的复杂性，仅以本文对福斯特的论证所提出的反驳来置疑这一假设，以期启发人们对黑格尔《精神现象学》的结构问题进行更加深入的思考。

## 一　对原现象学假设基本论据的考察

支持原现象学假设的五条证据，迈克尔·N. 福斯特通称之为“基本论据”（basic case）。[②] 它们主要来自于《精神现象学》“导言”以及《哲学科学全书纲要》的相关论述，前者被认为是包含了黑格尔最初所拟定的原现象学计划的文本，而后者则因为牵涉了《现象学》与《逻辑学》之关系，以及包含了作为体系片段的“现象学”而有助于我们理解《精神现象学》的结构。除此之外，还有一些证据涉及黑格尔不同版本《现象学》手稿的比较，以及《现象学》诸章节标题的设置。这五条证据分别为：

第一条。在《精神现象学》的“导言”中，黑格尔明确地表示了《现象学》作为意识诸形态（Gestaltungen des Bewuβtseins）之序列的观点。他称《现象学》为“向着真知识迫近的自然意识的道路”，并且认为，现象学“全体的诸环节就是意识的诸形态”。[③] 福斯特认为，黑格尔的这一定义表明，《精神现象学》最初仅仅只把意识、自我意识、理性这三种意识形态纳入到了其考虑范围，而区别于这些“意识形态”，自精神章开始的、黑格尔分别称之为“世界诸形态”（Gestalten einer Welt）与“宗教形态”（Gestalt der Religion）的各章，则是后来才加入的。因此，“‘导言’对任何‘真实的精神’或‘世界诸形态’（‘精神’章的主题）

---

① Michael N. Forster, *Hegel's Idea of a Phenomenology of Spirit*, University of Chicago Press, 1998, p. 501.

② Ibid., p. 505.

③ 《精神现象学》上卷，商务印书馆1997年版，第54、62页，着重符号为引者所加；本文正文所引《精神现象学》原文，均依据Felix Meiner出版社的德文本，中译本页码只为方便索引而列。

都一无所知，也不知道任何‘宗教诸形态’（‘宗教’章的主题）”。① 福斯特认为，正是在这个意义上，《精神现象学》最初的标题乃是“意识经验的科学”，而非我们现在所熟知的“精神现象学”。② 他并且认为，“这条证据仅凭它自身无疑就将证明”③ 原现象学的假设。

第二条。同样是在《精神现象学》的导言中，黑格尔说：“意识在这条道路上所经历过的它的诸形态的序列，毋宁说是通向科学的意识的一篇详细教化历史。”④ 福斯特认为，导言中的这句话意味着“《现象学》将包含恰好一个单一的历史处理（treatment of history）”，亦即“意识的诸形态上升至近代黑格尔科学之观点的历史”⑤ 之处理。除此以外，“‘导言’既不计划，也确实没有为任何进一步的历史处理［treatment（s）of history］，或涉及不同于意识形态之诸项目的任何历史处理［treatment（s）of history］留有余地”。⑥ 这也就是说，原现象学将只包括唯一的一个历史序列，这个序列从古代世界一直延伸至黑格尔的时代为止，而它结束的地方，也就是现象学因达到了科学而结束自身的地方。福斯特认为，这个单一的序列从意识章开始直到理性章既已结束，而我们现在所看到的《精神现象学》则包含了总共三套历史处理：除了从意识到理性为止的历史处理，还有精神章所包含的第二种历史处理，以及宗教、绝对知识章所包含的第三种历史处理。后两者分别处理“世界诸形态”、“宗教诸形态”以及继之而起的、黑格尔自己的哲学以之为前提的近代哲学史。⑦

第三条。这一条来自于《哲学科学全书纲要》（以下简称《全书》）

---

① Michael N. Forster, *Hegel's Idea of a Phenomenology of Spirit*, University of Chicago Press, 1998, p. 505.

② 同上。

③ 同上。

④ 《精神现象学》上卷，商务印书馆 1997 年版，第 55 页。

⑤ Michael N. Forster, *Hegel's Idea of a Phenomenology of Spirit*, University of Chicago Press, 1998, p. 506.

⑥ 同上。

⑦ 在《精神现象学》的“绝对知识”章，有两段文字可能指涉了自笛卡尔以来的西方哲学史（参见《精神现象学》下卷，第 269—272 页），然而，由于这两段文字同样也可以被解释为走出了教化阶段的自觉的精神的发展，因而与“精神”章的历史重叠，它的历史指涉的确切性质仍是尚未确定的。

第 25 节“说明”的一段话：

> 但是事情不能沿此就被使之停留在单纯意识所具有的形式性东西上，因为哲学知识的观点在其自身同时就是最富有内容的和最具体的观点，因而作为产生着的结果，它也以意识的各个具体形式为前提，例如其道德，伦理，艺术和宗教的形态。因此内蕴的发展……同时就也属于意识的那种起初仅仅显得是局限于形式性东西的发展……如此一来阐述就变得更加错综复杂，那属于各个具体部分的内容，部分地就一起落到了那一导论之内。[①]

《全书》中的这段话明确指出了何以黑格尔在《精神现象学》中不仅探讨了意识的抽象的、形式的方面，而且还探讨了意识的具体的、内容的方面。按照福斯特“关于这段话的似乎最为合理的（most plausible）解释”，黑格尔于此乃是在陈述与解释他在写作《现象学》的过程中“被迫废止原初计划”的原因；那个原初计划本来仅只涉及“单纯意识的形式的方面”，[②] 也就是从意识章到理性章的内容，而与“意识的各个具体形式”，亦即精神、宗教章等内容相对立。福斯特由此而得出：“所以在这里，我们再一次地拥有黑格尔把它这部作品的计划从一个原初计划……改变为一个增加了后来章节的计划的强而有力的证据。”[③]

第四条。这一条证据，包括下面的第五条证据，都是由黑林最先提出来的，而福斯特认为，它们却“太过草率地被其他人——尤其是珀格勒——所摒弃”。[④] 第四条证据认为，在纽伦堡手稿的 1808—1809 年《意识学说》（*Bewuβtseinslehre*）以及《全书》中的几个《现象学》的后来版本里，“现象学”考察的范围都仅只限于从意识到理性的部分：“一个惊人的事实是，黑格尔在出版了 1807 年《现象学》之后，并且以后永远地，

---

① 黑格尔：《哲学科学全书纲要》（1830 年版），薛华译，北京大学出版社 2009 年版，第 27 页。

② Michael N. Forster, *Hegel' s Idea of a Phenomenology of Spirit*, University of Chicago Press, 1998, p. 507.

③ Ibid. .

④ Ibid. , p. 508.

在关于这个学科的这些后来版本中，都几乎直接地缩减了它的范围。”[1]而其中尤以《意识学说》的情况最为突出。这个写作于1808—1809年的残篇包含了《现象学》诸多后来版本中的最早的一种，在其中，“现象学”结束于理性章，并从理性章直接过渡到了1808—1809年《逻辑学》。关于这个从理性章结束处向《逻辑学》的过渡的性质，珀格勒认为，仅仅只是由于中间缺少一个学科（心理学）而跳转到另一个学科的断裂，而福斯特则认为，它表明了从理性章向《逻辑学》的转变是黑格尔所构想的“真正的过渡”。[2]由此，福斯特认为，“‘精神现象学’这门学科被限制在‘意识’、‘自我意识’以及‘理性’章的做法，自此以后对于黑格尔来说成为了典范式的”。[3]因此我们看到，在后来《全书》的所有版本，包括未出版的1808年版以及公开出版的1817年、1827年、1830年版中，“现象学”的相关部分都只包括意识到理性章的内容。

第五条。最后一条证据是关于《精神现象学》内容的标题划分的。众所周知，《精神现象学》有两套标题划分，其中从“感性确定性”开始，直到“绝对知识”结束，是以罗马数字分别标记的“I—VIII”八章。与此同时，《现象学》的内容又分别被以“A.”、“B.”、“C.”标记划分为三大部分，即：“A. 意识；B. 自我意识；C.（AA）理性、（BB）精神、（CC）宗教、（DD）绝对知识”这三个部分。福斯特认为，后一种划分表明，“在创作过程中，通过附加以精神、宗教与绝对知识诸章，黑格尔超出了这些原初计划的内容。然而出于某些或其他什么原因——也许是他已经使得他的出版方期待这样的划分，抑或者由于他那著名的不过是被证明为对三重划分的不可抗拒的嗜好——，他感到保留三重划分的必要”。[4]总之，尽管黑格尔为《现象学》增添了如此之多的“后续”内容，他依然保持着那个本该属于理性章的标题“C.”，以作为《现象学》最后一部分的总标题。

以上所列举的五条证据，根据福斯特的顺序安排，乃是“从较为重

① Michael N. Forster, *Hegel's Idea of a Phenomenology of Spirit*, University of Chicago Press, 1998, p. 508.

② Ibid..

③ Ibid..

④ Ibid., p. 509.

要的开始而行进至较为次要的”。[1] 因此，虽然有些证据是如此地显而易见（例如最后一条），却并非最有说服力；反之，最重要的证据（第一条）即使确定下来较为困难，却是最有说服力的。其中，第一、第三条证据主要建立在“意识诸形态”与“世界诸形态”、“宗教诸形态”的区分之上（后者仅部分地建立于其上），据此可知这一区分被认为最为有力地维护了原现象学的立场，因此，我们将首先把这两条证据放在一起考察。第四、第五条证据一个涉及黑格尔《现象学》1807 年之后的各种版本，尤其是《纽伦堡手稿》中的版本，另一个则关注《精神现象学》的标题划分，两者各自独立，因此将分别予以考察。不过值得注意的是，第四条证据部分地也涉及了 1807 年《现象学》与《全书》“现象学”的关系，因而与第三条证据本质上所揭示的东西也有着间接的关联。至于第二条证据，由于涉及《现象学》中意识诸形态的历史次序这一较为复杂的问题，本节在进行简要说明后将更多地留待下一节作专门考察。

以下是对这些基本论据的置疑：

第一、第三条证据中关于“意识形态”与“世界形态”的区分问题，最早是在《精神现象学》精神章的导言里提出来的。在预言精神的“直接的真理性”必须继续前进至对其自身的意识，因而必须扬弃真理的这种直接性而达到间接性时，黑格尔补充到，虽然直接的精神囿于自身的局限而不得不再次经历一系列的形态运动，但是这些形态的运动已经大不同于以往了，因为在达到了精神的意识中，个体就是一个世界，所以接下来将要出现的这些形态都是些实在的精神、一些固有的现实，并且不是仅仅意识的种种形态，而是一个世界的种种形态。[2]

由此，黑格尔将“世界诸形态”与“意识诸形态”区分开来。然而，这种区分并不意味着两者之间毫无交集、完全对立；相反，在这一区分中，“意识诸形态”与“世界诸形态”的某种同一性关系也一并被揭示了出来：黑格尔并非说这些“实在的精神”、“固有的现实”不是意识的种种形态，而是说它们不是仅仅意识的种种形态（die Gestalten nur des Bewuβtseins），亦即不仅仅是意识的种种形态。因此，“世界的种种形态”

---

① Michael N. Forster, *Hegel' s Idea of a Phenomenology of Spirit*, University of Chicago Press, 1998, p. 505.

② 《精神现象学》下卷，第 4 页。

并不能简单地被看做不是意识的诸形态，而必须被看做不仅是意识的诸形态。如此一来，毋宁说，世界诸形态本身也是意识诸形态，只不过它比单纯意识的形态要更加丰富和具体。我们看到，即在福斯特第三条证据所援引的那段话中，黑格尔也是将世界诸形态看作为属于意识诸形态的——他既称“道德，伦理，艺术，宗教”为“意识的各个具体形式（态）”（die konkreten Gestalten des Bewuβtseins），言外之意，意识、自我意识、理性不过是意识的各个抽象形态罢了。事实上，《现象学》中的许多术语，例如“自我”、“精神”、“理性”、“意识”、“概念”等，都有其狭义到广义不同层次的含义。仅就“意识”来说，在其最狭隘的意义上，它指的是《精神现象学》第一部分的对象意识；推而广之，也可以指包括了对象意识、自我意识与理性在内的个体意识；然而，在其最大限度内，它又可以包括一切处于确定性与真理性、对象意识与自我意识之对立状态中的绝对精神的现象，而这其中自然也包括显现为“世界诸形态”的精神。因此，“意识形态”与“世界形态”的区分并不能为原现象学观点提供辩护。

“宗教诸形态”的情形与世界诸形态略有不同，但从中得出的结论也是一样的。在《现象学》宗教章的导言里，黑格尔描述了“宗教的特定形态”（Die bestimmte Gestalt der Religion）与前此在意识、自我意识、理性、精神章中所考察的诸形态序列之间的关系。他指出，意识、自我意识、理性与精神，乃是“（绝对）精神的个别环节”，因而也是作为“（绝对）精神的完成”的宗教的个别环节，这些环节“必须回归到并且曾经回归到”作为它们之根据的宗教中。后者（“曾经回归到”）乃是指“宗教一般”（der Religion überhaupt）的生成，亦即指意识、自我意识等诸形态中宗教观点的屡次出现，而前者（“必须回归到”）则是指自在自为的宗教的证成；[①] 而自在自为的宗教之“特定形态”，则是宗教概念的再一次进入现象。因此，若论宗教一般的生成，则它本就属于前此出现过的意识诸形态；若论宗教自身的特定形态，也不过将是

① 参见《精神现象学》下卷，第183页。关于自在自为的宗教自身的特定形态，黑格尔认为，那将是从宗教的每一个环节（意识、自我意识、精神）的每一个形态序列（例如感性确定性—知觉—知性序列）中提取一个（总共将会是三个，因为理性及其形态序列是被排除在宗教意识之外的）作为自己形态的结果，而由这几个提取出来的形态组成的特定形态序列，就将是自在自为之宗教的现实的精神或定在。

一系列新的意识形态；至于自在自为的宗教之概念，则和绝对知识（真知识）一样，乃是处在作为意识诸形态序列之外的、自然意识的道路所指向的目标。

据此我们作出结论，无论“世界形态”还是“宗教形态”，都属于广义上的“意识形态”，根据它们的区别来论证原现象学观点的做法难以成立。①

至于第三条证据所援引的那段话，则并非如福斯特所理解的，是“黑格尔在陈述他于创作《现象学》的过程中被迫废止原初计划……的事实，并解释其原因”。② 恰恰相反，附在《全书》第 25 节之后的这段“说明”，表明黑格尔根本不可能有一个原现象学计划作为其整个科学体系的导言。事实上，黑格尔补充的这段话，是为了支持他在第 25 节中对“客观思想”之绝对性的要求的：

> 客观的思想这个术语表示一种真理，这种真理应当是哲学的绝对的对象，而非单纯是哲学的目标。③

如果真理作为哲学的“绝对对象”，那么哲学就是以自身为对象的无限性；如果作为“目标”，那么哲学就只能停驻在与真理的客观性相对立的主观性中，而客观思想也就只能是某种受限制的内容，哲学也就只能是思维规定的有限性。后一种观点被黑格尔斥为“知性思维”，属于他所要批判的“思想对客观性的三种态度”。④ 正是出于对思维与客观、形式与内容之知性对立的反对，黑格尔才认为作为整个科学体系之导言的 1807 年《精神现象学》不能“停留在单纯意识所具有的形式性东西上”，而必

---

① 不仅如此，我们还可以看到，尽管福斯特援引《精神现象学》的一个较早的标题“意识经验的科学”作为证据，来表明“意识诸形态”与“世界诸形态”以及“宗教诸形态”的区别，从而为原现象学假设辩护，然而，我们只需援引 1830 年版《哲学科学全书纲要》相关部分的标题就可以反驳这种观点了：在《全书》当中，“现象学”被严格限制在了意识、自我意识以及理性三种福斯特所谓的意识形态当中，然而这却并未妨碍它们被冠以“精神现象学”之名。

② Michael N. Forster, *Hegel's Idea of a Phenomenology of Spirit*, University of Chicago Press, 1998, p. 507.

③ 黑格尔：《哲学科学全书纲要》（1830 年版），薛华译，北京大学出版社 2009 年版，第 26 页。

④ 同上书，第 26—27 页。

须进展到更加具体和富有内容的观点。因为“哲学知识的观点在其自身同时就是最富有内容的和最具体的观点”，而哲学知识“作为产生着的结果”，以现象学作为其原因，结果不大于原因，因而哲学知识以之“为前提”的现象学，就必须在自身中包括“意识的各个具体形式（态）”、亦即全部的意识形态。就此而言，作为整个体系之导言的1807年《现象学》的旨趣，与仅只作为部门哲学的“现象学”旨趣是迥然相异的。

第二条证据的关键，在于如何理解黑格尔所谓的“die Geschichte der Bildung”（教化历史）。“Geschichte”一词在黑格尔的文本中固然有我们通常所谓的“历史”的含义，例如当他说“Weltgeschichte”（世界历史）的时候，但在有些语境下其意义却比较一般化。比如在“感性确定性”阶段，黑格尔说：“显然，感性确定性的辩证法不过是它的运动的或它的经验的单纯历史（die einfache Geschichte ihrer Bewegung oder ihrer Erfahrung），而感性确定性自身也不外乎这个历史而已。”① 在那里，“die Geschichte”并非指现实的人类历史，而是指感性确定性的真理的展开，也就是黑格尔在考察感性确定性这一最初的知识形态时，向我们揭示的它如何走向自身之确信的反面的过程。如所周知，对感性确定性的考察分别经历了“在对象中”、“在自我中”以及“在对象与自我的统一中”三个阶段，这三阶段不是按照历史，而是按照逻辑的层次来排列的。因此，感性确定性的所谓“Geschichte”，就是一种根据逻辑次序而展开的过程，或哲学家关于这一过程的叙事（narrative）。而在这里，“die Geschichte der Bildung”的含义也与上述感性确定性的单纯历史的含义一样，并非指现实的人类历史，而是指意识在其立场中从最直接的形态出发上升到科学立场的过程。这一过程之所以被称为“Bildung”（教化），是因为意识的所有前科学的形态都处在一种与其真理（Wahrheit）相互分离的“确知”（Gewiβheit）当中，而这种“确知”总是在某种意义上的个别的知识，只在绝对知识（absolutes Wissen）那里才达到真正的普遍性。实际上，黑格尔所说的“die Geschichte der Bildung”，是对整部《精神现象学》作为科学体系的导言所讲述的内容——意识经验历程的描述或叙事——的一个概括，它所表达的意思，大概相当于黑格尔时代在文学上才刚刚形成自觉的

① 参见《精神现象学》上卷，商务印书馆1997年版，第71页。

"Bildungsroman"（成长故事）。[①] 彼得·考卡维奇（Peter Kalkavage）在《欲望的逻辑》一书中将《精神现象学》与柏拉图的《理想国》、但丁的《神曲》、卢梭的《爱弥儿》进行了比较，指出："尽管它们根本上的诸多差异，这些作品仍然拥有一些重要的相似之处。其中之一就是，它们都通过某种包罗万象的故事而反映了成长的过程（education）。"[②] 弗雷德里克·詹姆士（Fredric Jameson）亦指出："一直传言，给黑格尔的成长故事（*Bildungsroman*）提供正式的范式的，是马里沃（Marivaux）的《玛丽安的生活》（La Vie de Marianne）。"[③] 显然，这里打上斜体的"Bildungsroman"，并非黑格尔的某本书的书名，而就是指代的《精神现象学》。作为一种文学叙事，Bildungsroman 以主人公道德、心理、智力的成长为主题；而作为一种哲学叙事，die Geschichte der Bildung 以个别的意识形态的经验发展为主题。正如文学叙事不必拘泥真实的历史而能有所虚构一样，哲学叙事也无需对真实历史做直接的反映。总而言之，"Geschichte"在导言的这段话中并非指"历史"，它的意思毋宁更贴近其字面含义——"发生的事"。因此，单凭这句话就断定某种原现象学所曾意图的单一历史序列，还缺乏足够的证明。

第四条证据主要依据黑格尔《纽伦堡手稿》中《哲学教育入门》（*Philosophischen Propädeutik*）的 1808—1809 年《中年级意识学说》（*Bewuβtseinslehre für die Mittelklasse*）。[④] 这个文本包含的"现象学"结束于"理性"章，并且以理性章标记为"§ [33]"的最后一节作为向 1808—1809 年《中年级逻辑学》（*Logik für die Mittelklasse*）的过渡。同一段文字，既出现在"现象学"的结尾，又出现在"逻辑学"的开端：

> 由于真理是概念与定在的协调一致，理性就认识到真理，但不论理性的诸规定还是独特的思想，同样都是作为事物的本质的规定的。——因此，在理性的考察中，意识与对象迄今为止的区别消失

① 以年轻主人公的道德、心理、智力成长为主题的一种小说形式。歌德的《威廉·麦斯特的学习时代》是这类小说的代表。

② Peter Kalkavage, *The Logic of Desire: An Introduction to Hegel's Phenomenology of Spirit*, Paul Dry Books, 2007, p. 1.

③ Fredric Jameson, *The Hegel Variations: On the Phenomenology of Spirit*, Verso, 2010, p. 1.

④ 以下或省称"《意识学说》"。

了；其中同样也包含了我自身作为对象性的确定性。[1]

这段文字在1808—1809年《中年级意识学说》的结尾被标记为“§ [33]”，而在1808—1809年《中年级逻辑学》的开始则被标记为“§ [1/33]”。也就是说，它是整个1808—1809年《哲学教育入门》的第33节，是其中“逻辑学”部分的第1节。福斯特认为，这表明，以理性结束自身而向《逻辑学》过渡，是《现象学》这部著作的原初构想，1808—1809年《意识学说》以及后来的其他版本“现象学”，都只不过是向这个构想的返回。[2]

然而，1808—1809年《意识学说》的真实构思却并非如此。黑格尔曾经为它设想了三种开端方式，[3] 我们现在所讨论的“现象学”包含在题为“作为哲学导论的精神学说”（Geisteslehre als Einleitung in die Philosophie）的“第三开端”（Dritter Ansatz）中。[4] 这一开端的“第一部分”（Erster Teil）题为“关于意识的学说”（Die Lehre von dem Bewuβtsein），以§4、§5、§6三节导论性文字开篇。在§6节中，黑格尔说：

意识把自己划分为三个阶段：α）抽象的或未完成之对象的意识、β）有限精神的世界的意识、γ）绝对精神的意识。[5]

从§7节开始直至§33节理性结束为止的、属于“现象学”的内容被冠以标题“A. 抽象对象的意识”。显然，这个标题对应着在§6节中所区分出的意识三阶段中的“α）”，而手稿中未曾出现的“B.”与“C.”，则应该分别对应于意识三阶段中的“β）”和“γ）”，因而包含精神、宗教、绝对知识等内容。“抽象对象的意识”，连同未曾出现的“有限精神的世界的

① 纽伦堡1808—1809年《意识学说》第33节。

② Michael N. Forster, *Hegel's Idea of a Phenomenology of Spirit*, University of Chicago Press, 1998, p. 509.

③ 这三个开端也有可能是《黑格尔全集》的编者在组织整理手稿时标记的标题。

④ 另外还有“第一开端”（Erster Ansatz）“灵魂学说”（Pneumato*logie*），“第二开端”（Zweiter Ansatz）“精神学说”（Geisteslehre）。其中，“精神学说”下又有“意识与心灵学说”（Bewuβtsein [s] – und Seelenlehre）。与“作为哲学导论的精神学说”一道，黑格尔似乎将这三者看作为《意识学说》三种可能的开始方式，而三者之间本没有什么必然关联。

⑤ 参见纽伦堡1808—1809年《中年级意识学说》第6节。

意识”、“绝对精神的意识”，应当共同构成整个“关于意识的学说”,[1] 而这又不过是“作为哲学导论的精神学说”的“第一部分”。如此来看，则1808—1809 年《意识学说》“第三开端”付之阙如的部分不仅包括未出现的“B.”与“C.”中的精神、宗教、绝对知识等内容，而且还至少包括未出现的、与“第一部分”(由“A.”、“B.”、“C.”构成)并列的“第二部分”甚至“第三部分”。显而易见，1808—1809 年《意识学说》远不会在这些内容尚未完成之前就过渡到 1808—1809 年《逻辑学》。

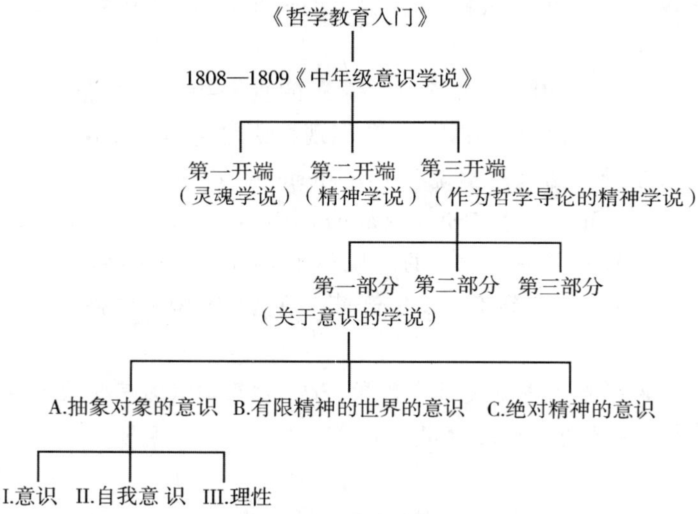


因此，珀格勒认为，在理性章转向《逻辑学》只是一种断裂而非过渡。[2] 而黑格尔之所以会从断裂处跳至《逻辑学》，我个人以为，这乃是

---

① 伊波利特认为，“在《作为哲学导论的精神学说》中，仍旧有一种‘知识的导论’的关注，它拥有和 1807 年《精神现象学》同样的目的。‘现象学’的名称虽然并未出现，但黑格尔在‘精神学说’中为他自己设置的任务与在《现象学》中的计划是一致的：‘在哲学中，一个导论尤其必须考虑精神的不同财产和行动，通过这种考虑，导论上升到科学。由于这些财产和精神的行动在必然的关联中呈现它们自身，所以这样一个自我知识同样也构成一门科学’”。(Jean Hyppolite, *Genesis and Structure of Hegel's Phenomenology of Spirit*, trans. Samuel Cherniak and John Heckman, Northwestern University Press, 1974, p. 58.) 也就是说，当黑格尔着手 1808—1809 年《意识学说》的时候，其原初构想仍旧不过是保留作为体系导言的 1807 年《现象学》。只不过在手稿中，这一计划没有完成。

② 参见 Michael N. Forster, *Hegel's Idea of a Phenomenology of Spirit*, University of Chicago Press, 1998, p. 508。

由于1808—1809年《意识学说》付之阙如的部分所涵盖的内容实在太过庞大，也太为繁复了！如上所述，单单“第一部分”（“关于意识的学说”）就会穷尽相当于1807年《精神现象学》的全部内容，三个部分所共同构成的“作为哲学导论的精神学说”——其中“第二部分”与“第三部分”未能写就——又会是怎样的庞然大物呢？而除了在每一个部分中以不同的观点——设想第一部分以“意识”的观点而第二部分以“心理学”的观点——重复相同的材料外，很难想象黑格尔会用什么样的新材料来填补这么大块空白。也许是基于这种困难，黑格尔1808—1809年《意识学说》的写作出现了断裂，其“现象学”部分直接从理性章“过渡”到了“逻辑学”；并且，也许正是从1808—1809年《意识学说》开始，黑格尔体系建构的方式发生了彻底改变，[①] 出于“现象学”在体系中的重新定位，“现象学”的原有结构和范围发生了变化，而这种变化为“现象学”最终成为哲学的一门具体学科而非作为整个体系的导言奠定了基础。然而，这丝毫不表明《现象学》的任何改变了的版本乃是对于1807年《精神现象学》而言的“原现象学”，毋宁说，1807年《精神现象学》——而非依据各种后来版本的“现象学”——才是可能设想的“原现象学”。

最后，第五条证据所指认的《精神现象学》标题划分中的歧义，是很多研究者都注意到了并援引为《现象学》结构问题讨论的例证的。只是很少有人注意到这些标题划分的真正性质。以罗马数字标记划分的八章无疑是黑格尔自己的安排，但这无助于我们理解《现象学》的结构；真正困扰读者的，是黑格尔划分的“A.”、“B.”、“C.”三部分，以及在这个貌似的三分法后所出现的中断：“《现象学》手稿中对应于精神章的中断，可能说明了困扰本书所有编者的某种东西。”[②] 这个困扰乃在于，《精

① 因此，我们看到，在之后的1809—1810年《中年级意识学说》中，黑格尔放弃了之前过于庞大的计划，而将“现象学”的范围限定在意识、自我意识、理性三章，并不再于“关于意识的学说”之外设想更多的、譬如“心理学”之类的学科了。因此，伊波利特认为：“这些教学法的考虑一直影响了黑格尔的体系的规划与发展。” Jean Hyppolite, *Genesis and Structure of Hegel's Phenomenology of Spirit*, trans. Samuel Cherniak and John Heckman, Northwestern University Press, 1974, p. 57.

② Jean Hyppolite, *Genesis and Structure of Hegel's Phenomenology of Spirit*, trans. Samuel Cherniak and John Heckman, Northwestern University Press, 1974, p. 54.

神现象学》最先划分的意识、自我意识、理性三部分，如何成其为一个涵盖全书的三段式？显然，精神、宗教、绝对知识章的出现使得这样做颇为棘手。然而，正如伊波利特所指出的，“不惜任何代价地试图在黑格尔思想的所有地方发现三重划分的做法，乃是极其愚蠢的。正题、反题、合题的模式最初是一个活的辩证法，但是等到黑格尔写作《全书》时，它早已经成了一种教学法的工具”。[①] 因此，我们根本无须过度揣测“A.”、“B.”、“C.”三个标题是否暗示着某种三段论式，它们仅仅只是对应于意识、自我意识、理性这三个最先交付出版的部分的标题，而随后交付的精神、宗教、绝对知识三章却恰好没有标记。根据伊波利特的指证，将理性、精神、宗教、绝对知识放在标题“C.”之下，并分别冠以“（AA）”、“（BB）”、“（CC）”、“（DD）”，这不是黑格尔、而是编者所为：“为了建立一种与《全书》中的‘现象学’的对应，编者们普遍将理性部分细分为（AA）‘理性’、（BB）‘精神’、（CC）‘宗教’、（DD）‘绝对知识’”。[②] 这种技术上的处理非但未能澄清《现象学》的结构，反倒造成了不小的疑惑，而试图从这种并非肇自黑格尔的可疑标题划分中看出某种原现象学计划，这本身也算是可疑的。

## 二　对《现象学》的潜在逻辑与历史序列的考察

以上对福斯特论证原现象学假设的五条证据的考察，表明它们自身并不能为原现象学观点提供可靠的证明。虽然被称为“基本论据”，但实际上它们只是一些基于片面理解的、彼此之间不成系统的猜测。然而，福斯特对《现象学》结构问题的另外两个方面——潜在逻辑与历史序列[③]——的研究，反倒可能成为对原现象学假设的更为有力的支持。接下来我将分别对这两个方面进行考察，从而贯彻本文对原现象学假设的置疑。

① Jean Hyppolite, *Genesis and Structure of Hegel's Phenomenology of Spirit*, trans. Samuel Cherniak and John Heckman, Northwestern University Press, 1974, p. 54.

② 同上。

③ 两者与原现象学假设一道，被福斯特看作是《精神现象学》结构问题的三个方面。

### 1.《现象学》的潜在逻辑

在1807年《精神现象学》的各个形态之下对应着逻辑学的各种概念规定，是对《现象学》潜在逻辑（underlying Logic）的一种认识。这种认识主要依据黑格尔分别在该书的“导言”和“绝对知识”章最后部分中所说的两段话：

> 意识所造成的关于自己的经验，按其概念来说，是能够把握意识的整个体系，或精神的真理的整个领域于自身中的，以至于真理的诸环节在这种特有的规定性中不是被陈述为抽象的、纯粹的环节，而是被陈述为如它们对于意识而是，或如意识自身在它的与这些环节的关系中出现那般，借此，全体的诸环节就是意识的诸形态。①
>
> 反之，一般说来，科学的每一抽象的环节总有显现的精神的一个形态与之对应。正如定在着的精神并不比科学更加丰富一样，就其内容而言它也不更加贫乏。以意识诸形态的这种形式去认识科学的诸纯粹概念，就构成这些概念的实在性的方面……②

福斯特认为，在这两段话中，“黑格尔似乎宣告了在作品的内容与‘逻辑学’的诸范畴之间的某种逐一对应”。③ 也就是说，在1807年《精神现象学》下面，潜藏着一套“逻辑学”，而后者的诸范畴与前者的诸形态之间构成一种映射关系。这种理解比较普遍，例如福尔达（Fulda）和迪特尔·亨利希（Dieter Henrich）就曾根据这两段话的指示而试图呈现《现象学》的潜在逻辑。由于他们所提供的映射关系都“以一种逐一对应的方式使得《逻辑学》的内容与《精神现象学》的所有内容相互关联”，④ 从而构成了对原现象学假设的可能反驳——“福尔达曾颇为注重修辞地提出疑问：既然我们能从这两段话中看出他的《现象学》的内容

---

① 《精神现象学》上卷，商务印书馆1997年版，第62页。

② 《精神现象学》下卷，第273页。根据这段话所处的上下文，这里的“科学”当指“逻辑学”。

③ Michael N. Forster, *Hegel's Idea of a Phenomenology of Spirit*, University of Chicago Press, 1998, p. 511.

④ Ibid., p. 515.

与逻辑学的诸范畴……间的一种逐一对应的构想，黑格尔又如何可能已经给这部作品增添了全新的章节呢”[①]——，因此，福斯特对《现象学》潜在逻辑问题的研究，主要是从排除这类质疑以维护原现象学假设的立场出发的。

福斯特首先指出，“导言”与“绝对知识”章中的这两段话，包含着微妙的意义差别。据他理解，黑格尔实际上给出了《现象学》与“逻辑学”间对应关系的两种表述，即（i）《现象学》的全部内容都被逐一关联于“逻辑学”的诸范畴，以及（ii）《现象学》的全部意识形态都被这样与之相关联。福斯特认为，“导言”中的那段话既体现了表述（i）也体现了表述（ii），而“绝对知识”章中的那段话则仅只体现了表述（ii）。这是因为，在写作“导言”时，黑格尔所原初构想的《现象学》的“全部内容”——仅仅包括意识、自我意识、理性三部分——与其“全部意识形态”是完全一致的，而待到增加了精神、宗教、绝对知识等部分后，由于此时作品的“全部内容”已经发生改变从而不再与“全部意识形态”相一致，黑格尔于是就在这第二段话中刻意回避了表述（i）。[②] 福斯特据此认为，福尔达与亨利希把《精神现象学》的“全部内容”都纳入到与潜在逻辑诸范畴的映射关系中的做法，只在黑格尔保持于“导言”中的原现象学构想里才是有效的，却并不符合后来“绝对知识”章的实际，而依据这种错误理解了的对应关系来对原现象学假设进行质疑——如福尔达所做的那样——也就不能够成立。于是，不同于福尔达以1805—1806年《思辨哲学》（包括“逻辑学”与“形而上学”）之梗概，而亨利希以1804—1805年《逻辑学、形而上学与自然哲学》判定为《精神现象学》之潜在逻辑的做法——两者都能对应上《精神现象学》实际上的全部内容——，福斯特提出以纽伦堡手稿1808年《全书》中的“逻辑学”来确定《现象学》的潜在逻辑并建立它的诸范畴与《现象学》的诸意识形态之间的映射关系。在这一映射关系里，《现象学》理性章中“自在自为地自身实在的个体性”一节对应着1808年《逻辑学》的最后一个范畴“绝对知识”（或“绝对理念”），从而表明了“理性”乃是原

① Michael N. Forster, *Hegel's Idea of a Phenomenology of Spirit*, University of Chicago Press, 1998, p. 511.

② 参见 Ibid., p. 512。

现象学构想的最后阶段。（具体对应关系，请参见本文的附表1）

然而，在福斯特的论证中却存在着某些不容忽视的问题。

首先，他依据《现象学》中那两段话而指出的表述（i）与表述（ii）之间的区分，即《现象学》的“全部内容”因前后变化而与其“全部意识形态”间产生的差异，并不能够成立。在“导言”的那段话中，并没有一处提到了《现象学》的“全部内容”。黑格尔谈的是“意识的诸形态”（Gestalten des Bewuβtseins）与“全体的诸环节”（die Momente des Ganze，即“逻辑学”的诸范畴）之间，亦即意识的“经验”（die Erfahrung）与“真理的整个领域”（das ganze Reich der Wahrheit des Geistes）之间的对应关系，这些都属于福斯特所说的表述（ii），而所谓的《现象学》的“全部内容”，只可能来自这段话中的“意识的整个体系”（das ganze System desselben）。然而根据上下文，“意识的整个体系”与“真理的整个领域”是相互替代的——das ganze System desselben, oder das ganze Reich der Wahrheit des Geistes，并且两者都是意识的“经验”（Erfahrung）按其概念来说才能够把握到的，因此，“意识的整个体系”实际所指的，并非《精神现象学》的内容，而是“逻辑学”的内容。[①] 如此一来，不论在绝对知识章的那段话中，还是在导言的这段话中，都不存在福斯特所谓的表述（i），因而也就不存在由这一表述的前取后舍所暗示出的原现象学意图了。不仅如此，福斯特认为黑格尔在绝对知识章中只谈《现象学》的“全部意识形态”与逻辑学的对应关系［表述（ii）］从而回避了精神等新增章节的潜在逻辑问题，这一点也是不准确的。正如本文第一节对原现象学假设第一条证据的考察所已指出的，“意识形态”在广义上也包括精神部分（世界诸形态），因此黑格尔在这段话中所说的对应于“科学的诸纯粹概念”（die reinen Begriff der Wissenschaft）的“意识诸形态”（Gestalten des Bewuβtsein），也就不限于意识、自我意识、理性三个部分。并且，既然这个对应关系在这段话中还有另一种说法，即“显现的精神的一个形态”（eine Gestalt des erscheinenden Geist）与“科学的每一抽象环节”（jedem abstrakten Momente der Wissenschaft）相对应——前者显然不限于个体意识的形式——那么就更加可以确定，黑格尔关于《现象学》

① das ganze System desselben 这一表达侧重于说现象学的合乎体系的方面。这一方面并非意识诸形态的简单相加，而是按照逻辑学的概念对意识诸形态结构关系的理解。

与逻辑学的对应关系的看法自始至终都是一致的，并不存在因原现象学计划的改变而发生的改变。

其次，虽然黑格尔暗示了《现象学》诸形态与逻辑学诸范畴之间的对应，他却并没有实际给出这种对应关系。这也许是由于他对《现象学》内在结构的理解有不同于其表面秩序的更为深刻的考虑，也许是因为他不希望某种机械的对应会妨碍人们对《现象学》本身的理解，但不管怎样，缺少这一对应的实际给出，这就为不同论者依据不同版本的《逻辑学》来确定《现象学》之潜在逻辑提供了多种可能性，而各种可能性至少在形式上拥有平等的解释权利。福斯特批评福尔达与亨利希所提供的潜在逻辑，其根据之一是他自己的原现象学立场，而他又反过来用他所提供的潜在逻辑版本来维护原现象学立场，这就陷入了一种循环论证。上述他关于两种表述的区分亦属这种情况。因此，福斯特按照1808年《逻辑学》所建立的映射关系，就其本身来说，并不优于福尔达与亨利希所建立的关系，更何况他所建立的这个关系本身也还存在一些问题。虽然他为直到理性章结束为止的每一个形态都找到了一个逻辑的范畴，但诸形态自身的结构关系却因为这种对应而变得令人费解了。以理性阶段为例，"观察理性"的三个阶段分别被对应于"生命的理念"以及"认识理念"的"定义"与"区分"，而"行动的理性"（"理性的自我意识通过自身活动的实现"）则对应于"认识理念"的"应当或善"；虽然单独地来看每一个环节的对应都是很适合的，但是如果把这些环节放在一起考察它们的关联，则这种对应就显得很不恰当了。在《现象学》中，"观察理性"构成理性三段式的第一阶段，而在其与潜在逻辑的对应中，却被分拆到了"理念论"的前两个阶段中。不仅如此，与"观察理性"相对应的"理念论"的第二阶段，也仅仅只包括其前两个环节（定义、区分），至于它的第三个环节（应当或善），则离开了"观察理性"而跑到了理性的第二阶段、"行动的理性"中。显然，这种对应是不顾《现象学》诸形态之间的内在关联而机械地建立起来的；表面上看来，这种对应似乎可以探赜索隐、钩深致远，为我们梳理《现象学》的结构及其各环节间的必然联系提供指引，而实际上却很可能起到相反的作用。

最后，在福斯特所建立的映射关系中，理性章的"自在自为地自身实在的个体性"是被他作为《现象学》的结束而对应于1808年《逻辑学》的最后阶段"绝对知识"（absolutes Wissen）的。然而，即使我们认同这一孤立的对应，也无法从中得出支持原现象学的观点——黑格尔在1805年初夏所写的一个《精神现象学》手稿残篇实际上否定了这种可能性：

> 因此，绝对知识首先出现为立法的理性；在伦理实体自身的概念中，不再有意识与自在存在的差别；因为纯粹思想的这个纯思就是自在或自身等同的实体，而它同样即是意识。然而，随着这个实体中的一个规定性的出现——而第一个规定性就在于，法则是被给予的——意识与自在之间的区别也就开始了；这个自在就是伦理实体本身，或绝对的意识。
>
> a）意识的神圣的权利（göttliches Recht）；作为伦理的本质的同义务的直接关联；本身没有实在性的、无非作为伦理的现实性；现实性的歧义（Zweydeutigkeit der Wirklichkeit）、魔鬼的欺骗（Betrug des Teufels）、内在本质
>
> b）现成在手的分裂（Entzweiung vorhanden）；逝去的精神（abgeschiedener Geist）与［文本中断——引注］①

由于这个残篇形成于黑格尔正式开始写作《精神现象学》（1805年秋）之前，因此对于我们考量原现象学假设的可信度具有相当的权威性。福斯特在其著作中也援引了它以支持其原现象学观点。他认为，这段文字表明了黑格尔将理性章的“自在自为地自身实在的个体性”作为《精神现象学》的最后也是最高阶段，并对应于其潜在逻辑的最后范畴“绝对理念”或“绝对知识”的原初构想。② 然而，如果我们仔细分析这个残篇，而不是像福斯特停留于一种表面的理解那样，恰恰会得出与之全然相反的结论。诚然，这个残篇的主体部分似乎仍然局限于对理性意识达到了伦理实体后的情境进行描述，而这些内容我们在理性章第三阶段中也都能看到，可是残篇中“a)”、“b)”两节却是对精神章主题的叙述，并且已

---

① Hegel, *Phänomenologie des Geistes*, Felix Meiner Verlag, 1988, pp. 534—5.

② 福斯特对这个残篇的具体分析，参见 Michael N. Forster, *Hegel's Idea of a Phenomenology of Spirit*, University of Chicago Press, 1998, pp. 532—533。他认为这段话中出现的“绝对知识”，与黑格尔在《现象学》“导言”中提到的“绝对知识”一样，指的都是作为《逻辑学》最后范畴的“绝对理念/绝对知识/知识”，而不是后来黑格尔在“绝对知识”章中所意指的东西。

经向我们展示出了精神章自身逻辑之演变的大致趋势。“神圣的权利”(göttliche Recht)、“现实性的歧义”(Zweydeutigkeit der Wirklichkeit)、“魔鬼的欺骗”(Betrug des Teufels)以及“逝去的精神”(abgeschiedener Geist)等术语，都是只在1807年《精神现象学》的精神章中出现并标志着精神章意识形态主要特征的词汇。其中，“神圣的权利”指的是出于被压制的本质一方，而与出于否定的自我一方的“绝对的权利”(absolute Recht)相抗衡的正当性。在伦理阶段它意指“神的法则”关于个体的诉求，在教化阶段则意指信仰反抗启蒙识见的合法性；[①] “现实性的歧义”，则是指遵循任一伦理法则的伦理行为所必然招致的双重性结果。伦理意识只知道一个法则，并只恪守基于该法则的一种义务，可行动却在现实中带出了另一个法则以及意识因未曾遵循它而损害了的另一种义务。由于行动结果的双重性超出了意识当初的确知，因而显得好像是来自于某种不为意识所知的欺骗——“魔鬼的欺骗”[②]。这些内容都是黑格尔对古希腊伦理世界的描述，只出现于精神章中，因而不属于所谓的“原现象学”范畴。如果说残篇中的a)节是对“伦理世界”的描述，那么b)节则是对“教化世界”的描述。这一点通过“逝去的精神”(abgeschiedener Geist)的含义可以分析得出。

德文词“abgeschieden”有“故去的”与“孤独的”、“偏远的”两种意思，因而黑格尔所谓的“abgeschiedener Geist”是一个一语双关的表达。在精神章的第一阶段“真实的精神”中，它指的是属于神的法则或黑夜的法则之统辖的、地下王国中的亡故之人。黑格尔认为，在古希腊伦理世界中，伦理意识与伦理实体高度统一，个别的个体性没有其伦理价值，一切个体性同时即是普遍性。[③] 然而，当城邦公民去世时，他就脱离了伦理共体从而成为完全意义上的个别的个体性。只不过一方面，这个个别的个

---

① 参见《精神现象学》下卷，第12、22、99页。

② 在宗教章的“艺术宗教”阶段论述悲剧精神时，黑格尔影射了《哈姆莱特》的故事：“因此有一种意识，它比那相信女巫的意识更为纯洁，比那信赖女祭司和美丽的神的意识更为清醒、更为彻底，它对于父亲自身的鬼魂所作的关于杀他的罪行的启示，不忙于立即采取报仇行动，而还须寻求别的证据，——所以这样做是因为这个启示的鬼魂也可能是魔鬼。”参见《精神现象学》下卷，第221页，引文据该译本。宗教章的艺术宗教与精神章的伦理世界有一种同构关系，因此典出于《哈姆莱特》的“魔鬼的欺骗”在黑格尔的残篇中是被用来说明“现实性的歧义”在意识看来的根源的，是被用来说明希腊古典悲剧的。

③ 参见《精神现象学》下卷，第24页。

体由于是一个死人，因此不过是一个没有现实性的阴影；另一方面，家庭会按照神的法则，通过葬礼而承担起将个别的个体重新纳入到伦理共体之普遍性中去的义务。因此，abgeschiedener Geist 就是指离开了人世的、无现实性的、亟待重新纳入伦理世界的死亡了的精神。而在“自身异化了的精神”阶段，abgeschiedener Geist 又是指在伦理世界分崩离析、人格觉醒的教化时代，个体性因脱离它的伦理共体而沦落成为的那个疏离异化的（偏远的）存在。在此意义上，它可以被理解为缺乏教化的、出离于伦理实体之外并以异化的现实作为其自身之否定的孤独的精神。[①] 由于残篇的 b）节处于现成在手的分裂（Entzweiung vorhanden）这一背景之下，这里的 abgeschiedener Geist 也就只能是指异化阶段下的“孤独的精神”。

综上可见，早在 1805 年现象学草稿的残篇中，黑格尔就已经计划将“精神”部分纳入到其现象学的考察当中，因此，基于《现象学》潜在逻辑的某种特殊解读之上的原现象学假设难以成立。

### 2.《现象学》的历史序列

福斯特在考察《精神现象学》的“历史与历史主义”问题时曾经断言，《现象学》包含着三套历史处理（three treatments of history），或者说，包含着一个三重的历史处理（threefold treatment of history）。按照这一观点，依其历史的结构（historical structure），《现象学》这部作品可以被划分为三个独立的部分，分别为：从意识到理性章的第一部分，精神章的第二部分，以及从宗教到绝对知识章的第三部分。在这三个部分各自独立的形态序列背后，隐藏着各自独立的三套历史序列。其中，在从意识章到理性章的形态序列背后，乃是从古代东方（波斯、印度）行进到近代德国的历史；在精神章背后，乃是从古希腊行进到近代德国的历史；而宗教与绝对知识章，则提供了宗教发展的历史以及继之而起的、作为黑格尔哲学之准备的近代哲学历史。[②] 三套历史序列各自独立，起止时间上也大致重叠，这似乎与黑格尔在《现象学》导言中所表达的某种单一历史序列的构想并不相符。因此，福斯特认为，通过对《现象学》的三重历史处理的认定，我们可以为原现象学的假设提供证明。如前所述，这也正是他

① 参见《精神现象学》下卷，第 29、33、39、54、72、124、179、192 页。

② 宗教史和哲学史虽然是两段历史，但在《精神现象学》中，却是相互衔接的。

用以支持原现象学假设的五条证据中的第二条。

福斯特认为，卢卡奇（Lukács）是最早意识到“历史”在《精神现象学》的一般构思中的角色，并将《现象学》关于人类历史的时间秩序理解为这样一种三重结构的学者。① 在《青年黑格尔》一书中，卢卡奇指出，《现象学》的“那些被予以探讨的不同的历史方面……是在它们的正确的历史序列中发生的，而这个历史序列在整个作品的进程中被重复了三次”，② 且每一次关注的焦点都不相同。③ 借此，他将《现象学》划分为主观精神、客观精神、绝对精神三部分，并认为这三个部分分别侧重于考察同一段历史的三个不同的层面，即作为自然意识的个体的发展史（意识、自我意识、理性）、在具体的社会总体中的真实的历史（精神），以及从整体上对过往历史所进行的概观（宗教、绝对知识）。④ 众所周知，后两个层面的历史主义特征是比较清晰的，尤其是其中的“真实的历史”部分；然而，“个体的发展史”（从意识到理性章）这一层面的历史特征则显得十分模糊。因此，卢卡奇也指出，主观精神，亦即从意识章到理性章这一部分的历史发展线索，是很难把握的，⑤ 因为在这一部分中，“尽管历史的诸多事件和各个时代是按照正确的顺序出现，并且是从它们在世界历史中的位置出发而发挥影响的”，但是“它们却仍然按照它们被反映于个体意识这样一种被规定了的形式来表达它们自身”。⑥ 也就是说，尽管在“主观精神”部分，各个形态表明其自身是符合于历史，甚而是出自于历史的，但这些形态本身却并不构成历史。因为黑格尔在这部分中所着重考察的，只是关于意识一般的学说，而非对于历史本身的关切。在这一不确切之处上的审慎，无异于打开了质疑《精神现象学》的泛历史主义结构特征的空间。正是基于“主观精神”的这一弱点，伊波利特认为，“在《现象学》的第一部分——包括‘意识’、‘自我意识’，以及‘理

---

① 参见 Michael N. Forster, *Hegel's Idea of a Phenomenology of Spirit*, University of Chicago Press, 1998, p. 296。

② Lukács, *The Young Hegel*, trans. Rodney Livingstone, Merlin Press, 1975, p. 470.

③ 参见 Michael N. Forster, *Hegel's Idea of a Phenomenology of Spirit*, University of Chicago Press, 1998, p. 296。

④ 参见 Lukács, *The Young Hegel*, trans. Rodney Livingstone, Merlin Press, 1975, pp. 470—1。

⑤ 参见 Ibid., p. 478。

⑥ Ibid., p. 478.

性’的主要章节中……历史不过扮演着例子的角色”,[①]“严格说来，《现象学》不是一部关于世界历史的哲学”;[②] 所罗门则更甚而断言，“《现象学》不是一部关于历史的书，它的结构也不是历史的，对其内容的哪怕最浮泛的浏览都将揭示这一点”。[③] 因此，福斯特一方面赞扬了卢卡奇对《现象学》的历史的结构问题的研究，另一方面也深深感到在这一研究中尚且存在着的严重缺陷——“卢卡奇没有做出严肃的或令人信服的努力以证明将这个（关于意识的顺时历史的）计划归于意识至理性章的正当性”;[④] 而福斯特自己对这一缺陷的补足，就集中地体现在他为《精神现象学》的前五章（意识、自我意识、理性三部分）内容所细心梳理出来的历史序列上。由于他完成了《现象学》前三个部分，即卢卡奇所谓的“主观精神”的历史序列，似乎也就为原现象学假设提供了新的证据。(参见附表2)

我认为，福斯特所整理的这个序列，只是大体上正确地呈现了《精神现象学》前五章[⑤]的历史索引（historical reference），却并不构成一个严格意义上的顺时历史（chrono*log*ical history）；我的理由基于如下两点：

第一，在这个序列中，《现象学》的前三章——感性确定性、知觉、知性——亦即“意识”部分所指涉的历史是极其可疑的；或者不如说，这种指涉是完全错误的。实际上，在《精神现象学》直接论述这三章内容的文本中，我们找不出任何一条或明或暗的线索，可以表明感性确定性、知觉以及知性是对应于史前史的三个阶段（波斯、印度、古埃及）的。相反，大量思想上的证据却表明，黑格尔在《现象学》的“意识”部分，主要地还只是采取一种知识论的方法以考察自然意识的基本态度，而这也是为什么他在这一部分中所使用到的一些历史的材料大多出于比较

---

① Jean Hyppolite, *Genesis and Structure of Hegel's Phenomenology of Spirit*, trans. Samuel Cherniak and John Heckman, Northwestern University Press, 1974, p. 35.

② Ibid., p. 38.

③ Robert C. Solomon, *In the Spirit of Hegel*, Oxford University Press, 1983, p. 211.

④ Michael N. Forster, *Hegel's Idea of a Phenomenology of Spirit*, University of Chicago Press, 1998, p. 298.

⑤ 这五章分别是：“感性确定性；这一个和意谓”、“知觉；事物和幻觉”、“力和知性；现象和超感官世界”、“意识自身确定性的真理性”、“理性的确定性与真理性”。

晚近的历史时期的原因——黑格尔并没有有意识地组织这一部分的诸形态的历史的秩序。因此我们看到，对感性确定性的批判影射了当时的经验主义在真理问题上的基本立场；[①] 对知觉的批判部分地涉及了洛克的认识论；[②] 对知性的批判，尤其是对力的无限性思想的阐发，则融合了当时其他德国哲学家对力的概念的理解。此外，柏拉图主义、康德哲学、牛顿力学、基督教思想也都能在知性章中找到它们各自被表达的痕迹。如果说，这些材料都属于“历史的”，那么它们也只是如伊波利特所言地作为“例子”而发挥作用的史料，而决非“从它们在世界历史中的位置出发而发挥影响”的真实历史。事实上，福斯特将这三章的所谓历史序列解读为古代东方历史的做法，完全是对《精神现象学》“宗教”章的一种非法反注。[③] 黑格尔在展示宗教自身发展的历史时，曾将其第一阶段“自然宗教”划分为三个环节，并分别影射波斯宗教、印度宗教，以及古埃及宗教；而这三个环节背后的意识的规定，恰恰就是“意识”章的感性确定性、知觉与知性。显然，黑格尔在这里是把感性确定性、知觉和知性作为意识一般的结构用来注解自然宗教中的三个比较具体的形态的；当这三个环节作为注解在宗教章中再次出现时，已经是一些比较普遍的规定了。这些普遍的规定可以用来说明意识经验的许多具体的形态，但并不代表这些普遍的规定必须受制于那些具体的形态所指涉着的历史的关联。例如，“感性确定性”也曾在精神章“教化”阶段作为启蒙思想的理论成果——“功利”或唯物主义——而再次出现，[④] 但这并不表明意识章中的“感性确定性”与精神章中的“启蒙”之间存在着必然的联系，更不意味着它就是对法国启蒙运动这段真实历史的指涉。所以我认为，福斯特通过“自然宗教”的历史指涉而确定感性确定性、知觉与知性的历史对应的做法，只是一种文本解释上的反注，并且还是一种非法反注。因此，整个“意识”部分的诸章节——包括感性确定性、知觉与知性——都无历史可言，它们中的所有历史的线索都仅仅只是些例

---

① 参见《精神现象学》上卷，商务印书馆1997年版，第71—72页。

② 同上书，第77—82页。

③ 福斯特对《精神现象学》前三章历史线索的解释，可参见 Michael N. Forster, *Hegel's Idea of a Phenomenology of Spirit*, University of Chicago Press, 1998, pp. 302—311。

④ 参见《精神现象学》下卷，第110—112页，第260页，“有教养的自我意识，把感性确定性宣称为绝对真理”。

证而已。

第二，《精神现象学》中的这个貌似三重的历史处理与黑格尔在导言中关于“一篇详细的教化历史”的那个表述看似矛盾，实则不然。对此，本文第一节已有初步论述，而在这里则想进一步指出“序言”中的一句话为证：

> 在这个教育的进展中，人们将认识到以剪影方式被描摹的世界教化历史（Geschichte der Bildung der Welt）。①

序言里也谈到了一种“教化历史”，不过不同于导言中意识诸形态之序列的教化历史（die Geschichte der Bildung der Reihe seiner Gestaltungen），这里所说的乃是世界的教化历史（die Geschichte der Bildung der Welt）。前者（die Reihe seiner Gestaltungen）指的是《现象学》中所有意识形态——意识、自我意识、理性和精神——的序列，而后者（die Welt）仅指“精神”这一个意识形态；前者的历史乃是一篇详细的（ausführliche）历史，而后者的历史仅只是一段简略的（“以剪影方式被描摹的”，im Schattenrisse nachgezeichnete）历史。显然，两处历史所指不同。如果说导言中的“教化历史”并非现实的人类历史而是一种类似 Bildungsroman 的东西——相当于此处所说的“教育的进展”（das pädagogische Fortschreiten）——的话，那么序言中的“教化历史”则是真正意义上的现实的人类历史，因为它是“世界的”（dem Welt），它就是我们在《现象学》的“精神章”中所看到的那个从古代伦理社会经由中世纪封建社会直到法国大革命时期的欧洲历史轮廓。“世界的教化历史”是本义上的历史，它是我们在自然意识的“教育的进展”中，或在“意识诸形态之序列的教化历史”中所能看到的唯一历史。

因此我认为，在意识经验的历程中，自始至终都只有一个单一的历史序列，那就是“精神”章向我们所展示的、可称之为“在具体的社会总体中的真实的历史”。除此以外，意识、自我意识与理性，各自都不构成任何真实意义上的历史，而黑格尔对它们所连缀而成的线性序列也不持一种历史的看法；甚至不持一种顺时次序的看法。这一点他在“宗教”章

① 《精神现象学》下卷，第 18 页。

的导言里说得十分清楚：

> 此外，这些环节（意识、自我意识、理性、精神——引注）的进程……不是被表象为在时间中的。只有整个精神才在时间中，而那些作为整个精神本身之诸形态的诸形态，才显现出一种相继次序。[①]

对此，许多论者都曾作出正确的评述。科耶夫认为，这段话“首先告诉我们一个不言而喻的事实。章节的顺序：意识（第一至三章），自我（第四章），理性（第五章）和精神（第六章），不是时间上的”；[②] 伊波利特指出，“黑格尔清楚地强调，意识、自我意识与理性这三个环节并不被认作为是相继发生的。它们不在时间中；它们是从精神的整体之内部而来的抽象物并且只在它们的单独的发展中被研究”；[③] 菲利普·J. 卡因则认为，“黑格尔在第七章中明白地告诉我们，这个从简单到复杂，从一个分离出来的环节到另一个分离出来的环节，直至它达到绝对的运动，甚至不是发生在时间中”。[④] 如果我们赞同对于黑格尔这段话的这样一种解读，那么福斯特试图将《现象学》的前五章连缀成一个顺时的历史序列的做法无疑就违背了黑格尔文本的原意；如果《现象学》的前五章中没有一个历史的序列，那么整部《精神现象学》的历史处理也就不是三重而是两重的，即“精神”所包含的历史处理，以及“宗教”与“绝对知识”所包含的历史处理。然而，宗教与绝对知识中虽然也包含着一部历史，但这两个形态自身却并不属于意识在通往科学的“道路上所经历过的它的诸形态的序列”，而是属于这条道路所要抵达的目的地。归根结底，在现象学中我们只能断定一部历史。

综上所述，在《精神现象学》的历史序列，即它的意识诸形态的历史序列中，并不包含任何可能使得我们求助于一种原现象学假设的矛盾。

---

① 《精神现象学》下卷，第182页。这里的“整个精神”（der ganze Geist）并非指精神章中的精神，而是指绝对精神（宗教与绝对知识）。

② 科耶夫：《黑格尔导读》，第255页。

③ Jean Hyppolite, *Genesis and Structure of Hegel's Phenomenology of Spirit*, *trans.* Samuel Cherniak and John Heckman, Northwestern University Press, 1974, p. 36.

④ Philip J. Kain, *Hegel and the Other: A Study of the Phenomenology of Spirit*, State University of New York Press, 2005, p. 193.

**附表** 1①

| 1808 年《逻辑学》 | 《精神现象学》 |
|---|---|
| 1. 存在论的逻辑 | |
| I. 存在 | |
| 质（存在、定在、变化） | 感性确定性 |
| 量［自为存在（数目的一、多……）、定量、无限性］ | 知觉 |
| II. 本质 | |
| 本质 | 力与知性 |
| 命题 | |
| 根据与被建立者（整体与部分、力与力的表现、内与外） | |
| III. 现实 | |
| 实体 | 生命 |
| 原因［与］交互作用 | 主人与奴隶 |
| 2. 主观逻辑 | |
| 概念 | 斯多葛派 |
| 判断 | 怀疑主义 |
| 推理 | 苦恼意识 |
| 3. 理念论 | |
| 生命理念<br>（有机的部分；感受性、应激性、再生性……；无机的环境；类的保存） | 观察理性<br>a. 对自然的观察 |
| 认识理念 | |
| ［认识<br>定义<br>区分］ | b. 逻辑学与心理学的规律<br>c. 面相学与颅相学 |

① “［ ］”中的文字为福斯特所加。1808 年《逻辑学》的“认识理念”，内容十分简略，只有一节文字，并不包含“定义”、“区分”与“应当或善”的细分。后者为福斯特根据纽伦堡手稿 1809—1810 年《高年级概念学说》“理念论”相关内容所做的补充。

**续表**

| 1808年《逻辑学》 | 《精神现象学》 |
| --- | --- |
| ［应当或善］ | 理性自我意识通过自身活动的实现（快乐与必然性、本心的规律、德行） |
| 绝对理念/绝对知识/知识 | 自在自为地自身实在的个体性（精神的动物王国、立法的理性、审法则的理性，第435—437段） |

**附表2**

| 形态 | 历史的参照 |
| --- | --- |
| 感性确定性 | 早期的史前史，第一阶段（波斯） |
| 知觉 | 早期的史前史，第二阶段（印度） |
| 力与知性 | 史前史，第三阶段（法老时代的埃及宗教、荷马时代的希腊宗教、希腊理性主义时代） |
| 生命（和欲望） | 公元5世纪，尤其是伯利克里时期的雅典（古典的希腊文化） |
| 主人与奴隶 | 公元5世纪晚期的雅典/第二次迦太基战争之后的罗马（政治压迫与奴役） |
| 斯多葛派 | 希腊化时期的希腊/罗马帝国（斯多葛主义） |
| 怀疑主义 | 希腊化时期的希腊/罗马帝国（怀疑主义） |
| 苦恼意识 | 罗马帝国至中世纪欧洲（新柏拉图主义与基督教） |
| 对自然的观察 | 17世纪早期（开始于培根、伽利略，以及山猫学会的近代自然科学） |
| 对自我意识的观察……逻辑的与心理学的规律 | 17世纪中叶至18世纪初（霍布斯的形式逻辑/罗亚尔学派；洛克的经验心理学/休谟） |
| 对自我意识的观察……面相学与颅相学 | 1770年代早期（拉瓦特面相学、高尔的颅相学） |
| 快乐与必然性 | 1779年代中期（歌德的浮士德） |

续表

| 形态 | 历史的参照 |
| --- | --- |
| 心的规律 | 1780 年代早期（席勒的卡尔·莫尔） |
| 德性 | 1780 年代（弗里德里希大帝） |
| 精神的动物王国 | 1780 年代（赫尔德） |
| 立法的理性 | 1780 年代（通俗哲学） |
| 审核法则的理性 | 1780 年代晚期（康德的道德哲学） |
| 第 435—437 页的结论部分 | 19 世纪早期（黑格尔自己的观点） |

（作者系华中科技大学哲学系博士后）

# 依黑格尔精神哲学看启示宗教的伦理意义[①]

卿文光

［内容提要］文明的本质是伦理。依黑格尔，真正的伦理是那种能使人超越其自然存在的客观的精神实体，故真正的伦理能使人战胜死亡，因为死亡仅属于自然存在而不属于精神。这种能战胜死亡的伦理只能是那具有能战胜死亡的伦理意义的宗教的产物，这种宗教只能是基督教、犹太教之类的启示宗教，它以超自然超现世的精神为对象。一种文明或伦理若不是来自这种宗教，它就不是真正的文明，这种文明必然会被死亡或恶所胜，堕落为一种自然存在。

［关键词］伦理　精神　死亡　启示宗教　黑格尔

## 一

黑格尔的伦理简单说来就是社会关系，不过是具有客观性和实体性的那种社会关系，伦理是具有客观性和实体性的行为规范的总和和统一。伦理和道德是有关系的。依黑格尔，伦理是道德的客观化，是实体性的道德[②]。单纯的道德是主观的东西，故它是没有真理性的，因为真理必须具有客观性实体性，真理是主观和客观的统一。由此我们可以理解为何没有纯粹道德的人，为何一个人单凭道德观念或良心是坚持不了多久也做不了多少事的，原因即在于：道德仅是主观的。伦理是道德的客观化，是道德

---

① 本文是2011年9—12月在香港道风山汉语基督教文化研究所做访问学者时的研究成果。

② 黑格尔有言：道德是“主观意志的法”，伦理是“实体性的意志”（《精神哲学》，杨祖陶译，人民出版社2006年版，第316页），就是说伦理是实体性的道德。

的真理[①]，是一种主观与客观的实体性统一，伦理而非道德才是真正规定和支配人的行为的东西，伦理而非道德才具有自在自为的真理性[②]。由此可知，如果一个社会或民族道德沦丧，从根本上讲这不是因为这个民族的大部分人不道德没良心，虽说这时候大部分人不道德没良心作为一个事实是成立的，但这一事实不是这个民族道德沦丧的真正原因，真正原因是这个民族的伦理丧失了真理性。反之，一个社会或民族若是公理昌明正气压倒邪气，其根本原因也不是因为大部分人有良心有道德，而是因为这个民族的伦理尚具有真理性。

伦理是道德的真理，是客观化的善，但这只能在伦理尚具有真理性时是如此，在这种时候伦理和道德就是一致的。但当一种伦理丧失真理性时，这个伦理就不符合伦理的概念，这个伦理就不能说是客观化的善，而是相反，它成了客观化的恶，它与道德现在就处于对立的关系中。这种与道德或善对立的伦理不符合伦理的概念，不具有真理性，但形式上看它仍是伦理，是具有客观性和实体性的实存，仍具有真理的形式，因为真理首先和决定性地是客观性和实体性。这种恶的伦理其形式上的真理性就表现为，恶现在是现实的东西，道德是主观的良善无法与它对抗。

何谓真正的文明？一般来说，文明的本质是伦理，或者说伦理是一个文明中的实体性东西。伦理本应是善的，或者说伦理依其概念是善的，这时的伦理就是善的，是客观化的善。但伦理可以丧失真理性，可以成为恶的，就是说文明可以堕落，并且历史告诉我们文明经常会堕落，比如西周初年的中华文明或许可说是一个具有某种真理性的善的文明，但从春秋开始它堕落了，不具有真理性了，成为一种恶的伦理或文明，并一直持续到今天。又比如智者派之前的希腊城邦伦理是一种具有真理性的善的文明和伦理，但从智者派开始它堕落了，丧失真理性了，成为了一种恶的文明或伦理，这使得苏格拉底和柏拉图为之痛心疾首，犹如孔子因礼崩乐坏而痛心疾首一样。

依本文这种来自黑格尔的精神概念和伦理概念的文明概念或文明观，我们就不能说一个社会一定比另一个社会的文明进步，因为事情的本质首

---

① 黑格尔：《法哲学原理》，范扬、张企泰译，商务印书馆 1961 年版，第 43 页。

② 如黑格尔所言："伦理的内容……是自在自为地存在着的"（《法哲学原理》，商务印书馆 1961 年版，第 164 页）。

先在于一种文明是不是一种真的文明，它有没有真理性，是否还有真理性。并且，一种丧失了真理性的文明是恶的文明，恶的文明不是真正的文明，它不符合文明的概念，不配称为文明，因为文明本应是善的而不应是恶的。

## 二

伦理而不是道德才具有真理性，是伦理而不是道德在规定着人的行为。但伦理从何而来？具有真理性的伦理与不具有真理性的伦理的根本区别何在？我们下面就依据黑格尔的精神概念对这些问题做一简略讨论。注意，考察伦理从何而来，这不是要从时间上追溯各民族伦理生活的诸环节或规定的历史起源，如父系家庭和国家的历史发生过程，而是依据伦理和精神的概念去追索那从概念上讲先于伦理并且是伦理的充分或绝对根据的东西。

依黑格尔，伦理是客观精神，它的根据和真理是绝对精神，客观精神或者说伦理是绝对精神的产物或定在，而绝对精神的首要和决定性的形态是宗教[①]，故可知伦理的绝对根据是宗教，宗教是伦理的根基[②]，伦理是宗教的必然产物或定在。注意，黑格尔对伦理和宗教的关系的这一具有真理性的认识是从绝对概念上说的，宗教决定伦理首先是从概念上说的，历史或时间中的一切实存都逃不出这种绝对概念及其逻辑的支配。宗教决定伦理这一绝对概念意义上的真理使我们不难得出如下两点认识：一，从时间上讲，各民族的伦理最初来自它们的宗教；二，任何时候我们对与伦理的本质相关的问题的思考都不能脱离绝对精神这个东西，因为宗教不过是绝对精神的首要形态，宗教决定伦理本质上就是绝对精神决定和支配伦理。

何谓绝对精神？绝对精神简单说来，就是一个人或一个民族可以借此来规定自己的言行和生活的最高东西，或者说，是一个人或民族最内在最

① G. W. F. Hegel, *Introduction*: *Reason in History*. p. 104. Translated by H. B. Nisbet. Cambridge Uni. Press. 1975.

② 黑格尔在其历史哲学讲演中有言：“一个民族的全部实存建立在宗教上”（《法哲学原理》，商务印书馆 1961 年版，第 107 页）。宗教是伦理的根基是这句话的应有之意。

根本的那一人生观或价值观。但这只是关于绝对精神的一个形式上的说法；从形式上讲，任何一个人或民族任何时候都有其绝对精神，比如自私自利的人，他的绝对精神就是人不为己天诛地灭，他从根子骨里相信这个东西。但绝对精神不仅有形式更有其内容，并且，同伦理一样，绝对精神可以具有真理性也可以没有或丧失真理性，比如以人不为己天诛地灭为其绝对精神的人，这种绝对精神徒具形式，是毫无内容毫无真理性的。那么什么样的绝对精神具有真理性？依黑格尔，真正的绝对精神亦即具有真理性的绝对精神具有两个特征：一，它有伦理意义，即它能对现实的人际关系社会关系予以客观的积极的规定；二，它能够超越死亡①。注意，具有真理性的绝对精神的这两个特征不是彼此孤立的两个东西，而是相互联系着的，这种联系乃是：绝对精神所具有的伦理意义及诸伦理规定是能战胜死亡或者说超越死亡的②。故可知，具有真理性的绝对精神其实可以说只具有一个根本特点，亦即，它具有一种能战胜或超越死亡的伦理意义。

伦理规定和伦理意义能战胜死亡，这是什么意思？具有能超越死亡的伦理意义的绝对精神是什么东西？所谓某种伦理东西能超越死亡首先意味着，一个人或一个群体宁死也不敢或不愿违反的那种伦理规定。显然，这种伦理东西伦理规定只能来自真正的宗教，即那具有能使人战胜死亡的伦理意义的宗教，具有能战胜或超越死亡的伦理意义的绝对精神只能是这种宗教。

依黑格尔，绝对精神有三种形态：宗教、艺术和哲学，它们具有同一个内容③。但显然只有宗教这一形态才具有现实的伦理意义，也只有这一形态的绝对精神才可能具有战胜死亡的力量，而哲学和艺术都与此无涉。如黑格尔所言，一个民族的哲学在内容上固然与其宗教根本上是同一的，如果它有自己的哲学的话。但哲学一则是后起的，二来哲学这种绝对精神

---

① 黑格尔在其宗教哲学讲演中有言："精神的自我意识是永恒生命的一个永恒的绝对的环节"（G. W. F. Hegel, *Lectures on the Philosophy of Religion*, Vol. 1, p. 73. Translated by E. B. Speris and J. Burdon Sanderson. Routledge Kegan Paul Ltd. London. 1962 and 1968.）

② 黑格尔有言："精神的生活不是害怕死亡……，而是敢于承当死亡并在死亡中得以自存的生活。"（《精神现象学》上卷，贺麟、王玖兴译，商务印书馆 1979 年版，第 21 页）。注意，黑格尔的"精神"首先意味着伦理。

③ G. W. F. Hegel, *Introduction: Reason in History*. p. 103. Translated by H. B. Nisbet. Cambridge Uni. Press. 1975.

其形式只是反思或观念，这一形式不具有真理性。须知真理是主观与客观的统一，是知与行的统一。但哲学却只是一种知，形式上看只是（主观的）观念性东西，故可知哲学并不具有最高的真理性，它至多只是对真理的知而不是自在自为的真理本身，这是哲学这种绝对精神的根本缺点[①]。艺术同样具有这一缺点：只是某种知[②]而不是知与行的统一，同样不具有自在自为的真理性。

通常所说的启示宗教：伊斯兰教、犹太教、基督教这三大精神一神教，都具有能战胜死亡的伦理意义，历史和现实已证明这一点，对此无须赘言。注意，启示宗教一定是精神一神教，精神一神教一定是启示宗教，这是可以借黑格尔的精神概念予以证明的。启示宗教所说的启示是指人在有清晰的理智和自我意识时完全被动地接受那唯一的绝对位格（相当于人格）神的言语指示，《圣经》所载犹太先知与耶和华神的交通，使徒保罗、彼得、约翰与神的交通，皆是这种情况，故可知这种启示同各民族的原始宗教自然宗教常见的人神交通完全不是一回事。在原始宗教自然宗教的人神交通那里，人是完全丧失了理智和自我意识，处于一种物我不分我与他人不分的绝对非理性的精神的原始状态，这时的精神完全处于毫无理智的放肆的野蛮的想象力的支配中，初民社会的人、理智低下的人较容易进入这种状态，这在人类学心理学上是很熟悉和不难理解的东西。启示宗教的启示也不是如古代神话诗人［如古希腊的荷马、赫西阿德（Hesiod）］在有创造灵感时与他们的缪斯女神的交往，因为希腊的缪斯女神只是神话诗人的想象力的艺术创造[③]。这些神明在相当程度上是主观的产物，一旦理性发达，科学昌明，原始人的神和希腊人的神必然会瓦解消失，正是因为这些神灵在相当程度上乃是人的主观想象力的创造。启示宗教的神则不然，他不是非理性无理性而是超理性，理性只是从属于他。显

① 在这一点上笔者同黑格尔的见解不太一致。黑格尔认为在绝对精神的三种形态：哲学、艺术和宗教中哲学是最高的，因为只有哲学才达到了在绝对精神那里的内容和形式的一致（黑格尔：《美学》第一卷，朱光潜译，商务印书馆1979年版，第144页），而笔者认为达到这种同一的是宗教而非哲学。由于主题和篇幅所限，这里不是具体讨论这个问题的地方。

② 这种知不是抽象的观念形式的，而是外在的具体的感性形式的，这是艺术与哲学的根本区别。

③ 这也是黑格尔的见解，黑格尔赞赏地引用过希罗多德的话："荷马和赫西阿德为希腊人创造了他们的神"（黑格尔：《美学》第二卷，朱光潜译，商务印书馆1979年版，第195页）。

然，理性的人在这种并非无理性非理性而是超理性的神面前只能是完全的被动，也只有在这种神面前人才无须丧失理智也不会丧失理智。

这种神只能是唯一的，因为作为超理性的存在祂是绝对物；如果这种神是多个，每个这样的神作为多中之一只能是相对的了，并且落入理性之中而不是超理性的存在了。显然，超理性的存在只能由他自己把自己启示给人，感性和理性的人在这方面是毫无能力毫无主权的，只能是完全的被动。至此我们证明了，启示宗教只能是精神一神教，精神一神教必然是启示宗教。

启示宗教所具有的那种能战胜死亡的伦理意义当然只能来自这个超理性的神的启示。不幸的是，人们常见的大部分宗教并无这种伦理意义，基本可以说，东方文明的宗教缺乏真正的伦理意义，道教、印度教、佛教都是如此。道教的唯一旨趣是追求与无理智无意识的自然的合一，以达到个人自然生命的不朽，故它毫无伦理意义。印度教直接看去具有一种伦理意义，这就是它的种姓制，但种姓制这种“伦理”在诸多方面违反基本人性，比如它对贱民的规定，故这种“伦理”不是真正的伦理，并且印度教的根本旨趣只是所谓解脱，一种理智和意识的泯灭，故它不具有积极的伦理意义。佛教直接看去具有一种非常崇高和超越的道德，但佛教的最高旨趣同印度教一样，只是追求一种泯灭理智和意识的解脱状态，这使得它不可能具有真正、积极的伦理意义。我们知道佛教对家庭和社会生活是持消极和否定态度的，这证明它至少是没有积极的伦理意义的。

儒教，以自然之天和父系祖先为主要崇拜对象的那个东西，在某个时候也具有一种能战胜死亡的伦理意义，比如在汉民族理智未启的西周时期。西周之后的儒教丧失了真理性，就没有这种意义了。儒教的伦理意义首先和主要在于，它能够建立某种父系家族伦理，它的伦理意义基本就仅限于此[①]。儒教没有能力对在家庭之外的社会交往社会关系予以真正的规定，因为儒教实际上只知道家庭或家族伦理，须知家庭之外的社会关系依其概念不是家庭这种血缘关系。儒教伦理的这一致命缺点在西周之后亦即在中国

① 儒教形式上看还有一种伦理意义，即它能建立一种国家，西周家国一体的天下制封建国家及西周后的历代家长制的中央集权专制国家都是儒教的这一伦理意义的实现。但这种国家徒具形式，不是真正的国家，就是说儒教所具有的国家伦理意义是虚假不真的。拙著《论黑格尔的中国文化观》（社会科学文献出版社 2005 年版）及拙文“从中国人的称谓看儒教伦理的缺陷及其社会历史后果”（《同济大学学报（社会科学版）》2009 年第 4 期）对此有详细讨论，可以参阅。

人的理智意识觉醒后充分暴露出来了。在西周时期，一则中国人理智未启，因而能保持对天和祖先的淳朴信仰，视之为神；二则当时的社会交往非常狭隘，基本只局限在种族血缘关系内，故这时的儒教是具有真理性的，它的对天和祖先的淳朴信仰能够使当时的中国人为捍卫儒教伦理而不惧死亡。但从春秋开始，一则中国人的理智意识觉醒；二则中国人的交往开始大大突破家族关系的范围，儒教在这时必然会丧失真理性，这时大量发生的在家庭或家族之外的社会交往社会关系儒教事实上没有能力予以规定，更谈不上在这一领域具有什么战胜死亡的伦理意义了。故中国人的社会交往社会关系实际只能由人的一己之私来支配（从春秋时代至今一直是如此），在这一领域中中国人的生活必然是缺乏伦理意义，沦为一种自然存在。

上述讨论表明，儒教的伦理意义是很有限的，最终不具有能战胜死亡的伦理意义。儒教的这一局限决定性地表现在，它没有灵魂不朽的观念或信仰，也没有超自然超现世的彼岸世界的信仰，这证明儒教是典型的自然宗教，不是真正的宗教，儒教没有能力建立具有真理性的伦理或文明，即那经得起发达的理性反思的、具有能战胜死亡的伦理意义的文明，尽管它在历史上的某个时候曾起到宗教的作用。

## 三

真正的文明或伦理具有能战胜死亡的力量，这种伦理或文明来自那具有能超越或战胜死亡的伦理意义的启示宗教，这是黑格尔的精神哲学所蕴含的一个极富有内涵和意义的卓见。我们下面就依据黑格尔的精神概念和精神哲学来扼要地阐释这一点。

精神（Geist）是黑格尔哲学最核心和最重要的概念，它是全部黑格尔哲学的灵魂。何谓精神？谈精神不能不谈自我意识，因为精神首先是自我意识。黑格尔对自我意识的本质的认识完全不同于康德，康德是抽象孤立地看待自我意识，黑格尔则意识到，康德的那种作为理论思维和道德实践的主体的自我意识是抽象反思的产物[①]，故这种自我意识不够真实，真

① 在《精神现象学》中，黑格尔把欲望和自我意识之争取承认作为其自我意识学说的开端，而把包含康德的自我意识概念在内的“理性的确定性”（实际就是自我意识的确定性）放在最后，这一做法表明了笔者这里之所言。

实的自我意识是处于人与人关系中的自我意识，这种自我意识的首要方面就是努力寻求他人亦即别的自我意识对他的承认，对自我意识的这一首要的本质方面的考察是《精神现象学》中最精彩和最著名、影响也最为深远的篇章之一。黑格尔在这里表达了他的一个卓见：人不是动物，人的生命不是动物生命，人超出单纯生命的地方就在于人是自我意识，而自我意识总是意味着两个自我意识的关系，人作为自我意识必然要寻求另一个自我意识对他的肯定或承认，人的本质首先就在于寻求和获得这种承认，人表现和证明自己不是单纯的自然存在而是区别于和高于自然的地方就在于他被其他人所肯定或承认。黑格尔指出，人们只有经历过为获得这种承认甚至不怕牺牲、甘冒生命危险的斗争，他作为区别于和高于单纯的自然存在的真正的人这一点才算是得到确证的①；一个人若看重他的自然存在过于他的作为自我意识的存在，不敢为自己得到他人承认而不惜性命地去搏斗一番，他就不能算是真正的自我意识，他的区别于和高于单纯的自然存在的人的身份是不算数的，因为这样的人其实是把自然存在和自然生命看做是自己的本质。

显然，黑格尔这里所表达的一个明确思想是，人作为自我意识理应是超越死亡战胜死亡的，这才是自我意识的本质。但作为自我意识的人其实是逃脱不了死亡的，因为自我意识有其自然基础，它以自然生命为其前提，而自然生命皆有一死，故死亡是单纯的自我意识的绝对命运。自我意识可以不怕死，作为自我意识它也应该不怕死，但自我意识若仅是自我意识，仅是作为在众多自我意识的承认和被承认的关系中的存在，由于这种存在缺乏自在自为的实体性（因为关系根本上只是为他的存在），故它终究摆脱不了它的那一前提：自然生命对它的限制，自然生命的死亡必然是对自我意识的绝对否定，自我意识必然是难逃一死，故可知单纯的自我意识对死亡的超越——亦即不畏惧死亡——仅仅是主观的和形式上的。由此我们可以理解，为何人们，即便是那些经历过不惧死亡的斗争的人，不少时候都对人生抱有人死万事空、一切都没有意义的悲观态度，这根本上不是出于人主观上的多愁善感，而是在自我意识的概念中有其根据。单纯的自我意识所能有的对死亡的超越仅是主观的，自我意识并无真正的超自然的存在，就是说人作为单纯的自我意识是战胜不了死亡的。但人不仅仅是

① 黑格尔：《精神现象学》上卷，贺麟、王玖兴译，商务印书馆 1979 年版，第 126 页。

自我意识，人就其概念来说[①]还是精神，是有自我意识的精神或者说自我意识着的精神。

精神并不是众多自我意识的集合或关系，众多自我意识的集合或关系仍只是自我意识，这种集合和关系仍是自我意识之内的东西。精神是那内在于自我意识、超越了自我意识并作为自我意识的真理的东西，精神而不是自我意识才是真正原初的和最真实的东西，精神才是在自然和自然生命之上之外的纯然以自身为根据的那自在自为的全体、总体和实体，自我意识相比之下只是一种抽象，就像康德的那作为理论理性和实践理性的自我意识相比于那努力寻求承认的自我意识只是一种抽象一样。故可知精神而不是自我意识才是在自然之上之外的自在自为的东西，精神才是真正超越了自然、超越了自然生命及其有限性：死亡的东西。精神首先是自我意识，真实的精神是自我意识着的精神，故精神之战胜死亡超越死亡，同一地就是自我意识在精神中作为自我意识着的精神而超越死亡，并且自我意识在精神这里的对死亡的超越不是主观的，不是主观上单纯的不怕死，而是客观的，犹如耶稣的死而复活是客观的历史事实那样。

注意，本文所谓超越或战胜死亡主要是指对死亡的积极超越。我们知道某些东方宗教似乎也能达到某种对死亡的超越，比如道教修行所达到的那种泯灭主客之别时的种种幻象，亦即那所谓一天人齐生死的神秘直观。这种对死亡的否定和超越其实不仅否定了死也否定了生，在这里知觉、意识和自我意识皆泯灭了。这种非生非死无知无觉的境界只是一种对死亡的消极解脱而非积极超越，它更不具有伦理意义，因为真正的伦理生活伦理规定以对自我意识的肯定为前提，追求自我意识的泯灭的宗教不可能具有什么伦理意义。又，这里有必要对佛教的伦理意义再说几句。由于佛教的理想也是一种非生非死无知无觉的解脱境界，就此来讲佛教是没有真正的伦理意义的。但相对于那只具有狭隘的自然伦理意义的儒教来说，佛教却能超越狭隘的自然伦理而对佛教徒的生活有全面的客观规定，虽说这些规定的伦理意义纯然是消极的，须知，伦理的本质乃是自我意识在精神那里的绝对自身肯定的客观化，这才是真正的积极的伦理，佛教不可能具有这

① 黑格尔的“概念”不仅具有客观性亦具有理想性。这里所谓“人就其概念来说”，所包含的一个意义是：就人的理想或就理想的人来说，须知现实中很多人是没有达到人是精神这一人的概念或理想的。

种伦理意义。但佛教毕竟把人的生命意义提高到超出单纯的感性生存的高度，就此来说它对人性的恶至少在消极意义上是克服了的，佛教的那有限的消极的伦理意义就在这里。

对死亡的真正的积极的超越是借绝对的生来战胜死亡，此即永生。这种不朽的绝对生命首先是精神意义的，故它首先是一种不朽的绝对的自我意识，一般宗教所说的灵魂不朽就是对此的表象。但自我意识本身只是主观的，不具有真理性，自我意识的真理是精神，这种精神作为真正的精神首先是超自然超现世的纯粹的绝对精神，在宗教上它被表象为一个绝对的唯一的神和一个不朽的彼岸世界或天国。但真理并不仅仅停留在超越的彼岸世界中，神亦即真理是道成肉身的，现实世界并不在神的国之外，这一点用黑格尔哲学的话来说就是，真实的精神作为真理是无限和有限的统一，理想和现实的统一，这种统一乃是无限或理想把自己有限化现实化，即无限或理想走出自身成为有限或现实，使有限或现实成为为无限或理想而存在的东西。故真实的精神或真理不仅是那被表象为唯一的神和天国的神圣精神，那超自然超现世的绝对精神，它同一地亦是此岸世界的现实的精神，只是这个现实的精神是得到了彼岸超越的绝对精神的充分而具体的规定的，如此被具体规定了的现实的精神首先就是伦理，自我意识在这种伦理中得到了客观的肯定或承认，如同它在那彼岸的超越的绝对精神中得到了绝对的肯定或承认一样。

显然这样的伦理才是真正的伦理，这样的伦理才具有战胜死亡的力量，因为这种伦理不仅是客观化的承认，亦即自我意识之间的承认和被承认这种关系的客观化（这是伦理作为客观精神所具有的一基本意义），它更是为那彼岸的超越的绝对精神而存在的，或者说是由自我意识对那彼岸的超越的绝对精神的信仰所支持的，并且自我意识在那个彼岸的超越的绝对精神中是得到了绝对肯定的。不难知道，上面所说的这种绝对精神或真正的伦理我们基本只能在犹太教、伊斯兰教、基督教这三大启示宗教或精神一神教中不同程度地见到；大致可以说，只是在这三大启示宗教中，我们才能既见到客观、积极的现实伦理生活，又见到支持这种伦理生活的对一个超自然超现世的绝对精神和世界的信仰。

顺便说一句，笔者当然知道犹太教和伊斯兰教的局限，它们都没有达到真正的伦理和宗教的理想，只有基督教才达到了（这是为笔者所同意的黑格尔的观点），故笔者把这两个宗教看做是真正的——亦即理想的——伦理和宗教时是有保留的，“不同程度地”和“大致可以说”这两个限定词表明了这一点。但与其他伦理或宗教相比，这两个宗教大致说来更接近理想的伦理和宗教，它们和基督教一起构成了人类仅有的三个启示宗教或精神一神教，故在这里才把它们相提并论。

## 四

至此，我们可以正面回答本文开头提的那个问题了：何谓真正的文明？答案是，真正的文明亦即有真理性的文明乃是那其伦理规定具有能战胜死亡的力量的伦理或文明；具体说来，真正的文明是这样一种伦理或文明，生活在这种伦理中的大部分人，至少是相当部分的人，宁死也不愿违反他们的文明的那些有本质意义的伦理规定，宁死也要捍卫这一文明的基本伦理，将其看做是自己的本质生命所在。这种文明中的人不会为了自己的生存无原则地容忍罪恶和侮辱，好死不如赖活着、人权首先是生存权之类的自然生命原则在这里是没有地位的。人不是动物，动物无论是作为个体还是作为族类都仅是为求生存这一生物学法则所支配。人是自我意识和精神，作为自我意识他首先是寻求承认，作为精神他无条件地寻求客观的和绝对的承认，这种客观的和绝对的承认比人的自然生命更真实更有价值，这就是人的尊严，是人的那一在伦理中得到了客观承认、在对超越的绝对精神的信仰中得到了绝对承认的超自然的精神生命①，这种超越了死亡的精神生命不是某种主观观念，而是客观的和绝对的。同样地，在这种其伦理具有战胜死亡的力量的文明中，也不可能出现某些人一再作恶却得不到制止和惩治这种事，因为这个文明的伦理既然具有战胜死亡的能力，

① 有人可能会拿基督的“不要与恶人作对”、“打右脸给左脸”之类的教导来否定本文这里所言，基督教可是本文所认的理想的伦理精神和宗教的。对此笔者的回答是，基督教的真理并非只停留在基督的言语中，上帝是道成肉身的，这意味着基督教的真理亦是存在于为其所规定的基督教民族现实的伦理生活中，基督教的伦理意义是实现在这种伦理生活中的。又，对圣经中的话我们应经常记起使徒保罗的教导：“字句叫人死，精义叫人活”（《哥林多后书》3：6）。基督的教导“不要与恶人作对”的真正意思是说，基督徒不应对恶人怀有私人仇恨，不应私人复仇，这与在有真理性的文明中人们为维护伦理和公义有权利通过法律去惩治罪恶是不矛盾的，因为这种惩治不是复仇，而是如黑格尔所言，是恢复为犯罪所否定的普遍物：伦理（黑格尔《法哲学原理》，第103页）。故可知，如果法律公正政治清明的话，基督徒遭到不法的对待时是可以也应该去诉诸法律以维护伦理和公义的。

它也必定能战胜恶，须知恶的最大能力就是撒播死亡，能战胜死亡就必定能战胜恶，也只有战胜死亡才能战胜恶。

一种伦理如果不能战胜死亡，它就很容易被这个世界的恶亦即人性的恶颠覆，也必定会被颠覆，因为死亡是这个世界的绝对力量，只有战胜死亡才能战胜这个世界，战胜不了死亡必然会被这个世界所胜，被恶征服。一个文明没有能力战胜死亡，这表明这个文明中的大部分人对人的真正生命是那超自然超现世的伦理和精神生命无知，他们就只能是甘于或被迫做一个仅仅自然的存在，亦即堕落为一种自然存在，把自然存在自然生命看做是自己的本质，这个文明就不是真正的文明或伦理，文明在这里只是一种徒有其表的装饰罢了。这个文明一定是被恶统治的，因为恶不是别的，就是人的自然本性，战胜不了死亡而堕落为自然存在，就必定会被恶支配。在这里恶人常常是没有畏惧，作恶也没有底线，因为恶在这个所谓的文明中是居支配地位的。同一地，在这里人的懦弱及对恶的忍耐也常常是无原则、无止境和无底线的，因为大部分人根本上仅认自己的自然存在为自己的本质，他们的生活目的仅是那感性生命肉体生命的维系和满足。

显然，那具有真理性的亦即具有能战胜死亡的伦理意义的文明只能是由那具有能战胜死亡的伦理意义的宗教：启示宗教或精神一神教建立的，这种能战胜死亡的伦理是由对启示宗教的那彼岸超越的绝对精神或神的信仰支持的，至少曾经是由这种超越的信仰支持的。当现世生活与超越的绝对精神和不朽生命有了联系，现世生活就不再仅是现世的和感性的，而是得到了来自超越的绝对精神的规定和支持，从而成为神圣的伦理生活，这种伦理生活是与内在于自我意识并超越了自我意识的那不朽的神圣生命即永生相联系的，从而具有战胜死亡的力量，也因此能战胜这个世界的恶（至少从概念上讲是如此）。在这样的文明中，起码人在作恶时是有畏惧感的，人的懦弱及对恶的忍耐也不会是无原则无底线的。

当然今天各民族中有真正的宗教信仰者越来越少。但我们知道，即便一个文明或民族的大部分人没有宗教信仰，但这个民族是否曾有过真正的宗教信仰，这对这个民族后来的道德状况是有决定性意义的。一个相当部分的人没有宗教信仰的文明或民族，如果它以前曾有过真正的宗教，这就意味着它的伦理是由这个具有战胜死亡的伦理意义的宗教（比如三大启示宗教）建立的，这个伦理就不是如儒教伦理那样是一种经不起理性反思的自然伦理，而是一种经得起理性反思的真正普遍的伦理，因为支持这个伦理的那超自然超现世的绝对精神具有真正的超越性，那只属于康德黑格尔所说的有限知性的通常的理性和科学是否定不了它的[①]。故可知，即便在理性发达科学昌明、相当部分的人已不信宗教的今天，伦理依其概念所具有的客观性在这个民族中至少原则上是能保持住的，这个民族的今天也不会发生伦理崩溃亦即普遍的道德堕落这种恐怖状况，今天的西方大致说来就是如此。相反的情况是中国，这个民族从未有过真正的宗教，故也从未有过真正的伦理，它的伦理只是一种狭隘的自然伦理，故这个民族普遍的道德沦丧并不仅是今天的事，而是如我们上面所说的，是从春秋时代就开始了，今天这个民族的惊人的普遍的道德沦丧乃是那从春秋开始的礼崩乐坏的持续，而礼崩乐坏的本质是由于理智意识的觉醒而使得儒教这一自然伦理丧失真理性，是儒教伦理不是真正的——亦即普遍的——伦理这一致命缺陷的暴露，是普遍伦理的缺失；只是由于一些外在的历史机缘，使得伦理缺失这一中华文明的根本缺陷在今天要比此前任何时候都表现的更加充分，因而显得比以前任何时候都特别恐怖和恶劣罢了。

今天的西方文明当然也有危机，但和中国不同，今天西方文明的危机是信仰危机，是宗教的日见衰落，是终极信仰的缺失，是信仰缺失导致的虚无主义，这种虚无主义是超越的形而上意义的，是纯粹精神意义的，属黑格尔所说的绝对精神层面，而不是与现实生活休戚相关的伦理危机（伦理是客观精神）。今天的西方当然也有某种伦理危机，这就是传统家庭伦理的日渐式微。但我们知道家庭伦理是自然伦理，自然伦理不是真正的伦理的最重要最本质的部分，伦理最重要最本质的部分是在家庭关系之上之外的社会生活方面，基督教的伦理意义首先和决定性地是实现在这个领域中的，所以说今天西方的那根本上来自基督教的社会伦理并未丧失客观性真理性。又，对西方传统家庭伦理的日渐式微似乎没有必要看得过于严重，因为家庭伦理是自然伦理，自然伦理在任何时候在任何文明中都不会缺失，只因为它是以

① 比如对基督教的超越的位格神上帝和耶稣理性是既不能证明也不能否定，但真正的基督徒却能通过种种属灵经验而在不同程度上经验到他（们）。

血缘关系、两性关系、血缘情感等自然东西为基础的自然伦理，这表明自然伦理只会发生变化而永远不会缺失。由于自然人同时是社会人，故只要在家庭关系之上之外的社会伦理未丧失客观性，传统家庭伦理的日渐式微——注意这不是家庭伦理的缺失而只是家庭伦理的变化——就不会产生多少可怕后果。

对现代西方的信仰危机我们同样也应正确理解看待。这种信仰危机是由于近代以来的理性昌明科学发达，使得传统基督教信仰和教会所有的那些外在的感性形式表象形式的东西（如某些外在的崇拜形式，又如圣经的那些用于表达真理的形象化的文学语言，诸如圣父圣子独生子之类）遭到了理性的怀疑和否定。由于传统上大部分基督徒的信仰和教会生活是与这些外在的感性形式表象形式的东西相联系的，这些东西的被怀疑和否定自然会导致传统信仰的衰落。其实，基督教所信仰的上帝和基督完全是超自然超现世超理性的存在[①]，理性对祂是完全无能为力的，须知认识上帝和基督的方式只能是每个人借祷告、悔罪、舍己、背十字架等而得到的对耶稣的亲身经验，这种经验既是客观的又是理性完全无能理解的。故可知现代西方的所谓信仰危机是有积极意义的，它使基督教信仰纯粹化，使福音真理的纯粹性、超越性和真理性得以充分显露。

以上讨论表明，基督教这一启示宗教的伦理意义在今天的西方基本没有丧失，这个伦理或文明在今天仍具有基本的客观性和真理性，这表明这个伦理同基督教信仰一样在今天仍具有战胜死亡的力量。中华文明则早就不具有真理性，它所是的伦理早就丧失了战胜死亡的力量，早已不是真正的文明和伦理，这使得大部分中国人早就堕落为单纯的自然存在自然生命，这是因为作为中华文明的精神根基的儒教不是真正的宗教，致使这个文明对真正的精神：那超自然超现世的精神一无所知。本文的讨论亦启示我们，让这个文明重获生机、成为真正的文明的方法只能是让它接受一个真正的宗教，一个以超自然超现世的精神为对象的宗教，而不是通过什么文化的转换与创新，不管这种转换与创新是否需要与外来文化的某种综合，因为文化只是观念层面的东西，只属于现象界，它不能战胜死亡，故它不能改变人的生命，更不能让一个垂死的文明重获生命。由此亦可知，

① 这当然不是否定基督同时又是一个完全真实的人。

我们这里所说的中华文明需要接受某种真正的宗教才能重获生机，这种接受不是在文化观念上的接受，而是在内在生命和精神上的接受，不管在现实中这是否可能。

（作者单位：黑龙江大学哲学学院）

# 论黑格尔与施莱尔马赫有关“实证性”概念理解的差异[①]

闻　骏

［内容提要］对于西方近代宗教哲学来说，“实证性”概念和“实证性”原则都曾在宗教哲学领域内得到过广泛运用。实证宗教（positive religion）曾被看做是真正合理的宗教形态，也曾是近代宗教哲学所要追求的一种理想性宗教。然而，正是在有关“实证性”概念本身的界定上，却一直存在有种种不同的理解和阐释。在对西方近代宗教哲学发展走向具有重大影响的两位思想家——黑格尔和施莱尔马赫——身上，我们能够切身体会到西方近代宗教哲学对“实证性”概念理解的逐步深化和不断发展，以及各种不同理解之间的内在差异。

［关键词］实证性　实证宗教　宗教哲学　施莱尔马赫　黑格尔

厄尔根·芬克在其《胡塞尔现象学的操作性概念》一文中，曾对主题性概念和操作性概念作出过明确区分。所谓主题性概念就是指，一个思想家意图去加以界定，使之固定化和确定化的那些概念。诸如怀特海的“实在实体”、胡塞尔的“意向性”、黑格尔的“绝对理念”等。而与之相对照，操作性概念则是那些为我们理解这些主题性概念提供帮助的概念。它们一般起着概念性中介的作用。通过它们，人们去发现和思考那些主题性概念。因此，它们又与那些主题性概念有着必然性关联。对于西方近代宗教哲学来说，“实证性”概念恰恰就属于这里所谓的主题性概念。

---

① 基金项目：国家社会科学基金青年项目“施莱尔马赫宗教自我意识理论研究”（项目编号：11CZJ011）；华中科技大学自主创新研究基金项目（中央高校基本科研业务费资助，HUST：编号 2010AW012）。

## 一 “实证性”概念的基本界定

起初在中世纪的时候，“实证性”这个概念其本意是指，建立在权威而非理性基础上的神学知识。因此，诸如三位一体、道成肉身，以及上帝从虚无中创造世界的教义都被看做是实证性的。有关“实证性”这个概念的第二种含义产生于启蒙运动。通过与“自然性”概念的相互对照，“实证性”概念获得了确定内涵。所谓实证宗教，指的是一种有组织性的、传统的、公共性的、文化的甚至是前批判的宗教，而自然宗教则是那种自然的、普遍性的、理性的和人类共同的宗教。启蒙运动支持具有普遍性的自然宗教，而反对实证宗教。施莱尔马赫与黑格尔都接受启蒙运动对权威的批判，但却拒斥那种完全形式化的理性。因此，二人都试图提出有关实证宗教的第三种含义，使它能够传达出他们所主张的理性概念。

在其早期宗教哲学著作中，黑格尔展现了针对实证性的两种截然不同的态度。一方面是反思启蒙运动，而另一方面则是超越启蒙运动。首先，“实证性”对于黑格尔来说意味着某些异于和外在于理性的东西，并因此只能通过权威才能加以维持。黑格尔起初是一位康德主义者，因此，他最初是在非辩证理性的背景下来阐释实证性。这种非辩证理性也就是康德所谓的纯粹理性，它是形式化的，并因而反对具体性的东西。基于康德有关纯粹理性本身具有实践性的观点，黑格尔认为，基督教作为一种实证宗教，只能通过外在的权威才能得以维持。由于这个原因，青年时期的黑格尔把基督教看做是产生异化的一个根源。

其次，黑格尔把“基督教的本质”从其实证性的权威形式中区分出来。这一区分暗示出，基督教本身是一种自由的宗教，而并非是在其权威性意义上本质性地具有实证性。黑格尔追问，作为一种自由宗教的基督教是如何可能成为实证性的。他的回答是，异化是生命的历史形态可以屈从的一种普遍可能性。异化的发现导致了另一个发现：启蒙运动有关实证性的负面评价，是基于其抽象化形式的理性主义，以及追求普遍性的特殊癖好。法国大革命与康德伦理学中的形式主义以不同方式表明，启蒙运动的理性主义在把抽象东西具体化方面是无能为力的。因此，启蒙运动的理性主义必须加被以克服。黑格尔发现了这种理性的替代者，即辩证理性。于是，实证性不再意味着是异于理性的某种东西，而是辩证理性在自我客观化和自我显现过程中所必需的一个阶段。对于黑格尔来说，这种有关实证性的理解和解读，使得我们能够对基督教采取一种更具开放性的态度。

施莱尔马赫接受启蒙运动对权威性和实证宗教的批判，以及启蒙运动试图把宗教植根于普遍人性基础上的做法。但他试图对其形式主义、抽象化的思维方式加以纠正。因此，他也像黑格尔一样，试图去提出有关实证性的第三种含义。在其有关宗教本质的描述中，他把它表述为，有关一般的形式化本体论要素（有关自我、世界和超验存在的一种基本本体论）以及历史确定性要素（例如，在基督教中由罪向救赎的转换）之间的综合。施莱尔马赫在其实证性概念中保留了有关确定性的内涵，但他排除了那些具有启蒙运动内涵的术语。作为替代，他论证了一种历史性信仰和信仰共同体的合理性与有效性。因此，基督教的本质既没有单单使一种一般形式化本体论结构主题化，也没有单单使一种历史性的具体事实主题化，而是使一种确定的普遍性成为主题。也就是说，基督教的本质既具有普遍性，也具有历史的确定性。基督教作为一种信仰的历史形态，其合理性与有效性就在于这种具体的普遍性。

于是，施莱尔马赫神学方法的根本性问题就在于，理解并使这种确定的、具体的普遍性主题化和明确化。依此，《基督教信仰》采取两个步骤来处理这个问题。首先，在第一部分中，施莱尔马赫确立了基督教信仰所预设的一般形式化的本体论结构。在此，他以一种前意识状态的方式，阐明了基督教意识所展现的一般特征与结构。在第一部分当中，人类、世界和超验存在的一般结构，以一种从基督教历史性要素中抽象出来的方式被加以确立。如同施莱尔马赫在其《神学研究简纲》中所表明的那样，这种抽象包含有一种有关基督教信仰具体历史事实的“悬置”，或者说采取了一种“高于”基督教信仰的姿态。[①] 这种姿态并不是对基督教信仰本身的一种悬置或否定，而是某种类似于现象学还原的方法，要回到事情本身。由于这种方法论上的抽象，这种一般性结构本身才是非确定性的和形式化的，它才有允许进行各种进一步阐释的可能。其次，在第二部分中，施莱尔马赫取消了这种悬置，并把基督教信仰具体的和确定的内容放置到

① Schleiermacher, *Kurze Darstellung des theologischen Studiums*. hrsg. Heinrich Scholz. Hildesheim: Olms Verlag, 1810, S. 33.

这种一般性结构当中。实证性原则所发挥的作用在于：《基督教信仰》第一部分中孤立的、一般性的、非确定性的本体论结构，在第二部分中在其具体的历史实现过程中被重新加以修正和确定化，从而揭示出具体而非抽象意义上的基督教信仰的真正本质。

## 二　施莱尔马赫的实证性原则：追求确定的普遍性

在实际操作过程中，施莱尔马赫在其基督教思想中引入了一整套新概念，例如基督教本质的概念。当施莱尔马赫试图使这些概念主题化，并对它加以思考的时候，他似乎是在并未明显使用某种操作性概念或原则的情况下对其加以运用。实际上，其中所隐含的这种原则就是所谓的实证性原则。正是有赖于此，施莱尔马赫才能在基督教信仰的主题上运用历史性方法和概念。虽然施莱尔马赫在其《神学研究简纲》中使用了“实证性”这个概念，但他却并没有提及实证性原则。然而，如果缺少这一原则，要想去理解施莱尔马赫几乎是不可能的。就施莱尔马赫而言，这种“实证性原则”可以简要地表述如下：在《基督教信仰》第一部分中所确立的有关人类、世界和超验存在（上帝）的一般形式化结构，发展到《基督教信仰》的第二部分，当它们在由罪的存在状态向救赎的存在状态转变过程中，获得更具体描述的时候，这种有关人类、世界和超验存在（上帝）的一般形式化结构被重新加以界定。其结果是产生了一系列具有普遍性的新概念，例如罪、恩典、救赎等。这些概念不再仅仅具有抽象性和一般性结构，它们通过并凭借这种实证性原则，获得了确定而具体的内容。

因而，施莱尔马赫所理解的“实证性”意味着一种确定的普遍性，既不是完全普遍化的，也不仅仅是特殊的，而是普遍与特殊的一种有机综合。在这种“实证性”中，普遍与特殊之间的对立得以克服。也就是说，在施莱尔马赫这里，实证性实际上所涉及的是一般形式化的普遍性与具体历史事实之间的综合。因此，《基督教信仰》第一部分中的一般性和普遍性是不确定的和不完整的，它需要在《基督教信仰》的第二部分中进一步加以修正和确立。这也就意味着，在第一部分中所实施的抽象仅仅只是方法论上的，而非本体论上的。施莱尔马赫明确表明，《基督教信仰》第一部分中有关宗教意识的揭示，仅仅只是暂时性地从具体的基督教历史事实中抽象出来。[①] 关键是不要把这种抽象方法与从中所抽取出来的实在内容相混淆。在其《伦理学》中，施莱尔马赫一再要求我们去关注，基于这种一般本体论结构所必然会付诸实践的这种抽象。本体论所确认和研究的这种形式化的本体论结构，只有通过把它们从其具体现象中抽取出来才能孤立地加以看待。这种抽象将形式与内容二者相分离。然而，实际上，这种形式化的本体论结构与用来充实和修正它们的具体内容是不可能分离开来的。不仅如此，这种确定的普遍性还是这种形式化本体论的载体。也就是说，普遍性在其方法论的抽象中并不能充分地加以把握和认识，而必须放置在其确定的实在性当中。因此，这种实证性原则恰恰就是施莱尔马赫反对形式主义者所做的修正。

施莱尔马赫也力图把这种实证性原则贯彻在《基督教信仰》的具体论述中。这一点在有关上帝神圣属性的阐述中显得特别清晰。在有关头四种神圣属性的讨论的结论部分，施莱尔马赫指出，在《基督教信仰》第一部分所确定的这四种神圣属性（即永恒、全在、全能、全知）仅仅是一种抽象化的图形。[②] 因此，它们不应当与上帝的真实属性，或者一种有关上帝神圣属性的具体内容相混淆。而仅仅应该被看做是从基督教意识中所抽象出来，并因此是不确定的一般形式化的要素。也就是说，《基督教信仰》第一部分中所有有关“上帝”或“超验存在”的内容都是“加了括号”的内容。这种“加括号”表明，它们是一种从历史确定性中，尤其是从罪与恩典的具体对立中所做的方法论上的抽象。因此，如果想要去理解作为一种神圣属性的永恒究竟具体意味着什么，那么，基于《基督教信仰》第一部分所获得的仅仅只是一种形式化的、不确定的概括。永恒、全在、全能和全知的全部意义，只有当这个所加的“括号”被去除掉，并且把它看做是具体呈现在由罪向救赎的转变过程中的时候，才能获得充分理解。

再比如，施莱尔马赫认为，在《基督教信仰》第一部分中所描述的“全知”的神圣属性，在第二部分中以“智慧”显现出来。然而，智慧又绝不仅仅是“全知”属性的一个特殊实例。因为，在《基督教信仰》的

---

① Schleiermacher, *Der christliche Glaube*, Second edition. Ed. Martin Redeker. Berlin: Walter de Gruyter, 1830, S. 62—64.

② Ibid., S. 56.

第一部分中，缺乏把救赎作为上帝管治世界的目的的明确指涉。而通过救赎所赋予的合理性，智慧就成为了有关全知属性的一种补充和修正。智慧指明了上帝为救赎的目的而安排世界秩序。因此，"智慧"作为"全知"属性的一种具体化显现，只有通过救赎的实证性才能获得。在这些例证中，施莱尔马赫遵循的就是一种实证性原则。

可惜，施莱尔马赫并没有能够充分发挥这种实证性原则的内涵。具体来说，施莱尔马赫并没有能够成功揭示出一般普遍性向具体普遍性转变的具体过程。因而，《基督教信仰》中所做出的论述就其自身而言是不完整的。在某些局部细节问题上，施莱尔马赫很好地处理了一般普遍性与具体特殊性之间的关系，例如上面所提到的全知与智慧之间的关系。但在相当多的情况下，施莱尔马赫的处理仍然显得模糊不清。这就导致了一种错误印象，认为施莱尔马赫在《基督教信仰》的第一部分中所确立的有关人类、世界和超验存在的一般形式化的本体论结构，与第二部分具体在罪与恩典间的对立下所确立的基督教历史事实之间仍然是相互分离的。这也就直接导致了《基督教信仰》刚一发表就招致了巨大的批评意见，其中最严厉的批评意见就来自于施莱尔马赫在柏林大学的同事黑格尔。

## 三 黑格尔对施莱尔马赫"实证性"原则的批评

由于《基督教信仰》第一版论述的不完整性，因而很快就招致了黑格尔的激烈批评和攻击。这一攻击集中出现在亨利希斯所著的《宗教哲学》序言中。黑格尔的批评和讽刺众所周知："如果人的宗教仅仅建立在情感的基础之上，除了他的依赖感之外，它没有其他的规定性，那么狗就是最好的基督徒，因为它拥有最深的依赖感，并且主要生活在这种情感中。如果饥饿的它被骨头满足，那么它就有了救赎感。"① 然而，对这一批评和讽刺的过分关注，恰恰遮蔽了真正关键性的问题，即在形式化的普遍结构与具体的基督教历史事实之间的中介问题。黑格尔认为，针对饱受批评的理性形式主义和由康德所开创的宗教不可知论，施莱尔马赫并没有能够提供真正的理论替代。

① Hegel, *Werke in Zwanzig Bänden*: *Berlin Schriften*1818—1831, Band 11. Frankfurt: Suhrkamp Verlag, 1970, S. 58.

在黑格尔看来，理性的形式主义抽空了所有具有确定内容的宗教哲学和形而上学。上帝变成了最为抽象的至高存在者。除了断定其存在之外，我们不能知道有关它的任何东西。在康德那里，上帝存在甚至变成仅仅只是实践理性的一种悬设。正是在这一问题上，黑格尔认为，康德、费希特、雅可比和施莱尔马赫之间没有任何实质性的差别。施莱尔马赫把超验上帝仅仅作为绝对依赖的来源。黑格尔认为，从哲学方面来讲，这一结果会导致理性最终放弃所有有关真理的知识，仅仅只是满足于咀嚼现象的残渣，仅仅满足于去进行历史的和语言的分析。而就宗教方面而言，黑格尔担心，施莱尔马赫的这一做法会导致对饱受批评的理性形式主义的屈服，宗教信仰会牺牲掉一切实质性的和客观化的内容，而退缩到主观信仰的领域内。对于施莱尔马赫整个宗教哲学的核心概念——情感，黑格尔仅仅把它看作是一种形式化的、不确定性的结构。正是这一解读催生了以下批评：“在谈及情感是一切真实事物的中心和根源的过程中，很显然是忽略了这种情感的本质特性就其自身而言原本仅仅只是一种不确定的形式。”①

因此，对于黑格尔来说，施莱尔马赫没有能够成功地搭建起在《基督教信仰》第一部分中的普遍结构与第二部分中的具体内容之间的过渡和中介。而那种形式化的和不确定性的“情感”也没能为基督教信仰提供任何“合理性”根据。黑格尔发现，《基督教信仰》中所做的“联合”或“综合”不过是个人主观情感与基督教历史事实间的杂乱混合。在施莱尔马赫那里，黑格尔并没有找到任何普遍性结构与使之得到充实的具体内容间的概念性中介和过渡。基于这种解读，黑格尔断言，在施莱尔马赫那里，启蒙运动的理性形式主义仍然没能加以克服。

然而，黑格尔的批评实际上只具有部分合理性。因为，黑格尔从根本上忽视了施莱尔马赫有关实证性的操作性原则。黑格尔没有能够领会到《基督教信仰》的第一部分与第二部分相关联的方式。基于黑格尔的阐释，施莱尔马赫重蹈了形式主义的覆辙，即把第二部分仅仅作为普遍性的一种特殊实例而与第一部分相关。这一解读其实是不正确的，因为，它从根本上忽略了施莱尔马赫《基督教信仰》中所隐含的实证性原则。如果忽略了这种实证性原则，如果否认施莱尔马赫有所谓的实证性原则的话，

---

① G. W. F. Hegel, *Hegel Werke*: *Theorie Werkausgabe*, Band 1. Frankfurt: 1822, Suhrkamp Verlag, 1970, S. 59.

那么黑格尔的批评就是正确合理的。但与之相反的是，如果这种实证性原则获得承认并且得到领会的话，那么，施莱尔马赫真实的理论观点与黑格尔所主张的看法之间的距离，要比黑格尔所愿意承认的更为接近。施莱尔马赫实际上也是在追求一种具有确定性内涵的普遍性，因为基督教信仰本身需要它。这也正是黑格尔未能充分理解施莱尔马赫思想的关键。

## 四 结论

综上所述，实证性概念和实证性原则，都曾经是黑格尔和施莱尔马赫刻意要加以探讨和考察的主题性概念。在对启蒙运动的理性形式主义进行反思和批判的时候，黑格尔与施莱尔马赫从各自思想立场出发，提出了有关"实证性"的崭新理解。我们可以清楚地看到，黑格尔主要是基于其辩证理性的基本立场，而施莱尔马赫则聚焦于基督教信仰的一般本质和基督教信仰的具体历史事实之间的关联性。二人有关实证性概念和实证性原则的思考可谓是殊途同归。这种实证性概念和原则的核心内容归纳起来其实无非就是：摆脱抽象的形式化的普遍性，在寻求与具体内容相结合的过程中，从一种抽象的普遍性进展到一种具体的普遍性。

正是在这一点上，黑格尔与施莱尔马赫保持了思想上的高度一致性，并且二人都把这种有关实证性的理解贯彻在其整个思想中，尤其是在有关宗教哲学和宗教信仰问题的具体理解当中。就施莱尔马赫而言，在其思想巨著《基督教信仰》一书中，他力图把第一部分中孤立的、一般性的、非确定性的基督教信仰的本体论结构，与第二部分有关基督教信仰的具体历史事实有机结合起来，从而揭示出具体而非抽象意义上的基督教信仰的真正本质。正是这一做法招致了黑格尔的严厉批评。在黑格尔看来，《基督教信仰》第一部分所确立的有关人类、世界和超验存在的一般形式化的本体论结构，与第二部分具体在罪与恩典间的对立下所确立的基督教历史事实之间，最终仍然是相互分离的，施莱尔马赫并没有能够彻底摆脱饱受批评的理性形式主义的影响。

然而，透过本文的分析和解读，黑格尔的这一看法其实是有待商榷的。从黑格尔这一方来看，之所以会有如此激烈的批评意见，其最主要原因就在于：一方面，黑格尔对施莱尔马赫把实证性原则作为一种操作性的方法论原则加以处理的做法估计不足；另一方面，黑格尔对施莱尔马赫宗教哲学的核心概念——情感（Gefühl）——缺乏真正到位的理解。[①] 而从施莱尔马赫的角度来看，他本人并没有能够充分发挥这种实证性原则的内涵，这不能不说是一个巨大的思想缺憾。尤其是在《基督教信仰》第一版中，施莱尔马赫并没有能够详细揭示出一般普遍性向具体普遍性转变的具体过程。因而，《基督教信仰》中的论述就其自身而言是不完整的。

尽管如此，从总体上看，正是黑格尔和施莱尔马赫这两位享誉整个19世纪的大思想家的共同努力，才大大推进了整个近代西方思想世界有关实证性概念和实证性原则的理论探讨。

（作者单位：华中科技大学哲学系）

① 有关施莱尔马赫宗教哲学核心概念——情感——的具体分析和考察，请参考拙文《简析施莱尔马赫宗教哲学的核心概念——“情感”》（《世界宗教研究》2010年第4期）。

# 论黑格尔对莱布尼茨实体理论的批判和发展

李育军

［内容提要］黑格尔在肯定的基础上对莱布尼茨的实体理论进行了批判。指出莱布尼茨因为“绝对众多”的局限性的规定，而否定了实体的联系性，窒息了实体的自在性和排斥了概念性思维。同时以实体理论的批判为核心对莱布尼茨的宗教、伦理和道德理论进行了批判。认为莱布尼茨的理论是一个“人为的体系”。实体是自在自为的，它不否定矛盾。它的发展就是概念自身的发展，是一个在其对立面不断返回自身，不断实现和丰富自身的过程。真理就是整个过程。通过批判，一方面将主体精神发挥到了极致，形成了其绝对精神的概念；另一方面也展示了黑格尔的绝对真理体系。

［关键词］实体　概念性思维　真理　绝对精神

黑格尔哲学是一个充满了宏大历史感的体系。它是上至古希腊罗马下承近代各类哲学。莱布尼茨作为近代著名的唯理论者，是黑格尔哲学体系中的重要一环。美国的 Paul Guyer 指出，黑格尔关于有限存在的矛盾的原则源自于黑格尔对莱布尼茨的单子的阐释；[①] 陈修斋老先生也表达了相似的观点，认为莱布尼茨的理论对黑格尔的理论，特别是“自觉的、完整的唯心辩证法体系”的形成产生了重要的影响。[②] 不管是具体的矛盾原则，还是完整的辩证法体系都跟莱布尼茨的实体理论有重要关联。艾四林

---

① Paul Guyer, Hegel, Leibniz, and the Contradiction in the Finite, *Philosophy and Phenomenological Research*, Vol. 40, No. 1 (Sep., 1979), pp. 75—98.

② 陈修斋：《莱布尼茨与十八至十九世纪法国和德国哲学的联系》，《湖北社会科学》1987年第4期，第39—45页。

说："莱布尼茨正是借助于'实体形式'概念表达了一系列深刻的辩证法思想。"① 莱布尼茨的实体理论主要是通过单子来表达的。他认为单子就是实体，它是单纯的和不可分的；实体是能动的，在数量上是众多的；它是普遍性和特殊性的统一。通过对实体这种辩证法的阐述，莱布尼茨在很多方面超越前人的实体理论，但是也存在着诸多的不足。黑格尔正是在对莱布尼茨的实体理论肯定的基础上给予了批判和发展。

## 一

首先黑格尔肯定了"宇宙具有理智性"的观点。这一观点是莱布尼茨在其单子的阐述中体现出来的。莱布尼茨认为物质"真正统一性的原则"来自于单子。他将单子和伊壁鸠鲁的原子以及物理学和数学上的点做了比较，指出单子是"不可分的"，而且是"能动的"。

莱布尼茨借用并改造了亚里士多德的"隐德来希"的概念，以此来说明单子的能动性。他说："隐德来希这一概念是不可完全加以拒绝的，由于它恒定不变，因而它不仅自身蕴含着一种现实的能力，而且也具有人们可以称之为力量、追求、意图（conatus）的东西，只要活动不受阻碍，它自身借助这种力量、追求、意图必然会得到实现。能力只是一个特征（attribut），或者有时又是一种存在方式；而力量如果不是实体自身的一个成分，也就是说不是原初性的而是派生的力量，那么它便是一种有别于实体并可以与之分割开来的品质。我也曾指出，人们可以设想灵魂是一种原初性力量，它通过派生力量或者品质而进行着修正和改变，在个别行动中发挥作用。"② 在他看来，这些灵魂和隐德来希或者原初的力就是单子。单子的能动性在于单子能表象、能知觉。而且这些表象和知觉不是单一的，而是众多的和连续的。它由一个表象向另一个表象发生转变，由一个知觉向另一个知觉发生变化。莱布尼茨将"那造成从此一知觉到彼一知觉的转换和过渡的内在原则和活动"，③ 称作"欲望"。这些表象的变化、

① 艾四林：《莱布尼茨对实体理论的发展》，《兰州大学学报（社会科学版）》1990年第4期，第57—63页。

② 莱布尼茨：《神义论》，朱雁冰译，生活·读书·新知三联书店2007年版，第163页。

③ 同上书，第483页。

知觉的转换正体现了单子的能动性和自发性。对此，黑格尔给予了高度的评价，认为“一切事物的这种理智性是莱布尼茨的一个伟大思想”。[①]

单子不仅是能动的还有某种质的规定。这种质的规定是内在的，而不是外部的规定。因为单子是“自在的”，它们之间没有沟通的“窗户”。莱布尼茨通过质的规定来表示单子之间的区别。他认为“每一个别单子必然有别于其他任何一个单子，因为在自然界中没有两个完全一样的本质；其中此一仿佛一如彼一，好像从中不可能发现一种内在的或者一种基于内在运动的差别似的”。[②] 黑格尔肯定了这一点，并进行了进一步的阐释。指出“本来没有区别的东西，就是没有区别的”。这一点既可以从空间的区别进行肤浅的解释，也可以有更深入的见解，即：“每一件东西本身都是一个特定的东西，一个与别的东西本身没有区别的东西。是不是有两件东西一样或者不一样，这只是我们所做的一个比较，是在我们的范围内的。更深刻的东西却是它们本身固有的特定区别。区别必须是本身固有的区别，并不是相对于我们的比较，相反地，主体必须本身具有这种固有的规定；规定必须是内在于个体中。”[③] 他还以动物的爪子为例加以说明，指出我们不仅通过动物的爪子来区分动物，更重要的是动物通过爪子来武装和保存自己，从本质上将自己区别开来。

莱布尼茨还认为单子是单一的实体，但是在其中“必然有众多变动和关系”。这种众多的变动和关系是单子的本质规定，即单子既是普遍的又是众多的。单子的众多性就是寓于实体中的表象和知觉。莱布尼茨用知觉的众多性来表示单子内部的众多变动和关系。但是，知觉只是单子这种实体的知觉，而且这不仅存在于精神性的单子中，也存在于无机物的单子中。可见莱布尼茨的普遍性是建立在众多性之上的普遍性。这种普遍性也是众多性的运动。它是一种“自我反映自己、自我保存自己的规定性”。黑格尔认为“这是一个非常重要的规定；在实体本身中设定了否定性、规定性，而并不抛弃它的单纯性和自在性”，并且指出“自己包含自己的表象、规定是主要的”，“这些规定，这些包含在单子里的表象，是以一

① 黑格尔：《哲学史讲演录》第四卷，贺麟、王太庆译，商务印书馆 1981 年版，第 173 页。

② 莱布尼茨：《神义论》，朱雁冰译，生活·读书·新知三联书店 2007 年版，第 482 页。

③ 黑格尔：《哲学史讲演录》第四卷，贺麟、王太庆译，商务印书馆 1981 年版，第 171—172 页。

种观念的方式存在于单子中的。单子中的这种观念本身是一个整体，所以这些差别都只是表象。这就是莱布尼茨哲学中使人感兴趣的东西。”①

黑格尔肯定了莱布尼茨在实体理论中所体现的：关于实体是自为的、自我反映和自我保存的，是普遍性和众多性的统一等观点。但是，也对莱布尼茨的实体观进行了批判。他认为莱布尼茨的理智观是一种局限的理智观，其局限性源自于实体是“绝对众多”和“个体性”的规定。由于规定的局限性，导致了莱布尼茨在其理论中：（1）否定了实体的联系性；（2）窒息了实体的自在性；（3）排斥了概念性思维。

（1）莱布尼茨否定了实体的联系性。联系性主要体现在流动性、环节或者中介的思想以及对立面的统一。根据知觉程度的不同，莱布尼茨将单子分为一般的单子和灵魂，灵魂又可以分为动物的灵魂、理性灵魂和上帝。单子都有知觉，但是灵魂相比较一般的单子而言还具有统觉，因此在有机物中都有一个统治着其余单子的单子那就是灵魂。换句话讲，在无机物中是没有灵魂的，各个环节只是通过外在的空间的结合，没有内在的统一性，它们的运动是一样的。黑格尔指出，莱布尼茨是从“单子是绝对的原则，个别性是扬弃自身的东西”出发，将单子之间的连续性直接理解为外在的东西或者等同，没有将其理解为贯穿的或被贯穿的统一。这种统一性就是流动性，即将个别性消解于其中的统一性。

同时，在莱布尼茨看来，就是在有灵魂统一的动物以及人之中，这种统一只是理念上的统一。譬如人的灵魂和身体，它们都是单子，我们可以认为灵魂的单子统治着身体的单子，身体就按照灵魂的活动方式来表象灵魂。但是这都是假象，真正让灵魂和身体如此和谐地运动的是上帝。莱布尼茨为了维护众多单子的独立性，割裂了单子之间的联系，将这些都归于无限理智的上帝这个绝对实体。还有莱布尼茨的矛盾原则，即“我们根据这个原则宣布自身含有矛盾的东西是虚假的，而与虚假相对或相矛盾的东西则是真实的”。② 在这个原则之下，莱布尼茨认为“恶”不是神的本质所规定，它只是伴生性的，只是一种向善的手段，而且是为神所容许的。但是，莱布尼茨对恶的这种规定并没有撇清神与恶的必然关系。最

① 黑格尔：《哲学史讲演录》第四卷，贺麟、王太庆译，商务印书馆 1981 年版，第 172—173 页。

② 莱布尼茨：《神义论》，朱雁冰译，生活·读书·新知三联书店 2007 年版，第 487 页。

终，恶的存在还是由至善的神来决定。面对这个矛盾，莱布尼茨唯一的办法就是回到神那里，让上帝去调和。

所以黑格尔说："神就仿佛是一条大阴沟，所有的矛盾都汇集于其中。这样一个通俗观点的总汇就是莱布尼茨的《神义论》。这部书里总是可以搜索出形形色色逃避矛盾的遁词：当神的正直与善发生矛盾时，就设法把这两者调节一下；对于神的预知和人的自由如何相容这个问题，就想出形形色色的综合来，这些综合根本没有深入到根据，也没有指出这两者都是环节。"[①] 在他看来，一个理论体系内部的关系有如：花蕾、花朵和果实之间的关系。前者不断地被视为虚假的存在形式被后者作为植物的真实形式所取代。"这些形式不但彼此不同，并且互相排斥互不相容。但是，它们的流动性却使它们同时成为有机统一体的环节，它们在有机统一体中不但不互相抵触，而且彼此都同样是必要的；而正是这种同样的必要性才构成整体的生命。"[②] 可见真正的理论体系，是不回避矛盾的，也不是简单地将矛盾的一方归于虚假，而是在形形色色的矛盾的形态里，去发现它们相辅相成的环节，将矛盾从其片面性中解放出来，保证其无片面性。

（2）莱布尼茨窒息了实体的自在性。实体的自在性在于实体"自我规定"和"自我保存"的能动性。莱布尼茨认为，单子是能动的，每一个都有质的规定，使其与其他单子区别开来，在任何单子中，本质上又包含了多样性，即多样的变化。在单子中就是知觉和表象。这些单子不断地知觉或表象自己，但是又不损害其单一性。这种普遍性和多样性统一的质的规定，恰恰体现了实体的自在性。但是，莱布尼茨将实体看做是"绝对众多的"，它们之间是没有必然的、内在的联系的，联系只是偶然的、外部的或表面的。但是为何各个实体的运动会和谐一致呢？特别是心灵和身体的和谐一致。面对这个矛盾，莱布尼茨以座钟为例，举了三种关系：自然的影响、外部的影响和前定的和谐。[③] 他认为前面两个都不能很好地解释身心关系，最好的是最后一个即前定的和谐。莱布尼茨把上帝比作一

---

① 黑格尔：《哲学史讲演录》第四卷，贺麟、王太庆译，商务印书馆1981年版，第181、184页。

② 同上书，第2页。

③ 莱布尼茨：《新系统及其说明》，陈修斋译，商务印书馆2002年版，第50页。

面“恒久的、生动的镜子”。它规定了“所有创造物与其他每一个创造物、每一个创造物与其他所有创造物的这种联系或者相互适应，使每一个单一实体拥有所有其余实体借以得到表达的关系”。[①] 由此可见灵魂内部不断生发的知觉和表象，并不是灵魂自身产生的规定，这种规定是从外部放进灵魂之中的。因此这些规定就不是自在的，相应地也就窒息了实体的自在性。

黑格尔认为，能动的实体即精神，是自在自为地而存在着的，“它必须是它自己的对象，但既是直接的又是扬弃过的、自身反映了的对象”。也就是说，它具有一种反身性倾向。首先必须通过他者来规定自己，同时又扬弃他者回到自身。换句话讲，它既是出发点，又是目的，是目的和出发点的统一。但是，莱布尼茨没有达到这一点。“他使在概念中的这种分离竟达到了脱离本身，达到了彼此独立不同的独立状态的假相，而不懂得把这种分离总括到统一里去。表象过程和外部事物的过程这两个环节的协调，是作为原因和结果出现的，莱布尼茨不懂得把它们自在自为地联系起来，因而让它们分立着。因此每一件东西对另一件东西来说都是被动的。”[②]

（3）莱布尼茨排斥了概念性思维。概念性思维就是“努力要求我们注意概念本身，注意单纯的规定性，注意象自在的存在、自为的存在、自身同一等规定；因为这些规定都是这样的一些纯粹自身运动，我们可以称之为灵魂，如果它们的概念不比灵魂这个名词表示着更高些的东西的话”。[③] 而莱布尼茨没有达到这个层次，这跟上面否定实体的联系性和窒息实体的自在性是相关的。黑格尔对莱布尼茨关于必然真理的阐述进行了批判，指出他没有看到分析就是一种向对立面的过渡；而且，充足理由律也是一种“同语反复”，他只把它看作目的因。因此，莱布尼茨排除了概念。再者，莱布尼茨没有将思维的对象看成“我”，看成绝对概念。总之，莱布尼茨的理论是一种以脱离和超出内容为自由的形式推理，其中充斥着非概念的联系和思辨。他没有将单纯的单子看作一个自我发展的环节

① 莱布尼茨：《神义论》，朱雁冰译，生活·读书·新知三联书店2007年版，第492页。

② 黑格尔：《哲学史讲演录》第四卷，贺麟、王太庆译，商务印书馆1981年版，第181、183页。

③ 同上书，第39页。

或者中介，这是因为莱布尼茨坚持着一个“绝对众多的原则”。

而在黑格尔看来概念性的思维的特点就是：“否定本身就是思维的一部分，无论作为内容的内在规定，或是作为这种运动和规定的全体，否定就是肯定。因为就其结果而言，否定乃是从这种运动里产生出来的东西：规定了的否定，所以同样也是一种肯定的内容。”①

## 二

黑格尔以对莱布尼茨的实体理论的批判为核心，对莱布尼茨的宗教、伦理、道德等各个方面进行了批判。在此以黑格尔对莱布尼茨关于信仰与理性、自由、善与恶等三个问题的批判为例来进行阐述。

### 1. 信仰与理性

信仰与理性之争事实上就是宗教神学同哲学的斗争，在基督教产生之始就已出现。中世纪信仰主义兴盛，哲学一度成为神学的“婢女”，到了近代理性主义占据了上风，其创始人和突出的代表是笛卡尔。他从怀疑出发以清楚明白为基础确立了“哲学的上帝”，把上帝看作一个实体，并通过理性来证明上帝的存在是完全的存在着。但是，莱布尼茨在对培尔和笛卡尔批判的基础上重新确立了信仰和理性的权利，调和了信仰与理性的对立。

莱布尼茨首先对信仰和理性的对象进行了界定。指出“信仰的对象是上帝以非同寻常的方式启示的真理，理性是诸真理之联结，尤其是那些——与信仰相反——由人的精神通过自然途径而不借助信仰的领悟所可能达到的真理之联结”。②这些诸真理之联结包括绝对真理和实证真理。信仰和理性都是以真理为目标，这两种真理是不相矛盾的。它们之间之所以出现矛盾是在于人的能力的有限性导致对理性的滥用。他以奥秘为例进行了说明，认为“奥秘超越我们的理性，因为它包含着未被纳入此联结之中的真理，但却不背逆我们的理性，也不会与此一联结可能引领我们认识的真理中任何一个真理发生矛盾”。③ 同时，莱布尼茨还指出理性之光和

① 黑格尔：《精神现象学》上卷，贺麟、王玖兴译，商务印书馆 1997 年版，第 41 页。

② 莱布尼茨：《神义论》，朱雁冰译，生活·读书·新知三联书店 2007 年版，第 34 页。

③ 同上书，第 83 页。

启示之光都是上帝的恩赐。如果信仰与理性进行斗争必然就成为“一个上帝反对另一个上帝的斗争”。因此，“我们既无需放弃理性，以便能够遵从信仰，也不必睁大双眼以便看得更加清楚，正如克里斯蒂娜女王所说的：如果寻常的表象与奥秘发生矛盾，我们只需承认表象也就够了，这绝不会与理性相矛盾，因为我们在观察自然事物时，我们睁大双眼往往会基于经验或者更高一层的理由而超越表象”。①可见莱布尼茨既批判了绝对的理性主义又反对绝对的信仰主义，他调和了信仰与理性的矛盾，但又不是中世纪阿威洛伊所提倡的“双重真理”，而是在真理的名义下的两条不同的路径：一条是信仰的路径，一条是理性的路径，它们都是为寻求同一个真理服务的。信仰和理性不是并排而行互不干涉的，它们之间是相互支持的。理性可以证明信仰的真理性，一旦一个信条被理性提出不可争议的辩驳，此信条必然是虚假的，反之必然是真实的；同时，信仰也可以超越我们人类理性的有限性而达到对无限真理的认识，有时信仰还高于理性。这些也在莱布尼茨的理论中得以体现，他经常将哲学和神学混淆在一起，一旦一些问题无法通过哲学思辨解决时，莱布尼茨就通过神来解决，其前定的和谐就是一个很好的例子。这一点也一直为后来学者所诟病。

黑格尔激烈地批判了莱布尼茨的救急神，称其就是一条“大阴沟”。但他沿袭了莱布尼茨对信仰和理性的对象的界定，认为它们实际上有着共同的内容、共同的需求和意向。认为“宗教的对象，有如哲学的对象，是其客观性中的永恒真理、上帝及无”。但是，在这里他将理性限于思辨的理性，同时剔除了莱布尼茨理性真理中的实证真理，指出“哲学并非世间的智慧，而是对非世间的认识，是对永恒者、作为上帝者以及与其自然相关联者之认识。其原因在于：这一自然应显现并发展”。②由此将理性真理置于一个更高的层次。他认为宗教与哲学相同，都是对上帝的侍奉，不同之处在于它们的方法。“思辨哲学是将一切理解为理念之理念的意识；理念则是思中之真者，而且不仅是在直观或表象中。更确切地说，思中之真者，乃是具体者，作为分裂者被设定于自身；这样一来，为了使分裂者的两方形成对立的思想规定，理念作为其统一应被领悟。思辨之思，

① 莱布尼茨：《神义论》，朱雁冰译，生活·读书·新知三联书店 2007 年版，第 66 页。

② 黑格尔：《宗教哲学》，魏庆征译，中国社会出版社 1999 年版，第 17 页。

意味着对现实者的分解，并使其与自身相对立，以使差别据其思想规定而相互对立，而对象则作为两者的统一被领悟。”思辨理性是通过概念发展，在他者之中来把握真理。这个真理是对立者的统一，是具体的。而信仰则通过启示等直观的方式，它所把握的真理“并不是真者在各个对象中这些或那些显现的意识，而是对普遍的、无所不包的、其外一无所有的绝对真理（真）的意识”。[①] 它们两者所获得的真理是一致的但又是有区别的，区别就是一个是普遍的，它是空、无；另一个是具体的，有丰富内容和规定。而在黑格尔看来具体的真理比普遍的真理在层次上更高，普遍真理有必要进一步发展到具体真理。黑格尔并没有像莱布尼茨那样将信仰和理性看作达到同一个真理的两条相互交织的不同路径，而是在哲学体系下将它们看作在同一条真理之路上两种不同的真理层次或阶段。这就一方面消除了像莱布尼茨理论中神学干涉哲学的隐患，保持了其思辨理性的一致；同时，也将宗教神学纳入其绝对精神体系，成为其达到绝对精神的一个重要环节。

### 2. 自由

自由跟决定论和唯意志论相联系。决定论认为所有的事件，都是先前因素的必然结果；唯意志论则相反，它否定所有事件的出现有其原因，而是意志的任意选择。首先，莱布尼茨是倡导自由的。他通过对永恒真理和实证真理、形而上学的必然性和道德的必然性、先行性意志和后续性意志等三对概念的区分，以及对全知、全能、至善的上帝的神学证明，驱逐了决定论，维护了自由。同时，他也反对唯意志主义，批驳了所谓的漠然状态和平衡的自由，指出不管上帝还是人都有选择的自由，但这种自由选择是在充足理由的支配下进行的。

莱布尼茨通过引进自由选择来维护自由。我们可以通过莱布尼茨在《人类理智新论》和《神义论》中对亚里士多德的自由的表述来进行说明。一是“亚里士多德已经很好地指出过，要叫某些活动是自由的，我们要求它们不仅是自动的（spon*tanées*），而且是经过深思熟虑的（délibérées）”；[②] 二是“亚里士多德曾经指出，自由中有两个东西，即自

---

① 黑格尔：《宗教哲学》，魏庆征译，中国社会出版社 1999 年版，第 18 页。

② 莱布尼茨：《人类理智新论》上册，陈修斋译，商务印书馆 2006 年版，第 168 页。

由的自觉与选择，我们对于我们行为的控制便在于此”。[①] “自动的”、“深思熟虑的”以及“自由自觉与选择”都表达了自由选择的思想。莱布尼茨还将自由选择同意志结合起来，认为神和人在众多的可能性面前都有一种自由选择的能力。能力一般是指变化的可能性，从被动和主动的角度看，它分为两种。一种是“主动的能力”，即这种可能性的变化或实现，在主体中是主动的，它又被称作功能；而那种在主体中处于被动地位的可能性的变化或实现，则称作“被动的能力”，又可叫做“容受力”和“接受力”。那种自由选择的能力就是主动的能力，它寓于我们灵魂之中，我们又可以把它叫做“意志”。他通过将自由选择的能力同意志的结合，指出人既具有主观能动性又受因果关系的影响。由此，调和了决定论和唯意志论。并且，莱布尼茨还指出了自由的域限：最下端是奴隶的自由，而最上端是真正的自由或者完整的精神自由。莱布尼茨是张扬自由的，但是他更崇尚的是那种完整的精神自由。

在自由的问题上，黑格尔和莱布尼茨一样也调和了决定论和唯意志论。但是，他不像莱布尼茨从外部引入自由选择，限制意志来说明意志的自由，而是从意志本身入手来说明意志自由。第一，黑格尔对任性做了界定。“任性的含义指内容不是通过我的意志的本性而是通过偶然性被规定成为我的。”[②] 黑格尔认为意志可以区分为合乎真理的意志和矛盾的意志，而任性就是矛盾的意志。可见当人们为所欲为时就以为自己是自由的时候，这恰恰说明了人的不自由，因为这不符合意志的本性。第二，黑格尔认为自由就是意志，意志就是自由。他指出：“关于意志的自由，最好通过同物理的自然界的比较，来加以说明。可以说，自由是意志的根本规定，正如重量是物体的根本规定一样。……说到自由和意志也是一样，因为自由的东西就是意志。意志而没有自由，只是一句空话；同时，自由只有作为意志，作为主体，才是现实的。”[③] 可以这么讲，黑格尔的自由和意志就是同一个东西。第三，意志自由是在无规定与规定的意志概念发展的整体联系中得以体现的。黑格尔认为“光是符合概念的意志，是自在地自由的，因为它只有作为真正被规定的内容，才是真实地自由的。这时

① 莱布尼茨：《神义论》，朱雁冰译，生活·读书·新知三联书店2007年版，第129页。

② 黑格尔：《法哲学原理》，范扬、张企泰译，商务印书馆2009年版，第27页。

③ 同上。

它是自为地自由的，是以自由为对象的，它就是自由。"[①] 这种规定就是扬弃，就是对事件做出决定，只有做出决定才是现实的意志，才是真正的自由。当然这个决定是合乎理性的，这源于意志是合理性的，因为"意志只有作为能思维的理智才是真实的、自由的意志"。[②]黑格尔通过意志的概念发展过程本身来说明自由。意志是自由的，其自由就是在概念的发展过程当中。当意志只是作为符合概念的意志时，它只是自在的自由，是无，也就不是真正的自由；只有意志趋向于被规定的内容时，它才是实在的真正的自由，也就叫做自在自为的自由。通过这种规定排斥了意志自由的外在因素，真正体现了意志的主体性和能动性。

### 3. 善与恶

莱布尼茨在《神义论》中首次将恶的问题特别是恶的产生和来源问题称为困扰人类心灵的两大迷宫之一。恶从何来？莱布尼茨认为恶源于缺失，即"创造物的原始的不圆满"。他将恶分为：形而上学的恶、形体的恶和道德的恶三种。形而上的恶在于纯然的不完美性，但是形体的恶和道德的恶并非必然，而是偶然的，它们通过永恒真理得以存在。在永恒真理领域里包含着无限的可能世界，恶必然会进入其中的某些世界甚至包括最好的世界，这些上帝是容许的。但是，这又跟上帝无关。在莱布尼茨看来上帝是至善的，就是上帝所创造的人的意志也包含着善的倾向。他指出"意志一般而言都是向善的；它应追求适合我们的完美。至高的完美在上帝身上。一切享受自身之内便有某种完美感。但是，如果人们局限于感官的享受或者其他有害于更大的善的享受，如果有害于健康、美德、与上帝合一、幸福等，那么，不完美便在于缺乏远大的追求。一般来说，完美是实在的（positive)，即一种绝对现实；相反，不完美是缺失性的（privatif)，它产生于局限，倾向于新的缺失"。[③] 而善在莱布尼茨那里有三层意思：从神学目的论的层面来看，善就是符合上帝的要求；从感性层面来

① 黑格尔：《法哲学原理》，范扬、张企泰译，商务印书馆 2009 年版，第 21 页。

② 同上书，第 31 页。

③ 莱布尼茨：《神义论》，朱雁冰译，生活·读书·新知三联书店 2007 年版，第 128—129 页。

讲，善“是适于在我们之中产生和增加快乐，或减少和缩短一些痛苦的东西”，[①] 它是与快乐的感觉相联系的；从理智层面来看，善就是符合事物（人和自然）的本性。善是必然的，它源自上帝的圆满性。通过对善和恶的分析特别是对恶的产生根源的分析，莱布尼茨批驳了恶源自上帝说和双重真理说，从表面上维护了上帝的神圣性。

但是黑格尔却对莱布尼茨这种从神的角度去分析善与恶的根源的方式进行了批判。他认为莱布尼茨关于上帝允许恶的存在的论断将恶又还给了上帝。“关于恶的渊源问题具有更精确的意义：否定的东西怎么会进入肯定的东西之内？如果我们假定在创造世界的时候神是绝对肯定的东西，那末，我们无论怎样穿凿，也不能在肯定的东西中寻出否定的东西来，因为如果我们承认在它的方面是容许恶的，这就等于把这种否定关系归诸神，那是不能令人满意的，而且也是毫无意义的。”[②] 黑格尔从概念入手分析了善和恶的根源。他认为“唯有人是善的，只因为他也可能是恶的。善与恶是不可以分割的，其所以不可分割就在于概念使自己成为对象，而作为对象，它就直接具有差别这种规定。恶的意志希求跟意志的普遍性相对立的东西，而善的意志则是按它的真实概念而行动的”。[③] 可见恶的真正根源在于自由的思辨性。这种思辨性必然让自由从其自然性走出成为一种与自由的自然性相对立的东西，这种对立也就成为了恶。恶实际上就是一种固定性和确定性，如果我们不从这种自然性的固守出发，而是把这种从自身走出去然后又回来的概念的思辨运动看作概念的本性，那它就不是恶而是善，因此“善就是作为意志概念和特殊意志的统一的理念”，“善就是被实现的自由，世界的绝对最终目的”。[④]

## 三

总的来讲，黑格尔认为莱布尼茨的理论体系是一个“人为的体系”。其理由有两个方面：一是莱布尼茨的理论是为适应与件而设的一系列的规

---

① 莱布尼茨：《人类理智新论》上册，陈修斋译，商务印书馆2006年版，第152页。

② 黑格尔：《法哲学原理》，范扬、张企泰译，商务印书馆2009年版，第144—145页。

③ 同上书，第144页。

④ 同上书，第132页。

定；二是这个理论是为调和矛盾而作的一系列论断。就前者而言，黑格尔认为，莱布尼茨在哲学上的做法就如“物理学家们制定一个假设一样。有一些与件存在着，要对这些与件做出解释。要找一个普遍的观念，从其中能够推演出特殊的东西来；在这里由于有一些与件存在着，必须设置一个确定的普遍的观念，例如关于力或者物质的反思规定，使他与这些与件相适合”。[①] 他以莱布尼茨次关于单子的提出为例。莱布尼茨将单一实体存在归因于“存在复合的东西”。而黑格尔认为“复合的东西”就是一个假设，这复合的东西是不是真，还有待考察。而莱布尼茨就从这肤浅的复合物的范畴里推出单纯的东西。“这就是从与件出发的推论”，是以假设为目的的。单子就是为适应“复合物”这个与件而人为做出的规定。

另一个原因是为调和矛盾而做出一系列的论断。由于莱布尼茨在其理智观中坚持“绝对众多的原则”，因此他割裂了实体之间的联系性，在其理论体系中存在一系列的矛盾。譬如，绝对单子即上帝同众多单子的矛盾，身心之间的矛盾以及上帝的绝对正义同恶之间的矛盾等。莱布尼茨没有将这些对立看做是实体自身发展的一个环节，而是人为地去调和矛盾，即提出前定的和谐。将这些在形式思维之下无法解决的矛盾全部转交到上帝身上。根据上面两个原因，黑格尔认为莱布尼茨的理论体系是一个“人为的体系”。

在黑格尔看来，真正的科学体系，是通过概念的自身发展而形成的有机体系。即“纯存在着的东西的运动，一方面，是使它自己成为他物，因而就是使它成为它自己的内在内容的过程，而另一方面，它又把这个展开出去的他物或它自己的这个具体存在收回于自身，即是说，把它自己变成一个环节并简单化为规定。在前一种展开运动中，否定性使得实际存在有了区别并建立起来，而在后一种返回自身运动中，否定性是形成被规定了的简单性的功能。就是通过这种方式，内容显示出它的规定性都不是从另外的东西那里接受过来外贴在自己身上的，而是内容给自己建立起规定性来，自己把自己安排为环节，安排到全体里的一个位置上”。[②] 一句话，真理就是全体。

---

① 黑格尔：《哲学史讲演录》第四卷，贺麟、王太庆译，商务印书馆 1981 年版，第 168 页。

② 黑格尔：《精神现象学》上卷，贺麟、王玖兴译，商务印书馆 1997 年版，第 35 页。

综上所述，黑格尔通过对莱布尼茨实体理论的批判，首先，一方面吸收了莱布尼茨关于能动的实体的思想，另一方面摒弃了莱布尼茨否定实体的联系性、窒息实体的自在性、排斥概念性思维，以及为了适应与件和调和矛盾而人为地设置一系列的规定和论断的做法。最终，黑格尔将莱布尼茨实体观中的主体精神发挥到了极致，形成了其绝对精神的概念，认为外在的客观世界都是绝对精神自我开显的结果，最终要回到绝对精神，从而走向客观唯心主义道路。其次，展示了自己的绝对真理体系。黑格尔在对莱布尼茨的批判中体现了其真理就是全体的思想。他认为真理就是在不断地发展，历史上的任何理论体系都是真理的一个环节，而绝对真理就是各个环节的综合。但是，黑格尔将自己的理论体系看作对历史上各个理论体系的综合，认为自己的理论就是全体，就是绝对真理。最终也没有逃出独断论的倾向。

（作者系华中科技大学哲学系 2010 级博士生）

# 为海因里希的《与科学内在相关的宗教》撰写的前言[*][①]

黑格尔 文/张云涛 译

［内容提要］黑格尔为海因里希的《与科学内在相关的宗教》撰写的前言虽然篇幅短小，具有论战性风格，并非系统阐述其思想和关键术语的学术著作，然而在他生前公开发表的这篇前言中，他对当时的哲学和神

* 本文是武汉大学自主科研项目（人文社会科学）“施莱尔马赫文化哲学研究”的研究成果，得到了“中央高校基本科研业务费专项资金”资助。

① 海因里希（Hermann Friedrich Wilhelm Hinrichs，1794—1861），曾是黑格尔的学生，是第一个讲授有关黑格尔哲学课程的人，也是第一个以黑格尔的哲学体系为基础撰写著作（这部著作黑格尔为其作序，它也是海因里希公开出版的第一部著作）的人，因而是创立黑格尔主义的第一代黑格尔主义者，在十九世纪四十年代是老年黑格尔派或黑格尔右派的代表人物之一。他的这本书是在不断请教黑格尔并接受其修改意见之后出版的，具体可参见：黑格尔 1821 年 4 月 7 日给他的回信，载黑格尔著《黑格尔通信百封》，苗力田译编，上海人民出版社 1981 年版，第 230—233 页。该书的全名是《论与科学内在关联的宗教暨描述和评价耶可比、康德、费希特和谢林对科学地理解宗教并依据其主要内容而发展它所做出的尝试，并附有黑格尔的前言》（*Die Religion im inneren Verhältnisse zur Wissenschaft*：*nebst Darstellung und Beurtheilung der von Jacobi*，*Kant*，*Fichte und Schelling gemachten Versuche*，*dieselbe wissenschaftlich zu erfassen*，*und nach ihrem Hauptinhalte zu entwickeln*，*mit einem Vorworte von Georg Wilhelm Friedrich Hegel*；Herdelberg：Groos，1822）。笔者翻译的底本是 Eric von der Luft 编辑的黑格尔的这篇前言的德文考订版，刊载于他编译的《黑格尔、海因里希和施莱尔马赫论宗教中的情感和理性：他们 1821—1822 年论争的文本》（*Hegel*，*Hinrichs*，*and Schleiermacher on Feeling and Reason in religion*：*The Texts of their* 1821—1822 *Debate*；*Lewiston*，N. Y.：Mellen Press，1987），第 490—520 页。Eric von der Luft 在这本书的导言中介绍了海因里希与黑格尔的关系，解读了黑格尔的前言和海因里希的这本书的基本思想，并选译了施莱尔马赫的神学巨著《依据新教教会的内在关联的原则而描述的基督教信仰》首版第一卷（*Der christliche Glauben nach den Grundsätzen der Evangelischen Kirche im Zusammenhange dargestellt*；Band 1，Berlin：G. Reimer，1821）中与黑格尔的前言中的论述相关的章节。译者在编制后面的注释时参考了 Eric von der Luft 的英译文中的注释及其相关研究成果——译注。

学界所关注的上帝是否是人的理性无法把握的存在者的论争提出了自己的看法，批判了被他称为“诡辩术”（Sophisterei）的时代弊病，清晰地陈述了他对于信仰与理性、情感与知识（概念）、虔诚信徒的炽热敬虔与理性存在者的冷峻反思、宗教与哲学（即耶路撒冷与雅典）的关系的看法。因此，它已经包含了黑格尔宗教哲学的基本思想，比在他去世之后依据听他课的学生所做的笔记整理的《宗教哲学讲演集》更简洁和权威，并为解释后者以及他的基本思想提供帮助。黑格尔强调信仰与理性的和解是必需的，不过，他反对当时人们要么从理性，要么从信仰出发达成的表面的、虚假的“和解”（Aussöhnung）和“不能令人满意的和平”，而要寻求真正的和解（Versöhnung），确立绝对的宗教和真正的哲学。黑格尔在《哲学百科全书纲要》第一部分“逻辑学”的导言中论述了思想对客观性的三种态度（1817 年版并没有论述此，1827 年版和 1830 年版本才有此论述），但早在 1822 年的这个前言中，他已经分析了当时的三种普遍的偏见：理性无法认识真理；人的精神只能认识作为现象的有限的、时间性的存在；直接性的情感和感受是接近无限的永恒存在者的唯一的、真正的途径，并且对启蒙运动中的贬低理性和精神而专注于分析有限的、时间性的存在的知性，宣称物自体不可知的批判哲学和怀疑论以及施莱尔马赫的情感宗教提出了批判。黑格尔指出，只有辩证地处理信仰与理性、情感与知识、宗教与哲学的关系，人的沉浸在有限的现象之中的主观的自然精神才能“重生”为认识了绝对无限的永恒者、获得了客观真理的自由的神圣精神，与上帝达成和解。在黑格尔看来，理性与信仰互为条件，都促进人的精神的发展，信仰必须合理化并且用理性加以陈述，而理性必须将信仰的内容纳入到自身之中，用概念洞穿其内部的关联；情感虽然是原初的、直接的，然而是“自然的主观性”和“绝对的不确定性”，需要通过概念加以确定和矫正，并由此反过来丰富和发展情感本身；宗教和哲学的对象相同，都是绝对无限者，然而前者以表象的方式把握它，而后者则以概念的形式把握它，哲学将宗教扬弃在自身之中，保留了其内容，然而以确定、透明的概念来陈述它，并反过来丰富和激活宗教生活。

[关键词] 理性　信仰　知识　情感　哲学　宗教

数百年以来不仅吸引了学院，而且也吸引了世人的兴趣的信仰（Glauben）与理性的对立在我们的时代似乎已经失去了其重要性，甚至似乎消失了。倘若事实确实如此，那么，我们的时代应该为此庆贺。因为那种对立具有这样一种本性：人的精神不能摒弃它的两个方面中的任何一方，每一方面显示自身植根于人的精神的最深邃的自我意识，以至于如果它们被理解为处于冲突之中，那么，精神的稳定性就被动摇了，并且它的状态是最不幸的分裂。但是倘若信仰和理性的冲突消失了，并且转变成一种和解，那么在何种程度上庆贺这种和解本质上依赖于这种和解的本性。

也存在着一种对精神的深度冷漠的和平，一种轻率和无用的和平；在这样一种和平中，尽管令人生厌的问题似乎可以被清除，然而它只是被搁置一旁。但是仅仅被忽视或鄙视的东西并没有据此而被克服。相反，若最深的真正需要在这种和解中不被满足，若精神的圣所没有取得它的权利，那么，分裂仍旧保存在它自身之中，并且敌对状况会腐化它之中的更深的东西，而本身不被熟识和认识的损害只会变得更加危险。

如果信仰变成了无内容的，并且没有任何东西留给它，除了主观的信念（überzeugung）的空壳——另一方面，理性已经放弃认识真理，并且只将一个部分关于现象，部分关于情感（Gefühl）的有争议的问题留给精神，那么，一种不令人满意的和平就会产生。若信仰和理性都没有客观的内容，以至于并不存在争论的对象，那么，二者之间的巨大纷争如何还会发生呢？

我当然不将信仰理解为完全主观的确信状态——它将自身限制在确定性的形式之上并且仍然未确定这种确信状态是否有内容，如果有内容，它有何种内容——另一方面，也不将其理解为只是信条（Kredo）、教会的信经——它在话语和著作中被记下来，并且在口头上，在表象和记忆中被接纳，而没有渗透人的内心，没有将自身等同于人对他自身所具有的那种确定性和人的自我意识。依据信仰这个术语的古时的真正含义，我认为它牵涉到两个同样多的要素，并且使二者结合在无区分的统一体中。倘若团体［Gemeinde，教会（Kirche）］之中的对立将自身仅仅限制在所谓的形式的差异上，并且人的精神并不以它自身的独特内容来对抗教会的内容，而教会的真理也没有转向令圣灵同样对抗自身的外在内容，那么，团体处在一种幸运的状态中。教会在它自身之中的活动将主要存在于人的教育和将真理内在化的事务中，这种真理最初只能被给予表象和记忆，于是，心灵可能被它占有和渗透，而自我意识仅在那种真理中发现它自身及其必需的持续性。但是这两个方面既不是直接地，也不是持续地和坚定地在所有的规定中彼此结合，并且存在着对它自身的直接确定性与真正的内容的割裂，而这都属于那个持续的教育的现象。对自身的确定性首先是自然情感和自然意志，以及与它们相符的意见和空洞的表象，但是真正的内容首先从外面通过语词和字句（Buchstaben）进入到精神中[①]。宗教教育促使二者合为一体，以至于人自然地直接拥有的情感失去了其力量，而过去是字句的东西变成了它自身的活生生的精神。

最初外在的材料的这种转变和联合肯定立刻遭遇它必须对付的一个敌人：它在自然精神中有一个直接的对手，并且必须以之为前提，正因为将要被生产的是自由精神，而不是自然生命，因为自由精神只作为一种重生的精神而存在。但是这个自然的敌人最初通过神圣的观念而被克服，而自由精神获得解脱。因此，与自然精神的斗争只是有限个体之中的一个现象。但是，仍会从这个个体中产生另一个敌人——它的出发点并不在人的纯粹自然性中，而在他的超感性的本质中，在思想中——它是内在的人自身的原初处境和人的神圣来源的特征，人凭借它使自身与畜生区别开来，它只是他谦卑的根源——正如它是他的高贵的根源一样，因为畜生既不能高贵，也不能谦卑。若思想取得如此独立性以至于它危害信仰，那么，比前面的只牵涉自然意志以及不受抑制的且尚未自立的意识的那场斗争更难以控制的斗争会开始。这样的思想就是所谓的人的思想、人自己的知性（Verstand）和有限的理性，可以正确地将它与尽管在人之中，然而是神圣的那种思想区分开来，与并不寻求他自己的东西，而是寻求普遍的东西的那种知性区分开来，与只将无限永恒者视作和当作唯一存在者的那种理性区分开来。

不过，并不必要直接设定那种有限的思想与信仰学说对立。相反，它首先在信仰学说之中，据说为了有利于宗教而竭力争取用它的发现、求知欲和足智多谋去装饰，支持和尊重信仰学说。通过这样的竭力争取，知性

① 黑格尔这里所确立的 Buchstaben 与 Geist 的对立显然是承袭了使徒保罗有关字句与精意的论述：《罗马书》2：29："惟有里面作的，才是真犹太人；真割礼也是心里的，在乎灵，不在乎仪文。这人的称赞不是从人来的，乃是从神来的"；《罗马书》7：6："但我们既然在捆我们的律法上死了，现今就脱离了律法，叫我们服侍主，要按着心灵的新样（'心灵'或作'圣灵'），不按着仪文的旧样"；《哥林多后书》3：6："他叫我们能承当这新约的执事。不是凭着字句，乃是凭着精意。因为那字句是叫人死，精意是叫人活（'精意'或作'圣灵'）"。（所引经文来自新标点和合本《圣经》。下文如无特殊说明，所用经文都出自该版本）——译注。

将大量的规定与信仰学说连接起来，作为结论或前提，根据和目的。尽管这些规定具有有限的内容，然而它们易于被授予与永恒真理本身相同的威严、重要性和有效性，因为它们出现在与这种真理的直接关联中。同时，因为它们只有有限的内容，且因而会遭受抗辩和反驳，所以它们为了自身的维持而稍微需要外在的权威，并且变成了人的激情的战场。既然它们为了有限者的利益而被生产，那么它们没有被圣灵的见证支持，而被有限的利益支持。

不过，当绝对的真理显现时，它就跨进了时间性的形态以及它的外在环境、关联和状况中。以此方式，它已经使自身被多种多样的局部的、历史的和其他的实证材料包围。因为只要真理存在，它就必须显现并且必须已经显现。真理的这种显现属于它的永恒本性本身，这种本性不能与之分离，以至于这样的分离会毁灭它，也就是使它的内容贬低为空洞的抽象物。但是必须将暂时的、局部的、外在的、辅助性的本质（Beiwesen）的这个方面与真理的本质固有的永恒现象很好地区别开来，以便不会混淆有限者与无限者、无关紧要的东西与本质性的东西。在这个方面，新的活动空间为了知性的追求以及有限材料的增加而向它敞开。知性通过它与这种辅助性的本质的关联发现了将这种辅助性的本质的个体性提升到真正神圣者的尊荣，将框架提升到被封闭在它之中的艺术作品的尊荣的直接诱因，以便促进对有限的历史、事件、状况、表象和戒律等如同对绝对存在和永恒历史一样的敬畏和信仰。

正是在这些方面，信仰的正式的意义开始展现，这种意义即：信仰通常是认之为真（Fürwahrhalten），应该被视作真的东西可能依据其内在本质以其愿意的方式被获得。正是这同一种认之为真，它在日常生活中的一般事物及其状态、关系、事件或者其他自然存在者、属性和性质上占有一席之地并且发挥其功效。倘若作为对这一类事物的信仰之来源的标准是感性的外在直观，或者内在的直接情感，他人的见证和对他们的见证的信赖等，那么，在这种情况下，信念作为通过根据而被中介的认之为真大概可以与这样的信仰区分开来。但是这种区分对于坚持这样的信念优越于这种纯粹的信仰微不足道，因为这些所谓的根据不是其他东西，只不过是这里被叫做信仰的东西的被标明的来源。

不过，对于这样的普遍认之为真，存在着另一类区分，它与材料，尤其是对这种材料的使用有关。既然处在宗教信仰的范围之中的那些有限的、外在的历史和状况同样与构成宗教之客观基础的永恒历史关联，那么，敬虔（Frömmigkeit）由这种材料创造了它的各式各样的有关世间的关系、个体的命运和处境的兴奋、教诲和教训，并且发现它的表象以及它的教化的整个范围大多或者完全与那个围绕永恒真理的历史和教义的领域相连。无论如何，这样一个领域——从它之中，正如从一部通俗书中，人们一般创造出他们对自己的心灵和生活的所有更深层的关系的意识，这是他们将其现实提升到宗教观点所凭借的中介——至少应受最大的尊重和有礼貌的对待。

现在这样一个领域是否仅仅被敬虔的意念不受拘束地采纳，并且为了这个意念而被使用是一回事，但是它被知性把握和确定，并且被提供给另一个知性，以至于它将另一个知性视作标准和认之为真的坚实基础，以此方式，另一个知性只应该被那个知性征服，假若这种征服是以神圣真理的名义被要求，这是另一回事。

这样的要求实际上实现了它的目的的对立面。既然要求知性屈服于它自身的不是信仰的神圣精神，那么，知性借此直接对于神圣之物拥有最后的发言权。针对正统派的字句和贫乏的学识的这样的内容，更好的见识（bessere Sinn）拥有一项神圣的权利。因为很凑巧的是，这种有限智慧在神圣之物上越骄傲，越强调外在的历史和它自己的机敏的发明，它就越发竭力反对神圣真理和它自身。它已经生产和承认与神圣真理对立的原则，并且为认知开启和预备了一个完全不同的基础。在这个基础上，认识的原则在它自身之中所拥有的并且同时它未来与真信仰和解的更深奥的可能性所寓居的这种无限能量会反对那个有限的知性领域的限制，并且毁灭这个领域想要成为天国的要求。

正是这更好的见识震惊于让这样的自负、有限性和外在性的矛盾被承认和尊崇为神圣者，并且配备了有限思想的武器，它一方面作为启蒙生产和维持着精神的自由这个精神性宗教的原则，另一方面作为唯一的抽象思想尚未意识到一种完全有限的内容的规定与真理本身的规定之间的区别。于是，这种抽象的知性已经反对所有规定性，完全清空所有内容的真理，并且不为自身保留任何东西，除了：一方面，纯粹的否定自身，一种完全抽象的本质的骷髅（caput mortuum）①，另一方面，有限的材料，这样的

① caput mortuum，拉丁文，本义为“死人的头”、“骷髅”，一般用来指“提取或升华后的剩余物”、“无价值的剩余物”——译注。

有限材料依据其本性在一定程度上是有限的和外在的，但是在一定程度上也是这种抽象的知性从神圣内容中获得的东西。这种知性已经将这样的材料贬低为完全一般的历史事件的外在性，贬低为地域性的意见和特殊时代的观点。但是思想通常不是无所事事的。无论是在那个上帝之外还是之中，没有任何东西会被取得或恢复，因为上帝在它自身之中已经被弄得空洞。它是不可认知的，因为认知与内容、规定和运动有关，但是空洞的东西没有内容，是不确定的，自身之中无生命和行动。真理学说只不过就成了上帝学说，去彰显他的本性和工作。但是既然知性已经消解了这样的所有内容，那么他又裹住了上帝，并且将它贬低为他早先在纯粹渴望的时代所是的东西，贬低为未知者。因此，没有材料为思想着的活动保留着，除了前面提到的有限材料以及那种意识和规定：它只不过是时间性的有限材料。接着，这个活动被限制在沉醉于这样的材料，在浮华中发现满足，用许多方式塑造和改变空洞的东西，并且文绉绉地将大量空洞的东西带到自身面前。

但是，这只是将渴望留给了不能忍受这样的浮华的精神，可以满足它的东西在天国中。它没有形态、内容和规定。但是只有凭借形态、内容和规定，任何东西才可以为精神存在，才是理性、现实性和生命，才是自在自为的。而那个有限的材料只是主观的东西，不能为空洞的永恒性提供内容。因此，在再次寻求宗教的精神之中的这种需要直接规定：要使自在自为的内容成为真理，这种真理不属于意见和知性的自负，而是客观的。为了这种需要的满足而唯一能做的剩下的事情就是被赶回到情感中。情感仍然是宗教能够存在的唯一方式。反思总是对宗教存在的更高的形态以及对内容的表象和认之为真的形式感兴趣，并且已经迫使自身去否定所有的客观规定。

简而言之，这些是形式的反思在宗教中所遵循的程序的基本特征。知性已经将宗教的紧凑的内容分散到微妙的、形而上学的、诡辩的区分和规定的系统中，并且已经将与永恒真理所具有的权威一样的权威给予这个系统，而这个系统是宗教自身之中开始的首恶。但是不管另一种恶如何首先作为一个对立面出现，它事实上建立在第一种观点之上，并且只是它的进一步发展。思想表现得独立，用形式的武器——完全缺乏内容的东西将其根源归于这种武器，并且思想本身将这个武器归功于它的第一事务——反对它自身，并且发现它的最终原则，纯粹的抽象自身为缺乏规定的最高本质，而这就是恶。思想对哲学沉思感兴趣，以便准确地观察反思本身并不期待的这种突然转到与它自身的工作敌对的东西中，这种突然转变一样只是这样的反思本身所固有的一个规定。

依据前述，启蒙运动带给宗教和神学的恶被规定为已知的真理的缺乏，客观内容的缺乏和信仰学说的缺乏。可是对于宗教，人们只可以恰当地说，它遭受了这样的缺乏，因为不再有任何神学，如果不再有这样的任何内容。神学被还原为历史学识，并且接着被还原为某些主观情感的浅陋的陈述。但是这个给出的结果是，对于宗教而言所发生的就是朝向信仰与理性的和解。现在也必须提及，对于哲学而言，它事实上以相同的方式为这样的解决提供了帮助。

因为哲学已经陷入的那种缺乏同样显示自身缺乏客观的内容。哲学是思想着的理性的科学，正如宗教信仰是对为了表象而被给予的理性的意识和绝对认之为真一样，而这样的材料对于这种科学，正如它对于信仰一样已经变得不可信。

最近首先确立思想的一般组织的观点并将自己正确地命名为“批判”哲学的那种哲学没有做任何事情，除了将主要被引向具体的表象和对象的启蒙运动的工作还原成它的简单的公式。这种哲学并没有其他的内容和结果，除了来自于那种好辩的知性的东西。批判哲学或康德哲学的确像启蒙运动一样，其名称就显示其已经过时了。自称是哲学家的那些作家，撰写有关神学、宗教和道德的事情的著作的学院派作家，甚至那些撰写有关政治事务、法律和宪法问题的著作的作家，他们著作中的东西无论看起来多么像哲学，今天仍然将它们贴上康德哲学标签的人会遇到麻烦，正如将启蒙运动的观点归给好辩的哲学家，尤其是归给将宗教放在主观的情感之中的某些神学家①的人会遇到同样的麻烦一样。谁尚未拒斥康德哲学或者改善它？在这些人中，谁没有继续像骑士一样站立着为它辩护？谁现在没有继续推进它？但是倘若人们考察这些作家的哲学、道德和神学著作的成

① 黑格尔这里暗指他的柏林大学的同事、当时最著名的新教神学家施莱尔马赫（Friedrich Daniel Ernst Schleiermacher，1768—1843）。在黑格尔写作此前言时，后者的神学巨著《依据新教教会的内在关联的原则而描述的基督教信仰》的第一版第一卷已经出版。该书第 8 节的标题是：“敬虔（即宗教——译者注）本身既不是知识也不是行动，而是情感的倾向和规定。”在第二版中，与第 8 节对应的是第 3 节，其标题是：“构成所有教会团体之基础的敬虔纯粹从它自身考虑既不是知识也不是行动，而是情感或直接自我意识的规定。”事实上，早在施莱尔马赫发表其成名作

就——这些神学著作从没有像它抵制要成为哲学著作的愿望那样如此强烈地抵制任何东西——那么，他们只会立刻认识同样的原则和结果，然而这些原则和结果在这里已经显现为前提和被承认的真理。“凭着他们的果子，就可以认出他们来。”①完全处在这个时代的表象和偏见之中的这种状况并未阻止这种自负认为：它的从普遍之流中舀出的微不足道的东西是精神和科学的领域中的全新观点和新发现。

自在自为与有限性和时间性是真理学说中必须存在的两个基本规定，并且这样的学说的内容依赖这两个方面如何被把握和确定，以及对它们的何种立场被指派给精神。此后，我们将思考这个时代的哲学的真理，人们认为这些真理如此广泛地被承认以至于对它们不需要多费口舌。

我们时代的文化的一个绝对前提就是人对真理一无所知。启蒙的知性与其说意识到和表述它的这个结果，还不如说导致了这个结果。正如前述，知性由此出发，将思想从另一种知性——这后一种知性将它的有限性种植在神圣学说本身的土壤之中并且会为了它的这些生长茂盛的杂草而使用绝对的神圣权威——的那些束缚中解放出来，并且还确立了已经被真理的宗教获得并且被制成这个宗教之家的自由。于是，它首先使意志攻击错误和迷信，而它真正成功毁灭的一定不是宗教，而是那种法利赛人（pharisaeische）的知性，这种知性已经用这个世界的方式理解另一个世界的事情，并且甚至认为可以称它的这种理解为宗教学说。它已经要求根除

（接上页）《论宗教》（*über die Religion*, 1799），宣称宗教的本质是对无限者的直观和情感之后，黑格尔就在其第一部公开出版的著作《费希特与谢林哲学体系的差别》（*Differenz des Fichte' schen Und Schelling' schen Systems der Philosophie*, 1801）以及耶拿时期所著的另一部著作《信仰与知识》（*Glauben und Wissen*, 1801）中都批判这种观点的主观性。1823年夏，施莱尔马赫在给德韦特（de Wette）的信中提到了黑格尔对他的不厌其烦的指责：“至于黑格尔，正如他在他给海因里希的《宗教哲学》所写的前言中所做的那样，他在其讲演中（指黑格尔1821年首次开始讲演的《宗教哲学》——译者注）继续抱怨我对于上帝的动物式的无知，并且唯独推荐马海内克（Philipp Konrad Marheineke）的神学。我不关注它，但是它确实令人不快。”（载 Schleiermacher, *Aus Schleiermachers Leben in Briefen*, Berlin, 1858 - 1863, Band IV, S. 309）马海内克（1780—1846）是德国新教神学家，黑格尔右派的代表和领袖之一，力图依据黑格尔的思辨哲学及其术语来阐述教会的正统教义并为之辩护，代表性著作有《作为科学的基督教教义学的基本学说》（*Die Grundlehren der christlichen Dogmatik als Wissenschaft*, 1847）——译注。

① 出自《马太福音》7：16。另参：《马太福音》7：20：“所以，凭着他们的果子，就可以认出他们来”；12：33：“你们或以为树好，果子也好；树坏，果子也坏。因为看果子就可以知道树”；《路加福音》6：44：“凡树木看果子，就可以认出它来。”——译注。

错误，只为了给真理腾出地盘；它已经寻求和承认永恒真理，甚至已经将人的尊严放置在这样一个事实上：对于他，并且只是对于他而言，而不是对于畜生而言，这样的真理存在。依据这种观点，这些真理应该是与主观的意见和情感的冲动针锋相对的稳定的、客观的东西，并且为了拥有一种合理性，这种意见和情感本质上应该符合理性的认识，被它降服，并且受它指导。

不过，知性的原则的一贯的、独立的发展导致仅仅将所有规定以及与之相伴的所有内容视作有限的东西，因而消灭了神圣者的形态和规定。通过这样的训练，应该是目标的客观真理已经更多地以无意识的方式被贬低为稀疏的、干瘪的东西，这现在已经被康德哲学意识到，并且将必然被说成是理性的目标的规定。因此，知性的同一性被这种哲学规定为最高的原则，最终的结果，无论是对于认知本身而言，还是对于它的对象而言——没有任何谓词或属性的原子论哲学的虚空和无规定的上帝被提升到知识的彼岸，或者更确切地说下降到毫无内容的东西中。这种哲学已经给予这种知性关于它自身的正确意识：它不能认识真理。但是当它只将精神理解为这种知性时，它已经意识到这个普遍命题：人根本不能认识上帝或物自体，好像在上帝之外真的可以存在绝对对象和一种真理。如果宗教将人的光荣和拯救放在对上帝的认识上，并且将它的恩惠放在将这种认知传递给人和将上帝的未知的本质揭示给人上，那么，在与宗教尖锐对立的这种哲学中，精神堕落到将畜生的谦逊作为它的最高规定，只可惜精神仍然不幸地拥有意识到它的这种无知这一特权，而畜生事实上对于这种无知拥有更纯粹的、真正的，也就是完全无拘束的谦逊。对于这个结果，人们现在应该认为，除了极少数例外，它已经变成了我们的文化的一种普遍的偏见。拒斥康德哲学或者蔑视它并无好处。进展到它之外和对这种进展的假设可能已经用它们自己的方法做了很多事情，但是它们与上面描述的一样只是同一种世俗的智慧（Weltweisheit），因为它们否认精神有（认识）客观真理的能力和使命。

在此直接与这种智慧关联的另一个原则是，尽管精神肯定是认知的，然而真理拒绝它，所以，它只与现象和有限性相关。教会和敬虔经常将尘世的科学视作可疑的和危险的，通常确实认为它们与自己为敌，并且认为它导致无神论。一位著名的天文学家应该说过，他搜遍了整个天空，但是不能在那里发现上帝①。事实上，尘世的科学专注于认识有限者。当它努力进入有限者的内部时，原因和根据是让它安宁的最终事物。但是这些原因和根据本质上是与要解释的东西类似的东西，它们同样只是有限的力，也在要解释的东西的范围之中。同样地，倘若这些科学并没有将它们的认知延伸到永恒者的领域——它不只是超感性的东西，因为那些原因和力以及反思的知性所生产并以它的方式被认知的内部不是感性的东西——因为这些科学没有这种中介的事情，所以的确没有任何东西阻碍有限者的科学承认一个神圣的领域。针对这一个更高的领域，人们已经准备好承认只通过感受和知性的反思而进入到意识之中的东西为内容，这种内容不是自在自为的，而只是现象。但是，倘若从整体上看，被提供的是对真理的认识的放弃，那么认知只有一个基础，现象的基础。从这个角度看，甚至当认知努力关注被它承认为神圣的一个教义时，它所关注的不是这个学说本身，而是它的外在的环境。这种自为的教义保留在精神活动的兴趣之外，不能寻求有关它的认识、信仰和信念，因为它的内容被认为是不可获得的。因此，理智（Intelligenz）对宗教学说的热衷必须将自身限制在它们的显现的方面，将它自身投进它们的外在状况中，并且对它们的历史——在这种历史中，精神不得不处理过去的事物，以及与它自身关系疏远并且缺乏精神本身的临在的东西——感兴趣。学识、勤奋、睿智等的认真的尝试揭示的东西同样被称作真理，并且这样的真理的海洋被要求和传播。但是这些并非宗教的严肃精神为满足自身所要求的那类真理。

现在倘若在世间并且为了精神而临在的东西是空虚和现象这个宽广的领域，而自在自为的东西脱离了精神，并且对精神而言是空洞的彼岸，那么，精神能在哪里发现这样一个地方，在那里，本质性的东西会遇见它，永恒者接近它，而它可以实现与这些事物的联合并且能够取得确定性和享受这种确定性？对真理的冲动只能逃到情感的领域中。意识只在被压制的感受方式中才能忍受在内容上丰富并且在面对反思时不动摇的东西。这种

① 黑格尔在 1830 年版《哲学科学百科全书纲要》（*Enzyklopädie der philosophischen Wissenschaften im Grundrisse*）§62 中指出这位天文学家就是拉朗德（Joseph – Jérôme le Français de Lalande，1732—1807），"正如拉朗德终归说过的，他曾找遍整个天空，但也不曾发现上帝。（参见 §.60. 疏解）"［载黑格尔著《哲学科学全书纲要》（1830 年版），薛华译，北京大学出版社 2010 年版，第 53 页］在黑格尔的时代，拉朗德因其《法国天体史》（*Histoire Céleste Française*，1801）指出了 47390 颗星星的位置而闻名于世——译注。

形式缺乏知识及其意识到的信仰所要求的对象性和规定性，但是知性已经知道如何去毁灭这种对象性和规定性。正是因为这样的危险，宗教性（Religiosität）害怕对象性和规定性，并且为此撤退到这个避难所，而这个避难所似乎没有给思想呈现任何被辩证的攻击的方面。如果这样的宗教性从一个真正的需要中产生，那么，灵魂在它之中会发现所要求的和平，因为它寻求在深度和强度上充实它在信仰的内容和程度上所缺乏的东西。

不过，人们仍可以举出第三个普遍的偏见：情感是宗教性保持其本真性的真正的，甚至是唯一的形式。

当然，这样的宗教性暂时不再是无偏见的，因为精神是精神，所以它通常要求：情感中存在的东西对它而言也在表象中存在，被感受的东西与感受相符，并且感受的活力不会保持不变化的浓度，而仍然追求客观真理；在祭仪中所发生的进而扩展到行动上，这些行动不仅证明了宗教中的精神的共同性（Gemeinsamkei），而且像追求真理一样也滋养宗教感受，将它保存在真理中，并且将对这种真理的享受授予给这样的感受。但是这样向祭仪扩展与向信仰学说的范围扩展一样不再与情感的形式相容，相反，在这里考察的形态中的宗教性已经从发展和对象性中逃到了情感中，并且已经惹人争议地声称这种情感是独有的或者主导的形式。

正是在这里，这种观点的危险开始了，它颠倒为宗教性在它之中所寻求的东西的反面。这是最为重要的一个方面，但是对于它，我在这里只是简短提及，不会进一步考察情感的本质，而仅专注于最普遍的东西。但是接下来无疑会出现的是，情感是一个自为地、未被规定的基础，在它之中同时包含着多种多样、完全相反的东西。自为的情感是自然的主观性，既能成为好的，也能成为坏的；既能成为虔敬的，也能成为不敬神的。因此，倘若曾被称作是理性然而事实上只是有限的知性及其论辩的东西已经被转变成对我认之为真的东西和我认为应该是行为的准则的东西做出判断的东西，倘若情感应该是有关我是什么和我认为何者有效的判断的来源，那么，至少存在于知性的原则之中的客观性的假象甚至也已经消失。依据知性，在我看来应该有效的东西的确应该依赖普遍有效的根据，依赖自在自为地存在的东西。但是甚至更确定的是，自在自为地存在着的神圣的、永恒的、理性的东西作为一条客观法则在所有宗教中以及在人的所有的伦理性的集体生活、家庭和国家中都是有效的。这个客观法则是首要的东西，因而只有通过它，情感才能取得它的姿势和它的真正的方向。自然情感应该通过宗教的学说和训练以及伦理性的坚定的原则而被规定，修正和净化，并且首先从这些基础中被带到使它转变成一种正确的、宗教的、道德的情感中。

“自然人没有察觉上帝的精神并且不能认识它，因为它必须在精神上被校正。”① 自然人就是处在他的情感之中的人，并且依据主体性学说，这个人根本不能认识任何东西，但是只要他是自然人，他就只能察觉到上帝的精神。在自然人的情感中的确也存在着对神圣者的情感。但是对神圣者的自然情感是一回事，上帝的精神则是另一回事。不过，在人的心灵中，还有什么其他情感没有被发现呢？情感作为自然的情感并不意味着那种自然情感是一种对神圣者的情感。神圣者只在精神中并且为精神存在，而精神正如前述并不是一种自然生命，而是一种重生的精神。若情感构成了人之本质的基本规定，那么人就被等同于畜生，因为畜生的特征就是在情感中拥有它自身的规定，并且依据情感生活。若人的宗教仅仅建立在一种情感之上，那么这种情感除了是他的依赖感之外完全没有进一步的规定，而狗就会是最好的基督徒，因为它本身最强烈地感受到了这个，并且主要生活在这种情感中。每当狗有一块骨头充饥时，他就有了救赎的情感②。但是相反地，精神在宗教中拥有它的自由以及它的神圣自由的情感，只有自由精神才拥有宗教并且能够拥有宗教。在宗教中被限制的是心灵的自然情感，特殊的主观性；在宗教中被解放的，并且确实凭借宗教被解放的，是

① 参见《哥林多前书》2：14：“然而，属血气的人不领会神圣灵的事，反倒以为愚拙，并且不能知道，因为这些事惟有属灵的人才能看透。”黑格尔的所引经文与当代的《圣经》有很大的差异，其引用的可能是经过他修改了的路德版《圣经》。具体差异：黑格尔的原文是：Der natürliche Mensch vernimmt nichts vom Geiste Gottes und kann es nicht erkennen, denn es muβ geistlich gerichtet sein，而路德版《圣经》是：Der natürliche Mensch aber vernimpt nichts vom Geiste Gottes, Es ist nicht im eine torheit, und kann es nicht erkennen, denn es mus geistlich gerichtet sein（最新的路德版《圣经》用 vers*tan*den 替换了 gerichtet）——译注。

② 黑格尔在这里不点名地批判施莱尔马赫，这里对情感和依赖感的论述显然直接针对后者在《依据新教教会的内在关联的原则而描述的基督教信仰》首版第一卷，尤其是导言中的第9—10节。这三节的内容在该书的修订版，即第二版第一卷（Der christliche Glauben nach den Grundsätzen der Evangelischen Kirche im Zusammenhange dargestellt; Band 1, Berlin: G. Reimer, 1830）中变成了第5—6节。黑格尔的此类批判还可参见：在很大程度上以施莱尔马赫的学说为论敌的1824年宗教哲学讲演集：“如果我们说宗教建立在这样的依赖感之上，那么动物也将拥有宗教，

精神。在最糟糕的宗教中——正是在它们之中，奴役并且因此迷信是最有力的——人将自身提升到上帝的位置，正是在那里，他感受，直观和享受他的自由、无限性和普遍性，即，不是来源于这样的情感，而是来自于精神的更高的东西。

当人们谈论宗教情感、伦理情感等情感时，他们当然会说这些是真正的情感。接着，正如我们从那时起就接受这种观点一样，我们已经不信任思想，或者更确切地说，蔑视和仇视思想——柏拉图很久之前就谈论过仇恨推理（Miso*logie*）[①]——所以，人们完全准备将真正的、神圣的东西放在自为的情感中。首先，尤其是对基督宗教而言，肯定不需要将在知性与情感之间的一个选择看做是宗教和真理的来源，并且人们必须清除基督宗教规定为其来源的东西，更高的神圣启示，以便被限制在那个选择上，以便在摒弃知性之后进一步摒弃一般的思想，将基督教的一个学说建立在情感之上。但是既然情感完全应该是真正的东西的支座和来源，于是人们忽视情感的绝对必要的本质：它本身是纯形式，本身是不确定的，并且可以包括任何内容。没有任何东西不能被感受，并且不被感受。上帝、真理和责任被感受，恶、谎言和不公义同样被感受。人的所有状况和关系被感受；对人自身与精神的和自然的事物的关系的所有表象变成了情感。谁会试图给宗教情感、责任感、同情感……嫉妒、仇恨、骄傲、空虚……快乐、痛苦、悔恨……所有这些情感命名并列举它们呢？[②]依据情感的如此

（接上页）因为它们感受到了这样的依赖。”［载《黑格尔：宗教哲学讲演集》第一卷（*Hegel*：*Lectures on the Philosophy of Religion*；trans. R. F. Brown，P. C. Hodgson，and J. M. Stewart，with the assis*tance* of H. S. Harris，Berkeley & Los Angeles & London：University of California Press，1984），第 279 页。］；黑格尔著《哲学科学全书纲要》，薛华译，北京大学出版社 2010 年版，1827 年版和 1830 年版，§.50. 疏解，页码分别为第 41，41—42 页，但是内容相同：“思维超升于感性的东西之上，思维超出有限的东西达到无限的东西，这一仿佛通过打断有限东西的系列进入无限东西而做出的飞跃，所有这些都是思维本身，这一转化活动仅仅是思维。如果说这样的过渡是不应当做出的，那这就意味着不应当做出思维。事实上动物们并不作出这样的过渡，它们停留在感性的感觉与直观；因此它们没有宗教。”要指出的是，黑格尔的这篇前言之所以如此出名，部分得归因于他在这篇前言中尖刻地攻击了施莱尔马赫，无论是研究他，还是研究施莱尔马赫的学者都会提到此著名的攻击，譬如，在汉语世界有：赵林，《黑格尔的宗教哲学》（武汉大学出版社 1996 年版），第 59 页；张慎，《黑格尔传》（河北人民出版社 1997 年版），第 202 页；张云涛，“信仰与理性的‘永恒联盟’——论黑格尔对施莱尔马赫的著名批评”，载《前沿》2009 年第 1 期，第 43 页——译注。

① 参见柏拉图的《斐多篇》89 d，载柏拉图著《柏拉图全集》，王晓朝译，人民出版社 2002 年版，第 95 页。——译注

② 可能指笛卡尔和斯宾诺莎。前者的《论心灵的诸种激情》（*Les passions de l' ame*，1649）

差异性，尤其依据它们的对立和矛盾，可以推出一个甚至对于日常思维而言都是正确的结论：情感是纯形式的东西，不能成为一个真规定的原则。此外，可以同样正确地推断：倘若情感变成了原则，那么，它唯一要做的就是将主体想要拥有的任何一种情感留给主体。情感是绝对的不确定性，它使自己成为标准和理由——也就是任性和任意，喜欢是什么就是什么，喜欢做什么就做什么——使自己成为神谕，宣示什么东西有价值，何种宗教、责任和法律有崇高的价值。

宗教像责任和法律一样将变成并且应该变成情感的事情，并且逗留在心灵中，正如自由通常也降临到情感之中，变成人的自由感一样。但是，像上帝、真理和自由之类的内容是否从情感中创造出来，这样的对象是否应该将情感作为它们的理由，或者反过来说，这些被认为是自在自为的客观内容是否最初逗留在心灵和情感中，而情感反过来获得它们的内容以及它们对这些内容的规定、修正和许可，这完全是另一回事。一切取决于这种态度的差异。依据它，可以区分使上帝、真理和责任成为最重要的东西的古代的忠诚、古老的信仰、真正的宗教性和伦理性与在我们的时代兴起并且使任性、个人的意见和喜好变成宗教性和法律的标准的错误、自负和绝对的自私。顺服、纪律、古代意义上的信仰以及对上帝和真理的敬畏就是与第一种态度关联并且从它之中产生的感受。空虚、自负、浅薄和骄傲是从第二种态度中产生的情感，或者更准确地说，这种态度正是产生于完全自然的人的这些情感。

迄今为止的评论可能为进一步的阐述供应了材料，我已经在其他地方处理了这个问题的一些方面[①]，不过，这里不是适合继续阐述的地方。就让那些评论令人回忆起为了更准确地指明构成我们时代的弊病的东西以及与之相应的我们时代的要求而已经被揭示出的那些观点。这种弊病，即主观的情感及其意见的偶然性和任意性，以及宣称精神不能认识真理的那种反思的文化从古代开始就已经被称作“诡辩术”（Sophisterei）。它配得上弗里德里希·冯·施莱格尔先生（Herr Friedrich von Schlegel）最近再次

（接上页）系统地列举和界定了情感，后者的《伦理学》（*Ethica*，1677）的第三部分“论情感的性质和来源”也列举和界定了各种情感——译注。

① 参见黑格尔的《哲学科学百科全书纲要》(1817 年版）前言和《法哲学原理》序言——译注。

选择的那个绰号“世俗智慧”（Weltweisheit）[①]，因为它是一种在通常被称为世界的东西中的智慧和有关这个世界的智慧，它是有关偶然的、不真实的、时间性的东西的智慧。它是空虚，而正是这种空虚将空虚的东西、情感的偶然性以及意见的任意性提升起来充当被看做是法律、责任、信仰和真理的东西的绝对原则。人们确实经常听到这些诡辩性的陈述被叫做哲学，但是这种学说在将哲学这一名称用到这些陈述上是自相矛盾的，因为人们经常听到它说它与哲学无关。这种学说在不想认识哲学上是正确的，由此，它实际上表达了对它自身的要求和本质的意识。哲学历来都与诡辩术争斗，后者只采用了前者的形式武器，反思的文化，但是在内容上与它毫无共同之处，因为它恰恰从真理的所有客观性中逃离。甚至真理的另一个来源——就真理是宗教的一件事情而言——启示的《圣经》，也不能为诡辩术获取内容，因为这种学说并不承认其他根据，除了它本身坚持和启示的东西固有的空虚之外。

至于这个时代的要求，事实是，宗教和哲学的共同要求指向了真理的实质性的、客观的内容。正如宗教从它的方面并依据它的方法为它的内容再次取得声誉、敬畏和相对于任意的意见系统的权威性，并且确立它自身为客观信仰、学说和祭仪的联合体一样，本身具有非常广泛的本性的这种研究同时必须依据这个时代的经验性的状况的多种方向彻底思考这种状况，于是，这种研究在这里不合适，因为它一般不是纯粹哲学类型的。但是宗教和哲学这两个领域相遇在满足这个要求这项事务的一个部分上。因为至少可以被提到的是，诸时代的精神的发展已经使得思想以及与它相关的观察方式为了意识而成为应该被看做和承认为真的东西的一个必要条件。这里要澄清的不是决定在何种程度上只有宗教团体的一部分不再活着，也就是说，不再能够精神性地存在，如果没有思想着的精神的自由；或者，相反，在何种程度上存在着整个团体，在它之中这种更高的原则已

---

① 1815年，施莱格尔出版了他1812年在维也纳的十六次讲演，它们主要考察有关上帝的存在和本质的证明的哲学和神学，认为人的理性不能认识有关上帝的任何知识。显然，这种观点正是黑格尔斥之为“诡辩术”的东西。不过，施莱格尔在其著作中并没有使用“Weltweisheit”一词，在做第四次讲演时提到了Lebensweisheit，在他的名著《论印度人的语言和智慧》（*über die Sprache und Weisheit der Indier*，1808）中提到了Weltwissenschaft。因此，Weltweisheit一词可能是黑格尔记忆混乱的结果，这种现象在他那里并不鲜见，他经常或有意或无意地篡改一些东西——译注。

经变得可见，并且对于这个团体而言，思想的形式无论发展到何种程度现在是它们的信仰的必不可少的要求。发展和回到原则可能在许多不同的层次上发生，因为，为了通俗地表达自身，思想可以被规定着把特殊情况、命题等归因于一个内在的普遍命题，而这个命题在相对的意义上是意识中的依赖它的那种材料的公理。无论什么东西是思想发展的一个层次的原理和最终的坚实基础，对于另一个层次而言，它又需要进一步归因于一个更普遍、更深层的原理。但是这些原理是意识在信念中坚持的内容，它的精神已经为这个内容给出见证，并且这个内容现在不再与思想和特殊的自我性（Selbstheit）分离。倘若这些原理被出卖给论辩，那么就出现了上面提到的歧途，在这种歧途上，这样的论辩将主观的意见与任性放置在原理的位置并且以诡辩术告终。

但是在宗教中发生的信念的方式和模式可以停留在被恰当地称作信仰的东西的形态中，不过，当这发生时，人们必然会注意到，信仰不应该被表象为外在的、被机械地给予的东西，而应该被表象为在本质上需要真理的寓居的精神的见证和必然被放置在一个人自己的心灵中，这样它可能是活生生的东西，而不是被奴役的东西。但是，倘若这些原理的要素渗透到宗教的要求中，那么那个要求不再与思想的要求和活动分离，而宗教依据这个方面需要宗教的科学，即神学。这种科学与哲学共同拥有的就是这：在它之中的绝不只是，或者决不应当只是对属于每个文化的每个成员的宗教的一般认识。中世纪生产的是经院神学，它是宗教在争取在思想中理解被启示的宗教的最深的教义时从思想和理性的方面培育出的一种科学。不过，与这样一种科学的崇高的取向相比，那种神学的方法是相当倒退的，它将它与一般的宗教学说的科学区分完全放在历史要素中，这种神学用这种内容众多、包含甚广的历史要素及其无限制的个体细节来补充宗教。宗教的绝对内容本质上是临在的东西，因而不在学者的历史材料的外在添加物之中，而只在理性认知之中。那种精神能够发现对它而言继续临在并且是自由的东西，这个东西能够满足它去思想并由此将无限的形式添加给宗教的无限内容的永恒要求。

鉴于在我们的时代有关宗教的对象的哲思不得不对抗的偏见，即，神圣者不能被概念把握，或者更确切地说，概念和概念性的认知将上帝和神性降低到有限性的领域，并且由此消灭了它们——幸运的是，经院神学并不非得与这个偏见斗争，思想着的认知的荣耀和尊严并没有被如此降低，相反，它们被弃置一旁，不置可否。只有现代哲学才使它自己的要素，概念被如此糟糕地误解和声名狼藉。这种哲学已经不认识概念的无限性，并且将它与有限的反思，知性混淆，以至于只有知性可以思想，而理性不能思想，只能直接认知，也就是，只能感受和直观，因此只能以感性的方式认识。

古希腊诗人提供了有关神圣公义的表象：诸神敌视和贬低自我抬高者、幸运者和优秀者。有关神圣者的更纯粹的思想已经驱逐了这种表象，柏拉图和亚里士多德教导说，上帝是不嫉妒的，他并不限制人认识他和真理；若上帝不将有关他的知识给予意识，那不是因为别的，只是因为嫉妒；若上帝那样做，他会拒绝将所有真理给予意识，因为只有上帝是真的东西；是真的并且看起来没有任何神圣内容的任何其他东西是真的，只要它建立在上帝之上，并且通过上帝而被认识；其余的所有东西都是时间性的现象。唯有对上帝和真理的认识将人提升到畜生之上，使人出类拔萃，使人幸福，或者更确切地说，依据柏拉图和亚里士多德的观点以及基督教的学说，使人被上帝祝福。

这个时代的奇特现象是在它的文化的顶峰恢复了认为上帝是不可传达的并且其本质不向人的精神启示的那个古老表象。有关上帝嫉妒的断言在基督宗教的领域中必然异乎寻常，因为这种宗教只不过是并且愿意是有关上帝是什么的启示，基督教的团体应该只是这样的团体：上帝的精神被派遣到它之中，并且在它之中这个精神——正因为这个精神是精神，所以它不是感受和情感，不是对感性事物的一个表象，而是思想、认识和认知；因为它是神圣的圣灵，所以它只是对上帝的思想、认识和认知——引导它的成员认识上帝。什么东西是基督教的团体却没有这样的认识？什么东西是神学却没有关于上帝的认知？准确地说，什么东西是哲学却没有关于上帝的认知：铜的锣和响的钯！①

我的朋友通过下面的著作第一次将自己呈现给公众，既然他希望我为

---

① 参见《哥林多前书》13：1：“我若能说万人的方言，并天使的话语，却没有爱，我就成了鸣的锣、响的钹一般。我若有先知讲道之能，也明白各样的奥秘、各样的知识，而且有全备的信，叫我能够移山，却没有爱，我就算不得什么。”——译注。

它作序，那么，在作序时，我首先必须揭露这样一种对宗教的思辨思考的尝试在与他在这个肤浅的时代首先遭遇的东西的关系中显现时所处的这种处境。我相信我应该在这个前言中提醒作者注意他自己肯定由于如下事态而期望的那种接受和支持：在这种事态中，自称是“哲学”，并且的确总是谈论柏拉图自身的东西不再有任何具有思辨思想的本质和观念的沉思的迹象；在这种事态中，哲学和神学都在吹嘘畜生式的对于上帝的无知和这种无知的诡辩术，它们将私人情感和主观的意见放在宗教信仰的学说以及基本的原则、法律和责任的位置上；在这种事态中，像道布(Doub)[①] 和马海内克之类的基督教神学家的不仅肯定基督教的学说而且也肯定法律和思想的荣誉的著作以及为对抗毁灭了人和国家的伦理凝聚力的理论——正如它们毁灭宗教一样——而通过概念为理性的基本原则和生命的伦理秩序辩护和奠基的那些著作体验到了出自枯燥无味和坏的意志之手的可耻的诽谤。

但是除了用我的朋友的话语，我不能很好地表达他自己写作此书的倾向。他在 1822 年 1 月 25 日写给我的一封信中对于它说了如下的话：

“与我过去发给您的手稿相比，我的这本书现在已经取得了完全不同的形态，我希望您现在对它更感兴趣。以此方式，它完全从我的精神的真正需要中产生。从我年轻时起，外在的宗教（不是伪装的敬虔）在我看来总是最高的、最神圣的东西，并且我依据这个简单的理由而坚持它是真的，即人类的精神不能在这个方面被欺骗。但是科学从我这里拿走了这样表象的要素，我过去已经习惯了在这个要素之中观看真理；对我而言再自然不过的事情就是，我应该努力扬弃在我之中被科学导致的最大的分歧和绝望，并且努力在知识的要素中赢得和解。于是，我对自己说：‘倘若我不能通过哲学用知识的纯形式设想在基督教中被作为绝对真理而提出来的东西，以至于这个观念本身就是这个形式，那么，我将不再研究哲学。’但是，接下来，科学（我继续说），依据其发展为现代时期的基督教哲学的方式，本身必须是基督教的最高产物，因此，我在这本书中所追求的这

① Karl Daub（1765—1836）是德国新教神学家，黑格尔右派的代表和领袖之一，力图依据黑格尔的思辨哲学及其术语来阐述教会的正统教义并为之辩护，代表性著作有《现时代的教义学神学或信仰的科学中的利己主义》（*Die dogmatische Theologie jetziger Zeit oder die Selbstsucht in der Wissenschaft des Glaubens*, 1833）以及《有关教义学的导论的讲演》（*Vorlesungen über die Prolegomena zur Dogmatik*, 1839）。——译注

项研究变成了我就宗教而言为了我自己的精神的和平以及对科学的承认而努力去完成的任务。"①

1822 年复活节写于柏林
黑格尔

（译者单位：武汉大学哲学学院）

① 海因里希的这封信是《黑格尔书信往来集》第二卷（*Briefe von und an Hegel*，Band II：1813—1822；hrsg. von Johannes Hoffmeister，Hamburg：Felix Meiner，1969）中编号为 407 的书信。在写作这篇前言的同一天，黑格尔写信给海因里希（同上书，第 410 封书信），指出他的前言以海因里希给他的书信中的那段论述其著作的方向和思想倾向的话作结，说这段话令他"激动"和"高兴"，不过，他删除了其中明确引证他的哲学的话语，更改了不清晰的地方——译注。

# 论异化劳动理论与唯物史观的统一性[①]

舒年春

［内容提要］本文主要依据“提纲”较细致地厘定了实践唯物主义，把马克思哲学首先把握为一种为了实践的理论，在此基础上说明了异化劳动理论与唯物史观的统一性：对人性的独特理解与异化劳动理论相应，对共产主义的精密论证与唯物史观相应。二者一致的根本点在于马克思对于人的实际生活状况的分析与批判，即对于人的感性对象性活动状况的分析与批判，基于人对于自身现实的不断超越的要求。

［关键词］实践唯物主义　异化劳动理论　唯物史观　统一性

异化劳动理论和唯物史观是马克思主义哲学教学与研究的基本点，二者似乎意味着马克思哲学思想发展历程中的“断裂”，马克思也确有反对当时的“体系化哲学”。但我们相信马克思哲学思想是一个内在融贯的理论体系，这种内在融贯性首先体现在异化劳动理论与唯物史观的统一性上，本文着力讨论看待这种统一性的实践唯物主义的独特视角。

## 一　研究缘起

异化劳动理论被看做是所谓青年马克思的成果，唯物史观被看做马克思成熟的标志，二者之间的统一性问题即“两个马克思”的争论涉及对马克思哲学思想的整体性的解读，是在“回到马克思”的口号中进行的，始于由20世纪30年代《1844年经济学—哲学手稿》的公开出版所引起

① 本文得到华中科技大学人文社会科学青年项目（2007013）和自主创新基金文科青年项目（2011WC018）的资助。

的有关如何理解马克思哲学思想、马克思主义①的震荡。这场旷日持久的争论主要涉及的问题有：是否存在青年马克思和成熟马克思的僵硬划分，即人道主义的马克思和科学主义的马克思的划分？如果有这样的划分，那么我们解读马克思的思想是以成熟马克思的著作为准呢还是以青年马克思的著作为准？调和“两个马克思”在思想上的“歧异”有无必要？如有必要，那如何实现这种调和？回答这些问题的前提是要对马克思的思想有一个整体把握。与“两个马克思”的争论相关联的是在“马克思学”中得到讨论的一些问题，如：马克思思想与马克思主义的同异、马克思和恩格斯的同异以及马克思的马克思主义和恩格斯的马克思主义的同异等等。这些分别表明研究者的基本倾向是“两者”是根本对立的，他们要立其中一个为正统，并为自己所立的正统进行论证，因而对马克思思想、马克思主义的理解是分裂的。结果是马克思被孤立起来，甚至把马克思分割为青年马克思与成熟马克思，倚重青年马克思。在国内学界，关于“两个马克思”的研究近年来集中体现为俞吾金和段忠桥之间的争论，在某种意义上，俞先生是要把马克思做成“哲学”，偏向青年马克思，段先生则力图把马克思的思想解读为社会科学研究方法论，偏向成熟马克思。笔者试图把马克思思想、马克思主义看做一个整体，为了当前研究的可操作性，我们把本文限定在考察异化劳动理论与唯物史观的统一性的实践唯物主义视角上，着力阐明这个视角。

## 二　马克思主义哲学的确切名称是实践唯物主义

哲学层次的思考是统摄性的思考，它对具体思考始终起着前提支撑和动力源的作用。我们力图以一种统摄性的姿态把握马克思的哲学思想。我

---

① 我们认为，“马克思思想”、“马克思主义”首先是哲学，即马克思哲学思想、马克思主义哲学，而且它们首先指称的是马克思和恩格斯的思想，在文中为简便计，只提及马克思一个人名字。与此同时，我们感受到：马克思思想、马克思主义是一个严密的有机整体，根据列宁的概括（这是一种权威而又广泛流行的概括，根据马克思的终身追求，我们可以把马克思思想厘定为一种政治哲学，当然这种厘定需要另文论证），它包括哲学、政治经济学和科学社会主义等三个部分；而哲学是一个看待马克思思想、马克思主义的根本视角，就是说，马克思的经济学研究首要的是哲学层面的，可以作为马克思思想的总名称的“科学社会主义”实际上是马克思对未来社会构想的论证，是他的政治思想的直接表达，他的论证既基于他的哲学又基于他的哲学指导下的经济学，特别是经济史、社会史研究。

们认为：马克思哲学的确切名称是实践唯物主义，实践唯物主义是世界观层面上的哲学，是马克思、马克思主义者看待整个世界的基本观点、立场与方法，这整个世界包括人、人类社会、自然界以及人类思维领域，其中所包含的四项或三项其实是一个东西即个人的具体的生存状况或者说活动状况的具体显现，集中表现为生产的发展状况。

在《关于费尔巴哈的提纲》[①] 中，马克思指出其哲学是一种新唯物主义，指明了新旧唯物主义在立脚点上的不同："旧唯物主义的立脚点是市民社会（civil society），新唯物主义的立脚点是人类社会或社会化的人类（human society or socialized humanity）。"他批评了以往的唯物主义（包括费尔巴哈的唯物主义）和唯心主义，说前者的主要缺陷是对事物、现实（实在，reality）、可感（sensible）世界只是从客体的形式或静观的形式（in the form of objects, or of observation）去把握，而没有把它们把握为感性的人的活动，没有从主体的方面（subjectively）去把握[②]；正由于旧唯物主义的这种片面性，所以现实的能动方面就被唯心主义抽象地发展了，之所以是"抽象地发展"，是因为"就此而论，唯心主义不懂得真正的感性活动"。

在《费尔巴哈论纲》的第一条，马克思还清楚指认了费尔巴哈在实践活动的理解上的不足：在《基督教的本质》中，费尔巴哈把理论态度看做是唯一、真正地人（类）的态度，他仅仅在实践活动的肮脏的犹太人的表现上理解实践活动，并把实践活动固定在这种表现上面；这样费尔巴哈就不可能抓住"革命性的"、"实践的—批判的"活动的意义。实践活动的意义在稍后的《德意志意识形态》中得到了清晰的说明：甚至"纯粹的"自然科学如物理学、化学"也只是由于商业和工业，由于人们的感性活动才达到自己的目的和获得自己的材料的"，"这种活动、这种连续不断的感性劳动和创造、这种生产，正是整个现存的感性世界的基础，它哪怕只中断一年，费尔巴哈就会看

---

① 诚如朱光潜所指出的，《关于费尔巴哈的提纲》更恰当地应译为《费尔巴哈论纲》。为遵守约定俗成，本文仍用"提纲"这个说法。

② Object的中文意思是"客体"和"对象"，如强调其独立于主体、人而存在的一面，就应当译为"客体"，意为object的存在是不以主体的主观意愿为转移的，是客观的；若突出其与主体、人相关联这个方面的意思，就应当译为"对象"，意味着它是相应于特定的主体的。本文对"提纲"的引用参考英文做了一些必要改动。

到，不仅在自然界将发生巨大的变化，而且整个人类世界以及他自己的直观能力，甚至他本身的存在也会很快就没有了。”如此看待人的实践活动对整个现存感性世界的意义是马克思哲学思想的根本新意所在，马克思正是通过这个点、在这个点上实现对黑格尔的“颠倒”和把唯物主义贯彻到底的。人的感性活动作为整个现存感性世界的基础也是我们主张把马克思的新哲学称为、首先称为“实践唯物主义”的首要而根本的原因。

在“提纲”中，马克思大致勾勒了其哲学的基本图景，[①] 即实践地看待世界的根本观点：

（1）对实践的理解。实践是人的“现实的、感性的活动”、“对象性的（gegenstaendliche，objective）[②] 活动”，“环境之起改变作用和人的活动之起改变作用（或自我改变）的一致只能够被把握为并合理地被理解为革命性的实践”。

（2）理论与实践的关系。因为“人的思维能否达到客观的真理不是一个理论问题而是一个实践问题”，所以“人不得不在实践中证明他的思维的真理性，即他的思维的现实性与力量、此岸性”。在此意义上，实践为理论“加冕”，即给理论戴上真理这顶“王冠”。此前如费希特、黑格尔等则是“记忆（回忆）为真理加冕，为‘关于显白认识的科学’加冕”[③]。马克思与黑格尔在这点上截然不同：在马克思那里，哲学是“高卢雄鸡”，它呼唤新事物的到来，为之报幕；黑格尔则认为哲学是“密涅发的猫头鹰”，它只肯在暮色降临时起飞。在黑格尔看来，“哲学作为有关世界的思想，它只是在现实（actuality）经历了它的形成过程并达到其

---

① 《关于费尔巴哈的提纲》，《马克思恩格斯选集》第 1 卷，人民出版社 1972 年版，第 16—19 页。

② “对象性的”和“客观的”在德文中是 gegenstaendliche、objektiv，在英文中都是一个词 objective。“人的活动本身是对象性的活动”意味着人的活动是客观的，它要对一定的客体进行操作，将之变成适合自己目的与意愿的对象；在此意义上，对象也就成了人的本质力量的确证。

③ 参见 Ernest Bloch，*On Karl Marx*，translated by John Maxwell，Herder and Herder，1971，p. 84.《论卡尔·马克思》是从布洛赫代表作《希望原理》（三卷本，1959）中选出的专论马克思的部分（1968）。柏拉图的“回忆说”应当是这种真理观的较早版本。此种真理观在人类历史上最极端的表现是资产阶级社会，在那里，“是过去支配现在”（《共产党宣言》，《马克思恩格斯选集》第 1 卷，1995 年版，第 287 页）。

完成状态之时才出现"[①]。

"全部社会生活在本质上是实践的。凡是把理论引向神秘主义的神秘东西，都能在人的实践中以及对这个实践的理解中得到合理的解决。"这是论纲的第8条，前后两句构成某种因果关联，正因为"全部社会生活在本质上是实践的"，所以才能"在人的实践中以及对这个实践的理解中"解决社会生活中的一切神秘的东西。神秘的东西有两种：[②] 其一"再现现实里不能被解释的部分、两难以及迄今为止不能被理解的矛盾的密林"；其二是"那些可恰当称为'神秘主义'的东西，它们代表对黑暗的盲目崇拜，那黑暗是因其本身之故而为黑暗的"。对后者，理性是没有办法的，而对前者，消除神秘的唯一方式就是"合理的实践是唯一的人的解决，唯一的合理的解决是人的实践"，这里的"实践"是站在人性（humanity）立场上的行动。依照布洛赫的解读，马克思把人性的本质界定为"社会关系的总和"[③]。

（3）马克思关于人性的洞见体现在论纲第4、6、7、9、10条中。

第4条是对费尔巴哈的宗教批判的推进；第6条是对人的本质的理解；7、9两条是关于个体与社会的关系的见解；第10条点明"新唯物主义的立脚点是人类社会或社会化了的人类"，是对人的本质、个体与社会的关系等问题的总结。

在"提纲"中，马克思指明了以前哲学（特别是费尔巴哈哲学）的贡献和不足，在一定程度上表现为对费尔巴哈唯物主义哲学的深度推进，这在论纲4、6、7中显而易见，明显涉及费尔巴哈的还有5、1两条。费尔巴哈的贡献在于：他从宗教上的自我异化、从世界二重化为宗教世界和世俗世界这样的事实出发，他的工作是把宗教世界归结为它的世俗基础，并基于他对人的本质的理解而把宗教上的自我异化问题的解决寄托在宗教感情，即普遍的、抽象的对人的爱这种感情上，而对宗教世界的世俗基础不做任何触动。马克思和恩格斯在《反克利盖的通告》中说海尔曼·克利盖之流"在反对腐败的现实和恨时宣扬爱的王国……但是一旦历史经

① G. W. F. Hegel, *Elements of the Philosophy of Right*, edited by Allen W. Wood, translated by H. B. Nisbet, Cambridge University Press 1991, p. 23. 中国政法大学出版社2003年影印本。参考黑格尔《法哲学原理》，范扬、张企泰中译本，商务印书馆1961年版，第14页。译文有改动。

② Ernest Bloch, *On Karl Marx*, p. 88.

③ Ibid., p. 75.

验表明这种爱在1800年的时间里没有产生什么效果，它没有改变社会关系，也未能建立起爱的王国，那随之而来的就是这不能克服恨的爱不能提供社会变革必需的动力。这种爱在情感宣称里被消耗掉了，这些宣称不能消除任何实际的条件；它仅仅作为一种催眠药对人们起作用，它用情感的甜糊喂养着这些人”[①]。布洛赫在《改变世界：马克思的〈关于费尔巴哈的提纲〉》中指出：“费尔巴哈对登山宝训的拙劣模仿从不正义的消除中排除了任何困难，但是包含了阶级斗争中一切种类的涣散；这就是资本主义慈善的鳄鱼眼泪欢迎这种普遍化的爱（‘社会主义’）的原因。”[②]

马克思超出费尔巴哈的地方就是马克思欲寻求那能够实际地改变现状的真正的力量。这首先是一项理论工作，马克思对理论的见解不同于以往的哲学家，甚至于跟人们通常称为哲学家的见解根本不同。在后者看来，理论是独立自足的，它无需付诸实践，它与实践的关系在于理论在实践中的运用，如果行动失败，理论就会退回理论领域而单纯在理论范围内寻求改变。根据马克思在提纲2中的提示，在以往的哲学家那里，理论的真理性是一个纯粹学院的问题。马克思并不是一个非理性主义者，人的解放的“头脑是哲学，它的心脏是无产阶级”[③]，头脑是保证方向的，心脏则是动力，如同一辆车子，要它安全而又以合适速度地达到目的地，就既要把握好方向，又要保持足够的动力。在理论与实践的关系问题上，马克思是以实践为基本点的，而且“理论与实践一直在向彼此摆动”。简言之，马克思所面对的诸实践概念完全不同于他的理论和实践观，不同于他的理论与实践相统一的理论。[④]

马克思进一步分析了费尔巴哈所揭示的宗教世界的这个世俗基础：世俗的基础从其自身那里分离出它自身、在云端为自身建立了一个独立的王国这样的事实只能通过这个世俗基础的自我分裂和自我矛盾来解释；如此，世俗基础就必须在它的矛盾中得到理解并在实践中被革命化。这个世俗基础当指当时的现实，特别是资产阶级社会的现实。马克思大半辈子的时间与精力就放在对这个现实的研究上，这集中体现为《资本论》。而马

① 转引自 Ernest Bloch, *On Karl Marx*, p. 87。

② Ibid..

③ 《〈黑格尔法哲学批判〉导言》，《马克思恩格斯选集》第1卷，人民出版社1995年版，第16页。

④ 参见 Ernest Bloch, *On Karl Marx*, p. 87。

克思有这样的卓识，直接地首先是他批判黑格尔法哲学的结果，其次是他初步研究政治经济学的结果，后者首先表现为《1844年经济学—哲学手稿》。①

毋庸置疑，马克思的政治经济学批判工作是一项科学研究，但绝不是价值中立的。他的这项科学研究是带着一定的理论眼镜的，这个“眼镜”在提纲6、7、9、10中得到了说明。抽象地说，马克思的价值立场是“人类社会或社会化了的人类”，较具体地说，这个立场是无产阶级。而马克思有这样的价值立场是源于他对人的本质、对个体与社会之间的关系的独特把握。

（4）新哲学的口号和根本原则即“哲学家们只是用不同的方式解释世界；问题在于改变世界”。这是刻在马克思墓碑上的一句话，是表明马克思哲学思想之新的口号式的表达。如果离开西方思想传统，我们就难以体会这一条的新意与深意。马克思的理论不满足于对现存世界提出一套解释，马克思更进一步，他对世界的解释直接就透露其要实际地改变现状的愿望。他的理论研究就是给这种愿望一个合理的说明，就是说，他的理论是为了实践的理论（theory - for - the - sake - of - practice）。在马克思那里，世界是要变得越来越美好的，这可以算他对启蒙时期的进步观的继承。结合对人的实践活动，特别是物质生产活动的历史作用的把握，在“揭示现代社会的经济运动规律”的基础上，马克思有充足的理由说：“资本主义必然灭亡，社会主义必然胜利”。

从这意味深长的简洁的11条提纲，我们知道，对马克思的新哲学或新世界观的理解，首先要明确马克思哲学的底基色即唯物主义，而且这个“唯物主义”的“物”落实到他对生产、对资本主义生产的研究上；其次但也许是更重要的是要恰当把握马克思的这个唯物主义的“新”特点，即实践，而对于实践的理解要更多地从人的活动的能动的方面来进行，不要太强调“受动”，不然的话，实践的创造性与对于人的本质力量（或自我）的显现或现实化的作用就难以得到显明。概言之，马克思的行动哲学是以一种发达的经济理论为基础，就是说，这里“行动”不再是脱离社会活动的人的行动，不再仅仅归结为一种道德意识的变革，而是“理论与实践（theory and practice）相互而互惠地互相中介着，实践活动

① 参阅《〈政治经济学批判〉序言》，《马克思恩格斯选集》第2卷，人民出版社1995年版，第31—35页。

(practical activity) 预设了理论，甚至在下述情形里，实践活动也预设着理论：实践 (praxis) 本身为了向某种新实践进步而释放出并要求着新理论”，“具体思想不会因为它成为了行动的照亮而被高估；行动也不会因为它成了真理的冠冕而被高估。”①

马克思的新唯物主义的特点还包括历史和辩证，这二者都可以通过对实践的阐发而得到说明。作为实践的人的活动，是人的本质力量或自我的实现方式，亦即人的生命价值的实现方式；这个“活动”是感性的、对象性的，活动的能动性是奠基于感性与对象性之上的。“实践”强调的是活动的能动性与超越性，“历史”说明的是实践活动的历史继承性、过程性与社会性，即实践活动总是一定时代下、一定区域内的人所进行的活动，“辩证”讲的是实践活动过程中主体客体之间的互动，即主体客体化和客体主体化。对“实践”、“历史”和“辩证”的统合理解在马克思对于劳动或生产特别是物质生产的分析、论述中得到展示。

## 三 异化劳动理论与唯物史观的统一

弄清了马克思哲学思想的新意之所在，所谓早期或青年时期的异化劳动理论和成熟时期的唯物史观之间的统一性就很容易说明了。异化劳动是人类实践活动发展的具体阶段和特殊形态，它不是人类实践活动的本来样子，也不是人类活动一旦进入这个阶段就会留存到永远的形态。依照理论的逻辑，马克思应当有一个对于真正的人的活动的先验或理念型规定，也意味着人类社会的发展最终要扬弃或超越异化劳动的历史阶段而无限趋近于真正的人的活动的状况。马克思基本上立足于自由这一现代社会的基本原则和人类的普遍追求来批判人类劳动发展的资本主义阶段。在马克思那里，自由首先被理解为“自我实现”，用以赛亚·伯林的术语讲就是马克思的“自由”是“积极自由”。

唯物史观说明的是理解人的感性活动的根本方法即历史地、唯物主义地把握人的活动，是对于人的活动条件或环境、方式与原因的说明。

实践唯物主义、异化劳动理论、唯物史观三者是彼此规定、相互澄明的关系，共同说明着个人的具体的生存状况的事实。

---

① Ernest Bloch, *On Karl Marx*, p. 86.

在《政治经济学批判大纲》（即《1857—1858年经济学手稿》）中，马克思这样区分了人类发展的三个阶段："人的依赖关系（起初完全是自然发生的），是最初的社会形式，在这种形式下，人的生产能力只是在狭小的范围内和孤立的地点上发展着。以物的依赖性为基础的人的独立性，是第二大形式，在这种形式下，才形成普遍的社会物质交换、全面的关系、多方面的需要以及全面的能力体系。建立在个人全面发展和他们共同的、社会的生产能力成为从属于他们的社会财富这一基础上的自由个性，是第三个阶段。第二个阶段为第三个阶段创造条件。"[①] 人的生产能力、人类社会发展的这样三个阶段在马克思看来是人类发展的必经的过程，如果共时态地看，表现为人类发展的过去、现在与未来这样三个层级的并存。现代社会就是与这第二个阶段相应的，它从前现代社会发展而来，往后现代的"自由个性"阶段去。而现代社会的最典型形态是资产阶级社会。

马克思对人类发展的这种把握体现着他的哲学见识，他把对人类发展过程的理解建立在实践、历史、辩证这样三个基本观点之上。人类发展的这三个阶段是人的生产能力发展的三个阶段，前一阶段为后一阶段的到来准备条件，这是实践的观点、历史的观点的体现。辩证的观点在这里可以简单阐发为生产过程中生产资料（包括生产工具和劳动对象）与劳动者的关系状况的历史变迁。起初，生产资料与劳动者不分离，这时有劳动者之间的简单协作，所有权观念与制度处在萌芽状态。后来，生产资料与劳动能力相分离，社会的一部分人掌握生产资料，另一部分人在生产资料的占有上"一无所有"，而且这部分人在人格上是独立的，这样生产活动要实际地进行，生产资料所有者与劳动能力所有者必须能够进行"合作"才能保证各自的生存；这时有成熟的所有权观念与制度安排。更为重要的是，此时活动的社会性质最为显著，因为劳动主体与生产资料是分离，二者必须"结合"。这样生产或劳动的主体与客体（或对象）之间的运动非常极端地表现出来。如果没有生产资料的私人占有，生产劳动过程就是加强劳动主体的过程，劳动主体的生存得到维持，劳动主体的本质力量和人生意义得到实现。在私有制条件下，生产劳动对劳动主体而言是削弱，是一种痛苦，之所以要进入劳动过程是因为要活命；对生产资料所有者而

① 《马克思恩格斯全集》第30卷，人民出版社1995年版，第107—108页。

言，生产劳动是实现资本增值的手段。劳动者为了生存必须出卖自己的劳动力，生产资料所有者为了实现利润最大化的目的必须雇佣劳动者为其劳动。这样劳动在私有制条件下就变成了异化形态的，对工人而言，异化劳动有这样四个规定：工人同自己的劳动产品、同自己的生产活动、同自己的类本质（即“自由自觉的活动”）相异化，人同人相异化；对非工人（资产者）而言，情形类似，在“人的类特性恰恰就是自由的有意识的活动”和劳动本身是生活的“第一需要”这样的意义上，非工人的境况甚至更糟，他是资本的奴仆，同工人一样，他也受资本的奴役，只不过：身在资本的奴役中，非工人是满足的、快乐的，工人是亏欠的、痛苦的。

异化劳动必须被扬弃，否则人将不人。马克思的经济学研究，特别是《资本论》的首要目的正在于揭示出异化劳动被扬弃的必然性，当然这是一种发展趋势意义上的必然性。

## 四 总结

马克思首先是作为“哲学家”出现，他提出自己的、完全不同于当时资产阶级思想家的、关于人性的理解，即具体而非抽象的、强调人之生存的社会性和对具体的社会性的批判而非原子式的、占有型的个体性，从分析、规定人的感性活动的角度把握人性的变动性、发展性以及人与自然、与社会的关系，理解人性发展的时代性、阶段性特点。必须着重指出的是：对人性的这种独特理解是由马克思深厚而浓烈的人道主义情怀支撑着的；并且马克思对人性的理解强调超越个体私利，主张个体生存对于社会的公共利益的依赖。这些正是马克思所讲的“现实的个人”的基本内涵。依据这种关于人性的独特理解，马克思逐次展开了他对当时社会宗教、政治法律和意识形态状况以及经济现实的分析与批判，得出适用于现代社会尤其是资产阶级社会的历史唯物主义的基本原理。这并非一劳永逸的结论，其实是一些研究指南性的东西，如：国家和法的状况要到市民社会里去探寻；是人们的社会存在决定他们的意识；物质生产是全部社会生活的基础；生产关系适合生产力状况的规律和上层建筑适合经济基础状况的规律是人类社会发展的基本规律，阶级斗争是阶级社会发展的直接动力……

马克思思想的最终所指是为未来的共产主义社会做论证，在充分的理论论证的基础上，他的社会主义学说才称得上是科学的。他基于对人性的先验规定即自由自觉的活动（真正的劳动）、基于活生生的人的生存要求、基于历史发展的规律，说明了共产主义实现或共产主义运动实际进行的可能性与必然性。

在关联马克思对人性的独特理解和对共产主义的精密论证这二者的基础上，我们认为异化劳动理论和唯物史观是根本上一致的，对人性的独特理解与异化劳动理论相应，对共产主义的精密论证与唯物史观相应。二者一致的根本点在于马克思对于人的实际生活状况的分析与批判，即对于人的感性对象性活动状况的分析与批判，在于人对于自身现实的不断超越的要求。我们把异化劳动理论与唯物史观一致起来的根本原因在于完整、全面的研究既要有先验的规定（这种先验规定绝不是给予的、不变的设定，而是空洞的形式—精神规定），又要有对于实际的分析（依照一定标准的分析，看生存实际对于空洞的精神规定的充实情况），二者结合起来即：相互趋近与远离，二者的一致性程度越来越高但永远不可能完全一致，类似于罗尔斯讲的“反思的平衡”，这恰与马克思讲的“共产主义是消灭现存状况的运动”一致。

（作者单位：华中科技大学哲学系）

# 胡塞尔现象学与时间问题

姜　韦

［内容提要］胡塞尔现象学诞生之前，时间问题始终在作为意识对象和试图摆脱这种现状的张力中被探讨。奥古斯丁虽然直接将时间理解为意识的行为，但因缺乏思维方式的更新而使他的时间追问成为永远的谜团。康德将时间纳入主体的领域为时间脱离客观化迈出第一步。但他也未能摆脱自然态度的束缚因而使得时间的探讨空间大受限制。随着胡塞尔对自然态度的悬隔，以及向先验主体的还原，时间问题获得了崭新的探讨空间。胡塞尔把时间与先验意识活动结合起来使得时间作为一个"境域"被打开成为可能。这主要表现在他对时间性意识的前摄与滞留关系的分析中。

［关键词］时间　自然态度　时间意识　前摄　滞留

## 一　时间从意识对象到意识结构

### 1. 时间问题与自然态度

康德之前的时间探讨随着亚里士多德"时间是就先与后而言的运动的数目"① 这一时间定义而被定下基调，即时间作为与主体相对立的客体对象被纳入研究。然而一方面论到时间的起源，亚氏主张："若无变化，就不会有时间。因为当我们的思想没有变化。或者虽然变化了但却没有觉察时，我们就不会认为时间已经发生了"②；另一方面他又不愿让心灵知觉剥夺时间的普遍存在："时间不是运动。时间同等地存在于一切地方，

---

① 《亚里士多德全集》第2卷，苗力田主编，中国人民大学出版社1997年版，第120页。

② 同上书，第116页。

且同等地与万物存在。”① 在亚氏时间观表现的时间与意识的关系及其普遍存在之间的矛盾虽然不为他自己察觉，却为后世时间研究注入勃勃生机。

奥古斯丁首次试图把时间完全纳入主体意识中加以探讨。但自亚氏以来的对象化时间观以及关于时间的日常意见使他只能凭着对时间真理的某种直觉与前者抗衡。这种直觉虽然赋予了他勇气将时间与意识的行为联系起来，从而把时间视为“心灵的延展”，但是他最终无法摆脱对象化思维的束缚而把时间的实在性诉诸记忆中事物的影像②。无论是亚里士多德时间观的巨大矛盾抑或是奥古斯丁面对对象化时间观的无能为力，皆可归根于在背后作祟的对象化思维方式，而要摆脱这种方式它需要确立起一个新的视角。

康德为我们找到并确立了一个新视角，即先验论。虽然他不是专门为时间问题而是为知识问题才诉诸先验论的，但是，他向我们揭示出了两个事实：第一，时间是属于先验领域的；第二，所有的心灵活动都是在时间中进行的。然而，心灵活动总被自然态度首先设想为由某个心灵实体生发出来的行为，而且，总存在着某些对象，它们已经先于心灵的行为独立地存在于外界与之对应。如此设定使得对世界的外在经验与心灵主体自身的纯粹体验相互混淆。

康德虽然从先验的角度赋予世界以现象性，但他并未行走在现象学之路上。康德的现象世界是一座四面环水的孤岛，它的界限就是物自体。因为他不认同心灵在构造世界过程中的绝对权能，而要部分地将之分配给物自体。心灵既然不能自生出现象界被构造的素材，另外一个源泉就必须被设定下来。虽然靠着现象和物自体的区分康德暂时缓解了知识论危机，但是，这并没有从根本上摆脱导致知识论危机的思维模式。换言之，自然态度在康德那里仍然存在且扮演着重要的角色。

如果说康德的智慧在于把危机从与我们的生活息息相关的地球转移到遥不可及的暂时无碍于我们正常生活的外太空，那么胡塞尔的意图是要在现象学的视野中将之彻底清除。自然态度一开始就被标示为现象学的眼中钉。除非排除它的影响，即把它对思维产生的效力判为无效，任何对心灵

① 《亚里士多德全集》第 2 卷，苗力田主编，中国人民大学出版社 1997 年版，第 115 页。

② 参看奥古斯丁《忏悔录》，周士良译，商务印书馆 1996 年版，第 245—246 页。

的多么详尽、系统的考察研究都免不了受到它的诱惑。“就是说，在进行现象学的反思过程中必须制止那种随此反思一同进行的，在非反思意识中活动的客观设定，并制止将任何‘在此存在’的世界扯入判断之中的作法。”①这样做的原因倒不是因为心灵活动在现象学看来都是与对象无关的，或者说现象学是要研究这样一个领域：它是切断一切与之相关的对象而独立存在的意识领域。相反，它正是要确立一种相关性。这种相关性不是作为一个关系属性从两个实体中（心灵与对象）派生出来的，而是能化解实体的运动进程，即“意识—对象”意向性先天结构。“对意识到的世界的普遍悬搁将对相应主体而言始终存在着的世界从现象学领域排除出去，但取代这个世界位置的是这样或那样被意识到的世界‘本身’，是各种类型意识的意义。”

所以，悬搁世界只是表面的手段，目的是要把潜藏在其后的设定态度判为无效。在这个态度下我们拥有一个世界，但世界不能随着这个态度的无效化为乌有。因此，从积极的角度而言，现象学的悬搁最终是要找到一个新的视野以便世界在其中重新呈现。就此而言，笛卡尔也在怀疑、悬搁，试图找到一个纯粹的主体作为基点。但是，当“我思”作为那不可怀疑的怀疑本身被确定下来时，它就与被怀疑掉的世界没什么两样了。事实上，为笛卡尔悬搁的只是一个实体性世界，而那专门生产实体性对象的自然态度由于根本未被触及所以又把“我思”设定为另一个实体送给笛卡尔。作为一种实体性现存的阿基米德点，“我思”最多只能洁身自好，独善其身以确保自身的纯粹性，而永远不可能走出自己。这样，被它暂时怀疑掉的世界就会原封不动地再次被设定在那里，并且显得好像是拥有稳固基础的了。所以，悬搁一个世界是不够的，若不将世界的设定态度一同舍弃，新的世界会再次被设定。而我们看到，把亚里士多德牢牢捆在客观对象性时间上的，让奥古斯丁不能彻底摆脱亚氏束缚以及使康德不由地把本来无所不在的时间局限在某一个领域中的，都是这种设定实体的自然态度。既然如此，现象学，如果说它确实为时间提供了一个超越之前所有的更高视域，那么它肯定是有意识地摆脱了这种态度。也正因此，现象学还原从一开始就不能满足于、因而局限于笛卡尔在其怀疑中所达到的纯粹的主体领域。

① 胡塞尔：《现象学的方法》，上海译文出版社 2005 年版，第 182 页。

### 2. 先验还原到时间意识

“我思”作为纯粹的主体虽然具有先天性，却不能单凭此保证它作为基础的权利。“我思”作为基础不能是一个基点。否则就只能被当做某种“圣洁之物”束之高阁。而在经过现象学还原之后，即在把“我思”与世界的自然态度下的关系判为无效之后，所剩下的唯一可能为“我思”选择去再次“走向”世界的道路就只能是先验的道路了。这条道路意味着“我思”必须脱胎换骨以全新面貌登场，因为曾有的世界已不存在，它肩负的是再造一个新世界的使命。

康德不也是走的先验的道路吗？为什么他没能完成这个使命？从先验论的观点，“创造”世界就是以作为主体的人为基础反思到世界存在的合法性。因此，如何发现“主体”以及怎样看待“主体”将是先验论最为关键的地方，它直接决定了世界会被“创造”成什么样子。无前提、无偏见的源初给予性基础是现象学的基本要求，所以它选择了还原的方法，通过把一切的前提和偏见都排除掉来发现“主体”。因此，还原是一种逐层剥离，为道日损的方法，通过还原意识学会如何在各种意见中保持不执之态。而康德由于时代留给他的知识论危机是如此急需解决，以至他一开始就不得不带着强烈的目的和愿望从事他的哲学研究，一定要把世界解释为能为我们的认识所通达。这样的目的和对传统逻辑模式的沿用使康德把先验之“主体”修饰成为一架为解决当时知识论困境量身定做的机器，从而可以按照认识诸原则照葫芦画瓢地创造出一个与主体认识相一致的世界。说康德的哲学发现了主体的能动构造性这是不错的，但不为人注意的是，因为康德强制性地把一些外在的规则附加给主体而严重制约甚至掩盖了它的真正能动性的发挥。所以，如此被钳制的“主体”投射出的为了特定目的而如此被规定的世界当然与现象学再造世界的意图不可同日而语。现象学所要“创造”的世界是当一切的迷雾被拨开时自身本真地呈现于眼前的世界，创造主体不需要按照自己的逻辑体系刻意地去规定它的存在，相反要放弃这一切的先在的规则和设定，世界方才有呈现的可能。就此而言，康德的先验论哲学因为彻底缺乏还原意识，既无法免去传统的先入干涉且还为实务所扰，所以根本无法胜任这个使命。

然而，这样的言论似乎难免给人这样的错觉：现象学抛弃了所有传统企图建立一座空中楼阁。要澄清这个误解，还需要进一步阐明“还原”方法的意义。“还原”就其本身的意义而言，不在于清除（虽然很多时候在比较笼统的意义上可以这样说）而在于“判为无效”。“清除”是针对实体性事物而言的，而后者是对一种表现为习惯或态度的思维方式的禁止。因此，现象学还原的目的不是要清除一个现成存在的世界，以便得到另外一个纯粹的世界，而是要停止一切的设定，以便让不是通过设定而是本真地存在着的领域自行展现。同样，先验还原不能被理解为像一个艺术家雕琢一块木头以便使一个精致、细腻的艺术品呈现一样，把“我思”作进一步切割和分解去获得一个更基础、更纯粹的东西。如果，对先验还原的理解始终只能停留于这种实体性的层面的话，那么所谓的“无限回退”就是不可避免的了，因为这是所有空间性思维共有的特性。

因此，只有中止对“我思”的现成性态度，“我思”才会“活过来”。它作为一个由本质形态所构成的结构体系向我们展现自己，并在这个展现过程中，能动地按其自身结构将世界再造出来。可见，还原的方法应当包含有双重的意义：在中止一种态度时看到一个真相。现象学还原通过中止现成世界的设定看到了意识的意向性结构；先验还原通过中止现成“我思”的设定看到了意识的能动创造性。

思维的先验地位早在康德的哥白尼革命中就已被确立。但思维的纯粹性并不因此定得到保障，或者说，康德对理性的批判虽然反思出一系列先验概念和原则，但他使用这些原则的运作方式按照现象学的标准仍是非先验的，即没有摆脱自然态度的陋习。然而，值得注意的是，如果康德是以确立时间的先验地位为基础并以此开始建立先验体系的，而同一个问题在胡塞尔的作为确立先验论立场的现象学还原中却只字未提。这是否意味着时间是先验思维中应该被清除的因素呢？胡塞尔的先验现象学，确切地说其先验的意识行为是否就与时间完全无关了呢？显然不是！事实应该是：在胡塞尔看来，康德赋予时间的先验地位与它实际发挥的功能相比相差甚远。时间在先验领域中应被赋予更高级、更普遍的地位。既然如康德意识到的那样，时间无时不伴随着思维的一切活动，而在胡塞尔这里一切的行为无不包含着意识自身的结构形态，那么把时间上升到与意识相等的地位，并在对意识结构的展现过程中揭示时间的各个维度的相互关系，在胡塞尔看来是自然而然的。

### 3. 意识与时间在现象学态度下的关系

为什么时间会有过去、现在和将来？这在胡塞尔看来是个假问题，至少是一个不够根本的问题。如果没有过去、现在、将来的意识，怎么能问这个问题呢？所以，这个问题是如何可能被问出来的要比这个问题本身更根本。它是在现象学立场上发出来的。因此，它要追求的是一种最源初的给予性。源初性是现象学最为珍贵的东西，也是它不懈追求并持守的原则。源初给予的要求使一切问题在现象学中都转变为："这些问题是何以被问的？"这一先验性问题。

对于时间问题也是如此。现象学绝不会以"时间是……"的论调去探寻时间的本质。相反，像对待任何一个其他问题一样，它会通过展示那个源初给予性让时间自己显现。因为"我们所接受的不是世界的时间的实存，不是一个事物的延续的实存，如此等等，而是显现的时间、显现的延续本身。但这是绝对的被给予性，对它们的怀疑是完全没有意义的"。①那么在时间问题上究竟应该把什么视为源初给予的呢？时间抑或对时间的意识？没有对时间的意识就无法提出时间之问，这一事实在被自然态度颠倒。时间一旦被作为一个问题提出，凸显的是作为课题的时间，隐藏的是时间意识。所以，还原掉作为课题的时间即客观时间就成了进入现象学时间之门的必要环节。

"现象学的分析不会给人们带来对客观时间的发现。"②作为与意识显现无关的自在流逝的时间若不被还原，将永远踏入不了现象学的时间之域中。现象学的时间是一种在意识中"被感觉到"的素材。这些素材通过立义形成客观时间而被给予。它们是最源初的被给予性，是不可还原的，因此对之加以否定和怀疑是毫无意义的。例如，一个空间物被把握在视觉中，但它还不是最源初给予的，而是一个公共的感知显现。它可以进一步被还原为各种空间视域的各种连续性。切莫将连续性理解为空间的属性或在空间中连续出现的东西。它们作为现象学的素材与视觉意识相同一。时间也是作为这样的一种素材与意识相同一的。不过，与其他素材尤其是与空间性意识素材相比，时间素材本身包含有立义、统摄的要求，而不像其

① 胡塞尔：《生活世界现象学》，上海译文出版社2005年版，第73页。

② 同上书，第74页。

他素材只能被立义。“被感知到的时间素材并不仅仅被感知到，它们还带有立义特征，而在这些立义特征中还包含某些要求和权利即：它们要求，并且有权对那些根据被感觉到的素材显现出来的时间和时间状况进行测量。”①

客观时间的态度被排除后，时间自然而然就与意识发生了必然关系。或者说，只能在意识中奠定时间的基地。那么，时间与意识究竟是一种什么样的关系？如果时间，如前所述，是与意识同一并具有意识之立义的能动性的现象学素材，那么，就不能像康德那样仅仅把时间视为思维借以行使功能的中介和形式；也不能像奥古斯丁那样仅仅停留于说时间是心灵（意识）的三个行为。那样很容易从行为滑向其各自的对象而再次回到客观时间思维中，就像奥古斯丁本人一样。

既然要研讨的是时间，而时间又作为三个行为表现在意识之中，那么，就不能像处理空间物那样，把过去、现在、将来理解为构成时间的三个部分或片段，也不能把滞留、感知、前摄当作意识的构成部分。这样，它们实际上还是三个独立的意识，就像过去、现在、将来是三个独立的时间一样。时间在意识中应该作为一个域展开来。这一点，除非结合能动的意识活动本身加以思考，是永远达不到的。时间没有中立的独立地位和性质。它要么被置入空间中即对象性意识中被当作一个静态的对象加以研究，这样，时间一般被认为是一维的，匀称的，不停地向前奔涌之流，或者说是思维在其中活动的形式条件或场所，要么被纳入动态的先验意识，以现象学的方法把它作为一个结构展示出来。这样，时间就被领会为一个域，即展现意识之内在机制的时间性境域。

## 二　在时间中展现的意识结构

### 1. 时间在意识结构中的体现

时间的三个维度，过去、现在、将来，一旦结合于意识活动本身加以思考，它们就演变为意识的三个行为：回忆、感知、期待。这是奥古斯丁的结论。独断论的定义性解释是不会令人满意的，因为它本身是一个无限的恶性循环。除非能在某一个点获得展开，这种循环才能终止。所以，

① 胡塞尔：《生活世界现象学》，上海译文出版社2005年版，第76页。

“过去就是回忆”马上会激起另一个问题“回忆是什么?”然而，这种提问的独断方式注定不会为现象学青睐。因为现象学的方式是把问题置于作为其基础的源初给予的视阈中好让其自身展开。所以，就这个问题的意指而言，现象学更有可能这样提问：回忆是如何可能的？或回忆是怎样的？

回忆果真就只是如奥古斯丁所谓的把记忆中的图像再次调遣出来并按照它们形成言语吗？图像是如何被保存到记忆中的？“保存”是有意识的抑或无意识的行为或者说它是与感知同时进行的吗？如果是有意识的，即“保存”也必须在显现的（Present）意识状态中才得以进行，那么感知就不可能是连续的了。因为每个感知后，必定有一个“保存”的行为被注意以便把刚才所感知的内容储存下来，之后才能继续下一个感知。但是，我们知道感知只把握当下显现的对象，它没有保存的功能，因此感知就像镜子反映对象一样，对象显现时一清二楚，对象离开了，镜子里面就干干净净、恢复原貌了。这样，如果“保存”总是继感知之后的有意识的专题行为，试问它要去保存什么呢？所以，“保存”肯定不能是有意识的即与感知异时发生的意识行为，感知也不会像一面镜子，而是必须在感知的同时就保存了感知到的内容。这个保存行为就是对感知过的内容的“仍在意识”（Noch Bewusstsein）即“滞留”（Retention），但由于它是与感知同时发生的，所以就不能是独立于当下感知的另一个意识行为，而是作为意识本身的另一个维度与当下感知同时一起发挥着各自的功能。

如果说对象在进入意识被感知后，并没有迅速消失得无影无踪，而仍是在滞留意识中持续存在着，那么，在进入感知意识以前，它们与意识处于什么样的关系之中呢？显然，不能说它们自在地存在于某个地方，然后被意识偶然碰到就把它们反映进来，因为这是已被现象学还原了的自然态度。在现象学的态度下，对象被统摄为意识的意向对象，自在客体被消解于意识的显现方式中，任何对象客体任何时候都是与意识相关着的。因此很明显，当下感知并非意识与对象相关的唯一方式，因为对任何对象的感知都是有始有终的，而意识的意向性却既不会因为感知的开始才产生，也不会随着感知的结束就消失。所以，在当下感知消失的地方，意识以滞留的方式和先前被感知的对象保持发生关系，那么，在感知未发生的地方，对象也必定以某种其他方式存在于意识之中。

意向性就意识本身而言是意识的构造；就对象而言，它是对象的显现。意识的构造不是用一个东西造出另一个东西，而是意识流的自身展现；对象的显现不是一个物体把自己置于另一个物体的对面，而是意识流自身显现的结果。自始至终没有实体性、现成性的东西，只有显现。意识和对象是显现从不同角度的体现，或者是为了表述这同一个活动而使用的不同概念。然而鉴于现象学的思维特征，必须离开它们一贯具有的意义来使用它们。例如，“对象”在现象学中并不预设一个自在客体；“意识”并不表示一个纯粹的现成性的“我思”点。“对象在意识中”并不是说对象从意识之外进入了意识之中，等等。

就此而言，“对象被感知”的现象学意义应该是意识在以感知方式展现自身的过程中现实地树立起一个对象。然而，意识并非总在感知地树立对象，换言之，感知是可以中断的，而且，即使正在树立对象的感知行为也不会是偶然突发的。这意味着我们可以相信，就对象的构成而言（这个过程与意识的展现过程是同一的）意识在逻辑顺序上必定先于感知地已经以其他方式显现着了，而且这种显现方式与感知的方式息息相关，或者说，它直接决定着感知的可能性。这种方式在康德哲学中表现为执行的范畴活动，而在现象学则表现为意识结构的第三个维度——前摄。在感知中被树立的具体对象已经作为一种可能性在前摄中酝酿着。前摄并非一只饥饿的狼四处搜寻可吃之物，或者一架把从外面添加给它的材料加工为产品的机器（这是康德的思维方式），它在自身中酝酿构造着自己的对象。所以，前摄最明显地体现了先验意识的能动性，为对象的原现前（Urpräsenzen）和“仍被意识”（Noch - bewusste）奠定基础。

### 2. “现在”在意识结构中的地位

相对于过去和将来，现在总是有着更突出的地位。不论是亚里士多德还是奥古斯丁都选择现在作为基点讨论过去和将来。在一般日常思维中也是这样，我们总是立足于现在而把将来说成是尚未到来的现在，把过去理解为已经过去的现在。然而，“现在”在时间中的这种优先地位只有在对时间的认识论解释中才表现出来。如果我们反过来结合先验的纯粹意识流对时间发出追问，“现在”的优先地位恰好表明了它在时间意识结构上的被决定性和依附性。

现在作为时间的一个维度与过去、将来一同构成了一个前摄—感知—滞留的时间意识结构。正如在对时间的流俗的认识中，“现在”被不容置疑地信手拈来作为切入点一样，在对意识结构的探寻中感知也扮演了同样的角色。我们是以感知为线索引申出前摄和滞留的；滞留总是对现在的滞留，而前摄总是走向现在的寻求充实的前摄。但是如果我们继续追问：现在是何以可能的？感知作为意识结构的一个环节与前摄和滞留有着怎样的关系？“现在”就真像在奥古斯丁的追问下那样完全消失了，即现在之为现在因为它不存在。事实上，既非“现在”果真消失了，亦非从感知引出前摄和滞留是错误的，它之所以让人如此捉摸不定完全是由于它在时间各维度的相互关联中所具有的特殊地位。而这种相互关联只有在作为意识的内时间的探讨中才被显露。在只有相继关系的客观时间态度下，“现在”要么像在奥古斯丁那里根本不具长度，一有长度就分成过去将来；要么像在亚氏那里，干脆就被提取出来作为计数时间单位。总而言之，“现在”在客观时间中没有位置。

论到前摄时，我们说感知逻辑在先地为前摄所决定。对象不是作为现成之物只在感知时才闯进意识，而是与意识显现相同一地在意识中逐渐建构起来的。所以，在前摄中对象是以一种可能性的方式被酝酿于意识之中并逐渐地向现实性转化。胡塞尔把这种转化称为意识行为的变异；对象由可能性转化为现实性的过程就是意识获得充实（Erfüllung）的过程。意识不是被他物外在地充实而发生变更，而是在变更中自身充实。在感知中对象以最直接的方式被意识作为现实性源初地标立于自身之前从而使意识获得了充实，因此，感知就是获得充实的意识行为。而在未被充实以前，意识处于潜在的酝酿对象或意指着一个潜在的可能对象的阶段，胡塞尔称其为空泛的意向性（Leere Intentionalität），亦即意识的前摄阶段。所以，如果要着眼于意识结构中前摄这一维度来为感知下一个精确定义的话，那么它应该是在意识自身的变更行为中被充实了的前摄。“当下感知的原体现就是充实了的期待。”①

就其与对象的关系，或者说就意向性质而言，感知可以作为一个特殊的阶段归属于前摄。如果我们坚持把对某个对象的感知与之前的对它的期待视为一个被充实过程，感知与前摄的区分就不会那么断然了。感知只是整个充实过程的端点，它并不是独立的存在于前摄之后的一个阶段，仿佛意识被充实后还要被放入一个所谓的感知中一段时间后，才能进入滞留。若果对象是随着意识的充实过程逐渐构建起来的，那么说只有在感知中对

① Edmund Husserl, *Die Bernauer Manuskripte über Das Zeitbewusstsein*, p. 7.

象才被把捉就是不正确的。严格地说，对象在前摄中就已经被把握，只不过与在感知中的把握方式不同而已。在感知中，是已实现了的确定对象被当下地把握；前摄则是对尚在充实中的可能对象的先行把握，但两者实际上仍是对同一个对象的同一个把握。只因为这个对象作为意识的显现不是一个现成性而是从可能向现实的过程，所以对它的把握也不可能像把握一个现成物那样一成不变。就此而言，如果我们一定要在感知和前摄之间做出区分的话，那就只能诉诸它们所把握的对象的状态。但是，这马上又会导致另一个问题：如果感知是对一个现实的确定对象的把握，那它与滞留的区别又在哪里呢？因为就滞留总是对感知的滞留而言，它也是对现实的确定对象的把握。与前摄相反，滞留和感知的区别在于对对象的把握方式。在意识中实现了的充实即感知同时也在进行一个逐渐脱实的过程即滞留。在感知中实现充实而被确立的对象由于不再为当下意识关注而以仍被意识的方式在意识中被把握着，这就是滞留。滞留以不同于感知的方式把握着同一个曾为感知把握过的对象。因此，滞留以感知为基础，而感知，如前所述，作为前摄的一个阶段而隶属于前摄。由此可见，在前摄——感知——滞留的意识结构中，前摄担任着奠基性作用，而感知和滞留以前摄为基点可以分别定义为：充实的前摄和对充实前摄的持续脱实。“期待不仅走向新的素材，也走向来临中的滞留以及对滞留的滞留。”①

可见，意识从前摄走向滞留的过程正是意识自身从空的行为变更为充实行为的过程。所以意识行为虽然就其对象在其中经历而言，被划分为前摄、感知和滞留三个阶段，但就意识行为本身的变化而言，它始终只有空泛（Leer）与充满（Volle）两种状态。“空”不是绝对的空，它是对象可能性的存在方式；“充实”也不是外在的填充，而是对象的现实性的存在方式。然而，这样表述似乎又会给人留下这样的印象：意识的意向方式和对象的存在方式是两个并行的序列。事实上，如同一再强调的那样，对象与意向方式是同一的。意识从空向充实的变更与对象的构成是同一个过程。坚守此原则就可以发现，在意识行为中感知不具有独立性，意识不需要专门经历一个感知过程仿佛要让对象在其中保持一个时段。着眼于从充实到脱实的过程，“现在”只是前摄与滞留之间的一个“标示”。它如同里程碑除了标示公路的里程数外，并不增添路段本身的长度。“现在（感

① Edmund Husserl, *Die Bernauer Manuskripte über Das Zeitbewusstsein*, p. 7.

知）是前摄与滞留的边界”，[①]在意识结构中感知没有现实的实存性。用胡塞尔的话说就是：“现在”不具有意向意识的实项存在。

现象学的意识是构造的意识，因此没有意识“之外”。如果感知是意识行为过程中的一个实项存在阶段，那么，对象在感知中被构造意味着什么呢？如前所述，感知意味着对象的现实性，所以，从构造的角度而言，对象被现实的给予等于构造的完成。然而，所谓构造的完成只是反观地对构造过程的认识性判断，因此不属于构造过程（犹如说某事已完成不属于完成此事的过程）。现象学先验意识流的本质就是不断地变更，永不止息地从空的意向性变更到充实的意向性；换言之，就意识流中发生的事情（Ereignis）而言，意识流就是从可能性的对象性到现实性的对象性的不停变更。因此，即使意识的注意力持续地感知某一对象，那也并不意味“现在”作为一个打开的视域在其中产生了持续的意识行为，而只表明意识在不断地从空向充实变更。现在作为现在永远只能以“曾为现在”的样式在滞留中作为被再造之物，而当下的感知作为现在只能是意识在变更中标识出来的界点。“现在只有在‘曾是现在’（gewesenen Jetzt）的序列中才是现在。滞留的每一时段都在其不同的连续的层次中再生着现在和意指着当下核心素材的意识的充实。”[②]

### 3. 从意向性看前摄与滞留的相互蕴含

意识在意指一个对象的同时，自身作为一个意向的连续性持存着。任何一个意识行为都带有如此双重意向。当着眼点侧重于意识对象时，意识行为就呈现为一个一个的时段（phase）。例如前摄意识在其充实中走向另一个前摄，但这并不意味着产生了一个新的前摄，而是同一个在其意向连续性中持续着的前摄的不同阶段。“我们有一个意向意识，它在新的当下感知中被充实，但是这个充实是以其意向性阶段进行的，在其中它作为一个开放的‘域’是永不可充实的。”[③]滞留意识也是如此，按照其不同的充实阶段，滞留被划分为一个由强至弱的层级。然而，滞留同时并存着两个

① Edmund Husserl, *Die Bernauer Manuskripte über Das Zeitbewusstsein*, p. 7.

② Ibid., p. 19, 16—19 行。

③ Ibid., p. 9.

意向，“指向过去材料的意向和指向过去滞留的意向”。[①]可见，任何意识行为作为单纯的意向性不论充实与否都是向前意指着的意识连续。

一谈到对象就不得不涉及充实；一说到充实马上又想到现实性。事实上，就它是一个动词而言，充实并不意味着现实性，而是直接当下性或最清晰的被给予性，因为对象在意识中时刻处于变迁状态，不会停留于某一刻因而可能成为现成的固定的现实性。所以，未充实的空的意识不等于绝对无内容的空洞框架或形式（像在康德那里）。这样，充实的意识和未充实的意识有什么区别呢？事实上，它们没有本质区别，换言之，这里并没有出现两个不同的意识；因为着眼于意识中显现的对象，在充实与未充实之间做出区分才显得似乎必要，即对象从模糊状态变迁至清晰状态。而意识的意向性在这两个状态中始终保持着同一连续性。充实的意识期待未充实或新的充实，未充实的意识期待充实；这个体现意向性的“期待”存在于意识变更过程中的任何一个阶段，不论前摄抑或滞留。

初看起来，似乎前摄更能体现意识的意向性，因为前摄就是期待，是保持不被充实的连续性片段。而滞留由于总是对充实的持续意识，似乎不能体现那种向未知之域的期待。滞留就如同一个管家，他的任务就是把主人挣得的财物妥善保管，至于如何筹划去获得新的财产就不是它所考虑的事了，而是主人即前摄的责任。显然，这种理解是把期待的意向性完全等同于前摄即空的意识，好像意识只是无法忍受空的状态因此期待充实，一旦获得充实就心满意足。但是，“空”不一定必然期待充实，期待充实也不一定必须是空的。一只空盒子并不期待充实，它之所以被填满是由于人的愿望。同样，若不是意识本身就是期待性的意向性意识，作为其阶段的前摄就不会期待充实。因此，与其说因为前摄期待充实所以意识是期待性的，不如反过来说是意向性意识决定前摄去期待充实。因为“期待”是意向性意识的本质，而不只属于空的意识或前摄，后者只是因为属于意识结构之一而分有了这种属性。

因此，充实的滞留作为意识结构的另一维度也是期待性的。这不仅表现为一般所谓的滞留总是在期待中迎来每一个为其意指的充实对象，更重要的是，滞留在未被充实以前已经持续地期待被充实了，它不满足于已有

---

① Edmund Husserl, *Die Bernauer Manuskripte über Das Zeitbewusstsein*, p. 9.

的充实而总向着将来的新的充实走去。[①] 正是在此意义上，才能说："意识流中的每一个阶段部分都是对在先时段的滞留。"[②]透过这句话，我们看到滞留不应该仅限于滞留行为而应被抽绎出来作为一种意识的本质普遍地存在于意识的每一个阶段。这里仍然涉及一个眼光的切换。具体说，就是在同一地理解对象和意识的前提下把眼光从对象转换到意识本身，以使其意向性本质凸显出来。正是借助于意向性，我们从前摄的期待推出期待性的滞留，进而又从滞留的期待推出滞留性的前摄。

如此说来，似乎不必过多拘泥于前摄和滞留，总把视角放在它们之间是如何有别又如何相关，好像意识被分割为几个不同的功能个体似的。既然滞留在对充实的持续意识的同时也期待着未充实，而前摄在对未充实的期待中又持续充实，那么，我们就可以抛开滞留与前摄直接以意识自身为参照将其区分为充实的意识和未充实的意识两种状态。它们彼此期待以致相互连续不断地变换。前摄与滞留的区分是横向地把意识划分为一个个并行的阶段，然后分别从它们入手来展示意识的双重意向性；而这种区分则是一种纵向的展示，它更有助于连贯地将意识当作一个统一整体把握。它把对意向对象的意向标示为意识的两种状态：充实与未充实；而把对意识之统一性的意向作为具有期待性和滞留性的能动意向性贯穿于这两个状态中，呈现一幅连贯的意识变更画面。不像前一种区分，总让人觉得意识先在前摄中然后在滞留中充实与未充实，似乎双方各自为营，各司其职。因此又不得不绞尽脑汁地反复论证强调它们的连贯性和一致性。

"前摄—感知—滞留"的意识结构似乎表明意识同时进行着三个行为，从三个维度打开一个视阈。诚然，先验的能动意识是一个域，但不是由骨架支撑起来的空间域，而是在不同状态中不停切换的能动的意向域。在这个"域"中，意识就是一个行为，即期待变更的行为。这同一个行为在充实中（感知）保持不被充实（前摄），在对充实的期待中保存着已

① 这句话读起来留给人一种前后反复的印象。但只要我们知道，现象学中，任何意识行为都具有双重的意向：对象的意向和意识本身的内在意向。前者一般是在关于意识和对象关系的静态的横向现象学中被探讨，后者则是在关于意识活动发生的动态的纵向现象学，例如时间意识现象学中被探讨。因此，这里并不是反复，而是把眼光从横向的对象性意向转换到时间意识结构的内在的纵向的意向关系中（参见倪梁康《时间·发生·历史》，载于《德国哲学》2008 年卷，第 200 页）。

② Edmund Husserl, *Die Bernauer Manuskripte über Das Zeitbewusstsein*, p. 15.

有的充实（滞留）。所以，真正说来，虽然前摄最直接地表现了意识的期待意向性，但只有在滞留中它才得到最完备的体现。期待性意识不是健忘的小婴孩，看见新的玩具就把在手的弃之脑后了。无论走到哪里，它总携带着自己的“曾有”。这个“曾有”是在滞留中得以可能的。所以滞留不仅从期待的角度与前摄一同表明了意识的意向性，而且独自以对“曾有”的持续保存从另一个角度表明同一个真理。

#### 4. 从意识的充实看前摄与滞留的相互蕴含

之前，我们曾从两个不同角度探讨了意识。或横向地逐个剖析意识的构成结构；或纵向的从意识之充实将之视为一个统一连续的“河流”。在第一个视角里，前摄和滞留通过意识之意向性把各自体现意向性的特性渗透到对方之中。现在，让我们来看看，是否也能在第二个视角里即通过意识之充实印证同一个结论。

如前所述，意识只是在充实与未充实两个状态中持续变更。如果说充实的意识在滞留中呈现出由强至弱的阶梯状下沉系列，那么未充实的意识在前摄中是怎样的呢？事实上，意识的运动过程就是一个持续充实的过程。若果否认这一点，就会立即呈现出意识与充实相分裂的情景，一个意识之外的领域就会自然而生，仿佛意识自身并不充实，而突然在某个时刻某物从外面闯入意识充实了它。这完全与现象学意识分析的立足点相违背。因此，在这里我们有必要结合意识本身进一步更新对充实的理解。既然充实作为意识行为本身的过程无时不伴随着意识的各个阶段，那么意识的两种状态应该都是在充实着的。换言之，充实过程可以分为充实状态与未充实状态。

意识的充实过程同时也是对象逐渐形成的过程。如前所述，对象在感知中即在前摄的实现了的充实中才作为一个具体特殊的客体被意识置于对面。在此之前，它以潜存的可能的形式被孕育在前摄中。对象的可能性虽然意味着它的笼统性、模糊性、广泛性而不像在感知中那样具有明确性，但是，它在其中被酝酿的前摄却是极其明确的意识行为，或者说，前摄是按照固有的具体普遍的法则有步骤、有尺度地规定着对象。而这个规定的过程属于意识充实的一部分。所以，每个在先的前摄都比后来的获得更进一步的充实。这里既没有意识之外的材料，也没有被填满的意识空间，只有按照自身的分寸逐步把对象从模糊带到清晰的意识行为过程。所以，对象在前摄中如同在滞留中一样经历着一个从暗至明有序的阶梯形的充实变更过程，而非同想象的那样，一堆杂乱无章的东西被意识收集起来形成对象，然后使意识得到充实。不过滞留在次序上刚好相反，是由强至弱、由明至暗的“沉浸”过程。可见对象在前摄中本来就一直处于充实的进程中。通常所谓的前摄的实现了的充实即感知只不过是对在此过程中得到最大限度充实的特指，而所谓的“未充实”则是除此之外的前摄中一切其他充实阶段。就前摄与滞留共有这种充实过程的结构而言，我们初步断言前摄中也有滞留。

滞留与前摄在结构上的相似才刚刚打开了探讨它们相互蕴含尤其是前摄对滞留的蕴含关系的大门。借此，我们似乎是刻意断言了它们具有相同的活动方式和运动方向，至于这种现况的更深的原因却仍不为人知。滞留必定对前摄具有某种决定性，甚至涉及后者的生死存亡，这样才能令人信服地把滞留作为前摄的本质而置入其中。

滞留在意识中的某种作用或者说通过滞留体现的某种特性只有在前摄中才能得到清晰的展示。前摄体现了意识的开放性；滞留体现的则是其连续性。所以，意识流中的每一个阶段既是向未来的开放也是对过去的保存。在此图景中，滞留表现了它是如何使过去对未来产生影响的。滞留任何时候都是对充实的滞留。在意识流中没有绝对的空的时段，因为意识本身作为一个充实的过程，必然每个阶段都有不同程度的充实。所以，滞留不仅作为对完全实现了的充实即感知的滞留在过去——将来的方向中逆向地对前摄产生影响，同时由于它体现意识的连续性而从一开始就参与意识的充实活动，因此也在将来——过去的方向中决定前摄甚至整个意识活动的可能性。就此而言，滞留不是一定要依赖于一个感知对象才是可能的。相反，每一个充实的阶段若不借助滞留对在先阶段的保存，就会失去连续性和一致性从而根本不可能。因此滞留对前摄的双重效力，就内容而言，它为之提供基础使前摄不是无根之水，无序空想；就其本身的机能而言，它保证了前摄的前后一致性。“新的前摄是新的且是在先前摄的变更，交织于前摄中的滞留意识使之得以可能并因此实现充实的一致性。”①

（作者系武汉大学哲学学院博士生）

① Edmund Husserl, *Die Bernauer Manuskripte über Das Zeitbewusstsein*, p. 27.

# 何谓现象学自身？

## ——从黑格尔的存在论到作为存在论、诠释学和哲学的现象学

龙沛林

［内容提要］黑格尔辩证法的开端立足于存在以及存在和虚无的辩证关联，这种关联进一步展开为整个哲学体系，但所有这一切都没有解答这样一个疑难：存在和虚无究竟怎样确保彼此之间旨在同一的辩证关联？这就是说，哲学开端究竟怎样保证自己进一步的辩证发展？这就是现象学所面对的疑难。海德格尔指出，存在和虚无的辩证同一性是从意识出发得到理解的。但是，现象学认为，这种同一性方案应从存在论差异的起点出发得到理解，一定要深入到存在和虚无由以发生的地方，发现存在和虚无由以辩证展开的根据。这就需要不同于辩证法的现象学。作为现象学的基础存在论就可以作为这种辩证关联、辩证发展的存在论前提发生根本的作用，并为之提供可能理解的先验视阈。现象学因而作为存在论发挥基础性作用。正是因为现象学发挥这种作用，辩证关联和体系发展的各个步骤、理性以之理解绝对的那种方式就直接体现为“反思—建构—生产—丰收”。反思就是从自我返回到世界，绝对、并进一步返回到存在领会和语言中，最后返回到其中的存在自身。建构是反思之实现的形态，绝对在这里并不是制造什么东西，而是“让显现”，绝对就在这个活动中才被意识展示、一起生产出来。丰收把由生产所得到的素材“聚—拢”或收拢起来。从这四个步骤看来，对所有命题的理解只有采取思辨的态度，才能揭示蕴含于命题中的那些真正概念。而当我们进一步通过现象学解构把体现为哲学史的主体活动的历史纯化为关于主客体统一之理念的逻辑学时，现象学就是在存在论上的现象学，现象学据此为这种辩证发展和辩证关联提供存在论基础。辩证法在意识中的存在只发生在认知活动中，它只能在纯

思的范围理解存在和虚无的关联等。但是，作为存在论的现象学则不单纯局限于认知活动或意识，而且还更进一步扩展到其他别的一切可能的领域。现象学因此就是作为诠释学的现象学。作为诠释学的现象学在源始上是“此在之现象学”，它的基本事务是解释此在的意义，即此在中的“此—在”结构究竟怎样可能。所以，存在和虚无之间的关联和发展如果说在意识或认知活动范围内在根本上仍然可以求助于辩证法的话，那么，在此在当中就只剩下唯一可能的选择：作为诠释学的现象学。在此基础上，现象学进一步以这种“对存在意义和对一般此在的各种基本结构的揭示”，“为对非此在式的存在者继续进行存在论探究提供视域”，进一步成为“各种历史学的精神科学的方法论，真正把精神作为自己极其重要的领地，并以恰当的方式，即不同于自然科学方法的方式来研究和营造这个领地的存在”。于是现象学就关注到作为“语言”的“对话”及其“神圣性”，直接居住在“语言，即人们在其中生活、居住并居家存在着的某种东西”。诠释学经验作为现象学的基本经验以语言作为自己的媒介，聚焦于语言的可能性之所在——理解活动。所有的理解都是语言性的，语言的“中心”是“语言之发生”即语词。于是在文本和其阐释者之间就发生了一场对话，并终于“发生某种东西”。这就是文本通过语词在我们之间所展开的诉说—倾听—关系，并形成我们的传统。在其现实性上，传统只能作为语词来到我们这里，但诠释学经验展开传统内涵是在新的意义可能性中所发挥作用的，因而出现、发展和形成了某种以往并不存在的东西。可见，最重要的东西并不是辩证法，而是作为辩证法基础的思辨自身。思辨性的根本在于“在诗意经验的想象的媒介中表现一个新世界的新景象”，表现日常陈述所未曾展开，因而并未熟悉的东西。所谓问答辩证法已经是解释性的辩证法，而且早已经把理解规定为一种发生。于是，在现象学基础上把存在同虚无关联和发展起来的疑难就推进到了诠释学。作为哲学的现象学的标志在于它既不单纯像作为存在论的现象学一样着眼于此在或生命讨论存在的意义，也不单纯像作为诠释学的现象学一样着眼于语言讨论存在的意义，而是着眼于存在自身讨论存在的意义。而纯粹现象学就是这么一种作为哲学的现象学。作为存在论的现象学在其本质上同样是作为哲学的现象学，它虽然化身为以往哲学的终结，但是，所有这一切都必须以现象学为前提。在这个意义上，现象学并不因为以往哲学的终结而终结，这种现象学的消失在肯定的意义上凸显出了作为哲学的现象学。不应该执着于作为存在论的现象学，不应该只满足于根据、真理和艺术等，而是不受遮蔽、不限一隅，相反必须始终保持着对存在自身这种思的事情进行思的可能性。作为诠释学的现象学变成作为哲学的现象学的努力更为明显。无论是纯粹现象学，作为存在论的现象学，还是作为诠释学的现象学，最终都聚焦于哲学自身，都以哲学为自己最终追求的目标，都在讨论关联和发展的基础。纯粹现象学揭示出现象学自身所面对的是一个独特的世界，现象学自身的对象完全是一个新型的对象。纯粹意识作为与这种对象相应的现象学自身所指向的现象，确定了现象学自身所特有的空间，作为存在论的现象学不仅揭示出这种对象和相应现象的根据，而且更为深入地揭示出这个根据所可能包含的全部内容，借此开拓现象学自身所特有的空间，并赋予这个空间以完全丰富的内容，揭示出这个空间所有的事情自身，作为诠释学的现象学则直接把这个空间以及其中所有的事情自身提炼为意义及其世界。所有这三个意义上的现象学全都指向作为哲学的现象学。现象学自身，在面对存在之际，作为哲学开端的辩证发展、存在和虚无的辩证关联的绝对基础，就是借助于作为它自己的一个方面的纯粹意识揭示出自己特有的空间，以此为基础进一步揭示出作为这个空间的根据的事情自身，并最终从中提炼出意义和意义世界的哲学运动。

［关键词］黑格尔　海德格尔　存在论　现象学　诠释学　哲学

任何哲学，都不能逃避对存在的思。所以，现象学同样是对存在的一种思。现象学的特征在于它作为纯粹现象学，既可以是作为存在论的现象学，也可以是作为诠释学的现象学，但最终还是作为哲学的现象学。但唯有透过现象学的历史表象，才能面对存在透视现象学自身。

## 一　存在、辩证法和现象学疑难

在黑格尔看来，只要哲学想作为完全肯定的哲学展开自己的全部内容，它归根到底就得面对这种内容展开的开端。因为哲学开端同其他科学学科开端不一样。其他学科作为科学或哲学“并没有为自己所处理的对象自身的必然性辩护”，这些对象“被表象视为现成对象”。“人们不允许自己想到对这些对象的存在质疑”、要求“根据概念去证明”“一定自在自为地有”各种各样的对象。[①] 这就是说，这些学科并不为自己的对象辩护，既没有质疑这些对象的存在，也没有在概念上彻底证明这些对象的存在是自在自为的，而只是在表象的意义上视之为现成的存在。因此，无论是量的大小、数或空间，还是法、疾病或动植物，相应的存在都只是在现成的意义上被直接接受。所以，其他学科的开端是随意的、偶然的。“反之，哲学开端令人头疼，哲学对象必然立刻受到质疑、陷于冲突”。因为这种对象就其内容而言应“作为对象”受到哲学关注：它不单纯涉及表象，而是按照认识方式同表象对立，使相应的表象活动超出自己。另一方面，这种对象就其形式而言既作为直接对象，也作为间接对象即“被概念认识为必然的”，同时认识方式、方法又有其哲学内在的必然性。[②] 可见，哲学开端不同于科学学科的开端。作为绝对科学的哲学的开端不仅不像其他科学的开端那样局限于表象，而且还超出表象，进到概念中寻找实质上是作为对象的开端。这种开端不仅对于黑格尔有效，而且在事情本身的意义上对康德和海德格尔也同样有效。他们在展开自己哲学的过程中也必须面对这样一个开端疑难。这个开端不仅仅获得一种认定，而且自始至终必然呈现为一种永恒的东西。

这个开端在于“存在是无规定的直接性”。一般来说，作为开端的对象是存在。不过，这种存在的第一种基本含义在于，就“存在是……直接性”而言，存在是直接性或“纯粹存在”。它在这里“只是自身同自己等同”，[③] 而且只是在它自己的纯粹性中得到把握。这种纯粹存在因为是“纯粹思想”和“……单纯直接的东西”，是“最初的开端”，所以就“创造开端”。[④] 可见，在肯定的意义上，作为哲学开端的对象或存在是纯粹存在，是单纯直

---

① Georg Wilhelm Friedrich Hegel, Sämtliche Werke, Bd6, Enzyklopädie der philosophischen Wissenschaften im Grundrisse und andere Schriften aus der Heidelberger Zeit. Jubiläumsausgabe in zwanzig Bänden. Stuttgart - Bad Cannstatt, Friedrich Fromann Verlag, 1968, S. 19. 参见黑格尔著《哲学科学全书纲要》（1817 年版），薛华译，北京大学出版社 2010 年版，第 1 页。

② G. W. F. Hegel Sämtliche Werke, Bd6, Enzyklopädie der philosophischen Wissenschaften im Grundrisse und andere Schriften aus der Heidelberger Zeit. S. 20—21. 参见《哲学科学全书纲要》（1817 年版），第 2 页。

③ G. W. F. Hegel, Gesammelte Werke, Bd11, Wissenschaft der Logik, Erster Band, Die Objektive Logik (1812/1813). Düsseldorf, Felix Meiner Verlag Hamburg, 1978, S. 43.

④ G. W. F. Hegel, Sämtliche Werke, Bd8, System der Philosophie. Erster Teil, Die Logik. Jubiläumsausgabe in zwanzig Bänden. Stuttgart - Bad Cannstatt, Friedrich Fromann Verlag, 1964, S. 203.

接的东西。总之，就存在自身所能说的就是这么多东西。

这种存在的第二种基本含义就源于对这种存在做进一步追问：这种纯粹存在的含义究竟是什么？一般而言，存在作为纯粹存在，除了说它是纯粹存在之外，已经没有任何更进一步的规定了。这就是说，存在或纯粹存在的内涵在根本的意义上说是作为纯粹思想、单纯直接的东西和最初的开端，它“不可能是什么间接的，进一步得到规定的东西”。① 这就是说，存在就是存在，比如说“我是我、绝对漠不相干或同一等等”。这种纯粹的东西的特性就在于它丝毫没有被中介，丝毫没有通过一个别的东西来加以规定，因此，它同间接的东西，即同已经得到规定，并进一步得到规定的东西丝毫不搭界。但是，吊诡的是纯粹的东西就已经是中介。所以，这些规定“并不真正是最初的东西”。② 所以说，存在是“无规定的……”

这样一来，存在在自己身上就具有双重含义——纯粹存在和无规定性。一方面，作为对象的存在是纯粹存在、直接性，另一方面，这种纯粹存在、直接性是无规定的，因此，作为对象的存在又是无规定的直接性。由此可见，只要进一步深入追问存在是什么，结论就一定只能是以否定性的方式回答说它不是什么或它是“无……”或“非……”，因此就在根本上涉及存在既是直接性，又是无规定的直接性，所以只能说存在是它自己的直接性，而这种直接性的内涵又是空洞的东西，是“纯粹的无规定性或空洞的规定性”，是“纯粹空洞的直观活动自身”或“空洞的思”。最后，为了清晰地把握对直接性进行限定的那种无规定性，虚无就成为深化存在的一个唯一根本的选择。开端当然是作为对象的存在，但存在在开端的意义上却又是虚无。这就是说，在哲学开端的意义上，存在要成为它自身，就必须同时是虚无，并通过虚无正式展开它自己作为开端的那种内容：存在凭着它自身成为它自己的对立面——虚无，同时通过成为它自己的对立面而真正成为它自身。据此，“这种无反思的存在就是那种直接自在自为地存在着的存在”。③ 这就是黑格尔在哲学开端疑难上的秘密：存在以虚无展开它自身的这个过程显示哲学开端意义上的辩证法。

---

① G. W. F. Hegel Gesämtliche Werke, Bd6, Enzyklopädie der philosophischen Wissenschaften im Grundrisse und andere Schriften aus der Heidelberger Zeit. S. 51.

② G. W. F. Hegel Sämtliche Werke, Bd8, System der Philosophie. Erster Teil, Die Logik. S. 203.

③ G. W. F. Hegel, Gesammelte Werke, Bd11, Wissenschaft der Logik, Erster Band, Die Objektive Logik (1812/1813). S. 44, 43.

但是，尽管存在和虚无发生这种辩证关联，而且这种关联还更进一步地展开为整个哲学体系的可能的辩证开展，但所有这一切都丝毫没有解答这样一个疑难：存在和虚无之间究竟怎样确保彼此之间旨在同一（“存在和虚无是同一的东西”、“纯粹存在和纯粹虚无是同一的东西”①）的辩证关联？这就是说，哲学开端究竟怎样保证自己进一步的辩证发展？这在概念上就是追问作为哲学开端的存在同其他环节、具体而直接地说同非存在（在否定意义上说）或同与之有关的东西即存在着的东西、经验或存在者（在肯定意义上说）怎样产生具体的辩证关联，这就是现象学所面对的疑难。

## 二 作为存在论的现象学

哲学开端的辩证发展、存在和虚无之间的辩证关联，只要深究下去，就会呈现出其中的辩证法的现象学存在论基础。在海德格尔看来，存在和虚无在黑格尔辩证法中之所以被视为同一的东西，最根本的原因在于它们是“从一种认知的视阈出发”得到理解的。这种认知“比所有对象认知更为源始，是一种自己认知”。它是对认知的认知，因而是仅仅自身认知自己的绝对认知。它作为意识，是源始的“意识自身被意识了的存在的地方”。辩证法基于这一点把存在和意识区别并对立起来，最终得出这样的结论：由于意识在上述意义上是中介过程和规定过程，所以，存在就是不同于中介过程的直接的东西（非间接的东西）、不同于规定过程的无规定的东西。可见，“存在在黑格尔那里是绝对之绝对异化的环节”，同时“虚无因此同存在是同一的东西”。② 存在和虚无的同一性就是从意识出发得到理解的。辩证法的这种理解应该说只是从意识自身的那种被意识了的存在得到理解的。

但是，现象学认为，存在和虚无的这种同一性方案应“从存在论差异的起点出发得到理解”。它虽然没有触及这种差异，但却为这种差异所

---

① G. W. F. Hegel Sämtliche Werke, Bd8, System der Philosophie. Erster Teil, Die Logik. S. 209; G. W. F. Hegel, Gesammelte Werke, Bd11, Wissenschaft der Logik, Erster Band, Die Objektive Logik (1812/1813). S. 44.

② Martin Heidegger Gesammtausgabe, Band 15, Seminare, Vittorio Klostermann GmbH, Frankfurt am Mein, 1986, S. 347—348.

承受，成为这种差异的一个方面。虽然辩证法以思辨—辩证的方式讨论世界的发生、存在者被创造，并在范畴的总体性中得到相应的理念，但是，所有这一切都只涉及“差异的存在论方面”，即犹如康德所谓“对象之对象性”的那种“存在者之存在”。[①] 这样一来，所有这类努力对存在与虚无之间的辩证关系进行处理的尝试到头来都是对整体存在者进行概念意义上的整体把握。但是，它们却没有触及存在和存在者之间的存在论差异，更没有涉及真正的存在自身。所以，要理解存在和虚无之间的辩证关联，弄清楚哲学开端的辩证展开，就一定要深入到存在和虚无由以发生的地方，发现存在和虚无由以辩证展开的根据。这就需要不同于辩证法的现象学。

由于存在和虚无都是绝对或上帝外化或展开自身的环节，因而是世界或存在者被创造或发生的环节，所以，要达到上述目的，就必须考虑怎样通过现象学把存在与虚无逼回到存在论差异发生的地方。因此，现象学的几个基本步骤就显示出自己所具有的存在论功能，并据此获得现象学的第一种存在方式：“作为存在论的现象学。”[②]

现象学在面对存在和虚无的关联的源始可能性，即存在论可能性时就揭示自己在存在论意义上的特性。“现象学是存在论，即科学哲学的方法的称号。”在这个过程中，它有三个在存在论现象学逻辑上相互关联的基本片段：“现象学还原”、“现象学构造”和现象学“解构”。所以，现象学虽然是“一个方法的概念”，但最终在根本的意义上让现象学作为存在论发挥作用。现象学还原把哲学研究的目光从存在者拉向作为真正事情的存在自身。因此，无论是存在还是虚无都必须在作为事情本身的存在的层次上得到完全纯粹阐明的可能性，存在和虚无之间的辩证关联由此将获得一个清晰的前提。现象学构造揭示出“存在者和存在及其结构之间的筹划”关系，从而为一般所谓存在和虚无之间的辩证关联、哲学体系之辩证发展的具体过程和整体结构提供真切的指导。因此，作为现象学的基础存在论就可以作为这种辩证关联、辩证发展的存在论前提发生根本的作

---

① Martin Heidegger Gesammtausgabe, Band 15, Seminare. S. 360.

② Klaus Held, Husserl und Heidegger über den Anfang der Philosophie. In Heidegger－Jahrbuch Band6, Heidegger und Husserl, hrg. A. Denker und H. Zaborowski, Verlag Karl Alber, Freiburg, 2012, S. 60—68.

用，并为之提供可能理解的先验视阈。现象学还原和现象学构造综合起来，形成并非对存在者而只是“对存在及其结构”的“关于存在的还原性构造”。这种构造所必然包含的“现象学解构”“摧毁各种本源概念”，确保关于存在和虚无关联和哲学体系发展所使用的那些概念在现象学上的“真切性”。这样一来就可以保证这种关联和发展在存在论上的彻底性和完备性。总之，“现象学理念是科学的哲学程序的理念”，[①] 现象学因而作为存在论发挥基础性作用。

正是因为现象学发挥这种作用，辩证关联和体系发展的各个步骤、理性以之理解绝对的那种方式就直接体现为“反思—建构—生产—丰收”。所有这四个环节都“实现通过理性把握绝对的活动”，并构成这个活动的四个步骤。第一个步骤要求绝对作为一个未被分裂的统一、同一或所有一切的最后根据为其自身所反思。在这个过程中，“绝对为了意识或理性显现出来”。只不过当唯心论讨论同作为统一、同一或根据的存在的关系时，意识或理性采用设置的方式。“让一种事情由其自身出发、如其存在，就是说如出场一样出现”，因此就返回到我思或我自己，并以表象、知觉的方式呈现出来。结果，真正的世界在作为对象的物体的对象化的过程中隐遁无形。但上述反思原本的意思是说“在有语言的地方”，即“在存在领会中”[②] 才有世界，才有绝对。所以，反思就是要从自我返回到世界、绝对，并进一步返回到存在领会和语言中，最后返回到在这种领会和语言中的存在自身。第二个步骤的实质在于“建构是反思之实现的形态”。绝对在这里并不是制造什么东西，而是“让显现”。绝对就在这个活动中才被意识展示、一起生产出来。只有在这个意义上，作为“建设性的理性”的“建筑术”或“一个可能的体系”才是可以想象的。因此，绝对通过理性所实现的反思才有可能作为自行展示来实现构造和建设，从而真正在“绝对的显示活动”中形成“共属一体的东西”[③]。在这个过程中绝对和理性进一步达到第三个步骤，并为下一个步骤准备好充分的素材。最后的步骤作为丰收把由生产所得到的素材“聚—拢”或收拢起来，

① 以上参见 Martin Heidegger Gesammtausgabe, Band. 24, Probleme der Phänomeno*logie*. Vittorio Klostermann GmbH, Frankfurt am Mein, 1997, S. 29—33。

② Martin Heidegger Gesammtausgabe, Band 15, Seminare. S. 318—322.

③ Ibid., S. 323.

因而是“把一切对立聚拢为最高的绝对之统一的活动”。绝对通过理性进行反思所要达到的目标终于显露峥嵘，所谓对立扬弃所得的东西事实上不外乎是绝对把自身收回到自己，即揭示出绝对之绝对性。从这四个步骤看来，对所有命题的理解只有采取思辨的态度，才能揭示蕴含于命题中的那些真正概念，而不仅仅是单纯的术语。例如，在“神是存在自身”的命题中，概念是神和存在。然而，只有当存在被视为主词，即“存在是神”时，不仅神，而且存在才能得到真正的阐明：如果说存在看上去似乎还是神的属性，那么，从思辨看来，神就很难说是存在的属性，相反，神从存在中得到根据，就是说，“存在是神，亦即其含义为：存在‘是’神，就是说，存在让神是神”。“这种被展开的存在”“以主动和及物的方式”[①]发挥作用。

由此可以看到“辩证法的奠基行动”所具有的“扬弃”的意义是：第一，“让各种对立呈现出来”，第二，把这些对立“提升到它们的统一”中，第三，在一个“确定的地方”，即在它们的“绝对同一”中把它们保存、保持下来。[②] 这就是说，扬弃通过现象学还原让真正的对立呈现出来，通过现象学构造提升、保存和保持这些对立，只有这样，扬弃才有可能进一步通过现象学解构把体现为哲学史的主体活动的历史纯化为关于主客体统一之理念的逻辑学。在这个意义上，现象学是在存在论上的现象学，是作为存在论的现象学。现象学据此为这种辩证发展和辩证关联提供存在论基础。

## 三　作为诠释学的现象学

但是，同辩证法不同，作为存在论的现象学对存在与虚无的讨论的着眼点并不是“意识自身的被意识的存在”，而是“此—在”[③]。就是说，现象学不满足于意识存在，而是要提升到在“此”存在。辩证法在意识中的存在只发生在认知活动中，只看到在认知活动中所提出的存在，只能在认知活动、思即设置的范围内提出纯粹存在的疑难，所以，它只能在纯

① Martin Heidegger Gesammtausgabe, Band 15, Seminare. S. 324—325.

② Ibid., S. 317.

③ Ibid., S. 348.

思的范围理解存在和虚无的关联等。但是，作为存在论的现象学则不单纯局限于认知活动或意识，而且还更进一步扩展到其他别的一切可能的领域，并最后以现象学悬搁的方式得出这个领域整体的意义不外乎就在于“此”，进而在这个此当中展开存在。这样一来，对存在的探讨就从特定范围提升或纯化到存在的纯粹界限和边界线上。在这条线上，作为存在论的现象学毋宁说就展开为作为诠释学的基础存在论，现象学因此就是作为诠释学的现象学①。

作为诠释学的现象学在源始上是“此在之现象学”。它的基本事务是解释此在的意义，即解释在“此”中的存在有什么意义，说清楚存在为什么必须在现象学上要在“此”中才能展开它的可能意义。② 如果说任何一个语词（如樱花）可以由一个实在的东西在感性上对之发挥作用，使之获得“充实着的意义”，那么，存在和此在却无法充实，相反只具有一种“意向着的意义或意义、绝然含义”③。因此，对它们的含义或意义，首先对此在的绝然含义或意向意义必须有充分的理解。而对此在的意义的理解在语法结构上显然就是在此在中的存在，即此怎样同存在发生关联，即联系或关系，就是说此在中的“此—在”结构究竟怎样可能。所以，存在和虚无之间的关联和发展如果说在意识或认知活动范围内在根本上仍然可以求助于辩证法的话，那么，在此在当中就只剩下唯一可能的选择：作为诠释学的现象学。在此基础上，现象学进一步以这种“对存在意义和对一般此在的各种基本结构的揭示”，“为对非此在式的存在者继续进行存在论探究提供视阈”，突出强调“每一种存在论研究的诸可能性条件”意义上的“诠释学”。④ 这就是在此在之现象学基础上的存在者之现象学。但不管怎样，无论是哪种诠释学或作为诠释学的现象学，“作为对此在之存在的解释”，都包含着“一项生存之生存性分析的一种独特的原初意义”。⑤ 由此可见，现象学在其作为存在论的基础上，进一步作为诠

① Güntel Figal, *Verstehensfragen*, *Tübingen*, Mohr Siebeck, 2009, S. 177—188.

② Martin Heidegger Gesammtausgabe, Band 2, Sein und Zeit, Vittorio Klostermann GmbH, Frankfurt am Mein, 1977, S. 50.

③ Edmund Husserl, hrg. Ursula Panzer, Logische Untersuchungen, Bd2, Erster Teil. Martinus Nijihoff Publishers, 1984, S. 56—57.

④ Martin Heidegger Gesammtausgabe, Band 2, Sein und Zeit, 1977, S. 50.

⑤ Ibid..

释学，展开对存在意义、此在的基本结构、非此在式的存在者以及此在之存在的诠释学现象学分析。现象学一旦在这个层次上把自己展开为诠释学，就会进一步成为“各种历史学的精神科学的方法论”[①]。

只有在这样的条件下，现象学才回到“被掩盖的‘诸事情自身’”，在根本上重新拣起“在一个共享的生活世界中活泼泼的人”[②]，才终于真正把精神作为自己极其重要的领地，并以恰当的方式，即不同于自然科学方法的方式来研究和营造这个领地的存在。所以，“主导思想”是“澄清此在的‘诠释学’结构，即不单纯继续推进‘精神’及其‘我们称之为文化’的诸创造的诠释学，而是从事一门‘实际性之诠释学’”[③]，更确切地说，关注到作为“语言”的“对话”及其“神圣性”[④]。所以，作为诠释学的现象学在面对存在和虚无之间的关联和发展时，自然就明确地在语言层次上展开：存在和虚无（“假象”）作为“伟大的新主题”使得人们能够并非仅仅为了控制对象，而是直接居住在“语言、即人们在其中生活、居住并居家存在着的某种东西”[⑤]中，原本成为可控制的各种对象（包括存在、此在和非此在式的存在者），尤其是存在这种对象就真正成为作为诠释学的现象学处理存在与虚无之间的关联和发展的语言基础。作为哲学诠释学的《真理与方法》在其第三部分就是以此为主线在根本上拓展现象学的。诠释学经验作为现象学的基本经验以语言作为自己的媒介，所以，现象学的意向活动中的意向对象和意向充实都以语言的语言性作为自己的规定。在这里，语言作为诠释学现象在自己的言说中通过言说的“隐秘内在性”“对语言在思中的遮蔽过程产生影响”[⑥]。

“可以被理解的存在是语言。”[⑦]所以，作为诠释学的现象学就聚焦于

---

① Martin Heidegger Gesammtausgabe, Band 2, Sein und Zeit, 1977, S. 51.

② Udo Tierz, Hans – Georg Gadamer zu Einführung, Hamburg, Junius Verlag GmbH, 2005, S. 17.

③ Hans – Georg Gadamer, Gesammlte Werke, Bd10, Hermeneutik im Rückblick, Mohr Siebeck, Tübingen, 1995, S. 105.

④ Hans – Georg Gadamer, Gesammlte Werke, Bd10, Hermeneutik im Rückblick, S. 27.

⑤ Ibid., S. 27—28.

⑥ Hans – Georg Gadamer, Gesammlte Werke, Bd1, Hermeneutik Ⅰ, Wahrheit und Methode, Grundzüge einer philosophischen Hermeneutik, Mohr Siebeck, Tübingen, 1990, S. 393.

⑦ Hans – Georg Gadamer, Gesammlte Werke, Bd1, Hermeneutik Ⅰ, Wahrheit und Methode, Grundzüge einer philosophischen Hermeneutik, S. 478.

语言的可能性之所在——理解活动，正所谓“现象学是源始的理解活动”[①]。因此，现象学在这个意义上是对于语言的理解活动。由于“所有的理解都是语言性的”[②]，因而要对理解进行阐释，必须依赖于语言。这种语言不是一种普通的语言，而是承载着存在，使“从存在到语言—存在过渡”[③] 成为可能的语言。理解活动的目的就是要把握在这种语言—存在中的存在，从而最终真正找到存在和虚无之间关联和发展的意义根据。于是，现象学作为诠释学的主题就是理解活动为了获得在语言—存在中的存在依照其固有逻辑而围绕着语言发生。

语言是人类“全部世界经验、特别是诠释学经验展开”的地方，即“在同存在者整体联系时把人的历史性本质自身同自己、同世界中介起来”的东西。这种语言的“中心”是“语言之发生”、“语词”[④]。因此，只有在语言及作为其实在性的语词这种源始经验中，存在者、人及其本质（存在领会）和世界才能融合为一，形成整体经验、人类经验、存在经验、世界经验，归根到底形成诠释学经验。这些经验实质上同构异形，全面展现诠释学意义上的现象。所以，“我们从语言之中心出发思”。这样一来就造成这样一种局面，即“在文本和其阐释者之间发生一场对话”，并终于“发生某种东西”[⑤]。这就是文本通过语词同我们之间所展开的诉说—倾听—关系。在其现实性上，传统只能作为语词来到我们这里，触及到我们，并实现为向我们的诉说，成为我们的意谓。我们实际上唯一能做的事情就是耐心地倾听着语词意欲向我们传达的东西。这种关系在诠释学层面展开理解活动的现象学经验的意向活动自身，揭示出这种意向活动的逻辑存在。但是，在意向对象的意义上，诠释学经验展开传统内涵在新的意义可能性中所发挥的作用，出现、发展和形成某种以往并不存在的东西，坐实意向活动包含在传统中的客观对

---

① Günther Figal, Verstehensfragen, S. 1.

② Hans - Georg Gadamer, Gesammlte Werke, Bd1, Hermeneutik Ⅱ, Wahrheit und Methode, Grundzüge einer philosophischen Hermeneutik, Mohr Siebeck, Tübingen, 1993, S. 184.

③ Donatella Di Cesare, Sein und Sprache in der Philosophischen Hermeneutik, in Internationales Jahrbuch für Hermeneutik, Bd1, hrg. von Figal, Günther, Mohr Siebeck, Tübingen, 2002, S. 31.

④ Hans - Georg Gadamer, Gesammlte Werke, Bd1, Hermeneutik Ⅰ, Wahrheit und Methode, Grundzüge einer philosophischen Hermeneutik, S. 461.

⑤ Ibid. , S. 465.

应物，即“当前和传统之间的语言交往”、“发生”。总之，“诠释学经验的这种结构……奠基于语言的那种得到详细陈述的发生特性”。语言并不是作为语言，而是在传统达到语言的活动中“构成真正的诠释学发生”、继承并解释在传统中所道说的东西。“这种发生并不是我们对事情的行动，而是事情自身的行动”。[①]

在这里，辩证法是现实的思辨。所以，最重要的东西并不是辩证法，而是作为辩证法基础的思辨自身。语言的中心就深深系于这种思辨。“在意义之实现”、“言谈之发生”、“理解”等的意义上，“语言自身就是某种思辨的东西”。这种思辨所做的是把语词归入意义。当然，人们之所以道说某种东西，基本意图是“寻找并发现语词”，使“某种别的东西”，即意义成为可理解的东西。可是，一方面，在日常陈述中，意义视阈同方法精确性一道被掩蔽了；所陈述出来的意义虽说事实上是记录下来的意义，但却是“一种被扭曲的意义”[②]。另一方面，在诗意陈述中，思辨性的根本在于“在诗意经验的想象的媒介中表现一个新世界的新景象”[③]，表现日常陈述所未曾展开，因而并未熟悉的东西。诗意语言虽然说出很多意象，但所有这一切所想说出的都不是它所直接说出来的东西，毋宁说是在这种语言中暗示出来的东西。所以，我们甚至可以说，诗意陈述在字面上故意扭曲意义，以此得到那真正的意义。可见，无论是哪种陈述，语言要想得到它自己真正的意义，得到真正所求的东西，都要在根本上考虑语言自身的思辨性，并充分考虑语言之中心的思辨结构，即“问答辩证法总已经是解释辩证法”，而且早已经“把理解规定为一种发生”[④]。问题和答案在这里相互缠绕，既确定了语言的现实性，又保证语言意义的可能性，而这种意义可能性又进一步引导着语言的新的现实性。如此循环提升，构成语言之发生、理解。所有的一切别的诠释学环节，如效果历史意识和视阈融合等，都是以这种语言中心及其思辨结构的展开作为自己的胚胎和秘密。在这里，说话者“把

---

① Hans - Georg Gadamer, Gesammlte Werke, Bd1, Hermeneutik Ⅰ, Wahrheit und Methode, Grundzüge einer philosophischen Hermeneutik, S. 467.

② Ibid., S. 472—473.

③ Ibid., S. 474.

④ Ibid., S. 476.

一种同存在的关系带到语言中”[①]，因此在现象学基础上把存在同虚无关联和发展的疑难推进到诠释学，进一步形成关于全部世界经验、诠释学经验的作为诠释学的现象学。

## 四　作为哲学的现象学

诚然，作为诠释学的现象学深化作为存在论的现象学的基础并对之加以提升，不仅把存在同语言联系起来，而且在语言实在性中把这种存在的意义具体展开为语言阐释的目标。但是，正如哲学诠释学不一定就当然是哲学一样，作为诠释学的现象学同样也不一定就当然是作为哲学的现象学。作为诠释学的现象学自觉作为诠释学而发挥作用，展开现象学在面对语言时所呈现出来的维度。但是，作为哲学的现象学的标志在于它既不单纯像作为存在论的现象学一样着眼于此在或生命讨论存在的意义，也不单纯像作为诠释学的现象学一样着眼于语言讨论存在的意义，而是着眼于存在自身讨论存在的意义，据此而在哲学上讨论上述关联、发展的疑难。

事实上，无论哪个哲学家，只要他致力于解决哲学基本疑难，都必然会自觉遭遇到作为哲学的现象学。“纯粹现象学”当然就是这么一种作为哲学的现象学，因为它是“哲学之基本科学”，是一门“在本质上是新的”“关于‘现象’的科学”。它发现一个“新的世界”，一个“在先验上‘被纯化的’诸现象的自由视阈”，所以，它最终想获得一个“植根于纯粹现象学”的“哲学理念”。[②] 它只关注本质和“属于本质的东西”，关注“所有相互奠基的实在性范畴的本质”源于何种本源，并关注各种科学领域的“源初意义”，以及方法上的“所有法则上的东西”。这是“哲学的一项特殊使命”[③]。而且，“所有存在论”“似乎都归属于现象

---

① Hans - Georg Gadamer, Gesammlte Werke, Bd1, Hermeneutik Ⅰ, Wahrheit und Methode, Grundzüge einer philosophischen Hermeneutik, S. 473—474.

② Edmund Husserl Gesammelte Werke, Bd Ⅲ/1. hrg. K. Schumann, Ideen zu einer reinen Phänomeno*log*ie und Phänomeno*log*ischen Philosophie Erster Buch, Den Haag, Martinus Nijhoff, 1976, S. 3, 5, 8.

③ Edmund Husserl Gesammelte Werke, Bd Ⅲ/3. hrg. Marly Biemel, Ideen zu einer reinen Phänomeno*log*ie und Phänomeno*log*ischen Philosophie Dritter Buch, Den Haag, Martinus Nijhoff, 1971, S. 21—22.

学”，都“转义为纯粹体验的本质关联”。所有这一切都“预设一门确定的、已经由我们所划定意义的先验现象学”。[①] 虽然这种现象学志在于一门纯粹现象学，但它却是着眼于一种本质或原本意义上的艾多斯（本质），因而是着眼于一种并非由某一门经验科学所研究的东西。所以，这种现象学就其根本来说，无论是就其方法，还是就其对象都由这种本质所决定，因而是哲学性的，因此纯粹现象学在其本质上是作为哲学的现象学。关联和发展在这里发现自己由以可能的绝对基础。

作为存在论的现象学在其本质上同样是作为哲学的现象学，因而更为深入地探讨这个基础。诚然，这种现象学对此在进行独具特色的探讨，而且在此基础上还讨论诸如根据、真理甚至艺术等，而且现象学的提法在这种作为存在论的现象学的逐步展开过程中逐渐消失，最后化身为以往哲学的终结。但是，所有这一切都必须以现象学为前提。在这个意义上，现象学并不因为以往哲学的终结而终结，相反，任何哲学的终结都以现象学的存在为条件，而任何新的哲学的建立同样以现象学的存在为条件，而且只有作为存在论的现象学才能最终保证旧哲学的彻底终结和新哲学的真正诞生。所以，这种现象学的消失在肯定的意义上凸显出作为哲学的现象学。“现象学在其最本己的意义上并不是什么流派”，“它是在任何时代变化着的、而且只有这样才保留下来的思的可能性，即符合有待于思的东西的要求的可能性”，“以利于思的事情”。[②] 所以，现象学不仅不必执着于它原本的“纯粹现象学”理念，而且同样也不应该执着于作为存在论的现象学，不应该只满足于根据、真理和艺术等，而是不受遮蔽、不限一隅，相反必须始终保持着对存在自身这种思的事情进行思的可能性。这种做法并没有放弃现象学的精神，而是在根本的意义上，在作为存在论的根本目标，即在作为哲学的现象学的基础上，彻底确定现象学的基本意义，即哲学意义。

作为诠释学的现象学变成作为哲学的现象学的努力更为明显。当这种

---

① Edmund Husserl Gesammelte Werke, Bd Ⅲ/3. Ideen zu einer reinen Phänomeno*log*ie und Phänomeno*log*ischen Philosophie Dritter Buch, S. 77—78.

② Martin Heidegger, ZurSache des Denkens, Vittorio Klostermann GmbH, Frankfurt am Mein, 2007, S. 101.

现象学许诺“新哲学”[1] 的时候，这种哲学实际上就是作为哲学的现象学，即所谓的“诠释学哲学”[2]。这种诠释学哲学虽然仍在根本上讨论诠释学，仍然以对“精神科学”、“各种预设”的“理解”为根本任务，[3] 但它最终还是重在“哲学”，因此，诠释学只是一种必要手段，最终必须以哲学为自己的唯一目的。作为哲学的现象学所关注的现象是“一个在语言中被敞开的世界”，即一个“可以被经验为世界”的世界。“世界自身可以……达到语言”。这是一个语言世界。在这个世界中，在哲学上得到理解的东西是基于该语言世界而产生的理解，因而是“理解之世界”[4]。这样，有必要“使对象性自身及其经验成为透明的”，因此“伴随着世界之对象性就有哲学之可能性”[5]。诠释学哲学所面对的经验是“对对象物的经验”，所以，“对象性”自然就成为作为哲学的现象学的“主要事情”。这是“源始”的领域。对它研究的结果就是“源始性”，揭示出来的是这样一个“不可预见的、不可派生的中心”或“源始的东西”。生活方式、艺术作品等都以之为目的，因而真正的哲学自身最终“以”之“为起点”，揭示对于生活方式等而言的“共同的、哲学的本质特征”。[6] 关联和发展的基础变得更为清晰明白。

可见，无论是纯粹现象学，作为存在论的现象学，还是作为诠释学的现象学，最终都聚焦于哲学自身，都以哲学为自己最终追求的目标，都在

---

① Hans - Georg Gadamer, Gesammlte Werke, Bd3 - 4, Neuere Philosophie , Mohr Siebeck, Tübingen, 1987. 但是，伽达默尔对此似乎不太清楚，这从这两本著作的副标题就可以看出来。（第三卷《黑格尔—胡塞尔—海德格尔》，第四卷《疑难—形态》）事实上，它似乎只关注诠释学哲学史、疑难和形态。虽然做出这个设计，但在根本的意义上，他似乎并没有把诠释学哲学同哲学诠释学明确区别开来（参见“没有诠释学哲学就没有哲学诠释学。”Günther Figal, Gegens*tan*lichkeit. Das Hermeneutische und die Philosophie. Mohr Siebeck, Tübingen, 2006; Verstehensfragen. S. 7.）。虽然这有助于哲学诠释学的普遍化，但却在后现代——解构方向上加剧哲学的蜕变，终而至于哲学的后现代消解。

② Otto Pöggeler, Heidegger und die Hermeneutische Philosophie. Verlag Karl Alber Freiburg/München, 1983, S. 247—263; Figal, Günther, Gegens*tan*lichkeit. Das Hermeneutische und die Philosophie. S. 5—58.

③ Otto Pöggeler, Heidegger und die Hermeneutische Philosophie. S. 263.

④ Günther Figal, Verstehensfragen, S. 7—10.

⑤ Günther Figal, Die Gegenständlichkeit der Welt, in Internationales Jahrbuch für Hermeneutik, Bd3, hrg. von Günther Figal, Mohr Siebeck, Tübingen, 2004, S. 133—134.

⑥ Günther Figal, Gegens*tan*lichkeit. Das Hermeneutische und die Philosophie. S. 3, 31—35.

讨论关联和发展的基础。它们在这过程中都以各自方式碰到一个独特的、凭以往方式不能发现或不能做出恰当理解和把握的世界。纯粹现象学所面对的艾多斯（本质或先验）、作为存在论的现象学所唯一关注的存在及其意义、作为诠释学的现象学所深化的存在于语言中的理解世界，都在昭示着现象学是作为哲学的现象学。关联和发展的基础由此得到更为纯粹的揭示。

## 五 何谓现象学自身？

虽然现象学的这些存在方式不可能直接是现象学自身，也没有直接确定现象学自身究竟是什么，但由于它们都是"……的现象学"（纯粹现象学、作为存在论的现象学和作为诠释学的现象学），所以它们归根到底仍作为哲学的现象学而显示出现象学自身应该或只能是什么。事实上，它们所关注的东西构成现象学自身的不同方面，从而一起烘托出现象学自身。

"本质（艾多斯）是一种新型对象"，是作为"纯粹直观之被给予者"的"纯粹本质"。[①] 由它所构成的世界完全不同于由事实对象所构成的世界。哪怕直接面对后面这个世界，现象学也要穿透它，或把它放在一边，借此使前面那个世界呈现出来，从而把它作为对自己而言唯一恰当的，因而只能由自己处理的对象。于是，这种对象及相应的世界构成了本质还原最终所想得到的那种东西。由它所开辟的独特领域在根本上决定了现象学自身的基本发生。因此，现象学就是必然的：一方面，必须排除由事实对象及由之所构成的世界所造成的各种立场和态度的干扰，另一方面，为了确定本质及与之相应的世界，更要精心确定其所要求的基本立场和态度，本质还原和先验还原。本质还原确定作为现象学方向和目标的本质究竟怎样，先验还原确定这种本质究竟何在。在前一种情况下，现象学建立自己的基本内涵，在后一种情况下，现象学确立自己的何所在。所以，无论关于事实对象的科学发生怎样的变化甚至变革，都可以在这种现象学中找到自己之所以发生的根本缘由。"纯粹现象学"作为纯粹现象学哲学的"基础科学"，其中的"纯粹"揭示这种现象学是"先验现象

① Edmund Husserl, Die phänomeno*log*ische Methode, Ausgewählte Texte Ⅰ, Philipp Reclam Jun. Stuttgart, 1985, S. 102.

学”；而“先验”在根本的意义上，涉及“认识着、行动着并做出价值设定的主体的‘主体性’”。因此，“先验主体性通过现象学而进入到一种更为源始的、普遍的可规定性”，因而“现象学把意识体验视为自己的专题领域”。[①] 在这里，现象学发现一种独特的对象、一个独特的世界。

这种对象和相应的世界当然同事实对象及其相应世界完全不一样，因而只能是事情自身。所以，“从哪里、怎样规定那种按照现象学原则一定被经验为‘事情自身’的东西呢？它是意识及其对象性呢，还是在无蔽状态和遮蔽过程中的存在者之存在呢？”[②] 显而易见，这种事情自身可以说是“意识及其对象性”，是意识，而且是纯粹意识，以及由这种意识所造成的对象之对象性，即作为这种纯粹意识之对象的对象性。但是，这实际上也是在意识活动中所发生的独特的事情自身，也是“在无蔽状态和遮蔽过程的存在者之存在”。作为遮蔽者的存在者是这种意识活动本身。现象学所关注的却是这种意识活动自身的边界，实际上是在这边界上所发生的那种作为意识活动之极限的，虽然同意识活动有关但在根本上确实是意识活动作为遮蔽所由以遮蔽的，在无蔽状态中所由以发生的存在者之存在。因此，纯粹本质及与之相应的世界就是存在者之存在。

这种存在虽然不是存在自身，但肯定也不是任何什么存在者，所以只能是介于存在和存在者之间的差异或区别自身，因此是处于存在者中的存在[③]，是在存在者那里所发生的东西，因而一定只能是此在。此在之此就是存在者；存在者之存在在根本的意义上是此在。当然，这里的存在者并不是一个普通的东西，而是在其整体中的存在者。所以，对此在的解析毋宁说就是对这种存在者的结构做出解说、阐明或阐释，从而此在现象学作为对此在的基础存在论分析呈现为世界现象学或对世界的基础存在论分析。这种现象学或分析所展开的存在者结构、此在结构或世界结构是差异或区别自身的基本内涵。所以，对此在的分析从对世界的分析入手，在得到此在之存在后，进一步对其中所发生的事情进行更为深入的分析，阐发发生于其中的“存在者和存在的差异”，并最终洞穿“存在者之存在的本性活动者”中“存在者之存在”的“……之……”的深刻意蕴。这个

① Martin Heidegger, Zur Sache des Denkens, S. 96.

② Ibid. , S. 99.

③ 参见舒远招《西方哲学原著精义选讲》，湖南教育出版社 2011 年版，第 457、459 页。

“之”的意蕴在于它作为纯粹差异发生在存在和存在者之间，是在两者之间往复运动中所有的东西：一方面是从存在者到存在的运动，体现为“从存在者出发所经验到的存在”，所以直接体现为“虚无”[1]，这实际上就是遮蔽过程；另一方面是从存在到存在者的运动，是“虚无的不化活动”[2]，是存在通过此在，甚至通过包括存在者意义上的此在在内的，在其整体中的存在者展开自己的过程，因此就是存在活动[3]，这实际上就是去蔽过程。这两个方面一体共属于纯粹差异的发生，因而形成明暗交织、光影游戏的林中空地（或澄明过程）。现象学在这里虽已经不再作为一种口号出现，但仍然保持着自己的作用，而且绝对是一种积极的建设性作用，即把“其敞开状态仍然是一种神秘的思的事情”作为自己唯一的使命。哲学通过现象学就不仅注意到作为存在论差异的“在场状态”，而且还注意到“林中空地”。[4]

无论是本质对象和相应的世界，还是存在者之存在（差异或在场状态）、林中空地，都不是实在的东西，也不是逻辑的东西，因而，它们都不可能直接拥有自己的实在性的和逻辑性的实存。可是，它们又一定会出现，而且至少只能出现在讨论它们的语言中。事实上，它们只能出现在语言中。这些语言既是讨论它们的语言，也是在一切具有语言性的中介中所发生的语言，所以是体现为既往的“经典作品”[5]、“艺术作品”、“哲学”和“科学”[6] 的语言。在这里，现象学实际上就是在语言中穿透语言现象本身、深入到语言现象自身中诠释在该现象中所传递出来的消息。这样一来，所有一切都在语言中转化为包含在语言中并有待于不断诠释出来的意义。虽然现象学在这个层次上可以说是诠释学，但归根到底是现象学，所以最终揭示出一个唯独存在于语言中，体现为意义，只能以现象学方式才能揭示的世界。

---

① Martin Heidegger Gesammtausgabe, Band 9, Wegmarken, Vittorio Klostermann GmbH, Frankfurt am Mein, 1996, S. 123.

② Fuchun Peng, Das Nichten des Nichts, Peter Lang, Frankfurt am Mein, 1998, S. 15—18.

③ 参见邓晓芒《西方哲学史》，高等教育出版社 2005 年版，第 245—246 页。

④ Martin Heidegger, Zur Sache des Denkens, S. 101, 82, 89—90.

⑤ Günther Figal, Internationales Jahrbuch für Hermeneutik. Band1, Mohr Siebeck, Tübingen, 2002, Ⅵ.

⑥ Günther Figal, Gegens*tan*lichkeit. Das Hermeneutische und die Philosophie. S. 3, 31—35.

综上所述，纯粹现象学揭示出现象学自身所面对的是一个独特的世界，现象学自身的对象完全是一个新型的对象。纯粹意识作为与这种对象相应的现象学自身所指向的现象，确定了现象学自身所特有的空间。作为存在论的现象学不仅揭示出这种对象和相应现象的根据，而且更为深入地揭示出这个根据所可能包含的全部内容，借此开拓现象学自身所特有的空间，并赋予这个空间以完全丰富的内容，揭示出这个空间所有的事情自身。作为诠释学的现象学则直接把这个空间以及其中所有的事情自身提炼为意义及其世界。所有这三个意义上的现象学全都指向作为哲学的现象学。哲学开端的辩证发展、存在和虚无的辩证关联等只有在现象学所揭示的这个基础上才是可能的，不仅是可对的，而且也是可错的。一言以蔽之，现象学自身，在面对存在之际，作为哲学开端的辩证发展、存在和虚无的辩证关联的绝对基础，就是借助于作为它自己的一个方面的纯粹意识揭示出自己特有的空间，以此为基础进一步揭示出作为这个空间的根据的事情自身，并最终从中提炼出意义和意义世界的哲学运动。它虽然取消自己之为某种特定的现象学，但却在揭示这个基础的过程中，把自己纯化为一种纯粹的哲思，一种唯一指向体现为本质、存在等的不可预见、难以道说的意义的思，一种纯粹的精神活动。

（作者系湖南师大哲学系讲师、武汉大学哲学系博士生）

# 海德格尔读费希特

尤根·史陶岑伯格　文／童熹雷　译

［内容提要］海德格尔在1929年夏季学期对费希特哲学及其纯粹自我的观念的分析，具有特殊的重要性。海德格尔开始意识到费希特哲学与他自己《存在与时间》中的理论的关系，一方面有同质性和亲密性，另一方面是批判，这以一种双重的解释学观点出现。遭到严格地拒绝的是演绎的技术性方面和费希特知识学的体系特征。但首要的和决定性之点在于海德格尔对费希特知识学的第一原理“我是”陈述的诠释。具有体系的重要性的首先是对立的行为对自我而言所具有的意义。其中提供了一种结构的可能性，凭借这种结构的可能性，一个关于某个世界的视阈就对自我展现出来。世界仅仅是自我的一种作用，但并非从自我—设定的自我概念中就可以演绎出来，它与那种自我—设定的自我概念具有同样原初的质。自我的有限性而非第一原理的自我—设定的自我，才是哲学的真正基础。这个自我的有限性否认关于绝对确定性和最终奠基的任何主张，因而否认关于成为一种“科学知识的绝对理想”的任何主张。这是对费希特式观念论的思想方式的一种颠倒。“我是”这个判断显得是一个未饱和的基本句，它包含一个无条件的存在陈述。然而，它的语义作用是给予自我的自我—规定就它相关于世界而言以表述。根据费希特，这也适用于“人是自由的”这个判断。此在的有限性在于它的不完整性，而这意味着“本身始终悬欠在关于最本己可能存在的诸可能性之中”。

凭借这种颠倒，费希特哲学就从逻辑构造和从对绝对的确定性的那种迷恋中解放出来，并因此被带向它自己的真正形式。我们必须把这看做是海德格尔的费希特诠释的体系性的顶点。但两人具有十分不同的主题和问题：一个是意识与自我—意识之间的关系；一个是人类此在。成问题的是海德格尔立即由此而把费希特关于自我的诸陈述看做是关于每个具体人类此在的诸陈述的那种方式，认为这是一种尚被遮蔽着的此在理论，以为对此在之构造的一种正确理解必定先于对自我—意识的分析。但其实对此在之构造的明确理解预设了对自我—意识的分析。在这一点上，我们必须返回到费希特。海德格尔关于此在之本真性的理论所真正需要的东西是费希特的关于一个原初的实践自我—意识的概念。它应该被吸收到海德格尔关于此在之本真性的概念中来。

[关键词] 海德格尔　费希特　自我—设定　此在　有限性

《存在与时间》中的方法论被马丁·海德格尔描述为“现象学的”。海德格尔引用胡塞尔，把现象学的座右铭概括为“朝向事情本身!”海德格尔关于现象学概念的阐明——“使得对象就其本身来说成为可见的；恰如对象显现它自己那样地显现出被显现的东西”——并且在更大程度上关于所谓的“现象学的现象概念”的解释（根据这个“现象学的现象概念”，存在者的存在是被遮蔽着的并且必须首先在其意义、样式和衍生物方面得到说明和表现），包含着对胡塞尔哲学的一种未曾言明的批评，尽管在《存在与时间》中，对胡塞尔的承认得到了表述。这尤其关涉对胡塞尔于 1913 年在他的《纯粹现象学和现象学哲学的观念》中被引入的“纯粹自我”概念的批评。关于“纯粹自我”概念的批评——即使是在他的后期文本中，胡塞尔仍然忠实于这个概念——已经激发出了海德格尔早期关于一种“自我现象学”的纲要。这种“自我现象学”的主题是生活在世界中的实际的和有限的主体——涉及有关《存在与时间》的这些早期讲座，也就是海德格尔称之为“实际性的解释学”的东西。在这样一种研究中，胡塞尔的“纯粹自我”没有被给予期望。关于这些讨论，海德格尔在 1929 年夏季学期对费希特哲学及其纯粹自我的观念的分析，以及相应地对“我是”的陈述的分析，具有特殊的重要性。

## 一

“在现阶段，我正在进行首次关于费希特、谢林和黑格尔的讲座——而且一个新的世界再一次地展现在我面前。这是同样古老的经验：别人不能代替你进行阅读。”这是海德格尔在 1929 年 6 月 25 日写给卡尔·雅斯贝尔斯的信中的一些话。海德格尔是怎样读费希特的？何种世界展现在他面前？

海德格尔在考察费希特的时候，总是把《存在与时间》保持在他视野前。当他说在这个时候他觉知到了一个全新的世界，这并不是指一个新的思想领域向他开启出来，不是指在某种程度上一个思想对手向他所确信的东西展现出来。毋宁说它指的是，海德格尔开始意识到费希特哲学在与他自己在《存在与时间》中的理论的关系方面的原初的质。海德格尔对费希特的研究被看做是一种尝试，为了使下面两种不同的东西进入一个牢固的和理性的关系——一方面是同质性和亲密性，另一方面是距离（或者疏远）和批判。在这里，海德格尔对于费希特哲学的陈述，通过诸多差异的发现，呈现出了某种体系的急迫性，这些差异本身允许费希特的个别观念去揭示它自身。然而，以海德格尔的观点，这种观念的诸多特征成为了诸多限制，这些限制必须朝着一种生存（此在）分析的方向被打破和克服。因而海德格尔对费希特的阅读以一种双重的解释学观点而出现：我们此处拥有一种来自海德格尔方面的努力，这种努力正是在强调和突出他自己主张的合理性的目的上面来给予费希特的观点以它应有的权利。

在海德格尔给雅斯贝尔斯的信中，我们不能否认海德格尔惊讶于在他关于观念论的讲座的工作进程中对他变得清晰起来的所有东西的那种语气。此处在与费希特的关系上，我们可以指向作为“实际行动”的自我概念，费希特关于正题判断的理论以及第二原理和第三原理中对自我的有限本性的奠基。另外，我们拥有费希特关于想象力的理论，在那里，《存在与时间》中生存（此在）与时间性之间的关系问题在某种程度上在一种“夏季闪电的闪变”中得到了预示。另外，遭到严格地拒绝的是演绎的技术性方面和费希特知识学的体系特征。一旦体系的限制被置于一旁，而且费希特的“实际行动”概念、诸原理的系统学和关于想象力的理论得到了把握，海德格尔就看到了一幅正在展现出来的图景，它在关于《存在与时间》的构想中具有它的消逝点。这就是海德格尔对费希特的阅读。

对此我们要去理解什么？海德格尔对费希特的诠释是令人信服的吗？更确切地来提出问题：海德格尔对费希特的诠释独立于《存在与时间》中所采取立场的假定真理之外而是令人信服的吗？或许工作中在这里有某种“破坏”——如同海德格尔本人在他的康德诠释方面所承认的那样？最后，我们在这里面对着“误解和遗漏”吗？

## 二

海德格尔并没有忽略他的受众。关于获得对费希特的论题及其诸多问题的一种充分的理解，他能够看到的“唯一可能的方式”是去“完全一步一步地彻底思考（知识学）”。而且实际上，海德格尔以一种使得我们印象深刻并且需要我们尊敬的严格和洞察力在追寻费希特的思路。首要的和决定性之点在于海德格尔对费希特知识学的第一原理，对“我是”陈述的诠释。我们可以用这个诠释作为一个范例来呈现和评价海德格尔据以对费希特进行阅读的那种双重的解释学观点。

首先我们必须将下面几点牢记在心。在《全部知识学的基础》的第一节中，费希特是在对诸条件的一种反思的进程中引入“我是”陈述的，在这些条件下，存在着一个无可置疑的确定性，即陈述“A 是 A”是一个真的陈述。这种反思中的本质性步骤之一是费希特对判断“A 是 A”中 A 的同一性与关于判断主体（在它和既在主词位置上又在谓词位置上的 A 的关系之中）的同一性的意识之间关联的说明，后者（指谓词位置上的 A——译者注）在判断中被“联结起来”（与康德的综合理论的接近性在这里十分明显）。这种关于自我的同一性的意识在陈述“我是我”之中得到了表述。既然关于词语“我”的通常用法蕴含了一个与某种实在物的关系，关于判断主体的同一性的意识就直接蕴含了关于它的实在的观念。这被表述在陈述“我是”之中。

决定性的步骤在于费希特的命题：陈述“我是”是对一个“实际行动”的表述。对这个命题的论证首先由费希特从“我是”陈述的主张中产生出来（在这里我们不必更加深入这个陈述），成为一切判断的至高的和无条件的条件；其次从对某个判断的行为—方向式的诠释中产生出来。既然判断是对一种精神活动的表述而且既然判断“我是”是一切判断的至高的和无条件的条件，在判断“我是”的根基上就存在一种行为，这种行为唯一地具有生产蕴含在思想“我”之中的东西的实在性的那种功能。以这种方式，自我的实在性就能够被描述为一种行为，这种行为绝不独立于它在其进程中得到实现和取得形态的那种活动。这种在思想“我”之中的活动和行为的严格功能性的关联，通过“事实行动”的概念而得到表述。海德格尔对此给予了仔细的考察。他强调了自我所具有的而且可以被描述为（使用费希特的词语）“自我—设定”的那种特有的存在方式。“自我的这种特征的存在的存在本质是自我—设定。”这规定了海德格尔称之为“一个自我”（a self）的那种东西，是一个自我意味着是某人自己的实在性的根据。

如果有人将费希特关于自我概念的这种呈现与海德格尔关于近代主体性理论（例如在《现象学的基本问题》的讲座中）的评论进行比较，他会有理由来谈论关于海德格尔在这个方面的批判性评价的一种修改。当他在那些讲座中谈论“关于作为某种在场东西的主体的一个漠不相关的描述”时，我们必须推断出，相关于费希特，海德格尔已经修改了这个命题。

然而，与费希特的真正对面要在编辑者称之为一个“关于‘我是’的附加考察”的东西中被找到。这个附加的考察处理的是海德格尔关于知识学的第二和第三原理的讨论。这些原理的诸本质特征现在必须被呈现出来。

## 三

在这里，人们可能会钦佩海德格尔在运用细致的着重强调上使得根据海德格尔应该是可见的东西成为可见的那种解释学的精妙。这在逻辑上并不是关于自我的有限之质的可演绎的结构。在这里，根据海德格尔，真实之点在于诸原理的系统学之内。更确切地说，它是自我的行为的另外两种方式的（被费希特所承认）部分的不可演绎性：在第二原理中相反地设定一个非—自我的行为和第三原理中的限制行为。众所周知，这是费希特的命题，即第二个行为作为行为是不能够从第一原理中演绎出来的。然而，如果它是被展开的——这是必要的，当某人把一个不同的事实、陈述“非 A 不是 A”的真理性和对它的分析看做是分离的观点时——它就必须被理解为一种设定行动，在这种设定行动那里，自我的自我—设定在第一个行为中被假定下来。然而，第三个行为的必然性要在第一和第二原理之间的矛盾情况的基础之上来得到解释；但这对它的内容并不适用。第三个行为，限制的行为应归因于费希特称之为一种无条件的“理性的绝对命令”（要求具有就理性本身而言的权能）的东西。这可能会被理解为费希特正在诉诸于自我的精神活动的假定了的保留步骤，这种自我的精神活动为欲望所激发以便避免矛盾；在这些精神活动中，限制的行为得到发现。这两种行为方式，对立和限制，给自我的有限特征提供了根据。“设定的本质——从而自我性的本质——是有限性。”（Das Wesen des Setzens - damit der Ichheit - ist die Endlichkeit）以这些词语，海德格尔总结了他关于三个原理的讨论。

然而，这还算不上是海德格尔希望吸引我们的注意力到它上面去的那种有限性的形式特征。对他来说，具有体系的重要性的东西首先是对立的行为对自我而言所具有的意义。这在于提供一种结构的可能性，凭借这种结构的可能性，一个关于某个世界的视阈就对自我而展现出来。海德格尔将它等同于费希特的非—自我概念的那个世界概念，因而就只能在与自我的原初设定作用的关系中才具有其意义和含义。在这种情况下，根据海德格尔，人们必须同意费希特：非—自我的领域，世界，仅仅是自我的一种作用，更确切地说，是有限自我的一种作用。人们必须同意费希特的第二点是这样一个事实，即：为自我而展现出一个世界视域的那种行为并非从自我—设定的自我概念中可以演绎出来的。事实上，它与那种自我—设定的自我概念一样，具有同样原初的质。

这对行为的第三种方式，对限制的行为来说，也是成立的。这个概念也不能逻辑地演绎出来，而是——如同海德格尔与费希特一道所强调的那样——要归因于上面提到过的“理性的绝对命令”。因此到最后，自我的有限性的基本结构决不能逻辑地被演绎出来这一点，就成为自明的了。它只能被表明是一个最终的条件，对进一步的分析具有抵制力。根据海德格尔，这就是人们必须同意费希特的第三点。

从这种观点中，海德格尔形成了一个决定性的论题。这与一系列有疑问的问题有关，这些问题是体系内在固有的而且费希特对这些问题实际上并没有单独地加以处理；它们在体系之内是遮蔽着的，而且根据海德格尔，它们在体系之内是不可克服的。它们与位于内容本身的，即自我的有限性的统一结构和对内容的表象之间的那种张力有关，这个表象必然受到诸原理的系统学的影响。海德格尔的分析结论是，此处（在三个原理的形式中）费希特正在尝试把某种东西放进“就本身而论是不能设想的东西”这些语词中。海德格尔继续说道，这一点“在第三原理中成为自明的了”。这个原理使之成为清楚明白的是：自我的有限性而非第一原理的自我—设定的自我，才是哲学的真正基础。

在这里，我们可能在海德格尔的费希特诠释中观察到了一种发展趋势，这种趋势朝向完全地关于费希特式观念论的思想方式的一种革命。由于费希特式的原理体系只能导向关于有限自我的不可演绎性，海德格尔为一个关于自我的有限性的统一结构的表象作出了一个强烈的辩解，这个自我的有限性否认关于绝对确定性和最终奠基的任何主张，因而否认关于成为一种“科学知识的绝对理想”的任何主张。如同海德格尔所说的那样，原因在于这种自我的有限性的统一结构不可能被造成具有“绝对的确定性和奠基”的某种东西。这自然继续导向方法的要求，即自我—设定的自我的作用必须以某种方式被展开和被表象，这种方式使得自我—设定的自我的作用可以说是位于自我的事实性及其有限性——即只能被描述地说明并且不在这种说明外面的某种东西——的中心这一点成为清楚明白的。必须要弄清楚的是，关于有限自我的构造实际上包含有理性，通过这种理性，关于自我—设定的自我的作用的一种理解是可能的。这是对费希特式观念论的思想方式的一种颠倒，并且它支持着海德格尔的注释：“颠倒过来：用关于非—自我的问题来理解对自我—性的寻求所蕴含的东西。”在一个编辑者的附录中被给出的海德格尔的一条评语，也走在相同的方向上，公开地使用了《存在与时间》的语言：

“绝对命令［…］这里的我本身是无限的，只是被造为了有限的！它应该颠倒过来：［…］在其事实性，也就是在其存在中的事实和一个问题！［…］以及相应地，我作为此在而且不具有无限的本性，被设定为它本身，朝向有限性，然而要颠倒过来。”

在费希特关于正题判断的理论中以及在他对相关于自我的自由概念的运用中，海德格尔把这样一种颠倒看作或多或少已经发生了的——关于海德格尔的费希特诠释的看似自相矛盾的观点。为了对此加以说明，海德格尔当然必须要“走出费希特”。这意味着什么？

## 四

根据费希特，一个正题判断是这样一种判断，它并不遵循种和属的差别，而且为了证实它，无论是有关系的还是有差别的基础都不能被给出。在“鸟是一种动物”这个判断中，种属概念“动物”，根据费希特，是“鸟”这个概念基于其上的基础，而且这个判断的真理性来自于这个基础。对不同动物种类来说，概念的种类差异是无关紧要的。与这种判断相反，费希特把“我是”这个判断称为一个正题判断，在这个判断中，只有主词质料的存在得到设定，并且在其中，正如费希特自己所说的那样，“谓词的位置为朝向无限东西的自我的可能规定而是空置的”。用戈特洛布·弗雷格的表达来说，“我是”这个判断显得是一个未饱和的基本句，它包含一个无条件的存在陈述。然而，它的语义作用是给予自我的自我—规定——就它相关于世界的诸多不同方式而言——以表述。

根据费希特，这也适用于“人是自由的”这个判断。在这个判断中，人的概念凭借自我—规定的主词概念而得到了思考。人这个主词概念规定的方向，决定了它以之既理论地又实践地相关于世界的那些方式。但是，既然世界不能通过自由的理论法则而完全得到理解，并且不能根据自由的实践法则在每个方面都被构造起来，“人是自由的”这个判断就是对一个理念的表述，而且这个判断的理性位置就被“对理性而言的一个任务”所代替。这可以在这个公设中得到确切的阐述：“人应该接近（事实上）不可到达的朝向无限东西的自由。”

在这些反思中，“一种观入整体的深刻洞见”向海德格尔揭示出来。这个整体是对自我的根本构造并且是它的本体论地位。这是海德格尔在那里看到与他自己确信的东西最为接近的亲和性的那个点。首要的和体系上最重要的方面是对“现成在手性”（Vorhandenheit）范式的抛弃，这种“现成在手性”在费希特关于自我的观念中已经被达到。费希特的自我不能沿着某个现成实体的方向而被思考，这个现成实体可以被用作诸谓词陈述的对象。事实是，自我的此在只是它以之在每个场合下在某个具体样式中来规定和实现自己的那种方式。因而自我的此在只是规定其本质的自我—规定行动的一种作用。正是与此相一致，谓词“自由”并不表示某种在场的特征，这种“无处可见”的特征——费希特称为“在它自身之外的任何智性”——可能会在自我中被发现。因此我们有可能说，自由并不是关于自我的一个真正描述性的谓词；它仅仅是命名它的存在方式。它是这样的方式，在自我—规定公设下的自我以之相关于它自身并且由此而相关于作为“世界”而向它出现的那种东西。众所周知，海德格尔尝试在《存在与时间》中使用生存论环节（Existenzial）这个概念来给予这个事实以表述。这是他（至少非直接地）在我们的当前语境中所指涉的并且是他在其中明显看到与他自己的反思具有最大一致性的概念。费希特关于自我的观念和关于一个在规定的诸条件下在与世界的诸具体关系中来实现自由之质的任务的谈论，使得海德格尔有可能根据自我来谈论一个自我把它自身投入其中并且一旦实现就使得自我有可能第一次理解它自己的规定任务。这给予了海德格尔以自由来把费希特关于自由之实现的概念看作是一个无限的任务并且把它理解为在有限自我的构造方面的一个重要的诠释手段。这根据海德格尔可以以下面的方式得到确切的阐述：自我的有限性在它的自由的状态下（sub specie）是对它的此在的敞开性和不完整性的一个表述，并且对海德格尔来说这意味着，自我能够（而且必须）就它想要去存在、去生存因而去理解它自身的方式而言以不同的方式来规定它自己。在这一点上，海德格尔直接提到了在《存在与时间》中得到展开的东西：此在的有限性在于它的不完整性，而这意味着“本身始终悬欠在关于最本己可能存在的诸可能性之中”。解释这一点时，海德格尔继续写道：“自我—存在是敞开的，也就是说‘我是’的存在—意义是我立在我能够以这种或那种方式对其进行筹划的诸可能性之中；立在这些可能性之中意味着‘朝这个方向或那个方向进行选择’的必然性。自我的敞开性首先意味着：此在是可能之存在。”

这就是以在知识学与作为一种此在本体论的存在学之间进行思考的方式而来的颠倒，这种此在本体论根据海德格尔，已经被包含在费希特一方面关于自我之有限性的不可演绎性的保证中，另一方面关于“我是”这个正题判断的观念连同自我的自由之概念使用的保证之结果中。如同海德格尔展现它那样，凭借这种颠倒，费希特哲学就从对现象来说是外在的那种逻辑构造的劣质物中和从对绝对的确定性与奠基的那种迷恋中被解放出来，并因此被带向它自己的真正形式。我们必须把这看做是海德格尔的费希特诠释的体系性的顶点。然而，至少在这一点上，我们必须记起我们原初的问题：关于所有这一切，我们能够具有什么样的客观见解？我们能够同意海德格尔的费希特诠释吗？问题是紧迫的。

## 五

有几件事情要在这里说明一下。第一件事情诚然是微不足道的，但也并非没有一些意义。费希特的知识学和海德格尔的此在分析所处理的是十分不同的主题和问题。费希特的知识学的主题是关于意识的问题和关于事物的对象性的知识之可能性的奠基问题，这个主题源自于意识与自我—意识之间的关系。相比之下，海德格尔的主题则是以不同方式相关于它的自我—诠释的人类此在。这种状况的结果是，在两种理论背景中，同样的概念被用于不同的对象。费希特的纯粹自我不是在其此在方式下的具体的个别之人，而是具体个人的将它自身仅仅把握为它的一切认识成就的无条件主体的那个“完全没有任何内容”的方面。更进一步说，在费希特那里，自我的有限性并不指涉与世界处在一种原初关系之中的人类此在的基本特征；它指涉的是就“关于某物的意识”这个精神事实而言的进行着区别的形式方面。最后，限制的行为所描述的仅仅是规定物（the determinatio）的主观条件，在这种主观条件之下，某物才能够被表象为在与一个被给予的谓词区域的关系中被规定的某种东西，这种被规定通过建立起一个限制而自身得到限制。

然而，这种对海德格尔来说最为确定地清楚明白的差异，在海德格尔关于费希特的诠释中并不是成问题之点。成问题的是海德格尔立即（without further ado）以之而把费希特关于自我的诸陈述看做是关于每个具体人类此在的诸陈述的那种方式。这一点就它本身而言足以解释海德格尔是如何具有这样一种观点的，即费希特的理论包含一种尚被遮蔽着的此在理论的基础，这种此在理论能够从（外在于现象）的歪曲中以及从（因体系而产生的）前见中被解放出来，并因此被带向它自己的真正形式。然而，无论是海德格尔关于费希特理论的诠释还是他从这种理论中产生出来的见解，都不是正确的。这种状况的原因在于讨论之下的主题（复数——译者注）和要点方面的不可否认的差异。这些差异在每一情况下都要求一种完全不同的话语。它们不能在一种原创性的状态中被忽略掉。

然而，由此不能推断出，海德格尔的费希特诠释是完全的误解并且必须被拒绝。当他说在费希特的哲学中一个世界向他展现出来时，没有理由来怀疑海德格尔所说的话的真理性，并且事实上，这个世界在它的基本轮廓方面对他来说能够显现为十分熟悉的。如果我们尝试去认真对待海德格尔的那些话，并且设法为海德格尔当他在费希特哲学中找到某种程度上类似的精神时产生的确信之感，甚至是兴奋之情而确定客观原因，那么我们将至少能够说这两种理论在它们的核心处都具有某种同一的现象，并且这两位思想家各自以自己的方式和不同的目的，都试图对此给予清楚地阐明。这就是自决或者自我—规定的现象并且是在自决或者自我—规定基础之上的一个与世界的关系。在这两种哲学中，这个与世界的关系以这样一种方式得到构想，即主体既是它与世界之关系的构造者也是与在那种关系里被牵涉的自我之关系的构造者。费希特在揭示这个基本结构之时，为把“实用主义观点的人类精神史”作为一种“自我—意识史”来写而奋斗；相比之下，海德格尔使这个基本关系在一种意识到了其有限性的生存之条件下，以关于此在之草描的形式进入到了一种关于人的自我—诠释之可能性的理论的基础之中。关于这种对费希特诠释和改造的原因是多方面的。在很大程度上，这些原因可以由海德格尔关于哲学史之进程的诠释而得到。海德格尔在他有关形而上学、人类学和当前理论现状之间关系的讲座导论中提到了这些原因；他的目的是给他关于人类此在之有限性的形而上学的写作计划提供一个基础。

在这里，我们没有篇幅来对这一点作出详细研究。但是关于海德格尔与费希特之间的关系，尚有另外一个有关重要的体系性兴趣的问题必须得到解决。这个问题由海德格尔自己提出并且他对之给出了自己的回答。假定有人想要达到一种“对主体的彻底诠释”（如同海德格尔在上面提到的1927年讲座系列中所做的那样），对自我—意识的分析是否预设了对此在之构造的一种正确理解？海德格尔的态度是明确的。对此在之构造的一种正确理解必定先于对自我—意识的分析。海德格尔的费希特诠释明确地采取了这种态度，并且这种态度在（呈现在海德格尔的费希特诠释那里的）“颠倒”的命题中被假定。海德格尔的费希特诠释的正当性在这一点上坚持了下来。我们的结论之点在于表明，事实上，对颠倒的命题的颠倒才是正确的。对此在之构造的明确理解预设了对自我—意识的分析。

## 六

在这里，一个有益的步骤是把下面海德格尔的解释看作出发点。这个解释会在他关于费希特式的“我是”陈述的说明中被找到。根据海德格尔，“我是”陈述和具有谓词敞开性的命题包含这样的思想，即：“在这样那样一种条件下的我，以此方式只是在我关于我的存在已经做出这样那样一个选择的范围内而是。”然而，做出一个选择并不像海德格尔继续进行论证的那样仅仅意味着在诸多可能性中进行选择。它还意味着，就主体而言，在那里做出选择是一个当下在场的意识，即对它自己就是这个决断的做出者或构造者的意识。一个关于这种本性的原初的实践自我—意识由这样一个事实而得到刻画，即这个决断的做出者知道它自己不同于所有内容或者是它由之而进行决断的自我—诠释的诸形式。这种原初的实践自我—意识因此必须在上文所引用过的海德格尔称之为“始终悬欠在关于最本己可能存在的诸可能性之中”的那种东西之前被给予逻辑的在先性。以此方式，对此在之构造的明确理解预设了对自我—意识的分析。

如果我们提出反对，认为海德格尔关于“决断”或“选择”的谈论指涉一个匿名的事件，这个事件对主体来说是遮蔽着的并且早已经发生，那么它如何使得谈论“决断”是有意义的这一点就变得根本不可能了。其次，人们必须指向《存在与时间》中海德格尔关于此在之本真性的理论，在他谈论“决断”时，海德格尔显然暗指这种此在之本真性的理论。这可以被理解为海德格尔对“此在本身最为隐秘的问题”的回答，正如他自己在关于费希特的讲座中所给出的回答那样。

众所周知，这是一种良知的召唤，它把一个在诸可能性中对某个行为进行自由选择的要求，因而把一个对自我—规定的要求提了出来。然而，如果这个自我有能力理解而且有能力把它自己与这种召唤，与对诸行为中的一种自由选择的要求和通过相同方式对自我—规定的要求关联起来，那么它必定不仅能够站在与世界的最初的和未经反思的诸关系之外，站在自我—诠释的诸样式之外，能够在这种分离性中自己与自己相关联；而且在这种与它自己的关系中，这个自我必定也能够把它自身肯定地理解为这样一个存在，这个存在能够就它自己的主动性来做出选择，以同这种决断的关系来理解它自己，并且在这个自我—概念的基础之上不断地行动。它必定是关于这样一种本性的一个自我—意识，这种本性为理解召唤和为海德格尔关于此在之本真性的观念所需要。因此对此在之本真性的确切理解预设了对自我—意识的分析这个事实再一次地得到了确认。除了诉诸这样一种自主的在先意识之外，我们将不能设想对本真的和最本己的可能存在的召唤，如海德格尔自己所说的那样，怎样能够被理解、被接受并且被造为某人自己的东西。像海德格尔在《存在与时间》中所写的那样，在“自我凭借召唤被带向它自身”的地方，不可能谈论一个匿名的或者无意识的事件，或者是一个对在外面的旁观者来说的事件。它只可能是自我在其中以一种意识的方式与它自己相关联的那样一个事件。否则，它将不会是一个自我；它将会是这样某种东西，这种东西对它自身来说只是某种当下在场的东西，而事实并非如此。

在这一点上，我们必须返回到费希特。海德格尔关于此在之本真性的理论所真正需要的东西是费希特的关于一个原初的实践自我—意识的概念，这个原初的实践自我—意识先于与世界的一切具体关系和自我—诠释的一切样式。由于在一个完全可以比较的语境中，也即在他对个体的生存—计划要求一种自由选择和要求实现的理论中发展了这个原初的实践自我—意识，费希特成为了把它带入近代主体性理论的第一人。在费希特的《自然法基础》中，我们发现了下面的考察。根据费希特，如果产生自一个他我（alter ego）的对自由的自我—规定的要求真正得到了理解，那么受到考验的主体必须——就它自己本身而言并且完全独立于一切具体目的之外——在它的支配之下具有“一个关于自由的概念”，主体把这个关于自由的概念归因于它自己。费希特把这个原初的实践自我—意识理解为一个关于有限的和具体的主体性的理论的基本原理。它应该被吸收到海德格尔关于此在之本真性的概念中来。

在最后的分析中，海德格尔的费希特诠释的真正自相矛盾之点在于这样一个事实，即海德格尔根本没有如同它在早期知识学的第一段中被找到那样地对费希特的自我概念的内容进行诠释。海德格尔为他自己而诠释和发现的东西就是作为费希特的具体主体性理论之基础的那种原初的实践—自我意识。正是在这一点上，费希特的世界为海德格尔而展现出来。

（译者系德国哈勒大学哲学系博士生）

# 从海德格尔的自身性看中国“孝治天下”的形成及消解

陈天庆

［内容提要］中国传统政治意识形态的核心命题是“君君、臣臣；父父、子子”和“孝治天下”。这种命题经由现代西方政治意识形态的外在强大冲击，表面上虽已瓦解，但其本身的内在形成和构成，却并没有得到深入的批判研究，它仍然产生着实质性的影响。有鉴于此，本文主要基于海德格尔的存在现象学，以及其他现代思想家关于意识形态批判的思想，探讨了“本真的自身性”（eigentliche Selbstheit）、“非本真的自身性”（uneigentliche Selbstheit）及“自我性”（Ichheit）的区分和关联，由此考察分析中国政治意识形态的形成与消解的进程，试图说明孔子的本真的政治诉求是天下为公、选贤与能的“大同”，而不是谋作兵起、封建制“亲亲”的“小康”。因此，不对中国古代禅让制和古希腊城邦民主制及其以后各自意识形态的形成发展进程进行深入比较研究，中国与欧盟等在现有的意识形态下，很难展开深层次的有效对话。这将为一种本真政治现象学建立的可能性提供理解的基础。

［关键词］政治意识形态　孝治天下　天下为公　本真的自身性　非本真的自身性　自我性

意识形态批判，是20世纪西方思想界的中心论题之一。沿着19世纪马克思对资本主义政治意识形态、形而上学主体主义虚假性批判的方向，众多思想家对意识形态及其自身构成，进行了多方面的深入探讨，形成许多学派。但在这些学派中，20世纪对西方形而上学主体主义批判最为猛烈的海德格尔的意识形态，特别是政治意识形态的思想，却并不突出。这或许一方面与他的现实政治污点有关，另一方面与他较少涉及政治论题有关。[①] 本文认为，海德格尔明确指出政治（“建立国家的活动”）是本源现象之一，可以从他关于“自身性”的核心思想出发，来探讨一种“政治现象学”的可能性。鉴于海氏的“自身性”思想并不十分明晰，同时为了避免其术语的“丛林”，本文试主要结合中国传统的“孝治天下”政治意识形态问题进行探讨，或能在这两方面的对话中，达及对现代中西方政治深入对话可能性的理解。

## 一 本真的自身性与非本真的自身性

“自身性”（Selbstheit）可以说是海德格尔的核心思想，是理解海氏思想发生和早晚期“转向”的关键。海氏说：“‘我’和‘自身’自古就在这一存在者的存在论中被理解为起承担作用的根据（实体与主体）……自身性的存在论状态还未得到回答。”[②] 我们看到，至少早在1919—1921年，海德格尔就致力解决“自身居有之方式”这个“难题”，提出了“自身在其自身世界、共同世界和周围世界的诸种关联中成其所是，而这些经验方向的意义，说到底乃是一种植根于自身世界的历史意义”[③] 的崭新思想。实际上，他结合了狄尔泰解释学的“生活的自身性”和胡塞尔现象学的“意识的自身性”的思想方法，创造了所谓“解释学的现象学”方法，来清理、澄清传统形而上学本体论的“存在”问题。在《存在与时间》中，他主要讨论了“此在自身性”问题（在稍后的《论根据的本质》中作了进一步的讨论）；在“转向”完成后的《哲学献文——论 Ereignis》中，他则主要讨论了“存在自身性”问题。其“转向”的一个标志是“此在自身性”的“超越”（Transzendenz）“结构”

① 关于海德格尔与纳粹主义的关系，朱利安·扬的《海德格尔 哲学 纳粹主义》一书，论证了其“在其任何阶段上对独裁都没有任何妥协的成分，而且是和对自由民主的深厚信仰是充分一致的。”（辽宁教育出版社 2002 年版，陆丁、周濂译）；而 C. 巴姆巴赫的《海德格尔的根——尼采，国家社会主义和希腊人》一书，则定位海氏为“弗莱堡国家社会主义”（上海出版社 2007 年版，张志和译）；其实，海氏不屑于对他思想现代性“文献经营”式“主义”解读，他关于“技术国家”、“技术时代”政治本质维度，人们理解不多。

② 海德格尔：《林中路》，孙周兴译，上海译文出版社 1997 年版，第 101 页。

③ 海德格尔：《路标》，孙周兴译，商务印书馆 2000 年版，第 40—41 页。

（这种绽出性的时间性结构完全不同于传统存在者意义的种种“超越”），被“存在自身性”共属一体的、作为“本有转向”的“致有”（［Zu－eignung］owning－to）和“转有”（［über－eignung］owning－over－to）[①]“结构”取代了，显示了两种自身性的差异。但这两种自身性又是相通的，存在自身与此在自身唯在自身性上才能显现存在真理的意义。海氏指出：“自身性（Selbstheit）首先来源于此一在（Da－sein）的奠基，此在（Dasein）却在唤去（Zuruf）中实现自身为从属者的本己化（Ereignung）。因而自身的开敞与奠基是来源于存在自身之真理并成为存在自身之真理的”，[②] 而“当Ereignis在自身性（Selbstheit）中如此显现时，其中就有一种指向亲密性（Innigkeit）的指引。我们愈是本源性地是我们自身，我们就愈是广阔地（抽离自身）被置入存在自身的显现进程（Wesung），并被彻底扭转”。[③] 因此，海氏的自身性思想不仅是我们理解他批判形而上学主体主义的根据所在，也是我们理解其存在现象学方法的重要切入点。

我们看到，在海德格尔哲学研究领域，“自身性”虽然逐渐成为一个讨论热点论题，但总体上仍深入讨论不够。究其原因，一是可能与海德格尔本人没有集中专门论述“自身性”有关，“自身性”这个术语只是穿插、散见于他的论著中；二是可能相比于其他众多“大词”——诸如“存在”、“时间”、“世界”、“历史”、“真理”、“Ereignis”（汉语多译为“成己”、“本有”、“本成”、“征用”，笔者觉可作“造化”解）等，“自身性”似乎并不那么显要和深奥，所以不大引人注目。其实，在笔者看来，“自身性”恰恰是海德格尔哲学研究中值得深入探讨的重大问题，因为，海氏的“存在的自身性”与“此在的自身性”究竟是如何区分和关联的？另外，海氏早期提到此在“非本真的自身性”，但他后来多将此在“自身性”与“自我性”对举论述，这可以说都在“本真的自身性”意义上理解进行的，而“非本真的自身性”、“本真的自身性”及“自我性”究竟是如何区分和关联的？这些问题不弄清楚，海氏后期多次强调

① 参见［美］瓦莱加—诺伊（D. Vallega－Neu）：《海德格尔〈哲学献文〉导论》，李强译，华东师范大学出版社2010年版，第109页及相关论述。

② Martin Heidegger, *Beitrage zur Philosophie*（*vom Ereignis*）. GA. BD. 65. . Frankfurt am Main: Vittorio Klostermann. 1989. S. 67. 转引自张柯《道路之思——海德格尔的“存在论差异”思想》，江苏人民出版社2012年版，第162页。

③ Ibid.，S. 265. 同上。

的“存在与人的本质的关联”的“难题”就难以说清，海氏给人“存在暴力哲学”的印象就难以消解，一种本真的政治现象学就难以成立。而后者乃是本文探讨的旨趣所在。

海德格尔在1927年《现象学基本问题》中提到“非本真的自身性”,① 但他并未就此展开论述；不过，我们可以在海氏《存在与时间》关于“常人自身”的分析中，见出其特征。所谓“常人自身”是中性的，“常人是一种生存论环节并作为源始现象而属于此在之积极状态”，“此在首先是常人而且通常一直是常人”,② 常人的特征便是“日常的相杂共在、保持距离、平均状态、平整作用、公众意见、卸除存在之责与迎合等等，在这些存在性质中，就有着此在的最切近的‘常驻状态’”，但“常人以非自立状态与非本真的方式而存在”。③ 它表现为“闲谈”、“好奇”、“两可”等名之为“沉沦”的基本存在特性。为什么常人在世的存在方式是非本真的呢？主要在于其受日常的、流俗的、现在系列的非本真时间性的规定；而此在本己的自身则受先行于自身的、出离自身的、绽出的“源始而本真的时间性”规定。这样看，此在的本己自身与常人自身同属本源现象，都能超越、通达世界，按海氏所说：“世界属于自身性，世界本质上是与此在相关联的”,④ 那么，我们可以说，常人自身的存在特性乃就是他所说的非本真的自身性，只不过常人自身所超越通达的是他人自身和作为存在者的世界自身。而此在本真的自身性则超越通达的是他人本己的自身和存在自身。海氏说：“本真的相互共在，唯源出于决心状态中的本真的自身存在。”⑤ “而在与共同此在的‘共在’（Mitsein）中，此在才能献出自我性，以赢获作为本真自身的此在本身。”⑥ 所以，那种认为海氏的本真性不能通达他人的观点，是不确切的。

通常，在海德格尔那里，“自身性”多在本真意义上使用的，但在有些情况下，我们也可以在非本真意义上进行理解。例如，海氏说：“唯因为此在之为此在是通过自身性而被规定的，一个我自身（Ich - selbst）才

① 海德格尔：《现象学之基本问题》，丁耘译，上海译文出版社2008年版，第227页。

② 海德格尔：《存在与时间》，陈嘉映、王庆节译，三联书店1987年版，第158—159页。

③ 同上书，第157页。

④ 海德格尔：《路标》，孙周兴译，商务印书馆2000年版，第184页。

⑤ 海德格尔：《存在与时间》，陈嘉映、王庆节译，三联书店1987年版，第355页。

⑥ 海德格尔：《路标》，孙周兴译，商务印书馆2000年版，第204页。

能与一个你自身（Du－selbst）相对待。自身性（Selbstheit）乃是自我性（Ichheit）之可能性的前提。”[①] 这里的“自身性”就可以联系非本真的自身性来理解。因为“此在首先是常人而且通常一直是常人”，作为常人的“我自身”与“你自身”在源始意义上就是相通达、相对待的。另一方面，如果说本真的自身性是自我性之可能性的前提，那也是在最本源的意义上而言的（源始而本真的时间性是非本真时间性的本源）；那么，作为一般主体的“自我性”的直接来源乃在于非本真的自身性，因为作为孤立的自我性自身是不能通达“你自身”的，它唯有通过非本真的、常人的“我自身”才能通达之，从而“假充本真性”，[②] 遮蔽本真的本己自身。实际上，海氏也把常人与作为一般主体的“自我性”区分开了，他说“常人也不是像漂浮在许多主体上面的一个‘一般主体’那样的东西”，[③] 因为笛卡尔以来的主体自我性是抽象的、孤立的：“它们是以‘我思’的方式向其自身呈现出来，这种自行呈现，即表现、表象，就是作为一般主体（Subiectum）的存在者之存在，自我认识便成了绝对主体。”[④] 如此看，作为真正归属于存在自身的此在本真的自身性就有两个“相似物”，即作为“属性自身”的非本真自身性和作为“主体自身”的自我性，[⑤] 它们的区分和关联，不仅对于我们理解诸如费尔巴哈、尼采、狄尔泰等反主体主义的自身性思想的形而上学性质，而且对于我们深入理解政治意识形态的起源，都至关重要。

海德格尔说，“在历史上，常人统治的紧迫和突出的程度可以是变居不定的”。[⑥] 这里的“统治”主要是哲学意义上的“统摄”，即非本真自身性统摄人自身的多样性，但若联系海氏前后一贯强调的“本真性”思想来理解，这里的“统治”也可以说隐含着他存在历史观对政治的见解，即关于“本真共在”的本真政治的诉求。海氏在 1938 年《世界图像的时代》中这样说：“关键是要不断地先行根据在其中起支配作用的存在之真

① 海德格尔：《路标》，孙周兴译，商务印书馆 2000 年版，第 184 页。

② 海德格尔：《存在与时间》，陈嘉映、王庆节译，三联书店 1987 年版，第 217 页。

③ 同上书，第 158 页。

④ 海德格尔：《林中路》，孙周兴译，上海译文出版社 1997 年版，第 249 页。

⑤ 参见［美］波尔特（R. Polt）《存在的急迫——论海德格尔的〈对哲学的献文〉》，张志和译，上海书店出版社 2009 年版，第 244 页相关论述。

⑥ 海德格尔：《存在与时间》，陈嘉映、王庆节译，三联书店 1987 年版，第 158 页。

理来把握时代的本质……从根本上包含和约束着一种超越现成之物而进入未来的‘创造’(Schaffen),并且使人的转变成为一种源出于存在本身的必然性。”[①] 海氏对图像和技术时代的本质揭示是敏锐、准确的,并在后来的发展中得到了充分的展示。而若没有一种本真的政治力量,那么所谓“超越”、所谓“人的转变”、所谓“进入未来的创造”是不可思议的。正如波尔特所言“作为在‘此’奠基的事件或‘当下处境’的建立,存在必然具有政治的维度,《哲学论集》便是一个广义的政治文本”。[②] 但一种基于本真自身性的本真的政治现象学如何可能?我们可以试结合中国传统政治意识形态的“孝治天下”问题对此进行重点探讨。

## 二 自身性与“孝治天下”

在中国,自汉提出“以孝治天下”后,至清,绵延2000余年,大多数王朝也打着同样的政治意识形态旗号。这种状况举世罕见,对于研究政治意识形态问题具有很高典型性。

“孝”是中国传统血缘宗法社会最具代表性的核心词之一。传说记载的中国古代圣王尧、舜,以孝著称,周王以天子自称,其上帝神授的天命观就有敬、孝的内涵。先秦诸子几乎都表述了对孝的见解,考察了“孝与亲”、“孝与道”、“孝与忠”、“孝与悌”、“孝与慈”、“孝与仁”、“孝与礼”等关系。随着氏姓自战国至汉在平民中的普及,中国人“以姓氏的延续,代替了一部分的宗教要求‘永生’的作用”,[③] 孝的影响越来越大,孝从通常的家庭伦理扩展到宗族伦理以至国家伦理,出现了儒家《孝经》这样的文本。《孝经》提出了“以孝治天下”的命题,得到了完成了大一统专制独裁的汉统治者的认同,被尊为“七经”之一。汉提出独尊儒术,举孝廉,形成了“孝治天下”的完备的政治意识形态。

在汉代,人们普遍传说是孔子作了《孝经》,何休的《公羊解诂·序》所谓“昔者孔子有云:吾志在《春秋》,行在《孝经》。此二学者,圣人之极致,治世之要务也。”可以说是代表性的说法。但后代学者多有

---

① 海德格尔:《林中路》,孙周兴译,上海译文出版社1997年版,第94页。

② 刘小枫、陈少明主编:《海德格尔的政治时刻》,华夏出版社2009年版,第94页。

③ 徐复观:《两汉思想史》第一卷,华东师范大学出版社2001年版,第189页。

质疑，如朱熹便认为《孝经》乃曾子门人所作，它多处抄袭了《左传》，并且文义不顺，而《论语》说孝，皆“亲切”，《孝经》则“不亲切”。[①] 朱熹看到了孔子与《孝经》思想格调的分殊，这点决定了他的文本考据的视野。而明代《孝经》专家吕维祺虽然也承认“《论语》论孝大抵在事观上说，《孝经》论孝大抵在行道德教治化上说”的差别，但他认为《孝经》是孔子论孝之大者，是“为天下后世之君天下者言也”，是因对象而思想角度不同而“未尝不亲切”。[②]

吕维祺所说“《论语》论孝大抵在事观上说”是没有问题的。即使是有子所说“君子务本，本立而道生。孝弟也者，其为仁之本与”（《论语·述而》），得到了孔子的认同，这也是从具体的“事观”上说起的，而宋儒解释“为仁之本”乃“行仁之本”（《二程遗书·卷十八》），且“孝弟”之“弟”，在广义上可以视一切人为兄弟，与单论孝是有区别的。《论语》中孔子最重要的思想“仁”，也都是在事观上说的，所谓“仁者爱人”、“出门如见大宾”之类，即“能近取譬，可谓仁之方也已”（《论语·雍也》）。孔子并没有为“仁”给出一个定义，讲一番关于“仁”的本体论意义的大道理。因此，孔子不轻易说他的学生为仁（对颜回只说他“其心三月不违仁”，《雍也》），却说“君子而不仁者有矣夫”（《宪问》），更说那个敛财、违礼的管仲因为助齐桓公“一匡天下”保民有功而“如其仁”（《宪问》）。可见，“仁”并不是一般人格道德义理之原则意义的，而是指“事观”、“时中”德行价值的显现状态。孔子的这种思想格调与他独特的天命观中“费而隐”的“中庸”的理解和追求密切相关，“中庸”就是时中得当的行为。[③] 从此意义上说，孔子并不是后来从某概念出发的原则主义者。但《孝经》就不同了。《孝经》将“孝”作了“德之本”的“大”的定义。所谓“夫孝，天之经也，地之义也，民之行也。天地之经，而民是则之。则天之明，因地之利，以顺天下。是以其教不肃而成，其政不严而治”。并将“孝”作了“天子”、“诸侯”、“卿大夫”、“士”、“庶民”五个层次的论述和规定，从而论证了“孝治

① 转引自王玉德《〈孝经〉与孝文化研究》，崇文书局2009年版，第155页。

② 同上书，第194—195页。

③ 参见拙文《试论“君子三畏”——孔子天命思想的存在意义》，载《江苏社会科学》2009年第1期。

天下”的主题。这完全是从曾子论孝“置之而塞乎天地，溥之而横乎四海”之“放之四海而皆准”（《礼记·祭义》）的原则主义立场而来。任继愈先生说：“《十三经》中的《孝经》把孝当作天经地义的准则。后来北宋的张载作《西铭》，在《孝经》的基础上进一步发挥，融忠孝为一体，从哲学本体的高度，把伦理学、政治学、心性学、本体论组成一个完整的孝的思想体系。这种高度抽象概括意义的孝，对于中华民族的团结、发展，增强民族的凝聚力，形成民族价值观的共识，几千年来起了积极作用，功不可没。”[①] 这种评价是符合实际情形的。但本文要追问的是高度抽象的孝如何可能在政治上起如此巨大的作用。

孝，就其本义而言，乃是指子女“善事父母者”（许慎：《说文解字》）。所谓“善事”，除了奉养父母外，按照孔子的要求，还得尊敬父母，否则与养犬马无别（《为政》）。中国的传统家庭一般三代同堂，因此，源于亲情的“孝慈”、“孝悌”观念的发生是一种本源现象。这种观念自然扩展到血缘宗族及社会中，形成一种具有普遍性敬老爱幼的道德风尚，这是中国宝贵的传统。另外，在中国传统血缘宗法社会中，孝还是自周始嫡长子继承制的产物。权利和财产的资源分配权一般掌握在长辈和兄长手中，这种制度的次序安排也必然要求孝。孝对于生存中的弱者而言，隐含着某种强制性。因此，在现实的生存利益争夺中，所谓“棒槌下面出孝子”、“痴心父母古来多，孝顺儿孙谁见了?”不孝的现象也是常见的。由此看，孝观念的发生体现了一种具有内在紧张的本源现象，体现了中国此在特有的自身性。

我们看到，《孝经》论孝的进路是“身体发肤，受之父母，不敢毁伤，孝之始也；立身行道，扬名于后世，以显父母，孝之终也。夫孝，始于事亲，中于事君，终于立身”。在这个中国老百姓耳熟能详的进路中，父母始终占据主导地位，父母是最切近的、最可能的、无可置疑的给予者，也是命令的发布者。孝就有着道德自明自律功效。当把天比作父，地比作母（如《尚书》及张载等所言），孝之天经地义的大道理也就不难理解了。因此，孝这个抽象概念又是非常具体的。孝的被给予性和自明性有着鲜明的现象学特征。对此，张祥龙先生作了孝意识的时间性的现象学的

① 转引自王玉德《〈孝经〉与孝文化研究》，崇文书局2009年版，第262页。

分析。他认为“慈”比“孝”更原本，根据在于孔子所说“子生三年，然后免于父母之怀”，因此，孝“不是独立自存的，而是要在与慈的根本关联中获得自身”[①] 这是很有道理的，尽管其似偏离了本真时间性的分析。此不多述。

问题是《孝经》的主题是“孝治天下”，“夫孝，始于事亲，中于事君，终于立身”即以“事亲”、“以显父母”、“立身”等自身性的名义去“事君”才是它的真正旨趣。所以它说“资于事父以事君而敬同”、“君子之事上也，进则思忠”、“君子之事亲孝，故忠可移于君”等。事实上，中国早就有“君父”的称谓，《孝经》只不过从自身性上将其本体论化，使其成为形而上的天经地义的天理罢了。就此而言，不论从其出发点，还是从其超越性构成看，《孝经》作为一个政治意识形态文本，在理论上都达到了很高的水平。汉以后，虽然发生了今文经学和古文经学的长期争论，在儒家内部发生了“五伦”中君先还是父先的长期争论，等等，但都没有在理论结构上提出超越《孝经》的文本，从而改变不了儒家政治理论在“孝”问题上亲亲事君的本质。因此，现代新儒家提出政治理论现代化，必须对此进行深入反思。

在儒家的思想体系中，“孝”（“亲亲”）与“仁”等往往被理解为具有同等的价值。例如，孔子讲“君子笃于亲，则民兴于仁”（《论语·泰伯》）；孟子讲：“亲亲，仁也；敬长，义也；无他，达至天下也”（《孟子·尽心上》），“事亲为大”（《孟子·离娄上》）；《孝经》讲孝为“德之本”；等等。尽管后来朱熹对孟子“亲亲而仁民，仁民而爱物”作了“仁如水之源，孝弟是水流的第一坎，仁民是第二坎，爱物则三坎也”（《朱子语类·卷二十》）的“仁为本”的解释，但无论“仁”还是“孝”，在宋儒乃至现代新儒家那里实际上都作了性善论的实体性的“有”的肯定理解，所以“人人都能成圣”。这种肯定性的实体性的超越理路，无论是通向天，还是通向君，都是作为存在者的超越理路，都缺少对现成物否定性的，从而是境域、事观性即时间性的发生理解，因而达及不了作为发生的“无”的存在自身。这点在海德格尔关于康德“存在不是一个实在的谓词”的否定性的存在论题为什么触及存在论差异的研究中，已作了充分的论述。笔者也就此对牟宗三先生的“智的直觉”问题进行过

① 张祥龙：《孔子现象学阐释九讲》，华东师范大学出版社 2009 年版，第 247 页。

探讨。[①] 这里着重分析孝的政治超越理路。

“孝”无疑是基于血亲的感情性的自身性现象。“孝”的“以显父母”乃至“光宗耀祖”及“通神明”的诉求，说明了孝的确具有超越自身从而通达其他各种自身的可能性力量。但是孝作为自身性的现象，究竟是属于本真的，还是属于非本真的？那要作具体分析。一般来说，日常的孝敬父母之类，乃属于人之常情，而“事父以事君而敬同”也属于此类。它们都是存在者意义的超越，都属于“常人”之列，因而是中性的、非本真的自身性现象，在这个层面，无须多论。需要指出的是，基于非本真自身性的“君子之事亲孝，故忠可移于君”则是推理，这个推理彰显了“孝”自身内在紧张强制性的一面。如果说，基于父母慈爱的孝是自然的，那么，基于父母作为生存资源传承、分配的孝，则就有某种强制性了。显然，“事父以事君而敬同”并不是基于血亲自然的慈爱，而是基于生存资源分配的强制性。所以说“父叫子亡子不得不亡，君叫臣死臣不得不死”。汉统治者之所以认同了“以孝治天下”，固然接受了秦暴政而速亡的教训，满足了民间某种“仁政”的诉求，但它本质上仍然是出于维护、巩固其一姓之大一统专制统治的目的（所以，中国传统法律多规定不孝有罪，却无规定不慈有罪）。而“孝”由于在自身性上与“仁”之“漂浮的能指”的密切关联，恰好可以掩盖其专制的本质，让广大“臣子”和“子民”从自身性上认同其统治，自觉当“顺民”。

因此，“孝治天下”作为政治意识形态说它代表了广大臣民的利益在本质上是虚假的。历代统治者对于威胁其统治的大宗族总是不遗余力地削弱他们的力量。汉举孝廉，后来便出现了大量的假孝子，成为闹剧。各级官员打着“父母官”的旗号鱼肉百姓的现象，更是层出不穷。然而，后来的统治者在经历前任皇帝“老子”的孝的危机，起来造反从而掌权之后，又不断重新打出同样的旗号，这又说明“孝治天下”的虚假性与有效性是并存的。在血缘宗法大一统专制社会中，“孝治天下”乃是“性与天道”的存在。由此我们可以理解，中国清王朝的覆灭，固然在中华民族的危机中与外来“民主”、“科学”、“共和”等理念的强大冲击有关，但其真正的内在动力则在于其“孝治天下”的危机，在于血缘性“驱除

① 参见拙文《试议智性直观、智的直觉及“本觉”的存在格义问题》，载《江苏社会科学》2010 年第 1 期。

鞑虏”的强烈诉求，以及“天下为公”诉求的某种觉醒。而“天下为公”作为一种源自本真自身性的政治现象，它的显现和实现最终将消解“孝治天下”、“天下为家（私）”的政治意识形态本质。

## 三　自身性与“天下为公”

“天下为公”出自《礼记·礼运》：“孔子曰：……大道之行也，天下为公，选贤与能，讲信修睦。故人不独亲其亲，不独子其子……今大道既隐，天下为家。各亲其亲，各子其子。”即对禹特别是西周以后的“小康”亲亲封建政治持批判态度，因为随着禹以后的六位贤君“在执者去，众以为殃”。这段孔子的言论，后虽多遭质疑，但应是可信的。因为《孟子·万章上》第 6 章，引了孔子的话：“唐、虞禅。夏后，殷、周继，其义一也。”而《郭店楚简·唐虞之道》所谓：“唐虞之道，禅而不传。尧舜之王，利天下而弗利也。禅而不传，圣之盛也。利天下而弗利也，仁之至也。”这些记载道明了孔子与《礼记·礼运》的思想关联。杨树达先生在释“子谓韶尽美矣，又尽善也。谓武尽美矣，未尽善也”时也指出：“此春秋之微言也。又吾先民论政尚揖让，而征诛为不得已。文王三分天下有其二，以服事殷，孔子称其至德，善其不用武力也……贵揖让，故非世及。《礼运》以天下为公选贤与能为大同，以大人世及谋作兵起为小康。于《春秋》则讥世卿以见非世君之意，皆其义之显白无疑者也。”①

从“下学而上达”思想格调上看，孔子也决非固守“孝治天下”之人，而是思想敞开者，这在子夏“四海之内，皆兄弟也”（《颜渊》）表述中得到很好体现。孔子本是殷人，但他却要“从周”（这细究乃是对祖宗的不孝），实际上从的是有“至德”的周文王。在周文王那里，“周虽旧邦，其命维新”，在不崇尚武力而保民的同时，各方面相对于殷都发生了革命性的变化。孔子以周公自许，政治抱负很大，试图在春秋礼崩乐坏的局面中力挽狂澜。而其“半部《论语》治天下”，被后人公认具有圣王的才智，但其政治上成就不大（只当了几年官便挂冠而去）。除了非善弄权谋者和非造反者之外，根本原因还在他的“出身”问题上。因此，作为中下层的“士”，孔子不会是亲亲政治伦理的狂热鼓吹者。他只是“知

---

① 杨树达：《论语疏证》，科学出版社 1955 年版，第 58 页。

其不可为而为之”，并多次表露出“欲居九夷”、“乘桴浮于海”、“吾与点”等退隐倾向。而他作为中国古代民间公开办学的开创者，实行“有教无类”，其学生大都是中下层的“士”，这是一种新的、不依赖家庭和政治权力的、较为独立自由的生存方式，从而得以获得超出常人的眼光。

当然，孔子的政治思想并非不受血缘宗法社会制度的局限。他的名言“君君，臣臣；父父，子子”，这句话与“孝治天下”一样，成为后来大一统专制政治意识形态至理铁律性的命题。之所以如此，就在于它们本质上都贯通着非本真的自身性。从形式上看，“君君，臣臣；父父，子子”，君臣关系置于父子关系之前并互相比对而颇带有强调命令的意味，使人能直接理解其意义并不可抗拒地接受，实则有巨大的力量。孔子之所以被后来统治者尊崇，可能与此有莫大关系。然而，需要指出的是，其一，孔子这句话，是对齐景公问政时的答词，它是有针对性的，它针对的正是齐景公的宫廷内部君臣父子的悖乱局面而言的。《史记·齐太公世家》载：“崔杼弑庄公，立庄公异母弟杵臼，是为景公。”因此，它原本并不是《孝经》那样论理性的命题，只是后来被意识形态化了。其二，孔子这段奇特的重言句子，应该按其独有的思想语言兴发特点来重新解释。“君君”，通常的解释第一个“君”是名词，第二个“君”是动词，于是解作“君主就要像君主”。但正如张祥龙先生指出的“我们完全可以颠倒过来，第一个是动词，第二个是名词：去把后面的‘君’君化”。① 这样就可以解作“使君成为君”，也就是启发齐景公思考如何当好君主。这与孔子“我欲仁，斯仁至矣。”（《述而》）“择可劳而劳之，又谁怨？欲仁而得仁，又焉贪？”（《尧曰》）的思想风格是一致的。孟子的“欲为君，尽君道；欲为臣，尽臣道”（《离娄上》）的思想也可以作为参考。如此理解，孔子的话是启发人解决问题的方式而言，那就更不是僵硬的命题了。

在《论语·尧曰》中，我们可以找到孔子“天下为公”思想的印迹。其一，孔子记载了尧的话：“咨！尔舜！天之历数在尔躬，允执其中。四海困穷，天禄永终。”并指出“舜亦以命禹”。这种禅让风貌才是孔子政治思想真正的诉求，也是他中庸思想和“三畏”（畏天命，畏大人，畏圣人之言）思想的主要来源之一。其二，孔子还记载了周武王的话：“虽有周亲，不如仁人。”尽管禹背离了禅让，开始了亲亲“小康”政治，但禹

① 张祥龙：《孔子现象学阐释九讲》，华东师范大学出版社2009年版，第185页。

以后的“六君子”包括周武王都是贤达君主，他们都重视任用并封侯“仁人”（如姜子牙被封于齐），而不像后来的亲亲政治，完全是一姓之专制。由此可见出孔子政治思想的关注点及其“仁”的思想的重要来源。显然，这里的“亲”与“仁”是有重大差别的，而绝非以后像孟子“亲亲，仁也”那样等同的理解。孔子“仁”的最高境界实则在“博施于民而能济众”即“圣”（《雍也》）的政治层面见出的。其三，孔子所说“宽则得众，信则民任焉，敏则有功，公则说”。这其中的“公”是重点，“宽”、“信”、“敏”则是“公”的落实。因为它们都是在“尧”“选贤与能，讲信修睦”的层面上见出意义的，所谓“古有行大公者，帝尧是也。贵为天子，富有天下，得舜而传之，不私于其子孙也”（《说苑·至公篇》）。所以，“公”就不仅仅是通常理解的“公平”，“宽”也不仅仅是通常的“宽厚”，而更多指公权不搞亲亲裙带小圈子，“信”、“敏”也应多在“允执其中”即“中庸”的意义上来理解。如此可说，“宽”、“信”、“敏”、“公”乃是孔子真正的政治格言。“民兴于仁”、“民任焉”、“公则说”是他“天下为公”思想的写照。

“天下为公”作为宝贵传统，却在儒家的思想体系中并没有得到足够的重视和研究，尽管直到被康有为、孙中山作为变革的旗号而打出。究其原因，除了大一统专制意识形态的主宰之外，乃在于孔子之后，儒家逐步形成了形而上学思想体系。这种形而上学沿着非本真自身性的关于存在者的超越路径的发展，也适应了意识形态的需要。这点前文已述。那么，我们说，“天下为公”是否源自于一种本真的自身性呢？

按照波尔特说法：“本真性是这样一种生存方式；它不避开‘人们自己的存在成了问题’这一事实，并且接受了随着这一境况带来的种种挑战和限制。以本真的方式存在，就是成为某人自身”，“意味着放弃人们对作为单纯被给予之物的那些存在者的依恋，并开始追回它们的被给予性的来源。”[①]因此，本真自身性现象必然要摆脱日常的、常人自安自得的、“我呀、我呀”的“在家”状态，在《存在与时间》中，它是在作为“畏”的处身情态中显现的。而海德格尔在用生存论的“此在”（Dasein）

① ［美］波尔特（R. Polt）：《存在的急迫——论海德格尔的〈对哲学的献文〉》，张志和译，上海书店出版社2009年版，第248页。

消解了“人自身”的逻辑规定之后，他必然要迈出“返回步伐”，考察思想史上关于“人自身”种种逻辑规定思想的发生及其与存在自身的关联状况，追溯柏拉图之前的古希腊关于“无蔽”和“在场状态”的思想，从而得到关于“自身遮蔽之澄明”的存在自身性及“存在天命”最重要的思想创新。这种思想创新一方面说明了形而上学的重要来源（存在自身的遮蔽性）及其历史规定性；另一方面给出了人某种与存在自身（存在天命）关联的本真性维度和尺度（既是“去远”的又是“切近”和创造的），尽管其思非逻辑、非实体性的关联显得很玄虚，但它是基于本源发生现象之“实事”的“敞开”的关联，因而绝非属于那种空想或理想的东西。这点我们可以从分析孔子中见出。

我们知道，孔子主张“绝四——毋意，毋必，毋固，毋我”（《子罕》）。显然，这是对固执于我自身的日常状态的高度警惕态度，与佛家“去除我执”的核心思想颇为相似；孔子强调“君子之中庸也，君子而时中”（《中庸·第二章》），强调“操则存，舍则亡，入出无时，莫知其乡”,① 等等，显现了鲜明的对时间性高度敏感的境域性思想特征；而孔子极为重视那种“兴发”状态，所谓“兴于诗，立于礼，成于乐”（《泰伯》），“兴”（興）的本义是起始共举，这就可以理解为像诗中那样共举兴发，像礼中那样立身有序，像乐中那样和谐成功。因此，孔子的这种“兴发”状态被他的弟子描述为“仰之弥高，钻之弥坚。瞻之在前，忽焉在后。”（《子罕》）孔子的本真自身性突出表现在“子畏于匡”中。所谓“子畏于匡。曰：文王既没，文不在兹乎？……天之未丧斯文也，匡人其如予何？”（《子罕》）在“匡人拘孔子益急，弟子惧”（《史记·孔子世家》）遭遇杀身之祸时，孔子并不怕匡人误以为他是其仇人阳虎，而正是与天命展开的对话中，展显了他本真的身家乃在于历史性的“斯文”！这种在战乱和政治急迫中展现的自身性，其境域性的思想与践行敞开境界之博大，并不能被后儒通常治国与治家等同（“修身齐家治国平天下”）及“内圣外王”之亲孝与事君并举的理论思想格局所范围，因其本真性超越了常人之家和道德的理解。按朱利安·扬的辨析：“个体的本真性的滋养，个体对在其中能够以‘最本己’的方式发现自身的‘历史性’的处境的行将到来的反应，要求此类滋养拥有足够的空间”，“本真性必然是个体

---

① （清）焦循：《孟子正义》，沈文倬点校，中华书局1987年版，第777—778页。

的成就，它不可能以集权主义的方式发生”。[①] 因此，儒家家国等同的思想方式体现了自身性的局限性。

但要真正理解孔子本真的自身性及其与政治的关联，我们还须解释他关于“天命”的思想，因为这直接联系海德格尔的“存在天命”思想的理解。海德格尔指出：“若命运使然的此在作为在世的存在与他人共在中生存，那么它的历事就是一种共同历事并且被规定为天命（Geschick）。我们用天命来标识共同体的历事、民族的历事。天命并非由诸多个别的命运凑成，正如相互共在不能被理解为许多主体的共同出现一样。在同一个世界中相互共在，在对某些确定的可能性的决心中相互共在。在这些情况下，诸命运事先已经是受到引导的。只有在传达中、斗争中，天命的力量才解放出来。此在在它的‘同代人’中并与它的‘同代人’一道有其具有命运性质的天命；这一天命构成了此在的完整的本真历事。”[②] 显然，海氏的“天命”作为共同体和民族的历事就关联着政治，并“构成了此在的完整的本真历事”。

而在《论语》终篇《尧曰》中，孔子又一次提到“命”。他说：“不知命，无以为君子也。”这里的“命”就是与尧有关的“天命”。我们知道，孔子有“君子有三畏：畏天命，畏大人，畏圣人之言。小人不知天命而不畏也”（《季氏》），又有“五十而知天命”（《为政》）的说法，似乎有些矛盾。因为你五十岁才知天命，怎么能要求普通人都知天命呢？实际上，孔子的“畏”、“知”、“中庸”、“天命”等都是其特有的境域中本源发生概念，而不是通常对象性的认识概念。“中庸”作为“时中得当的行为”与人聪明及道德状况的好坏并无必然的联系。孔子如此说：“道之不行也，我知之也矣，知者过之，愚者不及也；道之不明也，我知之矣，贤者过之，不肖者不及也”（《中庸·第四章》）；“君子之中庸也，君子而时中；小人之反中庸也，小人而无忌惮也”（同上，第二章）；“君子之道，费而隐。夫妇之愚，可以与知焉；及其至也，虽圣人亦有所不知焉”（同上，第十二章）。可见，知“天命靡常”之存在的“知”与知天命存在之意义的“知”是有所不同的。孔子五十而知天命，是指在境域中对

---

① ［新西兰］朱利安·扬：《海德格尔 哲学 纳粹主义》，路丁、周濂译，辽宁教育出版社2002年版，第110页。

② 海德格尔：《存在与时间》，陈嘉映、王庆节译，三联书店1987年版，第452页。

天命存在的神圣性意义有了比较透彻的把握，而对君子则是要求在境域中保持“畏知”“天命靡常”之存在的本真自身性的发生维度，从而实行中庸之道。至于“小人”，他们是反中庸的，是受非本真自身性支配的，他们“假定无所不知”却对天命之存在是既无畏又无知的，所以“无忌惮”，“狎大人，侮圣人之言”。因此，孔子的“知”不是那种“尽性知天”学理意义上的绝对的“知”。海德格尔指出：“存在达乎天命，因为它——即存在——给出自身。但合乎天命的思，这却是说：存在给出自身而又拒绝给出自身”。① 孔子“费而隐”的“畏知天命”乃正是“合乎天命的思”。后来儒家不大讨论天命了，更多讨论“天道”了，“把天道拉进人心，使之‘内在化’，不再为敬畏的对象”。② “性与天道”直接打通的肯定性的、阳刚性的理路实则走上了形而上学之路。

天命在孔子那里事关本真自身性的发生，实是事关政治的重大问题。因为尧的“天之历数在尔躬，允执其中”，“舜亦以命禹”，都是禅让授权的话。孔子的“君子三畏”批判的“小人”尤其是针对当时从政诸侯而言的。他的天命有着浓郁的政治色彩。子贡曾问：“今之从政者何如?”孔子答曰：“噫！斗筲之人，何足算也!”（《子贡》）鄙夷之态，溢于言表。小人见利忘义、趋炎附势、文过饰非、乡愿伪善、色厉内荏、巧言令色……所谓“天下国家可均也，爵禄可辞也，白刃可蹈也，中庸不可能也”（《中庸·第九章》）。在这种形势下，孔子感叹“圣人，吾不得而见之矣；得见君子者，斯可矣。”（《述而》）因此，从现实层面上，他只能追求一种作为“小康”的“君子政治”、“大人政治”。周文王、周公等“君子”、“大人”形象，在其生命中不断显现；但他的真正的本真的政治诉求则是作为“大道”的“天下为公”的、“禅而不传，圣之盛也”的“圣人政治”，即所谓“志在大同，事在小康”③ 这在他“大哉！尧之为君也！巍巍乎！唯天为大，唯尧则之。”（《泰伯》）；在他“闻韶三月不知肉味”（《述而》），“韶尽美尽善，武尽美未尽善”（《八佾》）（“韶”乃舜的形象显现）等表述中浓烈透露出来。这种对尧舜最本源政治现象的追溯，乃孔子本真自身性展现的最重要的特点。此外，在他关于从政

① 海德格尔：《路标》，孙周兴译，商务印书馆 2000 年版，第 395 页。

② 牟宗三：《中国哲学的特质》，上海古籍出版社 1997 年版，第 39 页。

③ 康有为：《礼运注》，转引自汪荣祖《康有为论》，中华书局 2006 年版，第 126 页。

"尊五美，屏四恶"及"宽"、"信"、"敏"、"公"（《尧曰》）的阐述中，在关于"君子无所争。必也射乎！揖让而升，下而饮。其争也君子。"（《八佾》）关于"君子群而不党"（《卫灵公》）、"君子和而不同"（《子路》）等言论中，都可见出他圣人政治内涵的创造性。这与"孝治天下"的亲亲政治有着质的区别。因此，在孔子的名义下打出"孝治天下"的旗号，并仅仅在人格道德意义上奉孔子为圣人，实乃正中了意识形态的狡计。而后来的儒家在政治上往往并不"祖述尧舜"，实际上只是"宪章文武"，并多在人格道德形而上学意义上做文章，因而与政治意识形态合流是不奇怪的。

## 四　存在家园：意识形态"家族"的消解

孔子"不怨天，不尤人，下学而上达，知我者其天乎"（《宪问》），他通过本真的自身性将天命作为隐去"大道"的、具有神圣性的"圣人政治"现象显现出来。但作为身处乱世的孔子来说，他带领弟子奔走呼号，周游列国，在政治上却几无所成，不仅被世人讥为"丧家之狗"，后来又被"孝治天下"所遮蔽，被重新置入"常人"之家中。如何看待这种现象呢？我们可以联系海德格尔等现代思想家关于意识形态批判的思想得到理解。

海德格尔认为，"一切本质的和伟大的东西都只能从人有个家园和从传统中扎了根中产生出来"。[①] 实际上，在意识形态领域，在贯穿对传统基督教启示真理和教会"神圣家族"学说批判的同时，18 世纪后，资产阶级社会建立了理性主义主体主义以及技术主义、人道主义、商品拜物教等意识形态的新"家族"。始于马克思，对这些现代性意识形态的批判在 20 世纪形成了众多学派，深刻地影响了西方社会及政治面貌。其中最突出的是"二战"后对极权主义和政治强制需求压抑的批判，它很大程度上导致了 1968 年世界性的学潮以及后来欧盟的建立，迈入了所谓"后现代社会"。值得注意的是，诸如阿多诺对"无父家庭社会结构"导致同一性政治极权主义肆虐的分析批判，马尔库塞关于爱欲与技术的合谋导致

---

① ［德］贡特·奈斯克等编著：《回答——马丁·海德格尔说话了》，陈春文译，江苏教育出版社 2005 年版，第 69 页。

“单向度的人”和政治压抑的分析批判等等，这些思想借助了精神分析学说，形成了种种“无主体的现象学”（齐泽克语），[①] 都从某种自身性可能性维度出发对现代作为“一般主体”的自我性意识形态形成机制产生了巨大的解构力量。但是，如果从海德格尔的思想角度来看，这些批判的出发点仍然是非本真自身性的，仍然达及不了显现存在真理的家园。

我们知道，海德格尔对西方现代性的政治意识形态及民主制度全部持批判态度，他明确表示，“如何才能为当今的技术时代摸索一套——而且是什么样的一套政治制度来，我给不出这个问题的答案。我不认为答案就是民主制度”。[②] 这遭到西方知识界的广泛批评，并追问其思想与纳粹主义的联系。其实，海氏在1938年便指出：“那个人——他把自己理解为民族，意欲成为民众，作为种族培育自身，最后赋予自身以地球的主人的权能”，[③] 他同样是把希特勒作为“一般主体”的人看待的。尽管海氏具体的政治观点不清晰，但其广义的政治倾向还是不难发现的。这就是“存在的家园”比作为各种主体的“家”、“家族”更重要。这从他关于“存在之天命”、“存在之家”、“存在的急迫”、“新的开端”以及“时代情调”、“世界历史性”等思想中，特别在对马克思、尼采及荷尔德林评价中，都可见出其尺度特点。

海德格尔对马克思的评价最引人注目的是，肯定了马克思《德意志意识形态》中关于“共产主义一般只有作为‘世界历史性’存在才可能实现”、“个人的世界历史性存在”[④] 等境域性存在思想。海氏认为“无家可归状态变成了一种世界命运……马克思在经验异化之际深入到历史的一个本质性纬度中”，其“对世界历史性地存在着的东西的基本经验，在共产主义中表达出来了”，其“历史观就比其他历史学优越”，“若只把共产主义看作‘党派’或者‘世界观’，他就想得过于短浅了”，因而可以在存在论层面上与其进行“创造性对话”。[⑤] 显然，在存在论上马克思批判私有制、要求社会财富和自由人联合体的政治意义不可否认。

---

① 参见《社会批判理论纪事》第三辑，江苏人民出版社2008年版，第66页。

② ［德］贡特·奈斯克等编著：《回答——马丁·海德格尔说话了》，陈春文译，江苏教育出版社2005年版，第67—68页。

③ 海德格尔：《林中路》，孙周兴译，上海译文出版社1997年版，第108页。

④ 《马克思恩格斯选集》第1卷，人民出版社1972年版，第41页。

⑤ 海德格尔：《路标》，孙周兴译，商务印书馆2000年版，第400—401页。

海德格尔对荷尔德林的评价也是在“世界历史性”本质性维度上进行的。他说：“在《思念》一诗中得到表达的荷尔德林的世界历史性的思想，本质上比歌德的单纯的世界公民更具有开端性，因而也更具有未来性。由于这同一个理由，荷尔德林与希腊文明的关联，也是某种本质上不同于人道主义的东西”；[①] 而荷尔德林的“家乡”主题“不是爱国主义的，不是民族主义的，而是存在历史上的”，“其意图就是要根据存在之历史的本质来思现代人的无家可归状态”。[②] 如果说“世界公民”的政治思想，不仅体现在歌德身上，也体现在康德、马克思身上，那么海德格尔强调关联着“希腊文明”的“世界历史性的思想”，本质上比“世界公民”更具有开端性和未来性，实则体现了海氏对古希腊城邦民主和公民政治文明作为本源现象的重视以及在未来新开端创造性重新显现的期待。亚里士多德明确指出：“有人说城邦政治家和君王或家长或奴隶主相同，这种说法是谬误的”，他强调“依绝对公正的原则来评断，凡照顾到公共利益的各种政体都是正当或正宗的政体；而那些只照顾统治者们的利益的政体就都是错误的政体或正宗政体的变态（偏离）。这类变态政体都是专制的［他们以主人管理其奴仆那种方式施行统治］，而城邦却正是自由人所组成的团体。”[③] 显然，在亚里士多德眼中，能够创建出公民的政体便是正当的、好的政体。这种“自由人的共同体”的城邦政治现象，本质上不仅区别于中国古代“天下为家”的政治现象，而且也区别于现代主体支配意义的政治现象。因而相比于找不到无家可归状态出路的、作为“最后一个形而上学家”的尼采，其政治思想维度则在罗马帝国上，因而在某种意义上成为了德国法西斯主义的政治哲学符号，如此看，海氏对尼采的研究批判，就具有鲜明的政治针对性。

海德格尔对荷尔德林评价的另一个本质性维度便是其“神”的在场状态。这个“神”的维度又分三个层次：神圣者，神性，诸神。海氏说：“唯从存在之真理而来才能思神圣者（das Heilige）之本质。唯从神圣者之本质而来才能思神性（Gottbeit）之本质。唯在神性之本质的光亮中才

① 海德格尔：《路标》，孙周兴译，商务印书馆 2000 年版，第 400 页。

② 同上书，第 398 页。

③ 亚里士多德：《政治学》，吴寿彭译，商务印书馆 1965 年版，第 3、132 页。

能思、才能说‘上帝’（Gott）一词所命名的东西。”① 海氏在1966年以政治为主题的《〈明镜〉杂志访谈》中强调在当今技术时代，“只还有一个神能救我们”，并强调“在与荷尔德林悬谈的意义上”，才能“扬弃”技术对技术国家的“覆没力”。② 显然，这里的“一个神”便是荷尔德林“自然”、“祖国”、“返乡”开显的使“神性”成为可能的“神圣者”维度，而不仅是“上帝”。海氏在阐释荷尔德林关于希腊人和德国人之民族性在把握“本己之物”和“异己之物”上重大差异的思想时指出：“通过这种对他们来说异己的东西，即冷静的自我把握能力，希腊人才占有了他们的本己之物。出于诗意的、运思的、构成性的把握的严格性，他们才能够迎向在一种命定明亮的在场状态中的诸神，这就是希腊人对城邦、国家的建基和建造，而城邦、国家是由神圣者所规定的历史之本质场所，城邦、国家规定着‘政治’。这种作为结果的‘政治’，决不能决定希腊人的基础，即城邦、国家本身及其建基。”，而德国人却不能如此把握“本己之物”，“德国人必须面对的对他们来说异己的东西以及在异域必须经验的东西，乃是天空之火。在天空之火带来的震惊状态之急迫中，德国人才不得不掌握他们的本己之物”。③ 这段写于1943年的话，比较清楚地表达了海氏对当时狂暴、专制的纳粹主义政治及现代通常政治的看法。因此，作为显现着开端性、未来性、神圣性和“存在家园”的“困厄诗人”，荷尔德林的关于本己的本真自身性思想具有浓厚的世界历史性共同体的政治色彩。他是海氏心目中的“圣人”。

有趣的是，在《〈明镜〉杂志访谈》中，海德格尔还敞开出另一种可能性：“有朝一日会不会在俄罗斯和中国一种‘思’的古老传统被唤醒，这一古老传统帮助人们实现对技术世界形成一种自由的关系呢?”④ 这也是本文探讨的旨趣所在。不错，在当今世界全球化的意识形态中，种族主义、民族主义、原教旨主义、专制主义、帝国主义等与科技主义的密切结合，仍然显现“庞然大物”家族的力量和“丛林原则”冲突的残酷。按海氏的说法：“在所有这些主体性的基本立场中，某种不同的自我性

① 海德格尔：《路标》，孙周兴译，商务印书馆2000年版，第414页。

② ［德］贡特·奈斯克等编著：《回答——马丁·海德格尔说话了》，陈春文译，江苏教育出版社2005年版，第76页。

③ 海德格尔：《荷尔德林诗的阐释》，孙周兴译，商务印书馆2000年版，第105—106页。

④ 同上书，第75页。

(Ichheit) 和利己主义也才是可能的，因为人始终被规定为我和你，我们和你们了。主观的利己主义——它多半不知道自我预先已经被规定为主体了——可以把‘自我’嵌入‘我们’之中来加以消除。由此，主体性只是获得了权力。在以技术方式组织起来的人的全球性帝国主义中，人的主观主义达到了登峰造极的地步，人由此降落到被组织的千篇一律状态的层面上，并在那里设立自身。"① 似乎看不到人类未来和解的出路。但海氏的 Ereignis 和本真的自身性乃正是在"存在的急迫"中才显现的。无论如何，欧盟的建立正是两次世界大战后才向欧洲和解的路上迈出了一大步。那么，欧盟能否朝着"世界公民"乃至"世界历史性共同体"方向继续前进呢？世界历史性在海氏那里无非是最本源的、最本己的也是更高的敞开性和超越性。唯有在此层面才能解决诸神、诸姓之争。如今，孔子作为一个符号，已经在世界各地安家。但孔子"畏天命"的本真自身性能否彰显呢？他和海氏的"存在天命"和"畏死"的本真自身性能否相遇呢？他的"天下为公"的"大同"的思想能否溶人"世界历史性"而进入未来的创造呢？这有待于在古希腊城邦民主制和中国古代禅让制源始现象层面上进行创造性对话，真正形成一种源自不同本真自身性"共在"的"兴"的态势。如此，才能逐步消解现代作为"一般主体"之自我性本质的、各种"孝治天下"的政治意识形态家族，从而达及、居住于天地神人圆舞的"存在之家"。

(作者系江苏哲学社会科学界联合会研究员)

① 海德格尔：《林中路》，孙周兴译，上海译文出版社 1997 年版，第 108—109 页。

# 德文、英文内容提要

## From Negation to Affirmation: A Study of Kant' Viewpoint of Happiness

**Peng Chao**

Abstract: Happiness is the marginal topic in Kant' s philosophy. People always tend to have a stereotype about Kant' s view of it, that he took happiness as obstacles of moral and cleared it thoroughly. But in fact, this is not a simple clearance. Kant divided happiness into three levels and negated them. The negation can also be divided into two levels, the external negation and the internal. In the external negation, the happiness of empirical agreeableness, one' s own happiness and bliss are suspended separately, in order to insure the purity of moral. In the internal negation, the concept of happiness itself grows gradually from the lowest level to the highest level. Kant' s negation of happiness is the emplacement of itself, thus happiness and moral are free from the tight bind of each other. Happiness needs to be neutral in front of moral, and there is a vast space for moral neutrality. Happiness and moral do not combine directly, but meet each other in good and the highest good. Here comes the affirmation of happiness. It concerns freedom, ideal and purpose. In this article, by analyzing some texts of Kant, the concept of happiness will be clarified, the pattern of negation of happiness will be described, and the affirmation of happiness will be probed.

Key words: Kant; Happiness; Negation; Affirmation

# Respect: A Kind of Positive Moral Feeling

**Wang Fuling**

Abstract: Respect is the only one positive feeling that Kant admits in his moral evaluation. It is by this feeling that the moral law, being a kind of motivation, could immediately determinate the will. Respect is not only a kind of negative feeling, but rather a kind of positive and affirmative feeling, the moral law being its only ground and the biggest object. As far as the rational being is concerned, it is the humanity in the person that deserves respect. Motivated by such a feeling, man could gradually go beyond his limitation, and towards the sublime, in which way, human nature will be promoted.

Keywords: Respect; The moral law; Moral feeling; Humanity

# On the position concerning the topic of freedom in Kant' s ethics

**Gao Junlu**

Abstract: The topic of freedom stands in a very important position in Kant' s ethics. The paper explains the statement with three parts. Firstly, the paper clarifies the concept of freedom, secondly, the paper analyzes the relation between freedom and moral laws, freedom and moral evaluation, and freedom and necessity, lastly, the paper analyzes the position of freedom in Kant' s ethics, its theoretical feature and significance. The paper will make more reflection on the topic of freedom in Kant' s ethics.

Keywords: The topic of freedom; Kant' s ethics; Position

# The Autonomy and Spon*tan*eity in Kant's Conception of Self

**H. E. Allison**

(**Translated by Shi Tingxiong**)

Abstract: Incorporation Thesis and Reciprocity Thesis are impor*tan*t theories in Kant's Theory of Freedom by Mr. Alison and they are carefully discussed in this essay. Mr. Alison claims that the Incorporation Thesis and the Reciprocity Thesis link with spontaneity and autonomy respectively, and he concludes that the Reciprocity Thesis must presuppose the Incorporation Thesis with illustration of this two variants of the conception of freedom.

Keywords: Incorporation Thesis; Reciprocity Thesis; Freedom; Spontaneity; Autonomy

# On Aesthetic Imagination in Kant

**Shi Ruofan**

Abstract: Although the proposition that Kant put forward, the free play of imagination and understanding, have taken profound effects in western aesthetic history, apparently, the meaning of the concept of imagination is multivocal and ambiguous in Kant's writings, which, in contrast of logical strictness of his consistent way, varies according to different context. Therefore, to define the concept of imagination is a preceding step of under*stan*ding the ideals of Kant's aesthetics. In this article, the author aims to review the validity of imagination as an independent a priori faculty by differentiating and defining the different meanings between Kant's epistemology and aesthetics, and, furthermore, to re-examine the possibility of transcendental aesthetics.

Key words: Imagination; Understanding; Autonomy; Spontaneity; Aesthetic perception

# How is Beauty Acquired
## —A Comparison Between project of Kant and that of Marx

**Dai Maotang and Tang Bolan**

Abstract: How is beauty acquired? This is one of the most fundamental and important question in aesthetics. There are two classic ways of solution in aesthetic history, one is given by Kant, and the other is given by Marx. The two ways are different from each other. The way of Kant is from the perspective of phenomenology which aims to transcend objectivism and psychologism. The way of Marx is from the perspective of ontology which aims to transcend materialism and idealism. The greatest advantage for the way of Marx lies in that by completely transcending theoretical speculation it single – mindedly cares human ontological practice and the quality of existence with the greatest human spirit and answers the difficult question from the perspective of practice which is quite different from the theoretical way of Kant.

Keywords: Beauty; Phenomenology; Ontology; Kant; Marx

# On the Idea of Nature in Schelling's early philosophical Writing

**Luo Jiu**

Abstract: In his early philosophical writing of Naturphilosophie, Schelling takes life as the unity of causality and purposiveness of nature, in order to reconcile the contradiction between mechanism and teleology in Kant' s third Critique. Schelling maintains that nature is the product of blindness power, but is also purposeful. With the aim of overcoming the dualism between matter and spirit, Schelling develops a theory of organic nature, which suggests that nature is not precisely the objects determined by causal laws, and the essence of nature is not the sum of pure objects which are totally outside self – consciousness. Nature can only be determined as an organic whole, i. e. the interaction of spontaneous forces. On this basis, Schelling ascribes nature to the a priori determination of spirit that overcomes Kant' s dualism.

Keywords: Schelling; Nature; Spirit; Dualism; Organism; Productivity

# A Limited Appearance of the Form Nature of the Dialectical Logic

## —A Dichotomy Interpretation of Hegelian Dialectics

**Wan Xiaolong**

Abstract: In this simplified model, "dialectical negation" relationship is a relationship between the two compound propositions in which there is classic contradiction only between two branches by each side. In a process of "thesis, antithesis, and synthesis" in which the *log*ic domain as synthesis, at the first step, the relation between "thesis" and "antithesis" is classic negation; at the *sec*ond step, the relation from "antithesis" to "synthesis" is entailment, they can be both truth and falsity at the same time. The relation between the two "dialectical negation" in the same sub – processes is an effective inference relations. The general process which formed by many sub – processes of "thesis, antithesis, and synthesis" is inverse process of repeatedly logical dichotomies.

Keywords: forms of nature dialectical logic classic negative dialectical negation

# Eine Rettung der Hegels Dialektik aus Ihren Vu*lg*ären Erfassung

**Deng Xiaomang**

Abstrakt: Wan Xiaolong hat die Hegels Dialektik vom Standpunkt der modernen mathematischen Logik noch einmal erläutert und haupt, daβ alle Bemühungen um die Formation der dialektischen Logik ganz Miβerfolgen erleidet hatten und es nun notwendig sei, die formale Natur der Dialektik enthüllen zu müssen. Die tiefe Analysis und allseitige Kritik, die er an die vorige Beschäftigung mit Formalisation der dialektischen Logik geübt hat, hat eine mächtigere überredungskraft, sogar eine umstürzende Wirkung. Seine eigene Entwicklung dabei ist aber scheitert, weil erstens, die Texte, auf die er als Grund gilt, nicht die ursprüngliche von Hegels Dialektik sind, sondern die, die auf den Lehrbüchern vulgär gemacht oder verdreht werden, so daβ er das Prinzip von Selbstnegation schwer versteht; zweitens, er auf wesentlichen S*tan*dpunkt über den alten Gedakenfaden, die dialektische Logik auf die formale Logik zu reduzieren, noch nicht herausgeht und Humanität der dielektischen Logik in ihrem Wesen nicht einsehen kann. Die spezielle Relativitätstheorie von Fonktion, die er gegen dialektische Logik errichtet, um dialektisch – formalische Logik zu decken, hat auf keine eigentliche dialektische Loik tatsächlich bezogen. Wir sollen also die Hegels Dialektik vom ihren vulgären Verstand ritten.

Keywords: Wan Xaiolong die Formalisation von der dialektischen Dialektik vulgäre Texte Hegel Selbstnegation

# Doubts about the Ur – Phenomeno*logy*: A Reflection on the Structrue of the Phenomenology of Spirit

Liu Yi

Abstract: Among the academic circles, there are continuous disputes on the comprehension to the structrue of Hegel' s Phenomeno*log*y of Spirit in 1807, but hardly any doubt about the issue of the Ur – Phenomenology hypothesis, which is a common ground on this problem. Michael N. Forster, an American scholar, provides a basic case on this hypothesis in his great book, named Hegel' s Idea of a Phenomenology of Spirit generally, and supports and carries out this hypothesis particularly in the sections on "history and historicism in the Phenomenology" and "the underlying Logic of the Phenomeno*log*y". Based on the unity of the Phenomenology in 1807 and the deep analysis of Hegel' s texts, this paper starts a thorough and powerful query of the Ur – Phenomeno*log*y.

Keywords: Hegel; Phenomenology of Spirit; Ur – Phenomeno*log*y

# On the ethical significance of revealed religions from Hegel' s Philosophy of Spirit

Qing Wenguang

Abstract The essence of civilization is ethics. According to Hegel, the real ethics is the objective spiritual subs*tan*ce which can elevate people over their natural existence. It means that the real ethics has ability to make people conquer death. It is because death belongs only to natural beings other than spirit. Such ethics being of ability to defeat death is only the product of such religions which are of ethical significance of conquering death, and such religions are only revealed religions such as Christianity and Judaism, which take the spirit being of transcendence over nature and this life as their objects. If one civilization or ethics is not originated from such religions, it is not a real civilization at all. Such kind of civilization is definitely to be defeated by death or evil, and definitely to be degraded to a kind of natural beings. The Chinese Civilization after the Spring and Autumn Period is right one of such kind of civilization.

Keywords: Ethics; Spirit; Death; Revealed religions; Hegel

# über die Verschiedenheit der Erfassung von Positivität zwischen Hegel und Schleiermach

**Wen Jun**

Abstrakt: Der Begriff von der Positivität und ihre Prinzip ist umfanglich im Gebiet der Religionsphilosophie für die westliche Religionsphilosophie gebraucht. Die positive Religion wurde als eine eigentlich rationale Religionsgestalt betrachtet und auch eine ideale Religion gewesen, nach welcher von der modernen Religionsphilosophie gesucht wurde. Jedoch bei Erklären über dem Begriff von Positivität selbst waren ununterbrochen verschiedene Erfassungen und Aslegungen. An Hegel und Schleiermach als zwei Denkers, die auf die Richtung der Entwicklung der westlichen modernen Religionsphilosophie ein schwerwiegender Einfluβ ausgeübt haben, Können wir eine allmähliche Vertiefung und unaufhörliche Entwicklung in Auffassung des Begriffs von der Positivität in der westlichen modernen Religionsphilosophie und auch die innere Verschiedenheit zwischen diesen ungleichen Erfassungen unmittelbar erfahren.

Keywords: Positivität positive Religion Religionsphilosophie Schleiermach Hegel

# Hegel's Critique and Development on Leibniz's Subs*tan*tial Theory

**Li Yujun**

Abstract: Hegel critiqued Leibniz' s subs*tan*tial theory which lied on the affirmation to Leibniz' s. He pointed out that Leibniz denied subs*tan*ce contact, choked subs*tan*ce in itself and excluded conceptual thinking for the limitation of "absolute many" . At the same time, Hegel critiqued Leibniz' s religious theory, ethical theory and moral theory. He asserted that Leibniz' s theory is an "artificial system" . Subs*tan*ce is in and for itself and does not deny contradiction. Its development is the development of the concept itself, is a process. Subs*tan*ce cons*tan*tly return to its own from its opposite, cons*tan*tly realize and rich. Truth is the whole process. By the critique, on the one hand Hegel developed subject spirit to acme and formed his absolute idea concept; on the other hand Hegel showed his absolute truth system.

Keywords: Substance; Conceptual thinking; Truth; Absolute idea

# Foreword to Religion in its internal relationship to ScienceHegel

**Translated by Zhang Yuntao**

Abstract: Hegel' s Foreword to Hinrichs' monograph Die Religion im inneren Verhältnisse zur Wissenschaft is a very short, argumentative essay, not a treatise which systematically elaborates his thought and key terms, though in this foreword published during his life time he gives his opinion about the contemporary academic debate concerning the problem whether God could be an object that could not be apprehended by human reason, criticizes the timely drawback which he calls Sophisterei, and clearly states his view of relation between faith and reason, feeling and knowledge (concept), dedicated disciples' warmhearted piety and reasonable beings' cold reflection, religion and philosophy. Thus, this short paper actually contains the essential idea of Hegel' s philosophy of religion, and is more brief and authoritative than his Vorlesungen über die Philosophie der Religion which was edited according to his students' notes and published after his death, and provides aids for interpreting the latter as well as his essential thought. Hegel contends that the reconciliation of faith and reason is necessary, but he objects to acquiring it either solely from the side of reason, or from the side of faith, which just gets the superficial, false reconciliation (Aussöhnung) and the peace which does not make real peace, not the true reconciliation (Versöhnung) as well as establishing of absolute religion and true philosophy. Hegel describes three attitudes of thought to objectivity in his Enzyklopädie der philosophischen Wissenschaften Erster Teil Wissenschaft der Logik' s Introduction (he does describe them in 1827 and 1830 version, not in 1817 version), however earlier in 1822, he firstly analyses in this foreword three universal prejudices: human reason could not know truth; it just can know the finite, temporal existence as appearances and phenomenon; immediate feeling and sensation is the only true way to come near to infinite eternal existence, criticizes Unders*tan*ding which degrades reason and spirit, and concentrates on analyzing the finite, temporal existence, critical philosophy which claims the noumenon is unknowable and finally Schleiermacher' s religion of feeling. Hegel contends that only by dealing with relations mentioned above in a dialectical way human' s spirit can be reborn from the subjective natural spirit which is absorbed in finite phenomenon toward the free holy spirit which knows the absolute, infinite and eternal existence, and gains the objective truth, thus could reconcile with God. In his view, reason and faith condition each other, and all contribute to the development of human spirit. Faith must be rational and put forth in a rational way, while reason must include the content of faith, and elaborate the internal connection within it; feeling is original and immediate, but is "natural subjectivity" and "absolute indeterminateness", needs to be determined and corrected by concept, which conversely deepens and develops the feeling; religion and philosophy have the same object, namely the absolute infinite existence, but the former comprehends it by the representation, the latter by concept. Philosophy preserves and cancels (aufheben) religion, assimilates its content in a scientific way and conversely richens religious life.

Keywords: Reason Faith Knowledge Feeling Philosophy Religion

# über die Eeiheit der Theorie von der Entfremdeden Arbeit und der materialistischen Geschichtsauffassung

**Shu Nianchun**

Abstrakt: In dieser Arbeit haben wir nach These über Feuerbach den praktischen Materialismus bestimmt und die Philosophie vom Marx als eine Theorie für Praxis zuerst aufgefaβt, und auf diesem Grund eine Einheit zwischen der Theorie von der entfremdeden Arbeit und der materialistischen Geschichtsauffassung, nämlich eine Korrespondez der besonderen Erfassung mit der Theorie von der entfremdenden Arbeit, und der genauen Beweisführung vom Kommunismus mit der materialistischen Geschichtsauffassung. Die übereinstimmung beider besteht wesentlich darin, daβ Marx' Analyse und Kritik von der menschlichen und wirklichen Existenz, d. h. von der *sinn*lichen gegestädlichen Bewegung der Menschheit, auf die Erforderung der Meschheit, über die ihre eigene Wirklichkeit unaufhörlich hinauszugehen.

Keywords: der praktische Materialismus; die Theorie von der entfremdenden Arbeit; die materialistische Geschichtsauffassung; Einheit

# Husserl Phenomeno*log*y and Time Problem

**Jiang Wei**

Abstract: Before Husserl's Phenomenology, the time problem had been always inquired in the tension between being inquired as an object of consciousness and the attempt of getting rid of it. Although Augustine directly understood time as the action of subject, but he became puzzled because his way of thinking remained unchanged. Kant, as the person who took the first step for saving time from objectifying consciousness by discus*sing* it in the area of subjectivity, made a great restriction to time inquiry. Time problem has not been given a brand - new possibility until Husserl' s "Epoche" of natural attitude and the reduction to the transcendental subject. He combined the problem with the activity of transcendental consciousness so that time could be understood as a "horizon", and this is illuminated by his analysis of relationship of the pretention and retention.

Keywords: Time; Natural Attitude; Time Consciousness; Pretention; Retention

# Was Heiβt die Phänomeno*log*ie Selbst? Von Hegels Onto*log*ie zur Phänomeno*log*ie als Onto*log*ie, Hermeneutik und Philosophie

**Long Peilin**

Abstrakt: Der Anfang der Hegels Dialektik beruht auf Sein und seinen dialektischen Zusammenhang mit Nichts, der sich als ein ganzes Philosophiesystem entfaltet. Aber alle dieses hat diese Aporie noch nicht aufgelöst: Wie können Sein und Nichts den dialektischen Zusammenhang dazwischen zwecks der Identität gewährleisten? d. h. wie der philosophische Anfang sich eine weitere dialiktische Entwicklung garantiert? Das ist die Aporie, der die Phänomeno*log*ie gegenüber steht. Nach Heidegger ist die dialektische Identität von Sein und Nichts von Bewuβtsein her erst vers*tan*d. Aber dieser Entwurf von Idetität soll doch vom Anfangspunkt der onto*log*ischen Verschiedenheit für Phänomeno*log*ie verstehen. Man muβ sich in das, wodurch Sein und Nichts gescheht, vertiefen und den Grund, wodurch beider sich dialektisch entfalten, finden. Es braucht eine Phänomeno*log*ie, die anders als Dialektik ist. Als eine onto*log*ische Voraussetzung von diesem dialektischen Zusammenhang und diser dialektischen Entwicklung kann die fundametale Onto*log*ie als Phänomeno*log*ie hier wesentlich einwirken und einen verständlichen und transzendentalen Horizont dafür liefern. Die Phänomeno*log*ie als Onto*log*ie trägt also zum Fundamet bei. Dadurch stellen sich der dialektische Zusammenhang und die verschiedenen Schritte von der systematischen Entwicklung und die Weise, durch die die Vernunft das Absolute auffaβt, unmittelbar als Reflektion – Konstrudktion – Produktion – Ernte dar. Reflektion ist Zurückfahrung von sich auf Welt, Absolute, und weiterhin auf Seinsauffassung und Sprach, edlich auf Sein selbst darin. Konstruktion ist die verwirkliche Gestalt von Reftektion, wo Absolute kein Etwas hervorbringt, sondern es erscheinen laβt und in dieser Bewegung erst von Bewuβtsein gezeigt und damit produktiert wird. Ernte hat die Elemente, die durch Produktion erhalt, zusammen – gebracht und versammelt. Nach diese vier Schritte kann Verstehen von allen Themen, nur speculativ zu nehmen, jene eigentlichen Begriffe, die in den Themen enthalten werden, aufdecken. Und Phänomeno*log*ie ist onto*log*isch, wenn wir weiter durch die phänomeno*log*ische Dekonstruktion das Geschichte der sich als das philosophische Geschichte darstellenden subjektiven Bewegung zur Logik über Idee von Einheit der Subjekt und Objekt läutert. Auf diesen Grund fundametiert die Phänomenoligie für diese dialektische Entwicklung und diesen dielektischen Zusammenhang ontoligisch. Das Sein der Dialektik in Bewuβtsein findet sich nur in der wissenden Bewegung, sie erfasst also den Zusammenhang von Sein und Nichts nur in Sphäre vom reinen Denken. Aber Phänomeno*log*ie als Onto*log*ie beschränkt sich nicht nur auf die wissende Bewegung od. das Bewuβtsein, sondern dehnt sie sich noch zum allen möglichen Gebiete aus. Sie ist darum die Phänomeno*log*ie als Hermeneutik. Als solche ist sie ursprünlich die Phänomeno*log*ie von Dasein, für welche die grundlegende Beschäftigung Auslegung der Bedeutung vom Dasein, nämlich wie die Struktion vom Da – sein in Dasein möglich ist, ist. Wähernd der Zusammenhang und die Entwicklung zwische Sein und Nichts die Dialektik in der Sphäre des Bewuβtseins und wissende Bewegung wesentlich noch um Hilfe bitten, bleibt es nur einzige Wahl, d. h. Phänomeno*log*ie als Hermeneutik. Danach liefert Phänomeno*log*ie weiter durch diese Aufdeckung der Bedeutung von Sein und der verschiedenen fundametalen Strukturen von Dasein überhaupt den Horizont, um die Seiende als nicht – Dasein fortsetzend onto*lo*-*g*isch zu forschen, und wird zur Methodo*log*ie der historischen Geisteswissenschaften und macht den Geist zum ihren sehr wichtigen Gebiete und studiert und erricht das Sein dieses Gebietes durch eine andere Weise als die naturliche Wissenschaft. Sie merkt Dia*log* als Sprach und ihre Heiligkeit auf, und wohnt in die Sprach, in der menschen leben, wohnen und *sin*d. Die hermeneutische Erfahrung als die fundametale Erfahrung der Phänomeno*log*ie braucht Sprach als ihres Medium und konzentriert sich auf Verstehen, wo die Möglichkeit der Sprach ist. Alle Verstehen ist sprächlich, das Zentrum der Sprach ist ihre Entstehung, d. h. Wort. Zwischen dem Text und seinem Auslegere entsteht ein Dia*log* und endlich Etwas. Das ist der Text, der durch Wort zwische uns Sagen – Hören – Verhältnis entfaltet und zur unsern Tradition wird. Diese kann nur als Wort in ihrer Wirklichkeit an uns kommen. Aber die Entfaltung des traditionalen Inhalt durch die hermeneutische Erfahrugn gelt in neuer Möglichkeit der Bedeutung, hier also ist eine vorher Nichtseiende kommt, entwickelt und gestaltet. Es ist klar, daβ Wichtigste nicht Dialektik, sondern Spekulation selbst als Fundamet der Dialektik ist. Das spekulative Wesentliche besteht darin, in einem Phantasiemedium der poetische Erfahrung eine neue Szene der neuen Welt, in welcher das sich zeigt, das von alltäglicher Darstellung nicht entfaltet, mithin nicht gut gekannt wird. Die sogenannte Dialektik von Frage – Antwort – übung war immer schon hermeneutische Dialektik gewesen und hatte das Verstehen als eine Entstehen früher bestimmt. Die Aporie, die Sein und Nichts auf dem phänomeno*log*ische Grund zusammenhängt und entwickelt, strebt zur Hermeneutik vorwärts. Das Mer*km*al der philosophischen Phänomeno*log*ie liegt darin, daβ es die Bedeutung vom Sein weder wie die Phänomeno*log*ie als Onto*log*ie in Ansehung des Daseins oder Lebens, noch wie die als Hermeneutik in Ansehung der Sprach, sondern in Ansehung des Seins selbst erläutert. Die reine Phänomeno*log*ie ist eine solche Phänomeno*log*ie als Philosophie. Die Phänomeno*log*ie als Onto*log*ie ist ebenso dise als philosophie und wird zwar zum Ausgang allen vorherigen Philosophien, aber dies alles die Phänomeno*log*ie voraussetzen muβ. Nach dieser Ansicht endet Phänomeno*log*ie nicht mit dem Ausgang der vorherigen Philosophien, dagegen der Untergang dieser

Phänomeno*log*ie treibt die Phänomeno*log*ie als Philosophie auf. Man soll auf die als Onto*log*ie nicht fixieren, nur mit Grund, Wahrheit und Kunst u. s. w. zufrieden sein, sondern die Möglichkeit, die Sache des Denkens als Seins selbst zu denken, ohne Verhüllung und Beschräkung immer erhalten. Die Bestrebung der Phänomeno*log*ie als Hermeneutik, zur Phänomeno*log*ie als Philosophie zu werden, ist offenkundiger, . Entweder die reine Phänomeno*log*ie, oder die als Onto*log*ie, oder die als Hermeneutik, laufen in Philosophie endlich zusammen und haben die letzte zum Endzweck und erörtern das Fundamet von Zusammenhang und Entwicklung. Die reine Phänomeno*log*ie deckt auf, daβ die Phänomeno*log*ie selbst einer eigenen Welt gegenüber steht, ihrer Gegens*tan*d ein neuartiger Geges*tan*d ist. Das reine Bewuβtsein, als die Erscheinung, auf welche die diesem Gegens*tan*d entsprechende Phänomeno*log*ie selbst richtet, hat den eigenen Raum der Phänomeno*log*ie bestimmt. Die Phänomeno*log*ie als Onto*log*ie deckt nicht nur den Grund des Gegens*tan*d und seiner entsprechenden Phänomenon , sondérn alle Inhalt, den dieser Grund enthalten mag, tieferer auf, um diesen Raum zu erschlieβen und ihm ganz reichliche Inhalte zu geben und die Sache selbst in diesem Raum aufzudecken. Die Phänomeno*log*ie als Hermeneutik läutert aber unmittelbar den Raum und alle Sache selbst in ihm als Sinn und Welt. Die Phänomeno*log*ie in alle drei Seiten richtet auf eine Phänomeno*log*ie als Philosophie. Die Phänomeno*log*ie selbst ist, gegeüber Sein, als das absolute Fundamet von der dialektischen Enwicklung des philosophischen Anfangs und des dialektischen Zusammenhangs von Sein und Nichts, eine philosophische Bewegung, welche durch das reinen Bewuβtsein als eine ihre eigene Seite den ihrigen Raum, darauf die Sache selbst als seinen Grund und edlich davon Bedeutung und Bedeutungswelt läutert.

Keywords: Hegel Heidegger Onto*log*ie Phänomeno*log*ie Hermeneutik Philosophie

# Heideggers Lesung von Fichte
# Jürgen Stolzenberg

**übersetzt von Tong Xilei**

Abstrakt: Es ist besonders wichtig, daβ Heidegger im Sommersemester 1929 die Fichte' s Philosophie und ihre Idee vom reinen Ich analysierte. Er war erste des theoretischen Verhältnisses des seinen Sein und Zeit mit der Fichtes Philosophie bewuβt, nämlich eineseits Gleichartigkeit und anderseits Kritik, woin sich eine doppelte hermeneutische Ansicht findet. Die technische Seite der Deduktion und der systematische Charakter wurde ernst verleugnen. Aber der hauptsächliche und entscheidende Punkt besteht in der Heideggers Auslegung von Fichtes Darstellung über Ich – bin als prumäre Prinzip der Wissenschaftslehre. Es ist systematisch wesentlich zunächst Bedeutung, die die entgegensetze Tat für das Ich hat. Hier gibt es eine struktive Möglichkeit, mit welchen ein Horizont von einer Welt vor der Augen des Ichs entfaltet. Die Welt ist nur eine Wirkung des Ichs, aber kann vom Ich – Begriff als Ich – Setzen nicht deduzieren und hat ebenso gleiche ursprünliche Eigenschaft mit dem Ich – Begriff von Ich – Setzen. Die Endlichkeit des Ichs, aber nicht das Ich als das primäre Satz vom Ich – Setzen, ist das eigentliche Fundament der Philosophie. Diese Endlichkeit des Ichs verneint alle Behauptung von einer absoluten Gewiβheit und letzten Grundlegung, mithin von einem absoluten Ideal des wissenschaftkichen Erkenntnisses. Es ist eine Verkehrung der Denkungsart vom Fichtes Idealismus. Das Urteil von Ich – bin erscheint als ein ungesättigter Grundsatz, der eine unbedingte Seinsdarlegung hat. Seine semantische Wirkung besteht darin, die Ich – Bestimmung des Ichs in Ansehung der Beziehung mit Welt zu ausdrücken. Das gilt nach Fichte auch für die Urteil von Mensch ist frei. Die Endlichkeit des Daseins liegt in seine Unvollkommenheit, d. h. es ist immer ausständig in den Möglichkeiten vom eigentlichsten möglichen Sein. Durch diese Verkehrung wird Fichtes Philosophie von der *log*ischen Kostitution und der Schwärmerei in einer absoluten Gewiβheit befreit und zur ihren eigentlichen Form gebracht. Wir müssen es als der systematischen Spitze von Heideggers Auslegung der Fichtes Philosophie betrachten. Die beder haben aber ganz ungleiche Themen und Fragen, die eine das Verhältnis zwischen Bewuβtsein und Selbst – Bewuβtsein; die andere das menschliche Dasein. Diese Weise ist problematisch, daβ Heidegger sofort dadurch die Fichtes Darstellungen vom Ich als dieselben von jedem kokreten menschlichen Dasein betrachtet und behaupt, daβ es eine noch verhüllte Theorie vom Dasein sei und das deutliche Verstehen von Kostruktion des Daseins notwendig vor der Analyse von Selbst – Bewuβtsein vorherginge. Aber in der Tat hat das richtige Verstehen von Kostruktion des Daseins die Analyse von Selbst – Bewuβtsein vorausgesetzt. Daran müssen wir auf Fichte zurückkommen. Es bedürft Heideggers Theorie von der Eigentlichkeit des Daseins ernsthaft den Fichtes Begriff von eines originalen praktischen Selbst – Bewuβtsein, er soll in Heideggers Begriff von Eigentlichkeit des Daseins aufgenommen werden.

Keywords: Heidegger Fichte Ich – Setzen Dasein Endlichkeit

## Heidegger' s Selbstheit in Chinese Context: On the Becoming and Disappear of Chinese "Filial Doctrine in Ruling the World"

**Chen Tianqing**

Abstract: The core proposition of Chinese traditional political ideo*log*y is "Let the prince a prince, the minister a minister, the father a father and the son a son" and "obey filial doctrine in ruling the world" . Through the external and strong impact from modern western political ideo*log*y, the proposition had collapsed on the surface, however, its own internal formation and composition, didn' t get in – depth critical studies, therefore, its substantial impact persist even now. In view of this, this paper, which is mainly based on Martin Heidegger' s Be – ing phenomeno*log*y and other modern thinkers critical thoughts about ideology, would probe into the distinctions and correlations of "eigentliche Selbstheit", "uneigentliche Selbstheit" and "Ichheit" , and make review and analysis of the effective process of the formation and deconstruction in China' s political ideology, and attempt to illustrate the perspective, which means the real political pursuit of Confucius is "Da Tong" (unite the world as a whole by choo*sin*g and recommending the good and talented) rather than "Xiao Kang" (appeal to power, seek and construct the feudal social system) . Therefore, without the in – depth comparative study of Chinese Shan Rang system and ancient Greek democracy and their individual development process from then on, the comparison between China and the European Union in existing ideo*log*y, would be hard to launch an effective dia*log*ue. When the work finished, it maybe provide foundation for a true political phenomeno*log*y and the unders*tan*ding of its possibility.

Keywords: political ideology; obey filial doctrine in ruling the world; unite the world for public; eigentliche Selbstheit; uneigentliche Selbstheit; Ichheit